全本全注全译丛书

中华经典名著

杨寄林◎译注

太平经 中

中华书局

天谶支干相配法第一百五

【题解】

《太平经》戊部经文，残缺严重，仅有本卷至七十二卷共四卷七篇较完整地保存下来，其余则所剩有限。本篇字逾五千，乃为完篇。其所谓"天谶"，义为皇天所预示的万世不可更改又绝对灵验的征象与格法，即四时五行阴阳之道。"支干"系指十二地支与十天干而言；"相配法"则谓十干之间、十二支之间、天干与地支之间，按照五行生克原理所构成的配属关系和它们所共同代表的封建最高统治集团成员的内部组合关系。循此而进，篇中构建出一个"皇天乃以四时为枝，厚地以五行为体"的宇宙总图式及其以元气为端首、转而相足、变化周流的运行机制，具体衍化出"天地八界"的阴阳之位；进一步标揭东方木行为少阳，为日之所出，为心宿之起，为君王始生，为君王之家及父母，为道，为仁，为文等；南方火行为太阳，为日和心宿之位，为君王之身和君位，为德，为心，为章等；而东、南木火，又共为北斗斗纲所向，共为君长师父、贤明圣人等；西方金行则为少阴，为月之初生，为臣，为义，为兵革武部等；北方水行则为太阴，为月之盛明，为夜，为后宫，为民，为市井，为酒等；而西、北金水，又共为北斗斗魁所系，共为妖臣、奸伪狡猾和盗贼等；中央土行则为京师，为太皇后之宫等；凡此种种，组合成由五行而备具的"天下凡事"。同时又将汉代"五行休王说"抽象化，据以反对纵兵兴武，反对女主干政,反对纵酒酿乱,斥之为"二水重王"。进而将"五行休王说"同《易》学"八卦休王说"相糅合,列示九气之象:王气为帝王之位,相气为大臣之位,微气为小吏之位,老气为王侯之位,衰气为宗室之位,病气为宗室被削夺封爵,囚气为百姓万民,死气为奴婢,亡气为丘冢。在五行休王和八卦休王所贯穿的五行生克之理的基础上,篇中特把十干配成甲己、丙辛、庚乙、壬丁、戊癸五组,将十二支配成寅丑未、午酉、卯申、巳子、辰亥辰戌五组,点明它们依次共同代表王者本位与太皇后之宫,受命之君与小皇后之宫,诸侯王与诸侯王之婿,帝王女弟与女弟之婿,外戚与外戚亲属。对天干与地支,又配成甲寅、乙卯、丙午、丁巳、戊辰戌、己丑未、庚申、辛酉、壬子,借此强调天道"反行治",地道为天道所依止。上述"支干相配法",在很大程度上是对东汉中后期女主称制、外戚专权的神学谴责与反拨。篇中还以"天之格谶"为旗号,表达出民本思想乃至君无常位的观点;而京师亟应成为"道德贤柔"汇聚处的呼吁,则显现出《太平经》编著者挽救东汉统治危机的迫切愿望。这篇"天之规矩大要秘文诀",集中阐发了早期道教视为"天下纲纪"的阴阳五行论。与其说它是"天谶",毋宁谓之为"人证"的天谶化。文末特用十七字对全篇主旨所作的概括说明,更能令人一目了然。

　　真人再拜曰:"愚贱生缘天师常待之以赤子之分①,恩爱洽著②,仓皇得旦夕进见③,天功至大,不可谢。今欲复有质问密要天之秘道,又不敢卒言④。""平道之。子既为天问事,当穷竟,不得中弃而止也。"

【注释】

①赤子之分:意为像对待婴儿那样百般爱护、全力教诲的恩份。《老子·五十五章》谓:"含德之厚,比于赤子。"

②洽著：周遍、显著之意。

③仓皇：忙不迭。形容受宠若惊。

④卒(cù)言：唐突言说之意。卒，后多作"猝"，猛然，突然。

【译文】

真人连拜两次说："愚昧低贱的弟子们由于天师总用爱护婴儿那样的恩份来对待，恩情慈爱周遍显著，得以从早到晚忙不迭地来进见，而皇天的功德极为广大，根本就报答不了、现下又想质正询问皇天那秘密又紧要的从不轻易授付的真道，可又不敢唐突地就讲出来。""只管慢慢说来。你们既然是为皇天问事，就应当问到底，不能中途放弃而作罢。"

"唯唯。愚生见天师所说，无有穷极时也，乃后弟子俱天觉承知①。天师深洞知天地表里阴阳之精，诸弟子恐一旦与师相去②，无可复于质问疑事，故触冒不嗛③，问可以长久安国家之谶④，令人君常垂拱而治⑤，无复有忧，但常当响琴瑟，作乐而游，安若天地也，无复有危时。岂可闻乎哉？""然。诸真人思精进乎！深眇哉所问⑥！乃求索洞通天地之图谶文⑦，一言乃万世不可易也。天公疾多灾⑧，愁苦之，乃使诸真人来问疑乎？诺，且为真人具说天之规矩大要秘文诀⑨，令使其□□⑩，真人自随而记之。""唯唯。"

【注释】

①天觉：意为皇天的开觉与启示。

②诸弟子：指跟随天师学道传道的六个弟子。合称六方真人或六端真人。据本经丁部《戒六子诀》所述：上为玄真真人，下为顺真真人，东为初真真人，南为太真真人，西为少真真人，北为幽真真

人。其中一人名纯,其他五人则在本经中均佚其名。本经卷一百《东壁图》绘有六名"受戒弟子"图像,或与六方真人相对应。

③触冒:抵触冒犯。嗛:通"谦",谦逊。

④谶(chèn):指绝对灵验的秘言。

⑤垂拱:垂衣拱手。极言天下大治之甚。

⑥深眇(miào):深奥精微。眇,通"妙",精微。

⑦洞通:洞彻贯通。图谶文:东汉盛行诡为隐语或预言、据此而决断吉凶符验或征兆的神秘学说,因其有文又有图,故称图谶文。

⑧天公:即天。以天而拟人,故称。《太平经钞》"天公"作"天君"。天君为本经所拟设的至高天神的专称。壬部第二十四条经文谓:"天君者,则委气,故名天君,尊无上。"

⑨规矩:校正圆形与方形的两种工具。此处借喻定律。

⑩令使其□□:此句原缺二字。

【译文】

"是是。愚生看到天师所讲论的事情,从来没有无话可说的时候,然后弟子们全都得到皇天的开觉,蒙受到启发。天师您深深通晓天地表里阴阳的精粹意旨,我们众弟子担心与天师一旦分离,没地方再去质正询问那些闹不清的事情,所以就触忌冒罪、极不谦恭地想询问能够长久安定国家的灵验秘言,以便让君主常常垂衣拱手就天下大治,不再有什么忧虑,只管时时去轻歌曼舞,四处游乐,安稳得就和天地一个样,不再有危乱的时候。有关这方面的秘言,恐怕可以闻听到吧?""好的。众位真人的思虑看来真是精勤有长进了呀! 所询问的事情太深奥精微了! 竟要索求那洞彻又通贯的天地图谶文,一旦把它讲出来就万世不可改变。天公憎恶人间招来的灾殃太多,对此感到愁苦,正驱使众位真人前来询问疑难吧? 好的,马上为真人详尽讲说皇天定律的重大而又切要的秘文定论,真人自行跟在后面记下它。""是是。"

"然。夫皇天乃以四时为枝，厚地以五行为体，枝主衰盛，体主规矩，部此九神①，周流天下，上下洞极，变化难睹，为天地重宝，为众神门户②。自有固常③，不可妄犯，顺之者长吉，乱之者长与天地乖忤④。""唯唯。愿闻其意，岂可睹耶？""善哉！诸真人言也。方为子具道之，但俱自精⑤，安坐思吾言。""唯唯。"

【注释】

①部：安排部署。九神：四时之神和五行之神的合称。

②门户：喻出入口。

③固常：指固定不变的法则。

④乖忤：违逆。

⑤精：谓精思事象及其义理。本经卷五十《诸乐古文是非诀》云："故古者名学为往精，精者，乃精念其事象可宜，复思其言也。极思惟此，书策凡事毕矣。"

【译文】

"好的。皇天正把春夏秋冬作为四肢，厚地正把五行作为躯体，四肢掌控盛衰，躯体掌控定律，安排部署下这九大神灵，周流天下，上下通透到极点，变化很难让人察知到，成为天地贵重的宝器和所有神灵的出入口。压根就具有不可改变的法则，决不能胡乱去违犯，顺从它的人就长久吉利，搅乱它的人就永远与天地相违逆。""是。希望听一听那意旨所在，恐怕可以让我们察知到吧？""众位真人说得太好了！马上就为你们详尽讲述它，只管全都自行精思，稳稳坐定体悟我的话。""是是。"

"天常谶格法①，以南方固为君也②。故日在南方为君也，火在南方为君，太阳在南方为君③。四时：盛夏在南方为君④；五祀⑤：灶在南方为君⑥；五藏：心在南方为君。君者，法当衣赤⑦，火之行也。是故君有变怪⑧，常与阳相应，非得与他行相应也⑨。阳者日最明，为众光之长⑩，故天谶，常以日占君盛衰也。真人知之耶?""唯唯。"

【注释】

①格法：成法，常法。

②南方固为君：南方为阳，属火行，乃系万物盛兴之处，其德最大，因而称君。东汉盛行汉为火德说，故有此语及下文诸说。

③太阳：指最旺盛的阳气。其于五行属火行，于方位为南方。《汉书·律历志上》载刘歆《三统历》曰："太阳者，南方。南，任也，阳气任养物，于时为夏。"

④盛夏：指农历五月。以四时配五行，夏属火。

⑤五祀：指祭祀住宅内外的五种神，即户神、灶神、室中神、门神、井神。《论衡·祭意》谓："五祀报门、户、井、灶、室中霤之功。门、户，人所出入；井、灶，人所欲食；中霤，人所托处。五者功钧，故俱祀之。"《白虎通义·五祀》云："五祀所以岁一遍何？顺五行也。故春即祭户。户者，人所出入，亦春万物始触户而出也。夏祭灶。灶者，火之主，人所以自养也。夏亦火王，长养万物。秋祭门。门以闭藏自固也，秋亦万物成熟，内备自守也。冬祭井。井者，水之生藏在地中，冬亦水王，万物伏藏。六月祭中霤。中霤者，象土在中央也，六月亦土王也。"

⑥灶：以五祀配五行，灶属火。

⑦衣赤：意为外为红色，非谓身穿红衣。以五色配五行，赤属火。《后汉书·光武帝纪上》载："建武二年春正月壬子，起高庙，建社稷于洛阳，立郊兆于城南，始正火德，色尚赤。"

⑧变怪：指各种灾异现象。详参本经卷四十三《大小谏正法》所述。

⑨他行：指木、土、金、水四行。

⑩众光之长：此四字原作"为众为长"。据《太平经钞》改。

【译文】

"皇天灵验秘文所确定的成法,原本把南方列作君主。所以太阳在南方成为君主,火行在南方成为君主,最旺盛的阳气在南方成为君主。就四季来说:盛夏在南方成为君主;就五祀来说:祭祀的灶神在南方成为君主;就人的五脏来说:心在南方成为君主。但凡成为君主的事物,按照道法在外表上都应是红色,属于火行。因而君主遇到灾异现象,总与阳火相应合,不能同五行中的其他各行相应合。阳火中太阳最盛明,属于一切光芒的君主,因而皇天的灵验秘文就规定,总要依据太阳的变化情况来占测人间君主兴盛或衰败的现状。真人明白这一点了吗?"

"是是。"

"行,知之矣。人君之法,常当求与仁者同家、有心者为治①。其可与共为治者,常当行道而好生。小小幼弱②,于其长臣贤成器者③,君当养之,不宜伤也。故东方者好生④,南方者好养。夫不仁用心,不可与长共事⑤;不明,不可以为君长。故东方者,木仁有心⑥,南方者,火明也。

【注释】

①同家：共为一家之意。即君臣紧密结合,高度融合。有心者：指怀有一颗赤心的人。

②小小幼弱：谓幼小的君主。东汉自章帝后,送有六名皇太后临朝称制,多立幼童当皇帝,以便自家掌权。此处即针对这一现象而发。

③长臣贤成器者：犹言贤能而成为大器的老臣。

④东方者好生：东方属木，万物始生，故出此语。

⑤共事：此二字《太平经钞》作"共理"，于义为长。

⑥木仁有心：仁属木，心属火，木生火，火倚木。故言"木仁有心"。

【译文】

"近前来，看来你们已经明白这一点了。君主奉行的法则，应当永远谋求与仁爱的人士共成一家，同怀有一颗赤心的人施行治理。那些可以同自己共同施行治理的人，应当永远行用真道而喜好化生。年纪幼小很脆弱的君主，对于手下贤能而成为大器的老臣，应当加以养护，不该去伤害他们。所以东方喜好化生，南方喜好养长。那些用心不仁的人，不能与他们长久地治理国家；不圣明的话，就没资格充当君长。所以东方作为木行所在的方位，仁爱又蕴藏着一颗赤心；南方作为火行所在的方位，特别地圣明。

"夫天法，帝王治者常当以道与德，故东方为道，道者主生；南方为德，德者主养，故南方主养也。治者当象天以文化①，故东方为文②，龙见负之也③。南方为章④，故正为文章也⑤。章者，大明也，故文生于东，明于南。故天文者，赤也⑥；赤者，火也。

【注释】

①文化：意谓用道经真文施行教化。

②文：指文彩。

③龙见负之：此乃本于《周易·乾》卦为说。乾卦倒数第二爻辞曰："见（现）龙在田。"《文言》加以解释说，象征天下文明（有文彩而光明）。负，携带。实指龙身上有龙鳞而言。

④南方为章：此乃本于《易传·说卦》为言。

⑤正：通"政"，政治，政务。

⑥赤：三光为文，日最大明，故曰赤。本经卷六十五《王者赐下法》
云："文者生于东，明于南，故天文生东北，故书出东北，而天见其
象。虎有文，家在寅；龙有文，家在辰，负而上天，离为文章在南
行。故三光为文，日最大明。故文者生于东，盛于南。"适可与此
处所云相印证。

【译文】

"皇天的道法规定，帝王治理天下应当永远依靠道与德，所以东方
为道，道又职在施生；南方为德，德又职在养长，所以南方就职在养长。
治理天下应当效法皇天，用道经真文施行教化，所以东方就构成文彩，
苍龙出现而携带它升到空中。南方随之就形成盛明的景象，因而国家
政治就变得文彩焕赫。所谓章，是说非常盛明，所以文彩就产生在东
方，到南方而盛明。因而天文便赤光闪耀，而赤光闪耀，正属于火行。

"仁与君者动上行①，日当高明，为人作法式②。故木与
火动者③，辄上行也，君之象也。故居东依仁而上，其治者故
当处南④。故东方为少阳⑤，君之始生也，故日出于东方也。
南方为太阳，君之盛明也⑥。少阳为君之家及父母⑦，太阳为
君之身，君之位也。少阳为君之家，木为火之父母，君以少
阳为家，火称木之子。真人知之耶？""唯唯。"

【注释】

①上行：意谓朝着美好的方向发展。

②法式：指行动的准则。

③木与火动者：谓树木生长、火焰窜动之类的自然现象。

④处南：《易传·说卦》云："圣人南面而听天下，向明而治。"

⑤少阳：指不甚旺盛的阳气。其于五行属木行，于方位为东方。《汉书·律历志上》载刘歆《三统历》曰："少阳者，东方。东，动也，阳气动物，于时为春。"

⑥盛明：此二字《太平经钞》作"盛德明照"。

⑦父母：按照五行相生的关系，木生火。木为施生者，称父母；火为受生者，称子。

【译文】

"仁爱伴随着君主一有举动就朝着美好的方向发展，而太阳恰恰位于天空的正中，大放光明，正给世人显示出行动的准则来。所以无论树木生长还是火焰窜动，就都朝天往上奔，这正是君主的法象。因而在东方依凭仁爱而朝着美好的方向发展，治理天下的人就正该高高位居在南方。所以东方成为不太旺盛的阳气所在的处所，代表着君主开始化生，所以太阳就从东方升起来。南方成为最旺盛的阳气所在的处所，象征着君主的盛明。不太旺盛的阳气是君主的本家和父母，最为旺盛的阳气是君主本人和君主之位。不太旺盛的阳气是君主的本家，木行是火行的父母，君主把不太旺盛的阳气作为本家，火行被称为木行的儿子。真人明白这一点了吗？""是是。"

"子已知之矣。少阴为臣①，臣者以义屈折②，伏于太阳。故金随火屈折③，在人可欲为。臣者常以义屈折，佐君可欲为也，故少阴称臣也。真人知之耶？""唯唯。"

【注释】

①少阴：指不太旺盛的阴气。其于五行为金行，于方位为西方。《汉书·律历志上》载刘歆《三统历》曰："少阴者，西方。西，迁也，阴气迁落物，于时为秋。"为臣：意谓象征臣，代表臣。

②以义屈折：义指正义、大义或道义之所在。为人伦五常之一。以

人伦五常配五行，义属金，故曰"以义屈折"。屈折，屈身。指本
人所采取的各种实际行动而言。

③随火屈折：按照五行相克的关系，火克金，故曰"随火屈折"。本
经乙部《安乐王者法》谓："金性坚刚，得火而柔。"

【译文】

"看来你们已经明白这一点了。不太旺盛的阴气象征着臣僚，臣僚
又依据大义采取行动，被那最为旺盛的阳气所降伏。所以金行随同火
行而变换自身的形状，完全在于人想让它变成什么样就变成什么样。
做臣僚的，总是按照大义采取行动，辅佐君主做他本人想做的那些事
情，所以不太旺盛的阴气就成为臣僚的代称了！真人明白这一点了
吗？""是是。"

"太阴为民①，民流行而不止②，故水流行而不知息也③。
民者，职当主为国家王侯治生④。故水者，当随生养木也⑤。
东方者⑥，君之家也。真人知之耶？""唯唯。"

【注释】

①太阴：指最旺盛的阴气。其于五行属水行，于方位为北方。《汉
书·律历志上》载刘歆《三统历》曰："太阴者，北方。北，伏也，阳
气伏于下，于时为冬。"

②流行：谓四处活动。

③故水流行：此四字中"水"上《太平经钞》有"似"字。

④治生：经营家业。此处谓创造社会财富，提供赋税来源。

⑤随生养木：按照五行相生的关系，水生木，故曰"随生养木"。

⑥东方：此二字《太平经钞》作"木"，于义为长。

【译文】

"最为旺盛的阴气象征着民众，民众四处活动而不止息，所以就像

水一样四处流动而不止息。身为民众，其天职就应负责为国家和王侯创造财富，提供赋税来源，所以水也应当随着树木滋生而养护树木。东方木行是君主的本家啊。真人明白这一点了吗？""是是。"

　　"行，子已知之矣。天之格谶，少阳者畏少阴①，故臣者反主录国家王侯官属也②。太阳畏太阴③，是故国有道与德而君臣贤明，则民从也。国无道德，则民叛也。是故治国之大要，以多民为富④，少民为大贫困。诸真人晓知之耶？""唯唯。"

【注释】

　　①少阳者畏少阴：按照五行相克的关系，金克木，故出此语。

　　②主录：负责录用。东汉实行征辟制，公卿或州郡均可自行延聘某人为掾属。此处即就这一制度而言。

　　③太阳畏太阴：按照五行相克的关系，水克火，故出此语。

　　④多民：谓所统领的民众数量众多。本经佚文有云："理国之道，多人则国富，少人则国贫。"

【译文】

　　"近前来，看来你们已经明白这一点了。皇天秘文的常法是，不太旺盛的阳气畏惧不太旺盛的阴气，所以臣僚反而负责录用国家和王侯的下属官吏。最为旺盛的阳气畏惧最为旺盛的阴气，所以国家有道有德而且君臣贤明，民众也就归顺。国家没有道德，民众就叛离它了。因而治国最关键的地方在于，要把归自己管辖的民众数量众多看成是富强，要把归自己管辖的民众数量很少看成是极度的贫困。众位真人知晓这一点了吗？""是是。"

"行,已觉矣。天之格法,分为六部①。东、南上属于天,故万物生皆上行,蚑行人民皆出处外也②,属于天。故天为之色,外苍象木,内赤象火。真人知之耶?""唯唯。""行,已晓矣。天地之格谶,西方北方,下属于地,故万物至秋冬,悉落下归土也。人民蚑行至秋冬,悉入穴而居。故地之为色也,外黄白象土金,内含水而黑③,象北行也④。真人知之耶?""唯唯。"

【注释】

①六部:指上下四方。

②蚑(qí)行:泛指用脚行走的动物。

③黑:原作"异"。据《太平经钞》改。

④北行:即水行。以五方配五行,北属水。

【译文】

"近前来,看来你们已经觉悟到这一点了。皇天的常法,分成上下四方六大部界。东方和南方往上归属于皇天,所以万物全都朝向天空来生长,动物和人们全都走出来在外面活动,归属于皇天。因而皇天形成它那颜色,恰恰是外层苍青像树木,里层赤红像火焰。真人明白这一点了吗?""是是。""近前来,看来你们已经懂得这一点了。天地的秘文常法是,西方和北方,往下归属于大地,所以万物到了秋季和冬季,全都枝叶脱落,藏伏下去归到地底层。人们和动物到了秋季和冬季,也全都进入洞穴和屋室不出来。因而大地形成它那颜色,恰恰是外层黄里透白就像土和铜,里层含有水份而发黑,代表着北方水行。真人明白这一点了吗?""是是。"

"天之格谶,东方南方位尊,上属天,主治,为君长师父。

西方北方位卑,属地,为臣,为后宫①,为民。故己者②,甲之后宫也③。甲,天也,王者之本位也,故甲为心星④。心星,火也,为王者⑤,故东方亦为王者之先也。心星,火也,行属南方,比若日出东方,而位在南方也。真人知之耶?""唯唯。"

【注释】

①后宫:指皇太后、皇后等后妃。《后汉书·皇后纪》载:"孝章以下,渐用色授,恩隆好合,遂忘淄蠹。""东京皇统屡绝,权归女主,外立者四帝,临朝者六后。莫不定策帷帟,委事父兄,贪孩童以久其政,抑明贤以专其威。"汉刘熙《释名·释亲属》云:"天子之妃曰后,后,后也,言在后,不敢以副言也。"

②己:天干第六位,属阴干。其本义或谓万物皆有定形可纪识;或谓中宫,象征万物避藏屈形。以之配五行,则属土。

③甲之后宫:甲为天干第一位,属阳干。其本义或谓万物剖孚甲(外皮)而出;或谓东方之首,阳气萌动。以之配五行,则属木。木克土,故曰己为"甲之后宫"。

④心星:指二十八宿东方七宿中的心宿。以五脏配五行,心属火,故下文加以比附而云"心星,火也"。

⑤为王者:谓心宿乃系天之明堂所在,即天王布政之宫。

【译文】

"皇天秘文的常法是,东方和南方地位尊贵,往上归属于皇天,负责治理,代表君长、师长和父亲。西方和北方地位卑贱,归属于大地,代表臣僚,代表后宫,代表民众。所以己作为天干第六位,是天干第一位甲的后宫。甲象征着皇天,是帝王的本位,所以甲就代表着心星,心星属于火行,成为天帝施政发令的明堂,因而东方也是天上明堂的先导。心星属于火行,在五行中归属南方,这就好比太阳从东方升起来,而最正最高的位置恰恰在南方。真人明白这一点了吗?""是是。"

　　"行,子已知之矣。天之格谶,丙为火之长^①,最其大明者也^②,君之位也。辛者属丙^③,辛者,丙之后宫也。真人知之耶?""唯唯。""行,子已知之矣。"

【注释】

①丙:天干第三位,属阳干。其本义或谓阳道著明;或谓万物生长,炳然可观,位南方,阴气初起,阳气将亏。以之配五行,属火。

②最:此字《太平经钞》作"取"。于义为长。

③辛者属丙:辛为天干第八位,属阴干。其本义或谓万物成熟而新收;或谓金质刚硬味辛。以之配五行,属金。按照五行相克的关系,火克金,故曰"辛者属丙"。

【译文】

　　"近前来,看来你们已经明白这一点了。皇天秘文的常法是,丙作为天干第三位,代表着火行的君长,是它最盛明的象征,也是君主的本位。而辛作为天干第八位,从属于丙,辛是丙的后宫。真人明白这一点了吗?""是是。""近前来,看来你们已经明白这一点了。"

　　"今己亦为皇后,辛亦为皇后,何谓也?""善哉!子之难也,得天谶诀意^①。然。己配甲,甲者,丙之父也^②,故己乃太皇后之宫也^③。辛者配丙,丙者,甲之子也,故辛者,小皇后之宫也^④。丙者,乃甲之适子^⑤,受命皇之君也^⑥。真人知之耶?""唯唯。"

【注释】

①诀意:定论的本意。诀,通"决"。

②甲者,丙之父:甲属木,丙属火。按照五行相生的关系,木生火,

故曰"甲者,丙之父"。下文"丙者,甲之子",则从受生者角度而言,与此处从施生者角度而言恰恰相反。

③太皇后:即太后。指当朝天子的生母或养母。

④小皇后:即皇后。指当朝天子的正妻。

⑤适(dí)子:即嫡子。适,同"嫡",指嫡长子。其为前朝皇后亦即当朝太后所生之子,属于法定的帝位继承人。

⑥受命皇之君也:此六字中《太平经钞》无"皇"字。受命,承受天命之意。

【译文】

"如今己也代表皇后,辛也代表皇后,这说的是什么意思呢?""太好了,你们这诘难! 获取到了皇天秘文的定论本意。好的。己配甲,甲是丙的父亲,所以己正代表太皇后的宫室。辛配丙,丙是甲的儿子,所以辛正代表小皇后的宫室。丙是甲的嫡长子,代表承受天命的君主。真人明白这一点了吗?""是是。"

　　"行,真人已知之矣。庚者属乙①,是国家诸侯王之婿也②。壬者属丁③,是帝王女弟之婿也④。癸者属戊⑤,是国家太皇后之妇家也⑥。""善哉!""真人已知之矣。"

【注释】

①庚者属乙:庚为天干第七位,属阳干。其本义或谓阴气变更万物,使万物由定形可识而进一步坚实;或谓位值西方,象征秋季万物坚强而结下果实。以之配五行,属金。乙为天干第二位,属阴干。其本义为万物抽芽而出。以之配五行,属木。按照五行生克的关系,木生火,火克金,故曰"庚者属乙"。

②国家诸侯王之婿:犹言帝王的侄女婿。

③壬者属丁:壬为天干第九位,属阳干。其本义或谓阳气在地下孕

育万物；或谓位值北方，阴极阳生，象人怀妊之形。二说大同小异。以之配五行，则属水。丁为天干第四位，属阴干。其本义为壮，言万物在夏季皆强壮。以之配五行，则属火。按照五行生克的关系，火生土，土克水，故曰"壬者属丁"。

④帝王女弟之婿：犹言帝王的姐夫或妹夫。

⑤癸者属戊：癸为天干第十位，属阴干。其本义为揆度，即估量、揣测，言地下万物可以估量。或谓冬季水土平，可揆度，字象水从四方流入地中之形。以之配五行，则属水。戊为天干第五位，属阳干。其本义或谓万物皆茂盛；或谓为中宫，象征六甲五龙相拘绞。以之配五行，则属土。按照五行相克的关系，土克水，故曰"癸者属戊"。

⑥国家太皇后之妇家：犹言外戚。即当朝天子的母族成员。

【译文】

"近前来，看来真人已经明白这一点了。庚作为天干第七位，从属于天干第二位乙，这象征着国家诸侯王的女婿。壬作为天干第九位，从属于天干第四位丁，这象征着帝王的姊妹们的女婿。癸作为天干第十位，从属于天干第五位戊，这象征着国家皇太后的娘家人。""天师讲得太好了！""看来真人已经明白这一切了。"

"今十干已解各有所属①，愿闻地之十二支②，当云何哉？""善耶！然。天之为法，阴阳虽行③，相过事者④，各自有家。天之为法，同不举家⑤，悉相随而止耳⑥。甲者以寅为家，乙者以卯为家⑦；丙者以午为家，丁者以巳为家⑧；戊者以辰戌为家，己者以丑未为家⑨；庚者以申为家，辛者以酉为家⑩；壬者以子为家，癸者以亥为家⑪。故天道者，反行治也⑫，地道者，止也⑬。故有分土⑭，反无分民⑮，盖有国土而无国^⑯。故天地者不移^⑰，天反一日一夜周流一竟^⑱，行之以此为常。故十二支各居其处，不随十干而行也。子知之耶？""唯唯。"

【注释】

①十干：通称"十天干"，又称"十母"。乃系古代为表示时间或方位等而创制的序列化专用符号，即甲乙丙丁戊己庚辛壬癸，常与地支配合使用。干之取义，源自树干，或称其为日之精。《史记·律书》谓："甲者，言万物剖符甲而出也。乙者，言万物生，轧轧也。""丙者，言阳道著明，故曰丙。丁者，言万物之丁壮也，故曰丁。""庚者，言阴气庚万物，故曰庚。辛者，言万物之辛生，故曰辛。""壬之为言任也，言阳气任养万物于下也。癸之为言揆也，言万物可揆度，故曰癸。"《释名·释天》云："戊，茂也，物皆茂盛也。己，纪也，皆有定形，可纪识也。"本经卷五十六至六十四《阙题》(六)称："甲丙戊庚壬，阳也，主生；乙丁己辛癸，阴也，主养。"各有所属：指前五干与后五干相配属，阳配阴，偶配奇，甲己代表王者本位与太皇后之宫，丙辛代表受命之君与小皇后之宫，庚己代表诸侯王之婿，壬丁代表帝王姐妹之婿，戊癸代表外戚。

②十二支：通称"十二地支"，又称"十二子"、"十二辰"。乃系古代为表示时间或方位等而创制的序列化专用符号，即子丑寅卯辰巳午未申酉戌亥，常与天干配合使用。支之取义，源自树枝，或称其为月之灵。《史记·律书》谓："子者，滋也。滋者，言万物滋于下也。""丑者，纽也。言阳气在上未降，万物厄纽未敢出也。""寅言万物始生螾然也，故曰寅。""卯之为言茂也，言万物茂也。""辰者，言万物之蜄也。""巳者，言阳气之已尽也。""午者，阴阳交，故曰午。""未者，言万物皆成有滋味也。""申者，言阴用事，申贼万物，故曰申。""酉者，万物之老也，故曰酉。""戌者，言万物尽

灭,故日戌。""亥者,该也,言阳气藏于下,故该也。"本经卷五十
六至六十四《阙题》(六)称:"子寅辰午申戌,阳也,主生;丑卯巳
未酉亥,阴也,主养。"

③行:指阳长阴消、阴进阳退的过程。

④相过事者:指历经交替、独自构成本身形态和情状的那些事物。
此四字中"过事"二字《太平经钞》作"适"。

⑤同:指干支中阴阳和五行属性相同者。举家:自立一家、另成一
家之意。

⑥止:留止。

⑦"甲者"二句:寅、卯为地支第三位与第四位。寅为阳支,卯为阴
支。以地支配五行,二者同属木,而天干甲乙亦属木,故言各为
其家。

⑧"丙者"二句:午、巳为地支第七位与第六位。午为阳支,巳为阴
支。以地支配五行,二者同属火,而天干丙丁亦属火,故言各为
其家。

⑨"戊者"二句:辰、戌为地支第五位与第十一位,均为阳支。丑、未
则为地支第二位与第八位,均为阴支。以地支配五行,四者同属
土,而天干戊己亦属土,故言各为其家。

⑩"庚者"二句:申、酉为地支第九位与第十位。申为阳支,酉为阴
支。以地支配五行,二者同属金,而天干庚辛亦属金,故言各为
其家。

⑪"壬者"二句:子、亥为地支首位与末位。子为阳支,亥为阴支。
以地支配五行,二者同属水,而天干壬癸亦属水,故言各为其家。

⑫反行:谓天由西向东运转。

⑬止:意为承接天运之所至。

⑭分土:即分野。指与星次相对应的地域。古以十二星次的位置
划分地面上州、国的位置与之相对应。就天文而言,称作分星;

就地面来说,称作分野。《周礼·春官·保章氏》汉郑玄注:"今其存可言者,十二次之分也。星纪,吴越也;玄枵,齐也;娵訾,卫也;降娄,鲁也;大梁,赵也;实沈,晋也;鹑首,秦也;鹑火,周也;鹑尾,楚也;寿星,郑也;大火,宋也;析木,燕也。"《淮南子·天文训》谓:"甲,齐;乙,东夷;丙,楚;丁,南夷;戊,魏;己,韩;庚,秦;辛,西夷;壬,卫;癸,越;子,周;丑,翟;寅,楚;卯,郑;辰,晋;巳,卫;午,秦;未,宋;申,齐;酉,鲁;戌,赵;亥,燕。"

⑮分民:指固定应归何国统辖的民众。《后汉书·窦融传》载《赐窦融玺书》称:"王者有分土,无分民,自适己事而已。"《白虎通义·五行》谓:"有分土无分民,何法?法四时各有分,而所生者通也。若言东,东方天下皆生也。"

⑯盖有国土而无国:意谓分野是存在的,但其国是变动甚至被消灭的。意在强调行道得民。

⑰移:分离之意。

⑱一竟:一圈。即运转三百六十五度。参见《白虎通义·天地》、《论衡·说日篇》所述。本经卷一百十九《道祐三人诀》称:"故天日一周,自临行之也。所以自临行之者,假令子水也,但有水气未周,五行气不足,四时气不周,故为行而临之。甲加其上,有木行,有春气;丙加其上,有火行,有夏气;戊加其上,有土行,有四季中央之气;庚加其上,有金行,有秋气;壬加其上,有水行,有冬气。五身已周,四气已著,乃凡物得生也。"

【译文】

"如今十天干我们已经闹清楚各有配属了,希望再听听十二地支又该是怎样的情形呢?""这太好了!是的。皇天形成它那法则,阴阳尽管彼此消长进退,但历经交替、独自构成本身形态和情状的那些事物却各有本家。皇天形成它那法则,属性相同的东西并不在本家之外另立一家,全都相跟随而留止。所以天干甲把属于地支第三位的寅作为自己的本家,天干乙把属于地支第四位的卯作为自己的本家;天干丙把属于地支第七位的午作为自己的本家,天干丁把属于地支第六位的巳作为自己的本家;天干戊把属于地支第五位和第十一位的辰、戌作为自己的本家,天干己把属于地支第二位和第八位的丑、未作为自己的本家;天干庚把属于地支第九位的申作为自己的本家,天干辛把属于地支第十位的酉作为自己的本家;天干壬把属于地支首位的子作为自己的本家,天干癸把属于地支末位的亥作为自己的本家。故而天道由西向东运转而施治,地道则承接天道运转所该抵达的处所。因而形成了应该归属哪个国家辖有的疆域,反过来却没有一定得归哪个国家统治的民众,这是因为确有国家疆域的划分范围,但却没有什么固定永存的哪个国家。所以皇天和大地不分离,皇天反而一日一夜运转一圈,把这作为循环不已的定律。因而十二地支各自处在本身的既定方位上,不随同十天干去运转啊! 你们明白这一点了吗?""是是。"

　　"行。天地之道,四时五行,其道以相足①,转而异辞②,周流幽冥③,无有极时,独古者大神圣人,时时知之耳。欲尽为子说之,难为财用④,又复太文⑤,反令益愦愦⑥,使土德之君见眩乱⑦,不知所从,故止也。不惜为诸子说也,而说无穷极。真人知之耶?""唯唯。"

【注释】

①相足:意谓彼此配合,相互补济。

②转:变动之意。异辞:意为各有说法在。指具体表现形态不同。

③幽冥:指天地。天地玄远幽深,故言。

④财用:裁断施用。财,通"裁"。

⑤文:繁冗之意。

⑥愦愦(kuì):昏乱的样子。

⑦土德之君:定国运为土德,乃系西汉孝武帝之举。本篇极力阐扬
　　东汉光武帝以来所确立的汉为火德说,则"土德"之"土"当为
　　"上"字之讹。

【译文】

"近前来。天地的道法是,四时和五行相互配合补济,通过变化,形成不同的具体形态,周流在玄远幽深的天地之间,没有到达尽头的时候,只有古代特别杰出的神圣人士,才时时了解并掌握住这一切罢了。打算为你们完整详尽地讲说它,但这样做却难以形成裁断和施用,又显得太繁琐,反而让人越发昏乱,使具有第一等道德的君主看到后眼花缭乱,不知道究竟应该怎么办才对,所以就不再往下深说了。这并不是舍不得向你们几个人传授,而是讲下去根本就没有能讲完的时候。真人明白这一点了吗?""是是。"

"行,子少觉矣。德君据吾天谶以治,万不失一也。是故天道乃有固界也①。以东与南为君王象,属天,故名为天子也。以西与北为后宫、民臣象也,属地,故地为后宫也。真人知之耶?""唯唯。"

【注释】

①固界:指固定的界域划定范畴。

【译文】

"近前来,看来你们已经略微觉悟了。具有道德的君主依据我这皇天的灵验秘文去治理国家,不会出现任何差错。所以天道正具有更动不了的界域划定范畴。把东方和南方列作君主的法象,归属于皇天,因而特称为天子。又把西方和北方列作后宫、臣僚、民众的法象,归属于

大地,所以大地代表后宫。真人明白这一点了吗?”“是是。”

　　“天之格讖,东方者畏西方①。是故天地开辟以来,王者从兵法,兴金气武部,则致君之象无气,火者大衰②,其治凶乱。真人欲乐知天讖之审实也③,从上古、中古到于下古④,人君弃道德,兴用金气兵法,其治悉凶,多盗贼不祥也。是故上古圣人,深知天固法象⑤,故不敢从兵革武部以治也。帝王欲乐长安而吉者,宜按此天讖,急囚断金兵武备,而急兴用道与至德,以象天法,以称皇天之心,以长厌绝诸奸猾不祥之属也⑥,立应不疑也。真人知之耶?”“唯唯。”

【注释】

①东方者畏西方:东方为木,西方属金。按照五行相克的关系,金克木,故出此语。

②“王者”四句:此缘“五行休王说”立论。即:金王(旺盛),则木死,火囚(困囚)。详参本经卷六十五《断金兵法》所述。从,同“纵”,纵容。武部,指军事组织和武力举措等。

③审实:详实的情况。

④上古:指天皇、地皇、人皇所谓三皇时代。中古:指以黄帝为首的五帝时代。下古:指夏商周以下的历史时期。

⑤法象:法则与征象。

⑥厌(yā):压制,禁遏。

【译文】

“皇天秘文的常法是,东方畏惧西方。所以自从天地开辟以来,帝王纵容兵法,大兴金行杀气和武力举措,就致使君主的法象没有气息,火行大为衰颓,他那治理凶败乱亡。真人希望了解皇天秘文所讲论的详实情况,那就是从上古、中古一直到下古时期,但凡君主放弃道德,兴用金行杀气和兵法,他那治理就全都凶险,盗贼和不祥事物出现得特别多。所以上古的圣人深深了解皇天既定的法象,因而不敢放纵兵器和武力举措去治国。帝王中希望长久安定而吉庆的人,应当遵照这皇天秘文,赶快禁阻断绝金行兵器和武备,而去火速兴用真道和最高的真德,由此来效仿皇天的法则,来符合皇天的心意,来永久遏制并断绝掉各种奸伪狡猾不吉利的事情,天地就会立刻作出回应来,这是毫无疑义的。真人了解这一点了吗?""是是。"

　　"天之谶格法,太阳虽为君者,反大畏太阴、水之行也①。水之甘良者,酒也。酒者,水之王也,长也,浆饮之最善者也。气属坎位②,在夜主偷盗贼③。故从酒名为好纵水之王、长也④。水王则衰太阳。真人欲乐知天谶之审实也,从太古以降、中古以来⑤,人君好纵酒者⑥,皆不能太平,其治反乱,其官职多战斗⑦,而致盗贼,是明效也。是故太平德君方治,火精当明⑧,不宜从太阴,令使水德王⑨,以厌害其治也,故当断酒也!"

【注释】

　①"太阳"二句:按照五行相克的关系,水克火,故出此语。

　②坎位:指北方。坎为八卦之一,位居北方,属水行。

　③主:支配、驱使之意。

　④水之王、长:谓让水行占据统治地位,起主宰作用。

　⑤太古:即上古。

　⑥人君好纵酒者:谓商纣王之类。西周鉴殷,即把纵酒列为殷亡的主要原因之一。

⑦战斗:谓错乱无序。

⑧火精:火行的精气。

⑨德:通"得",得以。汉刘熙《释名·释言语》云:"德,得也,得事
　宜也。"

【译文】

　　"皇天秘文的常法是,最为旺盛的阳气尽管代表君长,反而特别畏
惧最为旺盛的阴气和水行。水行中甘甜佳美的东西是酒。酒属于水行
中占统治地位的东西,属于君长,是浆饮中最好喝的物品。酒气属于坎
卦所在的北方,在夜间专门驱使偷盗的贼人去活动。所以放纵酿酒和
饮酒,就被特称为喜好让水行占据统治地位,发挥主宰作用。水行占据
统治地位,就会使最旺盛的阳气变衰微。真人希望了解皇天秘文所讲
论的详实情况,那就是从上古以下,中古以来,君主中喜好放纵酿酒和
饮酒的人,全都实现不了太平,他那治理反而大乱,他所设置的文官武
职大多错乱无序,导致盗贼四起,这就是最明显的证验。所以具有道德
的太平君主正在实行大治,火行的精气就应盛明,不该放纵最为旺盛的
阴气,致使水行得以占据统治地位,去遏制并危害他那治理,所以应当
把酒禁断啊!"

　　酒者①,水之王。水王当克火,火者,君德也,急断酒以
全火德②。

【注释】

①酒者:自此以下六句,乃系《合校》本附存的以资参考的《太平经
　钞》钞文。

②火德:谓火行君主的道德。

【译文】

　　酒是水行占统治地位的东西。水行占统治地位,就会克制住火行,

而火行代表着君主的道德,因而就要赶快把酒禁断,去保全火行君主的道德。

　　"愿闻睹断之耶,断何所酒哉①?""但断市酒耳②。""今天师何睹何见,而独断绝市酒耶?""然。夫市者,乃应水之行也,故四方人民凡物,悉流而往聚处。是故江海,亦水之王、长也③。故凡百川财物,亦流往聚处也。夫水者,北方玄武之行也④,故贪,数劫夺人财物。夫市,亦五方流聚而相贾利⑤,致盗贼狡猾之属,皆起于市。以水主坎,天之法以类遥相应,故市乃为水行,纵其酒,大与之,复名为水王,市人亦得酒而喜王,名为二水重王。其咎六⑥,厌衰太阳之火气,使君治衰,反致讦臣⑦。真人知之耶?"

【注释】

①何所:谓哪些地方,什么处所。

②市酒:市场上出售的酒水。

③"是故江海"二句:意本《老子·六十六章》:"江海所以能为百谷(川)王者,以其善下之,故能为百谷王。"本经卷九十三《方药厌固相治诀》称:"百川以江海为君长。"

④玄武:龟蛇。其为北方水精,位于北方,故曰玄,身有鳞甲,故曰武。

⑤五方:东西南北中。其中东属木行,西属金行,南属火行,北属水行,中属土行。贾(gǔ)利:求取利益。

⑥咎六:指损耗五谷,无故杀伤人,引发奸淫之事,死于非命,绝嗣破家,令太和之气逆行等。详参本经卷五十六至六十四《阙题》(二)所述。咎,祸殃。

⑦诀(yāo)臣：谓邪恶的臣僚。

【译文】

"希望能听到看到禁断酒水这件事，到底该禁断哪些地方的酒水呢？""只是禁断市场上出售的酒水罢了。""如今天师察觉到什么，又看到了什么，偏偏要断绝市场上出售的酒水呢？""好的。市场其实正应合那水行，所以四方民众和所有的物品，全都流向并聚集和置身在那里。因而说起来，江海也属于水行占统治地位的物体和君长。所以各条河流与财物也流向并聚集和置身在那里。水属于北方龟蛇所在的那一行，因而特贪婪，屡屡劫夺人们的财物。市场也正是五方流往聚集而互相求取钱利的处所，致使盗贼和狡猾的家伙全都从市场里冒出来。由于水行占据在坎卦所在的北方，皇天的道法又是按事物的类属而遥相感应，所以市场正属于水行，放纵市场上的酒水，大力兴行它，这被称作水行占据统治地位，市场上的人也得到酒水而为它占据统治地位深感高兴，这被特称为二水重王。它那祸殃具有损耗粮食等六种情况，遏制住南方的火行之气并让它变衰微，致使君主的治理也变衰微，反而引出邪恶的臣僚来。真人明白这一点了吗？"

"今见天师诀之，眩乱不晓，愿闻其大诀①。""善哉！子之言也。然。诸真人乃远为天来问事，为德君帝王解承负之害，吾无所惜也。俱安坐，为诸真人分别悉说，道其大要意。""唯唯。"

【注释】

①大诀：最主要的定论。

【译文】

"如今看到天师作决断，眼前发昏而闹不明白，希望听到那最主要的定论。""你们这话说得太好了！好的。众位真人正是从远方前来为天问事，为具有道德的君主帝王解除承负的灾厄，我没有什么舍不得传授的。全都安稳坐定，为众位真人细作区分，详加解说，讲述那最重要的意旨。""是是。"

　　"天之谶诀，金玉兴用事^①，人大兴武部者，木绝元气，土得王大起^②。土者，是太皇后之宫也。气属西北方太阴，得大王，则生讹臣；作后宫失路^③，腾而起。土王则金相^④，复相随，腾而起。巳与辛之气俱得兴王^⑤，腾而大起。天之格法，则生后宫多讹^⑥。此非后宫之过也，此乃名为治失天谶，失其大部界，反使灾还反相覆也^⑦。是乃天地开辟以来，先师天时运未及^⑧，得分别具说天之大部界也，令帝王便失天之法治，令生此灾变^⑨。真人深知之耶？""唯唯。"

【注释】

①用事：当权。谓起支配作用。

②"木绝"二句：此系择取五行休王说辗转推导而致者。即：金王则木死火囚，水王则火死化生土，土遂大盛。详下文所言。元气，本原之气。即自身的活力和生命力。

③失路：谓失掉阳尊阴卑、帝王驾驭后宫的正道。

④土王则金相：此为"五行休王说"中的一种具体表现形式。相，指处于强壮的状态，发挥辅助的作用。

⑤巳与辛之气：即土行气与金行气。巳为土行气，辛为金行气。

⑥讹（yāo）：怪异，灾异。

⑦覆：交替发作之意。

⑧天时运：皇天既定的时势运会。

⑨灾变:由自然现象反常而引起的灾害。《白虎通义·灾变》云:"天所以有灾变何? 所以谴告人君,觉悟其行,欲令悔过修德,深思虑也。"《援神契》曰:"行有点缺,气逆于天,情感变出,以戒人也。"本经卷四十三《大小谏正法》对此述之甚详。

【译文】

"皇天秘文的定论是,金银珠玉盛行,起到支配作用,世人大力兴用武力举措,木行就会断绝自身的生命力,土行得以占据统治地位而大为盛兴。土行,这正象征着太皇后的宫室。而它属于西方和北方的最为旺盛的阴气,这阴气得以全面占据统治地位,就会生出邪恶的大臣来;振扬起后宫,失掉帝王驾驭后宫的正道,它就腾起。而土行一旦占据统治地位,金行就随之强壮,又跟在土行后面腾起。土行气和金行气全都得以兴盛,占据统治地位,就变成大规模腾起。按照皇天的常法成规,后宫就会生出许多妖孽来。但这并不属于后宫的过错,这正被称作治理失去了皇天的灵验定论,失去了最主要的部界划分,反而致使灾害掉转头来交替发作。这种状况源于天地开辟以来,先师没赶上皇天既定的时势运会而得以区分并详尽说明皇天最主要的部界划分,致使帝王也就丧失了皇天的道法大治,造成这些灾变降现下来。真人深深明白这一点了吗?""是是。"

"天之谶也,纵酒者,水之类也;市者,水行大聚人王处也;而纵酒于市,名为水、酒大王。水王则火少气①,火少气则化成灰,化成灰则变成土,便名为火付气于土也。土得王起,地与金、水属西、北太阴,属于民臣,反得王,后生诉臣。巳气复得作,后宫犯事复动②,而起其灾,致偷盗贼无解时。各在纵水,令伤阳德③。今所以为真人分别说之者,见子来问事,大□□惓惓④,承知为皇天欲祐德君,故吾为真人分明天地大分⑤，治所当象之，勿复犯也，犯者复愦愦致乱矣。子知之耶？"

【注释】

①水王则火少气：按照五行相克的关系，水克火；依据五行休王说，水王则火死。故出此语。下文"化灰"、"成土"云云，系作逻辑推导，与"土"行挂钩并作串接。

②犯事：谓干预朝政。

③阳德：阳气火行的道德。亦即火行帝王的道德。

④大□□惓惓(quán)：此句原缺二字。惓惓，非常恳切的样子。

⑤大分：即大部界。

【译文】

"皇天的灵验定论是，放纵酿酒和饮酒，正与水行同属一类；而市场则是水行大规模聚集起世人并占据统治地位的处所；在市场上放纵酿酒和饮酒，这被称作水行和酒浆全面占据统治地位。而水行占据统治地位，火行就少气；火行少气，就会化成灰；化成灰，就会变成土，这被称作火行把气交付给土行。土行得以占据统治地位而兴起，而地与金行、水行本来就属于西方和北方的最旺盛的阴气，象征着臣僚和民众，臣僚和民众反而得以占据统治地位，到后来就会生出邪恶的臣僚来。已所代表的土行气又会得以发作，后宫干预朝政并付诸行动，兴起那祸灾，致使偷窃抢劫的贼人没有消失的时候。这正因为从两个方面放纵水行，让它伤害阳火帝王的道德。现下为真人细作区分讲述这桩事，原因是看到你们前来问事非常恳切，由此知道这是皇天准备佑助具有道德的君主，所以我为真人区定辨明天地最主要的部界划分，治理所应效法的事体，不要再去违犯它，违犯的人又会昏暗，招来祸乱了。你们明白这一点了吗？"

"唯唯。愿问一疑。""行言。""今京师，同聚人众财货。中类京师①，反应水行耶？""噫！诸真人学何一时昭昭②，时时暗昧哉？""不及。""然。安可尽及耶？然。夫京师者，乃应土之中，火之可安止处也③。非若市，但可聚财处也。夫京师，乃当并聚道与德、仁与贤渘④，共治理天下。何故乃言京师人君，但当聚财货乎？子其大愚哉！子以吾言不信，为子道之。古者京师到今，诸聚道德贤渘者，天下悉安其理；但聚珍宝财货而无贤明者，悉乱。于真人意，京师宁可若市，但可聚财处非乎？宁解耶？""唯唯。"

【注释】

①中类京师：意为像京师这样处于天下中心的地方。《白虎通义·京师》云："王者必即土中者何？所以均教道，平往来，使善易以闻，为恶易以闻，明当惧慎，损于善恶。"

②昭昭：明白。化自《老子·二十章》："俗人昭昭，我独昏昏。"《老子想尔注》谓："俗人不信道，但见邪恶利得，昭昭甚明。仙士闭心，不思虑邪恶利得，若昏昏冥冥。"

③火之可安止处：五行之木、火、金、水，非土不载，故出此语。

④渘（róu）：通"柔"，柔和。这里指身怀柔术的人。《老子》倡导守柔克刚，故称。

【译文】

"是是。希望再询问一桩疑难事。""随即讲来。""如今京师同样聚集众人和财货。而像京师这样处于天下中心的地方，反而与水行相应合吗？""嘿！众位真人前来学道，为什么一时间很明白，时时又昏暗愚昧呢？""实在是搞不懂。""好的。怎么能够什么都懂呢？好的。京师正是与大地正中相应合、火行可以安稳栖止的地方。决不属于像市场那

样只会聚集起财货的地方。京师正应同时聚集起怀有真道与真德以及
仁惠和贤明、执守柔术的那些人,共同治理天下。为什么竟说京师和君
主只应聚集起财货呢? 你们简直太愚昧了! 你们认为我讲得不真确,
就再为你们说一说。从古到今,京师只要是聚集起众位怀有道德或贤
明以及持守柔术的人士的,全天下就都治理安平;而只是聚集起珍宝财
货却没有贤明人士的,就完全大乱了。在真人想来,京师竟可以是像市
场那样只会聚集起财货的地方吗? 到底对此闹清楚了吗?”“是是。”

　　“为诸真人重明天谶格法:日者生于少阳①,盛于太阳②;
月者生于少阴③,盛于太阴④。日者,天之精也,阳之明也,故
曰为君⑤,位在南方;月者,地之精也,阴之明也,故月为臣,
位在北方。南方为昼,北方为夜。是故日得王用事,则月与
夜衰短;月得王用事,则日与昼衰短。故北方气王,则南方
气衰;南方气王,则北方气衰也。故当急止酒王,以断衰水、
金也。真人重明知之耶?”“唯唯。”

【注释】

①少阳:谓东方。

②太阳:谓南方。

③少阴:谓西方。

④太阴:谓北方。

⑤故曰为君:此四字中“曰”当作“日”。

【译文】

　　“再为众位真人重新宣明皇天秘文的常法:太阳从东方升起来,到
南方便极为盛明;月亮从西方升起来,到北方便极为盛明。太阳是皇天
的精灵,阳气的闪光物,所以太阳代表君主,位在南方;而月亮是大地的

精灵,阴气的闪光物,所以月亮象征臣僚,位在北方。南方属于白天,北方属于黑夜。所以太阳得以占据统治地位,发挥主宰作用,月亮和黑夜存在的时间就缩短;倘若月亮得以占据统治地位,发挥主宰作用,太阳和白天存在的时间就缩短。所以北方的阴气占据统治地位,南方的阳气就衰微;南方的阳气占据统治地位,北方的阴气就衰微。因而就应赶快制止住酒占统治地位的状况,去断绝水行、金行并使它们变衰微。真人再次搞明白了吗?”“是是。”

“天之格分也①,阳者为天,为男,为君,为父,为长,为师;阴者为地,为女,为臣,为子,为民,为母。故东、南者为阳,西、北者为阴。真人欲知天谶审实,从天地开辟以来,诸纵令兵武备使王,纵酒使王,从女政大从其言使其王②,少阴、太阴与地属西、北,从是令者,后皆乱而有凶害。仁渶道德贤明圣人,悉属东、南,属于阳,属于天,从是言者,后悉理。”

【注释】

①格分:意为绝对固定的划分界标。

②女政:谓女主专政。

【译文】

“皇天绝对改变不了的划分界标是,阳代表皇天,代表男子,代表君主,代表父亲,代表长辈,代表师长;阴象征大地,象征女子,象征臣僚,象征儿子,象征民众,象征母亲。所以东方和南方属于阳,西方和北方属于阴。真人希望了解皇天秘文所讲论的详实情况,那就是自从天地开辟以来,所有放纵兵器武备而使它占据统治地位的,放纵酿酒和饮酒而使它占据统治地位的,放纵女主专政而对她言听计从并使她占据统治地位的,由于不太旺盛的阴气和最为旺盛的阴气以及大地分别属于西方和北方,所以顺从这类时令的,到后来全都大乱并遇到凶殃祸害。仁惠人、柔和人、有道人、有德人、贤明人和圣人,全都属于东方和南方,属于阳,属于皇天,采纳他们这些人的主张的,到后来全都实现大治。"

"愿闻夫贤圣何以属东、南方也?""火之精为心①,心为圣②;木之精为仁,故象在东也③。东、南者,养长诸物,贤圣柔明亦养诸物,不伤之也。故夫圣贤柔明为性悉仁而明,仁者象木,明者象火④,故悉在东、南也。""善哉善哉! 见天师之言,已大解矣。"

【注释】

①火之精为心:此系依据汉代谶纬为说。详参《白虎通义》卷八《情性》所述。

②心为圣:圣乃神圣纯阳之谓。万事精明照察,悉出于心,故曰"心为圣"。本经卷九十六《忍辱象天地至诚与神相应大戒》谓:"心者,最藏之神尊者也;心者,神圣纯阳,火之行也。"又卷一百十九《三者为一家阳火数五诀》云:"人心之为神圣","天与日与心常明",无不能照察。

③"木之精"二句:木性柔,只管生发枝叶;东方则为万物始生之处,而仁者好生。故出此语。

④"故夫"三句:《白虎通义·五行》谓:"火太阳精微,人君之象,象尊常藏,犹天子居九重之内,臣下卫之也。藏于木者,依于仁也。"本经卷四十九《急学真法》云:"故火为心,心为圣,故火常倚木而居,木者仁而有心,火者有光,能察是非,心者圣而明,故古

者大圣贤,常倚仁、明而处,归有道德仁之君。"又卷九十二《万二千国始火始气诀》称:"火者为心。""心者主正事,倚仁而明,复有神光。"

【译文】

"希望听一听贤人圣人为什么属于东方和南方呢?""火行的精灵是人心,而人心能形成圣明的状态;木行的精灵是仁惠,所以它那法象就处在东方。东方和南方,职在养护万物并让它们生长,而贤人圣人与柔和人以及精明人也都养护万物,不伤害它们。所以贤人、圣人、柔和人以及精明人构成自己的心性,全都仁惠又圣明,仁惠取法那木行,圣明取法那火行,所以就都在东方和南方了。""这太好了!这太好了!看到天师的讲说,已经完全解悟了。"

"又天谶格法,东、南为天斗纲斗所指向①,推四时②,皆王受命③。西、北属地,为斗魁所系者④,死绝气⑤。故少阴、太阴、土使得王,胜其阳者,名为反天地⑥,故多致乱也。真人知之耶?"

【注释】

①斗纲:即斗柄。由北斗七星中的第五至第七星所组成。斗所指向:谓斗柄依次旋转所对准的前列空间方位。《春秋运斗枢》曰:"北斗七星,第一天枢,第二璇,第三玑,第四权,第五玉衡,第六开阳,第七摇光。第一至第四为魁,第五至第七为杓,合为斗,居阴布阳,故称北斗。"

②推四时:意为昭示一年四季的季节变换。

③皆王:谓斗柄指东,天下皆春,木行少阳之气旺盛用事;斗柄指南,天下皆夏,火行太阳之气旺盛用事。即轮番占据主导地位,

发挥春生、夏长的固有功能。受命：承受皇天所授统治权之意。《鹖冠子·道端》谓："斗柄东指，天下皆春；斗柄南指，天下皆夏；斗柄西指，天下皆秋；斗柄北指，天下皆冬。斗柄运于上，事立于下。斗柄指一方，四塞俱成。此道之用法也。"

④斗魁：由北斗七星中的第一星至第四星组成。所系者：谓斗柄指东，则斗魁指西；斗柄指南，则斗魁指北；恰与斗柄构成对冲态势。

⑤死绝气：斗柄所指为建为立，斗魁所指为破为败。故曰死绝气。

⑥反天地：颠倒天地位序之意。

【译文】

"皇天秘文的常法又规定，东方和南方属于天上北斗星斗柄所运转指向的前列空间方位，昭示着一年四季的季节变换，都占主导地位，承受着皇天赋予的统治权。而西方和北方归属大地，成为斗魁所击向的后列空间方位，都是死亡灭绝气聚合的地方。所以不太旺盛的阴气和最为旺盛的阴气以及土行，要是叫它们得以占据主导地位，胜过与它们相对立的阳气和阳面，这被称作故意颠倒天地位序，因而大多都招来祸乱。真人明白这一点了吗？"

"唯唯。愚生数人，缘天师哀之，为其说天谶诀，愿问事一。""言之。""今南方为阳，《易》反得巽、离、坤①；北方为阴，《易》反得乾、坎、艮②。""善乎！子之难也，睹天微意③。然。《易》者，乃本天地阴阳微气④，以元气为初⑤。故南方极阳生阴，故记其阴⑥；北方极阴生阳，故记其阳⑦。微气者，未能王持事也⑧，故《易》初九子⑨，为潜龙勿用⑩，未可以王持事也，故勿用也。此者，但以元气之端首耳⑪。""善哉善哉！"

【注释】

①《易》:即《周易》。中国现存的最早的一部预测学名著,在汉代被列为五经之首。巽(xùn)、离、坤:八卦中的三个卦名。其中巽卦为长女,离卦为中女,坤卦为母。三卦均属阴卦,但在空间方位排列上,则又巽居东南,离居正南,坤居西南。

②乾、坎、艮(gèn):八卦中的三个卦名。其中乾为父,坎为中男,艮为少男。三卦均属阳卦,但在空间方位排列上,则又乾居西北,坎居正北,艮居东北,与巽离坤恰恰两两相对。文中六真人之质疑,即就这种卦类与方位属性完全阴阳颠倒的情形而发。此种排列定位,出自《易传·说卦》,后被汉代《易纬》所发挥。

③微意:精微的意旨。

④微气:孕育滋生之气。《周易乾凿度》谓,乾卦位于西北,属于"祖微据始",象征阳气处于萌发的状态。坤卦位于西南,属于"据正立位",象征阴气处于形成而非萌发的状态。之所以如此,是因为阳尊阴卑,阳实阴虚。本经卷一百十五至一百十六《阙题》(二)称:"《易》者理阴阳气,八风为节,与六甲同位,阴阳同体,与天地连身,故为神道也。"

⑤元气:化生宇宙万物的无形实体。《周易乾凿度》谓,处于浑沌状态的元气乃系宇宙万物的本原。气未出之前,属于"太易"阶段;气开始出现,属于"太初"阶段;气始有形,属于"太始"阶段;气始具备要素,属于"太素"阶段;然后气之清轻者上升为天,气之浊重者下降为地。本经卷五十六至六十四《阙题》(六)称:"元气,阳也,主生。"又卷六十六《三五优劣诀》称:"夫天、地、人,本同一元气。"又卷一百十九《三者为一家阳火数五诀》云:"初生属阳,阳者本天地人元气。故乾、坎、艮、震,在东、北之面,其中和在坎、艮之间。"

⑥记其阴:"记"乃标示之意。"其阴"则指:阴始于巳(巽卦所在的

东南方与农历四月），阴生于午（离卦所在的南方与农历五月夏
至），阴形于未（坤卦所在的西南方与农历六月）。

⑦其阳：指阳始于亥（乾卦所在的西北方与农历十月），阳生于子
（坎卦所在的北方与农历十一月冬至），阳形于丑（艮卦所在的东
北方与农历十二月）。

⑧持事：犹言用事。谓起支配作用。

⑨初九：乾卦倒数第一阳爻的爻题。此处代表阳气始生。子：谓正
值冬至那一天。本经卷八十九《八卦还精念文》云："亥子共身，
周流相抱，极阴生阳，名为初九。"

⑩潜龙勿用：此为《周易·乾·初九》的爻辞。意谓阳气潜伏地下。
本经卷三十九《解师策书诀》称："潜龙者，天气还复初九，甲子岁
也，冬至之日也，天地正始起于是也。龙者，乃东方少阳、木之精
神也，故天道因木而出，以兴火行。"

⑪端首：指初始的状态。

【译文】

"是是。愚生我们几个人由于天师哀怜，为我们讲说皇天秘文的定
论，希望能再询问一桩事。""只管讲来。""如今南方属于阳，为什么《易
经》反而在这方位上布设的是阴卦《巽》、《离》、《坤》；北方属于阴，为什
么《易经》反而在这方位上布设的是阳卦《乾》、《坎》、《艮》。""太好了，你
们这一诘难！察知到皇天的精微意旨了。好的。《易经》正是依凭天地
阴阳的孕育滋生之气来排列卦位，把元气作为初基。所以在南方，阳气
达到极限，阴气就萌生出来，因而特意标示那阴卦；而在北方，阴气达到
极限，阳气就萌生出来，因而特意标示那阳卦。孕育滋生之气，还无力
占据统治地位，发挥支配作用，所以《易经》中的《乾卦·初九》便正值冬
至那一天，表示潜龙勿用。也正是因为还不能占据统治地位，发挥支配
作用，所以就强调勿用。这种卦位的布设，只是依据元气的初始状态为
转移罢了。""这太好了！这太好了！"

"行,真人已解矣。今吾所记天谶,乃记天大部①,能王持天政气②,为天下纲纪者也③。真人知之耶?""唯唯。""今吾所言,正天下人君所当按之以为治法也。子之所问,正气之端首也。今真人见吾言,或疑也,为诸真人具说天地八界④。""唯唯。"

【注释】

①大部:即上文所谓大分、大部界。

②政气:正气。政,通"正",纯正。

③纲纪:网上总绳曰纲,丝缕头绪曰纪。喻指事物的统领部分。

④天地八界:详见下文所述。

【译文】

"近前来,看来真人已经解悟了。现下我所记述的皇天秘论,只是记述皇天最主要的部界划分,能够占据统治地位,执持住皇天正气,成为天下纲纪的那部分。真人明白这一点了吗?""是是。""现下我所讲说的,正是天下君主所应查照并用它去施行治理的法则。你们所询问的,也正是元气的初始状态。眼下真人看到我的讲说,或许还有怀疑的地方,再为真人详尽讲说天地的八大部界。""是是。"

"日之界者,以日出于卯①,入于酉②,以南为阳,北为阴。天门地户界者③,以巽初生东南角④,乾初生西北角⑤,以东北为阳,以西南为阴。子初九⑥,午初六⑦,以东为阳,西为阴。立春于东北角⑧,立秋于西北角⑨,以东南为阳,西北为阴。此名为天地八界分别阴阳位⑩。真人宁解耶?""唯唯。"

【注释】

①卯：此处代表东方和农历二月春分。

②酉：此处代表西方和农历八月秋分。《尚书考灵曜》云："仲春仲秋，日出于卯，入于酉。"本经壬部称：万物见于东，日出卯。成于西方，日入酉。《晋书·天文志》谓，二月春分，日在西方奎宿十四度稍强；八月秋分，日在东方角宿五度稍弱，此乃黄、赤二道之交中，距北极俱九十一度稍强，是为出卯入酉。

③天门地户：天门指二十八宿中奎宿和壁宿所夹峙的天区，位在西北，为乾卦之位。地户指角宿和轸宿所夹峙的天区，位在东南，为巽卦之位。《素问》卷三十九《五运行大论》谓："奎、壁，角、轸，则天地之门户也。"《周易乾凿度》称，乾为天门，巽为地户。《河图括地象》云："天不足西北，地不足东南，西北为天门，东南为地户。天门无上，地户无下。"本经卷六十五《断金兵法》谓："门户者，乃天地气所以初生，凡物所出入也。是故东南，极阳也，极阳而生阴，故东南为地户也。西北者，为极阴，阴极生阳，故为天门。"又卷八十六《来善集三道文书诀》曰："天门者，阳也，君也；地户者，阴也，民臣也。"

④巽初生：指阴气而言。于时为农历四月立夏。

⑤乾初生：指阳气而言。于时为农历十月立冬。本经卷九十三《国不可胜数诀》称："乾因建初，立位于天门。"

⑥子初九：意为阳气始生于北。"子"于此处代表北方和农历十一月冬至。

⑦午初六：意为阴气始生于南。"午"于此处代表南方和农历五月夏至。初六为坤卦倒数第一阴爻的爻题。象征阴气始生，潜藏地下。

⑧立春：八节即八个主要节气之一。在农历正月，在阳历二月三、四或五日。东北角：其地支为寅。

⑨立秋：八节即八个主要节气之一。在农历七月初，在阳历八月七、八或九日。西北角：应作"西南角"。西南角地支为申。

⑩阴阳位：即阴阳属性各有归属的空间方位坐标系。以上所云，本于汉代《易纬》的八卦方位说。

【译文】

"太阳的部界，是因为太阳从东方升起，到西方降落下去，所以就把南方作为阳，把北方作为阴。天门和地户的部界，是因为阴气在巽卦所代表的东南角开始萌发，阳气在乾卦所代表的西北角开始萌发，所以就把东北方作为阳，把西南方作为阴。由于阳气在十一月冬至始生于北，阴气在五月夏至始生于南，所以就把东方作为阳，把西方作为阴。由于立春是在东北角，立秋是在西南角，所以就把东南作为阳，西北作为阴。这被特称为天地八界分别阴阳位。真人到底对此解悟了吗？""是是。"

"行，已解矣。是故大部：以东、南为天，西、北为地。地得顺从，令王得伏其天者①，为天地反，故凶。天得行其事，王者得伏其地为顺，各得其所，故吉。真人得书，思之思之，以付归上德之君，思吾文行之，与神无异。天即祐助之，不宜时也②。

【注释】

①令王得伏其天者：意为让地凌驾于皇天之上。

②不宜时：不受任何时间限制之意。即见效迅速。

【译文】

"回去吧，看来你们已经解悟了。因此最主要的部界划分是：把东方和南方作为皇天，把西方和北方作为大地。大地原本就应绝对顺从皇天，但是偏让大地得以占据统治地位而凌驾于皇天之上，就纯属故意颠倒天地的位序,所以就凶败。皇天得以施行它那事体而占据统治地位,得以支配大地,就属于顺适而各得其所,所以就吉庆。真人得到这篇书文,精思再精思,把它付归给具有第一等道德的君主,让他精思我这书文并且行用它,就会同神灵没有什么两样。皇天马上会去保佑救助他,没有任何时间限制。

"行,为子说天谶证,为小竟①。欲为真人大说天上地下、绝洞八极及星宿罗列②,悉一二说周流天道微妙,或人反眩,不知所之,后令真道绝不用,无以解古流灾,复令上愁焉。故但为子说大部易知者,使其觉而已。故不言微妙难知者也,不惜之也。"

【注释】

①小竟:暂且告一段落之意。

②绝洞:通透至极。八极:八方极远之地。

【译文】

"回去吧,为你们讲说皇天秘文及其证验,到这里暂且告一段落。打算为真人全面讲说天上地下、洞彻通透到八方极远之处和星宿的罗列情形,全都逐项讲说天道周流的微妙意旨,或许反而让人感到惑乱,不知究竟应该归向哪里,事后造成真道断绝,不被施用,没办法解除掉自古沿袭流布的灾殃,又让帝王愁苦了。所以只为你们讲说容易理解的主要部分,叫世人觉悟罢了。因而就不再讲说微妙难以理解的东西了,我对它并不是舍不得传授。"

"唯唯。愿请问一诀事。""言之。""今且天师为愚生说天之十干,皆有配合,地道十二支,同有阴阳奇偶,何故独得天配合乎？""善哉！子之难也，可谓为得道要乎①！然。地者但比于天，为纯阴独居，同自有阴阳耳②。天与地法，上下相应。天有子，地亦有子；天有午，地亦有午；天有坎，地亦有坎；天有离，地亦有离③。其相应，若此矣。

【注释】

①道要：真道的纲要。

②自有阴阳：如山为阳、水和土为阴之类。本经辛部云："地上山阜各异，自有自然元气阴阳。""地上川谷水泽各异，自有自然元气阴阳。"

③"天有子"八句：此系说明天之阳气与地之阴气所互生固有的对应时节与方位，即冬至夏至，正北正南。本经卷一百十七《天咎四人辱道诫》称："天有六甲十二子，地上亦然；地上有六甲十二子，天上亦然。故常上下相应，不失铢分也。"对天地上下相应之法，《河图括地象》则谓："天有五行，地有五岳；天有七星，地有七表；天有八气，地有八风；天有九道，地有九州；天有四维，地有四渎；天有九部八纪，地有九州八柱。"适与此处所云文殊而意同。

【译文】

"是是。希望再请求询问一桩需要作出定论的事情。""只管讲来。""如今眼看着天师为愚生讲说皇天十干，都有配合的关系，地道十二支，同样具有阴支阳支和奇数偶数，为什么它们偏偏可以同天干相配合呢？""你们这诘难太好了！可以称得上获取到真道的纲要所在了！好的。大地只是比附于皇天，属于纯阴单独存在，但它自身同样具有阴阳罢了。天法与地法，上下相对应。天有子位，地也有子位；天有午位，地也有午位；天有坎卦的设布，地也有坎卦的设布；天有离卦的设布，地也有离卦的设布。它们上下相对应，也就像这个样子了。

　　"是故丑未者,寅之后宫也①。申者属卯②,侯王之婿也。亥者配辰③,卯者配戌④,辰戌者,太皇后之家妇也。酉者属午⑤,小皇后也。子属巳⑥,巳⑦,帝王女弟之婿也。真人知耶?""唯唯。"

【注释】

①"丑未"二句:丑、未属土行,寅属木行。木为阳,象征王者本位;土为阴,象征太皇后之宫。按照五行相克的关系,木克土,故出此语。

②申者属卯:申属金,卯属木。按照五行生克的关系,木生火,火又克金,故构成卯申之配属。

③亥者配辰:亥属水,辰属土。按照五行相克的关系,土克水,故构成辰亥之配属。

④卯者配戌:卯属木,戌属土。按照五行生克的关系,土生金,金又克木,故构成戌卯之配属。

⑤酉者属午:酉属金,午属火。按照五行相克的关系,火克金,故构成午酉之配属。

⑥子属巳:子属水,巳属火。按照五行生克的关系,火生土,土又克水,故构成巳子之配属。

⑦巳:此字据上下文例,涉上而衍,当删。

【译文】

　　"所以地支中的丑和未,是地支寅的后宫。地支中的申,从属于地支中的卯,它们象征着王侯的女婿。地支中的亥,配属地支中的辰;地支中的卯,配属地支中的戌;而辰戌则象征着太皇后的娘家人。地支中的酉,从属于地支中的午,它们象征着小皇后。地支中的子,从属于地支的巳,它们象征着帝王的姊妹们的女婿。真人对此闹明白了吗?""是是。"

"是故干为帝王，支亦为帝王。是故寅者，甲之支也[①]，故丑未称后宫。午者，丙之支也[②]，故酉称后宫。卯者，乙之支也[③]，故申称侯王之婿也。辰者，戊之支也[④]，故称太皇后之家也。亥者，癸之支也[⑤]，故称太皇后之家妇也。子者，壬之支也[⑥]，故称帝王女弟之婿也。巳者，丁之支也[⑦]，故称帝王女弟也。此天地相应和之法也。"

【注释】

①"寅者"二句：寅、甲同属木，故出此语。

②"午者"二句：午、丙同属火，故出此语。

③"卯者"二句：卯、乙同属木，故出此语。

④"辰者"二句：辰、戊同属土，故出此语。

⑤"亥者"二句：亥、癸同属水，故出此语。

⑥"子者"二句：子、壬同属水，故出此语。

⑦"巳者"二句：巳、丁同属火，故出此语。

【译文】

"所以天干代表着帝王，地支也代表着帝王。因此寅是与天干甲相对应的阳支，所以地支中的阴支丑和未被称为后宫。午是与天干丙相对应的阳支，所以地支中的阴支酉也被称为后宫。卯是与天干乙相对应的阴支，所以地支中的阳支申，被称为王侯的女婿。辰是与天干戊相对应的阳支，所以被称为太皇后的娘家人。亥是与天干癸相对应的阴支，所以被称为太皇后娘家中的妇人。子是与天干壬相对应的阳支，所以被称为帝王的姊妹们的女婿。巳是与天干丁相对应的阴支，所以被称为帝王的姊妹。这正是天地相互应合的道法。"

"善哉善哉！愿闻此辰戊君未[①]，独男则共聚[②]，女则共嫁③,何也?""微妙哉! 子之难也。然。天者极阳,地者极阴也。地众,凡阴之长也,阴者常偶数,故并也④。""今戊己同地也⑤,何故不并?""善乎! 夫戊己者,五干也⑥,地之阳也,位属天,故不并也。真人知之耶?""唯唯。"

【注释】

①辰戌君未:上文既云"辰戌者,太皇后之家妇也",又云"丑未称后宫",则此四字中"君"当作"丑"。辰戌丑未俱属土行,代表后妃,适与下文所言帝王纳妃之事,义相连属。

②独:偏偏。男则共聚:此四字中"聚"当作"娶",与下文"女则共嫁"之"嫁"相对成文。此谓帝王一娶多女。《白虎通义·嫁娶》云:"天子诸侯,一娶九女何? 重国广继嗣也。适也者何? 法地有九州,承天之施,无所不生也。娶九女,亦足以成君施也。九而无子,百亦无益也。""或曰:天子娶十二女,法天有十二月,万物必生也。"本经卷三十五《一男二女法》称:"夫女,即土地之精神也,王者,天之精神也,主恐土地不得阳之精神,王气不合也,令使土地有不化生者,故州取其一女,以通其气也。乐其化生者,恐其施恩不及,王施不洽,故应土地而取之也。"

③女则共嫁:此谓多女奉侍帝王一人。

④并:同从一夫之意。

⑤戊己同地:意谓十天干中的戊和己俱属土行。

⑥五干:犹言十天干中的正中两干。戊为天干第五位,己为第六位。以天干配方位,则戊己居中央。

【译文】

"这太好了! 这太好了! 希望再听一听辰戌丑未代表后妃,为什么偏偏帝王一个男子就迎娶众女,而众女又都嫁给帝王这一个男子呢?""你们这一诘难简直太微妙了呀! 好的。皇天是最高的阳性物体,大地是最高的阴性物体。地大物博,地是所有阴性物体的主宰,而阴性物体永远都是双数,所以就共同嫁给帝王一个男子。""如今天干戊和己,同样也属于土行,为什么不共同嫁给帝王一个男子呢?""你们这一诘难太好了!戊和己是十天干里的正中两干,属于地上的阳性物体,位次归于皇天,所以就不共同嫁给帝王一个男子。真人明白这一点了吗?""是是。"

"行,子知之矣。今真人难是也,今五行字乃转而相足①,以具天下凡事②。子得吾书,自以类惟思其恶意③,上下六方绝洞皆已备。是故圣人见一以知万,大贤见一以知千,愚者力示会独乱,不得道真也④。故道德者付真人。真人知之耶?""唯唯。""行,知之矣。"

【注释】

①字:指字象。转而相足:意为递转错杂,相互配补。

②具:包纳、囊括之意。

③自以类惟思其恶意:此八字中"恶"当作"要"。形近而讹。类,类别,类属。

④道真:天道的真意。

【译文】

"回去吧,你们已经明白这一点了。如今真人对这些问题提出诘难,现下五行的字象正递相错杂,相互配补,来囊括天下所有的事体。你们得到我这篇文书,自行依照类属只管精思那切要的意旨,上下六方通透至极的东西,已经都包括在里面了。所以古代的圣人见一而知万,大贤士见一而知千,愚昧的人无论怎样加以开启,终归只会独自乱成团,获取不到天道的真意。所以道德这东西,要授付给真人。真人了解这一点吗?""是是。""回去吧,你们已经了解这一点了。"

"愿复请问一事,令此上天之四时①,地之五行,悉道帝皇、侯王、后宫之家,天道尽往配之,中亦岂有百姓万物相配乎?""善哉! 子之问也,可谓睹大道要矣。然。此相配者,同耳。夫五行者,上头皆帝王②,其次相,其次微气。王者,帝王之位也;相者,大臣之位;微气者③,小吏之位也;王者之后老气者④,王侯之位也;老气之后衰气者⑤,宗室之位也;衰气之后病气者⑥,宗室犯事失后之象也⑦;病气之后囚气者,百姓万民之象也;囚气之后死气者,奴婢之象也;死气之后亡气者⑧,死者丘冢也⑨。

【注释】

①令此上天之四时:此七字中"令"当作"今"。形近而讹。

②上头:指起始的部分。帝王:谓帝气、王气。自此以下整段文字,依次分气为九,即王、相、微、老、衰、病、囚、死、亡。这是对"五行休王说"和"八卦休王说"的糅合与改造。五行休王说认为,五行之气在一年四季中迭有变化,并借用王、相、休、囚、废来加以描述。王,表示旺盛;相,表示强壮;休,表示休退;囚,表示困囚;废,又称死,表示死亡。按照五行生克原理,春则木王,火相,土废,金囚,水休。其余依次类推。八卦休王说模仿五行休王说,认为八卦同五行一样,也轮流占据统治地位。所用字眼为:王、相、胎(表示孕育新生)、没(表示没落)、死、囚、废(表示废弃)、休。八卦分居八方,而与立春、冬至等八个重要节气相配,每卦依节气当政为王四十五日。如立春,则艮王,震相,巽胎,离没、坤死、兑囚,乾废,坎休。到春分,则变为震王,巽相,离胎,坤没、兑死,乾囚,坎废,艮休。其余依次类推。

③微:相当于"胎"。

④老:相当于"没"。

⑤衰:相当于"休"。

⑥病:相当于"废"。

⑦失后:指被削夺封爵。

⑧亡气:与死气相区别而言。死气尚可复苏,亡气则复苏无望。此系《太平经》另定的一气。

⑨丘冢:坟墓。《春秋说题辞》谓:"丘者,墓也。冢者,种也。种墓也,罗倚于山,分卑尊之名者也。"《释名·释丧制》云:"冢,肿也,象山顶之高肿起也。墓,慕也,考子思慕之处也。丘,象丘形也。"

【译文】

"希望再请求询问一桩事,如今这皇天的四时和大地的五行,全都讲的是帝王、王侯和后宫的本家所在,天道一样不少地去配属他们。其中恐怕也有和百姓万物递相配属的吧?""你们这提问简直太好了!可以称得上察知到大道的纲要所在了。好的。此类递相配属的关系,其实是一样的。作为五行,起始的部分都是帝气王气,接下来是表示强壮的相气,再接下来是微弱气。那王气,代表着帝王的本位;那相气,代表着大臣的本位;那微弱气,代表着一般官吏的本位;王气之后的老气,代表着王侯的本位;老气之后的衰气,代表着宗室的本位;衰气之后的病气,是宗室触犯国法被削夺封爵的征象;病气之后的囚气,是百姓万民的征象;囚气之后的死气,是奴婢的征象;死气之后的亡气,是死者的坟墓。

"故夫天垂象①,四时五行周流,各一兴一衰,人民万物皆随象天之法,亦一兴一衰也。是故万民百姓,皆百王之后也②,兴则为人君,衰则为民也。真人知之耶?""唯唯。""子已知之矣。"

右以天谶长安、国家以治、讶臣绝、奸伪猾灭。

【注释】

①垂象：垂示征象。

②百王：泛指历代帝王。

【译文】

"所以皇天垂示征象，四时和五行流转一大轮，各自一兴一衰，人们和万物都跟在后面效仿皇天的道法，也是一兴一衰。因而万民百姓都是历代帝王的后裔，兴盛起来就成为君主，衰败下去就变成普通民众。真人明白这一点了吗？""是是。""看来你们已经明白这一点了。"

以上为以天谶长安、国家以治、讶臣绝、奸伪猾灭。

卷七十 戊部之二

学者得失诀第一百六

【题解】

本篇所谓"学者",系指投身外学与内学、官学与私学两大营垒内的士子学人而言。"得失",则就各自的主要表现及效应而发。为此,篇中胪列书文等次、宗奉对象、修炼方术的种别,受学后的态度变化及其类型,强调勿违本、重师诀、有灵验、能通神、可登仙、日向善、日兴盛者,方为"得",反之悉"非"皆"失",甚至是"学之大害"。在划定这种"限度"与"分界"中,贯穿着欲使各个学派统一到《太平经》"经道"上来的意向。而这,又是以顺应"天地阴阳自然性"为号召的。本篇同己部《核文寿长诀》虽论题各有偏重,但基本精神则契若合符,宜相参证。

真人谨问:"吾复欲都合正所写师前后诸文,使学者不得妄言,岂可闻乎?""善哉!子何一日益闲习也①!然。吾之道法,乃出以规阳②,入以规阴;出以规行,入以规神③;出以规众书,入以规众图④;出以消灾,入以正身;出以规朝廷之学⑤,其内以规入室⑥,凡事皆使有限⑦。

【注释】

① 闲习：熟习。其对象则为道法道术。闲，通"娴"。

② 规：规正。

③ 神：指身中神，如五脏神之类。本经乙部《录身正神令人自知法》
　　谓："为善亦神自知之，恶亦神自知之，非为他神，乃身中神也。"
　　又壬部云："神者居人心阴，精者居人肾阴，鬼者居人肝阴。于人
　　念正善，因教人为善；常居人藏阴，趋人为恶，教人为恶亦趋人
　　为恶。"

④ 图：指图谶之类。如《易纬坤灵图》、《春秋演孔图》、《河图括地
　　象》等。

⑤ 朝廷之学：指儒学、法学、兵学等。

⑥ 入室：指代各种修炼方术。如本经卷七十一所列"真道九首"、卷
　　九十六所列"守一入室知神"之类。

⑦ 限：谓准绳。

【译文】

　　真人恭谨地询问说："我想再度从总体上验合勘定所记录的天师前
后宣讲的各篇书文，使学习的人没办法胡乱瞎诌，恐怕可以听到这方面
的训导吧？""太好了！你为什么竟是那样地日益熟习真道了呀！好的。
我那道法，正是在外面去规正阳性事物，在里面去规正阴性事物；在外
面去规正人们的行为举止，在里面去规正人体内的诸多神灵；在外面去
规正所有的典籍著作，在里面去规正全部的图箓谶文；在外面去消除掉
大小灾异，在里面去端正人们自身；在外面去规正朝廷崇尚的儒家诸
学，在里面去规正各种修炼方术，使任何事情都有那准绳可依。

　　"努力好学者，各以其材能，反失其常法。外学则遂入
浮华①，不能自禁；内学则不应正路②，返入大邪也。夫诸学
者，乃常有大病，不能自知也。其好外学才太过者③，多入浮

华,令道大邪,而无正文,反名为真道,更以相欺诒也④。内学才太过者,多入大邪中⑤,自以得之也,不与傍人语⑥,反失法度而传妄言也。今子乃疑,故复来问之。今为子意善,惓惓侗侗⑦,无虑为其规矩⑧,令各有限度可议,以为分界而守之也。

【注释】

①外学:指儒家五经之学。浮华:虚浮不实。

②内学:指谶纬之学。其事玄秘,故称内学。

③才太过者:谓天赋卓异的人。

④欺诒(dài):欺骗。诒,骗。

⑤大邪:异常邪僻之意。如食粪饮小便这类方术。详见本经卷一百十七《天咎四人辱道诫》所述。

⑥与:赞同,赞许。傍人:即旁人。

⑦侗侗(dòng):戆愚的样子。

⑧无虑:大致,大约。

【译文】

"努力喜好学习的人,各自凭借本身的才能,反而丧失掉了那不可改变的法则。在朝廷儒学方面,随即陷入了浮华,没办法自行禁阻;在谶纬秘学方面,随即不遵循正路,转过头来陷入了大邪僻当中。各种学问竟常常存在着大弊病,可自己却不能觉察出来。那些喜好朝廷儒学而天赋卓异的人,大多陷入浮华,使真道变得非常邪伪,没有纯正的文辞,反而特称为真道,轮番地彼此进行欺骗。在谶纬秘学上天赋卓异的人,大多陷入大邪僻当中,自以为得到了真髓,不赞同别人的说法,反而偏离了法度却传播他那毫无根据的谬论。如今真人你对这一切正感到怀疑,所以又来询问这类问题。现下由于你用意良善,恳切到近乎愚戆的地步,大致上是要定立起规矩,让各自具有固定的法度可以议行,把它作为划定的界区而守行它。

　　"今古文众多,不可胜限也。凡学乐得其真事者,勿违其本也;学于师口诀者①,勿违其师言,是其大要一也②。夫学之大害也,合于外章句者③,日浮浅而致文而妄语也;入内文合于图谶者④,实不能深得其结要意⑤,反误言也;学长生而出,合于浮华者反以相欺也;合于内不得要意,反陷于大邪也。今子来反复问之,故为子陈其文,见其限也。合其法度者,是也;不合者,非也。明矣,可以是知之也。

【注释】

①口诀:口头传授定论之意。本经卷六十八《戒六子诀》谓:"夫天将生人,悉以真道付之物具。故在师开之、导之、学之,则可使无不知也。"

②大要:最为紧要之处。《吕氏春秋·尊师》云:"君子之学也,说义必称师以论道,听从必尽力以光明。听从不尽力,命之曰背;说义不称师,命之曰叛。"本经卷七十三至八十五《阙题》(三)谓:"可不重爱明师言?顺受师语不死焉。愚者逆师与鬼邻,不得正道入凶门。"

③章句:汉代所创制的一种分章逐句解说经文与经义的体式。如今传东汉赵岐所撰《孟子章句》之类。此处用以指代学说的粗浅表现形式及其通弊等。

④图谶:指谶纬。谶为预示吉凶祸福的隐语;纬则相对于经而言,系对儒家经书神学化的解释。因谶、纬有书有图,故又称图谶。

⑤结要:指关键处。《老子·二十七章》谓:"善结,无绳约而不

可解。"

【译文】

"迄今古文众多,没办法限定住非学习哪一类不可。只要是致力学习而乐意得到那真事的人,就不要违离那根本;通过师长口头传授定论来学习的,就不要违离师长的说法,这是一个最紧要的地方。学习方面的大祸害是,与那儒学分章逐句解释经典亦步亦趋的人,一天比一天肤浅,形成文饰而在胡说八道;进入内学书文而与灵图谶语对得上号的人,实际上并不能深深获取到关键处的意旨,反而瞎说一通;学习长生而从修炼场所出来却与浮华相合拍的人,反而拿他那套把戏相互欺骗;与内学方术相应合,但却获取不到切要的意旨,反而陷入大邪僻当中。如今真人你前来反复询问这类问题,所以为你指陈那些书文,看出衡量它们的标尺。符合自身固有法度的,就属于正确的;不符合的,就属于荒谬的。这是明摆在那里的了,可以靠这一条判定它们。

"凡书为天谈①,十十相应者②,是也;十九相应者,小邪矣;十八相应者,小乱矣;过此而下非真,不可用也。名为乱天文地理③,阴阳不喜,万物战斗,人民被其大咎也④。思养性法⑤,内见形容昭然者⑥,是也;外见万物众精神者⑦,非也。

【注释】

①为天谈:替天传语之意。

②十十相应:犹言百分之百灵验。

③地理:指由水土石构成的地貌。本经佚文云:"地理者,三色也,谓水土石。"

④大咎:大祸害。

⑤养性法:指"守一"这类精神修炼方术。

⑥形容:指身中神的形体容貌。本经称身中神或长一尺,或长二尺五寸。详参乙部《悬象还神法》及癸部《盛身却灾法》所述。又卷一百十四《不用书言命不全诀》称:"俗夫之人,不见神形容,神神自相知,形容皆气所成,何有不就者乎?"

⑦万物众精神:指对万物起主宰作用的人格化的精灵与神灵。本经极力宣扬万事万物有神论,如卷五十六至六十四丁部《阙题》(四)谓:"夫万二千物,各自存精神。"又辛部称:"故凡事大小,皆有精神,巨者有巨精神,小者有小精神。""真事有真神,邪事有邪神,善事有善精神,恶事有恶精神。"丁部《阙题》(六)复称:"神也者,皇天之吏也。"卷九十八《神司人守本阴祐诀》云:"夫神,乃无形象、变化无穷极之物也。"

【译文】

"只要是书文替天传语,百分之百灵验的就属于正确的;百分之九十灵验的,就已经稍显邪伪了;百分之八十灵验的,就多少有些淆乱了;而应验率在百分之八十以下的,就都属于不真确的,决不能施用它们。它们被特称为败乱天象和地理,阴阳感到不高兴,万物错乱又争斗,人们遭受到大祸殃。精思炼养心性的方术,在腹内清晰地看到体内神灵的形体容貌的,就属于真确的;在外面看到万物的各种精灵与神灵的,就属于邪僻的。

"学凡事者,常守本文①,而求众贤说以安之者②,是也;守众文章句而忘本事者,非也,失天道意矣。使人身自化为神者③,是也;身无道而不成神,自言使神者④,非也,但可因文书相驱使之术耳⑤。说凡事本末中央相似者⑥,是也;不相类似者,非也。

【注释】

①本文：指原始的经典文字。

②安：意谓确定其意旨而使人颇感恰切肯綮而无缺憾之处。

③使人身自化为神者：指学道积久、身变形易而进入神真行列的人。此系本经所标举的人生终极目标和最高理想之所在，非仅多处予以阐扬，更在卷一百十、一百十一、一百十四辟设多篇专文进行详尽论述。

④使神：驱遣神灵。

⑤因文书相驱使之术：如本经丙部"神祝（咒）"、庚部卷一百十四《病归天有费诀》所驳斥的召神"解除"术之类。

⑥说凡事本末中央相似者：详参本经丙部《去浮华诀》所举"甲子"等例证。

【译文】

"学习任何事情，总是执守原始的经典文字，又搜求众贤士的说法来确定那意旨，感到很恰切，这就属于真确的；执守众多的二手书文和诠解文字却忘掉了本事，这就属于荒谬的，已经丧失掉天道的意旨了。能使本人的身躯自行变化成神仙的，这就属于真确的；自身没有道法变不成神仙，可却自称能驱使神灵的，这就属于荒谬的，只不过是会凭仗文书转相驱使的那套小伎俩罢了。讲论任何事情，本原末节和主体都彼此接近相像的，这就属于真确的；彼此不接近不相像的，就属于荒谬的。

"入室始少食①，久久食气②，便解去不见者③，是也；求道自言得之不还，反有问者④，非也。凡去者悉还，有教问者⑤，是也；而无教问者，而容死也⑥。守清静于幽室，成者是也；自言得道，行以怒语言者⑦，非也，失精之人也⑧。

【注释】

①室：指茅室。少食：指每日进用一次硬食和些许水浆。少，稍。

②食气：又称服气或行气、炼气。为道教修炼方术之一。即不食五谷，而以呼吸吐纳元气为主，辅之以导引、按摩等养生延年。本经辛部云："请问胞中之子，不食而取气。在腹中，自然之气；已生，呼吸阴阳之气。守道力学，反自然之气；反自然之气，心若婴儿，即生矣。随呼吸阴阳之气，即死矣。"《论衡·道虚篇》则谓："道家相夸曰：真人食气，以气而为食，故《传》曰：食气者，寿而不死；虽不谷饱，亦以气盈。此又虚也。夫气谓何气也？如谓阴阳之气，阴阳之气不能饱人，人或咽气，气满腹胀，不能餍饱。如谓百药之气，人或服药，食一合屑，吞数十丸，药力烈盛，胸中愦毒，不能饱人。食气者，必谓吹呴呼吸，吐故纳新也。昔有彭祖，尝行之矣，不能久寿，病而死矣。"

③便解去不见者：谓尸解。即留下躯体而实际上人已仙去。本经卷一百十一《善仁人自贵年在寿曹诀》称："或有尸解分形，骨体以分，尸在，一身精神为人，尸使人见之，皆言已死，后有知者见其在也，此尸解人也。"《论衡·道虚篇》云："所谓尸解者，何等也？谓身死精神去乎？谓身不死，得免去皮肤也？如谓身死精神去乎，是与死无异，人亦仙人也。如谓不死，免去皮肤乎，诸学道死者，骨肉具在，与恒死之尸无以异也。夫蝉之去复育，龟之解甲，蛇之脱皮，鹿之堕角，壳皮之物解壳皮，持骨肉去，可谓尸解矣。今学道而死者，尸与复育相似，尚未可谓尸解。何则？案蝉之去复育，无以神于复育，况不相似复育，谓之尸解，盖复虚妄，失其实矣。"

④反：返回，归来。后多作"返"。此指蒲坂人项曼都之类而言。参见《论衡·道虚篇》所述。

⑤教问：谓在求道过程中特向仙真之士请教拜问。此指燕人卢敖

之类而言。参见《淮南子·道应训》及《论衡·道虚篇》所述。

⑥容死:延缓死亡降临之意。即再多活一段时日而已。

⑦怒语言:谓出言凶恶强横。

⑧精:指寄居在人体各部位、诸器官内并起主宰作用的人格化的精灵与神灵。精灵为地之太阴气的化身,神灵为天之太阳气的化身。

【译文】

"进入清静的修炼密室,开始时稍略进用一些食物,时间一长,吐纳先天真气,随即留下躯体而实际上人已仙去看不见的,就属于真确的;求道自称得道不再返归,可最后还是回来了,却又问这问那的,就属于荒谬的。凡是前去求道又都返回,并在求道过程中特向仙人真人请教拜问过的,就属于真确的;没有请教拜问过的,不过是能延缓死亡降临罢了。在幽深的密室里守行清静的修炼术,炼成的就属于真确的;自称已经得道,可在行动上一说话就凶恶蛮横的,就属于荒谬的,这纯粹是失去了体内精灵的人。

"入学而日善,过其故者得道之①,是也;入学而反为日恶,不忠信者,非也,陷于大邪中也。读书见其意,而守师求见诀示解者②,是也;读书不师诀,反自言深独知之者,非也,内失大道指意也③。学已得道,固事众师、众贤不懈者,是也,此日进之数也④。故古圣师已知道,自若事师不敢止也,去师则读文不懈也。学而独自言得其要意,不复力读古文圣辞,自言是,不事众圣明者,非也,下愚之人也。

【注释】

①过其故:意为将自己昔日的恶行视为罪过。

②守师：谓守住靠定师长。诀示：出示定论之意。诀，通"决"。解：
　　加深理解之意。本经卷一百三《虚无无为自然图道毕成诫》云：
　　"详学于师，亦毋妄言；有师道明，无师难传。学不师诀，君子不
　　言。妄作则乱文，身自凶焉。"
③指意：即旨意。
④日进：谓向登仙成神的目标迈进。数：规则。

【译文】

"开始步入学习了，一天比一天变得良善，把从前的恶行看成是罪
过并公开承认的，这就属于真确的；开始步入学习了，反而变得一天比
一天邪恶，既不忠诚又不信实的，就属于荒谬的，这是陷入大邪僻里面
去了。读书看出了其中的意旨，却仍紧紧守住靠定师长，请求出示定论
而加深理解的，这就属于真确的；读书不请师长作出定论，反而自称本
人深深了解掌握住的，就属于荒谬的，这纯粹是从内心失去了大道的意
旨。学已得道，仍旧侍奉众位师长和众位贤人而不懈怠的，这就属于真
确的，这是一天比一天朝着登仙成神目标迈进的规则。所以古代圣明
的师长已经了解并掌握住了真道，依旧侍奉师长，不敢止息，离开师长
就去研读书文不松懈。虽然学道，但却本人自称获取到了那切要的意
旨，不再下大力气去研读古文和圣人的文辞，自称正确，不再侍奉众位
圣明的人士，这就属于荒谬的，纯属低劣愚昧的人。

"凡人学，而穷竟其可求学者①，是也，万物皆然。万物
既生，皆能竟其寿而实者②，是也；但能生，不而竟其寿③，无
有信实者，非也。为善得其实宜者④，是也；不得其实宜者，
但外是内非也。案读吾书尽，不离绳墨而得其实者⑤，是也；
读书出其奇⑥，多才而不得其要实者⑦，非也。天有风雨，而
万物时生者⑧，是也；风雨而万物反伤者，非也，有毒也。为

经道而日兴盛者⑨,是也;不日向兴,反日向衰者,行内失其意者,非也。

【注释】

①穷竟:彻底学懂弄通之意。

②竟其寿而实:意为顺利结束生长过程并果实成熟。

③而:能。

④实宜:既实在又适当。

⑤不离绳墨:谓绝对信奉。绳墨为木工画直线用的工具,比喻准则。

⑥奇:指标新立异之类。

⑦要实:指实质性的切要内容。

⑧时生:谓按时令节气正常生长。

⑨经道:指经典及其所演述的真道。

【译文】

"只要是人们去学习,把那自己希望学到的东西学到底,这就属于真确的,万物也都是这个样。万物生出地面后,全都能够顺利结束生长过程又结成果实的,这就属于真确的;只能生出地面,不能结束自身的生长过程又结不成果实的,这就属于荒谬的。做善事做得实实在在又恰当得宜的,就属于真确的;做得不实在又不适当的,这只是外表上像是很真确而骨子里却完全不是那么一码事。查照研读我那道书一个字也没放过去,绝对信奉并且获取到实质性内容的,就属于真确的;读书亮出自己那套标新立异的玩艺,才华出众却获取不到实质性的切要内容,就属于荒谬的。天有风雨,而万物按时令节气能正常生长的,就属于真确的;刮风又下雨,可万物反而受到伤残的,就属于荒谬的,这是里面夹有毒气。致力于经典及其所演述的真道,一天比一天兴盛的,就属于真确的;不是一天比一天朝着兴盛在发展,反而一天比一天滑向衰败,在行动上就从内心里失掉了那纯正的意旨,这就属于荒谬的。

"是故夫天地之性,为善,不即见其身①,则流后生②,以明其行也;为恶,亦不即止其身③,必流后生,亦以谬见明其行也④。故夫为善恶者,会当见耳⑤。但为善者,比若向日出,犹且彰明也;为恶者,比若向日入,犹且冥冥。此天地阴阳自然性也。天生万物,乃各随其行而彰之,不隐匿也。故善者上行,命属天,犹生人属天也;恶者下行,命属地,犹死者恶,故下归黄泉⑥,此之谓也。得吾书者,以付上德君也。吾有此书,敢障绝而传读之也⑦。

【注释】

①即见其身:谓本人获得善报。

②流:流及,延及。

③止其身:犹言丧命。

④谬见(xiàn):意为荒唐举动出现。见,"现"的古字,显现,出现。

⑤会当:该当。见:得到报应之意。

⑥黄泉:地深之处。指阴间。

⑦障绝:意为遏制奸邪,断绝凶恶。

【译文】

"所以天地的本性是,人做善事,即使不立即让他本人得到善报,也会泽及他的后代,用来验明他那行为可敬;人干坏事,即使不立即让他本人丧命,也必定会殃及他的子孙,同样是通过荒唐举动的出现来验明他那行为可憎。所以无论做善事还是干坏事,终归会遭到报应罢了。专做善事的人,就好比随着太阳一起升起,而且明亮耀眼;光干坏事的人,就好比跟着太阳一块落山,而且漆黑一团。这是天地阴阳原本就那样的属性。皇天生下万物，正各自随同它们的行径来显现它们，不会叫它们隐伏躲藏起来。所以良善的就朝上生长，性命归属于皇天，这就如同存活的世人归属于皇天；恶劣的就往下衰败，性命归属于大地，这就如同死掉的世人太凶恶，所以往下归入黄泉，说的也正是这个意思。获得到我这篇文书的人，去把它付归给具有第一等道德的君主。我亮出这篇文书，绝对敢保证把奸邪遏制住，将凶恶断绝掉，让人传布研读它。

　　"天道治天①，不可尽知也，不可听信一人之言。今故为子定古圣文，今复要其合策②，明书前后相因，以相证也。天地开辟以来，贤圣虽异世而生，相去积远，所疾恶者同也，共为天谈，救世得失也。其言相似，犹若重规合矩③，转以相彰明，不得不也。

【注释】

①治天：治理皇天之意。

②要(yāo)：校正。合策：谓归于一致。

③重规合矩：犹言万分切合。规，校正圆形的工具。矩，校正方形的工具。

【译文】

"天道治理皇天，根本没办法知道那其中的全部情形，所以绝对不能够听信某一个人的主张。现下特地为真人区定古代圣人的书文，如今还须对它们归于一致进行校正，辨明书文前后递相承袭的内容，彼此来作印证。天地开辟以来，圣贤尽管降生在不同的时代，彼此距离遥远又遥远，但所痛恨憎恶的对象却是完全相同的，一起为皇天传达话语，挽救人间的过失。他们的言论彼此很相像，就像圆规重叠，方矩复合一般，转而相互彰明那事理，客观上不得不这样做。

"夫物类相聚兴也,其法皆以比类象相召也①,是明效也。为其失之于前,得之于后,考合异同以成文也。拘古以明今②,共议其事,以内文者明其外文③,以外文者还考系其内文也④,使可万世传,无重过于天。一人之言,不可独从也。众人之言深策⑤,取古贤圣之辞,内与天同也,共定而置之⑥,帝王日明解诀⑦,诸愦乱灾恶除⑧,天无重忧。共为者兴,拒逆者灾不除也。"

右是学者得失诀⑨。

【注释】

①类象:指同类事象或物象。

②拘:汇综。

③内文:属于内学即谶纬之学的书文。外文:属于外学即儒家之学、朝廷之学的书文。

④考系:考索系联。

⑤策:谓像占卦那样揣摩。

⑥置:排纂之意。

⑦解诀:意谓对定论深有体悟。

⑧愦(kuì)乱:混乱,昏乱。

⑨是:是正。

【译文】

"同类事物聚合到一处要兴起,做法都是把同类的事象或物象排列在一起,彼此作招引,这是最为明显的例证。因为它们有的在前面出现偏失,有的在后面又有所得,考辨验合彼此之间的异同,来形成新书文。汇综古代来究明当代,共同讨论那事体,拿属于内学的书文去验明外学的书文,用属于外学的书文反转来考索系联那些内学的书文,让它能够永远流传，在皇天那里再也不出现深重的罪过。纯属某个人的主张，绝对不能够单方面信从。对众人的各种主张像占卦那样深深加以揣摩，取用古代圣贤的文辞，在深层同皇天保持一致，共同厘定而排纂起它们，帝王就一天比一天圣明，对所有的定论了然于胸，各种昏乱以及灾祸险恶事都消除掉，皇天不再有那一层又一层的忧虑了。同心协力去这样做的人就兴盛，抗拒违逆的人，就灾害消除不掉。"

　　以上为是正学者得失诀。

真道九首得失文诀第一百七

【题解】

本篇所谓"真道九首",乃系由上至下按层级排列的九种修炼方术。即:元气无为、凝靖虚无(又称虚无自然)、数度分别可见、神游出去而还返、大道神与四时五行相类、刺喜、社谋、洋神、家先。所谓"得失文诀",是对上列九种修炼方术之功效进行的剖判与裁断。篇中将其划为三组,每组又分三等,具体说明各自的修炼表现和结果,以及相互之间的制约关系,由此强调"明师"传道的主导地位与先决作用。通观全篇,尽管统统冠之以"真道九首"的美称,然则前两种充满浓厚的神化色调,毕竟还属于气功修炼的范畴,中间三种犹为思神延命术,后四种则纯系招神迎鬼术。

真人再拜:"请问一事。""然。言之。""今天师为太平之气出,授道德以兴无上之皇、上有好道德之君①,乃下及愚贱小民。其为恩,乃洞于六合②,洽于八极③,无不包裹。今贤渫得师文学之,及其思虑为道,上以何为竟④,下以何为极乎⑤?""善哉!真人之问,一何微要也⑥!其欲闻洞极,知神灵进退邪?""实愚蔽暗事者不及,唯天明师录示之⑦。""诺。

道有九度⑧,分别异字也⑨。今将为真人具陈其意,自随而记之,勿使有所失也。""唯唯。"

【注释】

①以兴无上之皇、上有好道德之君:此十三字《太平经钞》作"以兴上皇好有道之君"。无上之皇,最为盛明之意。皇,"煌"的古字。

②六合:天地四方。

③洽:周遍。

④竟:谓顶点、顶峰。

⑤极:谓极限。

⑥微要:精微切要。

⑦天明师:对授道天师的敬称。录示:次第开示之意。

⑧度:类别,等次。

⑨异字:意为各有各的名称。

【译文】

真人连拜两次说:"请求询问一桩事。""好的。只管讲来。""如今天师鉴于太平气就要降临,传授道德,来使最为盛明的第一等喜好并具有道德的君主兴盛起来,直至往下延及到愚昧低贱的普通老百姓。这样形成的恩德竟通透到天地四方,遍及到八方边际,无不包纳卷裹在内。如今贤明人和怀有柔术的人得到天师的书文学用它们,等到这些人考虑修炼真道,往上该把什么作为顶点呢?往下又该把什么作为极限呢?""真人的提问简直太好了!为什么竟是那样地精微切要啊!你这是想闻知通透至极的那类事情,了解神灵的进退吧?""这实际上是弟子我这样愚昧而对事体很昏暗的人确实闹不懂它,只请皇天明师依次加以开启。""好的。真道共有九个类别和等次,各有各的名称。眼下马上为真人详尽陈说它们的要意,你自行跟在后面记下它,不要有遗漏的地方。""是是。"

　　"然。一事名为元气无为,二为凝靖虚无,三为数度分别可见,四为神游出去而还反,五为大道神与四时五行相类,六为刺喜,七为社谋,八为洋神,九为家先。一事者各分为九①,九九八十一首②。殊端异文③,密用之则共为一大根④,以神为使⑤,以人为户门⑥。

【注释】

①九:自然基数中的阳数之极。

②首:种类,种属。

③殊端:谓细类不同。

④一大根:比喻同本同源。

⑤使:指驱使的对象。

⑥户门:比喻入口处。意在强调取决于人,一由在人。

【译文】

　　"好的。第一等叫做元气无为,第二等叫做凝靖虚无,第三等叫做数度分别可见,第四等叫做神游出去而还返,第五等叫做大道神与四时五行相类,第六等叫做刺喜,第七等叫做社谋,第八等叫做洋神,第九等叫做家先。每一等又各自分成九种,总共九九八十一种。细类不同,文辞也不一样,秘密行用它们,就共同构成一条大根,这就是把神灵作为驱使的对象,把修炼者本人作为入口处。

　　"今为子条诀之①,亦不可胜豫具记②,自思其意。其上三九二十七者,可以度世③;其中央三九二十七者,可使真神吏;其下三九二十七者,其道多耶④,其神精不可常使也,令人惚惚恍恍⑤,其中时有不精之人,多失妄语⑥,若失气者也。"

【注释】

①条诀：逐项决断之意。

②豫：预先，事先。

③度世：指登仙成神。

④耶：用同"邪"，邪僻。

⑤惚惚恍恍：心神不定的样子。

⑥妄语：谓向他人宣称自己要做当朝天子或日后会登仙成神之类。详参本经卷七十一《致善除邪令人受道戒文》、卷一百十四《九君太上亲诀》所述。

【译文】

"现下为你逐项逐等作决断，也不可能预先全都记述过来，要自行精思那要意。其中属于上等的那三九二十七种，可以超凡成仙；其中属于中等的那三九二十七种，可以调遣真神吏；其中属于下等的那三九二十七种，作为道术大多邪僻，那些神灵和精灵无法时常调遣它们，还会叫人恍恍惚惚，其中经常会出现魂不附体的一类人，大多在乱说一通上出现过失，就好像丧失了底气似的。"

"今愚生见师言，眩冥不知东西①，愿分别为下愚生说之。""然。其上第一元气无为者，念其身也，无一为也，但思其身洞白②，若委气而无形③。常以是为法，已成则无不为、无不知也。故人无道之时，但人耳，得道则变易成神仙，而神上天，随天变化，即是其无不为也。

【注释】

①眩冥：惑乱暗昧。

②洞白：指四方皆暗，腹中洞照，达到太和之明的境地。参见《太平

　　经圣君秘旨》(下称《秘旨》)征引本经佚文所述。

　　③委气：积气。

【译文】

　　"如今愚生看到天师的讲说，惑乱暗昧得分不出东边和西边来，希望为最低劣的愚生逐项逐等解说它们。""好的。那位居第一等的元气无为，是说念识自身，没有任何一种其他的举动，只是思量全身彻里彻外纯白一片，光明通透，好像积气而无形状。经常把这作为道法，炼成后就没有什么做不到、没有什么不知晓的了。所以世人在没掌握真道的时候，只不过是个人罢了；获取到了真道，就身变形易成为神仙，而神仙又升入天庭，随同皇天而变化，这就让他没有什么做不到的了。

　　"其二为虚无自然者，守形洞虚①，自然无有奇也②。身中照白，上下若玉，无有瑕也③。为之积久久，亦度世之术也。此次元气无为象也④。

【注释】

　　①洞虚：谓达到一切都不复存在的纯净状态。

　　②自然：谓顺适本然固有的那种情状与态势。奇：指一切杂念和异乎寻常的举动。

　　③瑕：斑点。

　　④次：仅次于。象：法象。上述两种度世之术，参见本经卷一百三《虚无无为自然图道毕成诫》所述。

【译文】

　　"第二等属于虚无自然的，是说守持躯体，达到一切都不复存在的纯净境地，顺适原本就那样的情状与态势，没有任何杂念和异乎寻常的举动。身中纯白一片，光明通透，上下就像一整块洁玉，没有一星斑点。照这样长时间修炼下去，也是超凡成仙的道术。它属于仅次于元气无为的法象。

　　"三为数度者,积精还自视也①,数头发下至足五指②,分别形容③,身外内莫不毕数④,知其意。当常以是为念,不失铢分⑤。此亦小度世之术也,次虚无也。

【注释】

①积精还自视也:此六字中"精"下《秘旨》有"思"字。

②数头发下至足五指:此八字中"头"字《秘旨》作"从"。

③形容:指人体内外各个部位、器官的精灵与神灵的形状。

④莫不毕数:此四字中"数"字《秘旨》作"备之"。

⑤不失铢(zhū)分:犹言不差毫厘。铢、分,均为重量单位。十二粟为一分,十二分为一铢,十二铢为半两。

【译文】

　　"第三等属于数度的,是说长时间精思又精思,反过来闭上眼睛再自己往躯体内外作观视,依次从头发到脚部五指一直往下数,区分出所有部位的精灵与神灵的形状,全身内外没有一个部位数不全的,还明白众精灵与众神灵的意志。应当把这作为总去专思的对象,不差毫厘。这也是稍低一点儿的超凡成仙的道术,仅次于虚无自然。

　　"四为神游出去者①,思念五藏之神②,尽出入③,见其行游,可与语言也④。念随神往来,亦洞见身耳⑤。此者知其吉凶,次数度也。

【注释】

①神游出去:谓寄居在人体内的神灵离开所在部位游荡到外面去。

本经癸部《是神去留效道法》称:"人不卧之时,行坐言语,分明白黑,正行住立,文辞以为法度,此人神在也。及其瞑目而卧,光景内藏,所念得之,但不言,神在内也。及其定卧,精神去游,身不能动,口不能言,耳不能闻,与众邪合,独气在,即明证也。"

②五藏(zàng)之神:指肝神、心神、脾神、肺神、肾神。藏,内脏。后作"脏"。本经乙部《阙题》(二)称:"故肝神去,出游不时还,目无明也;心神去不在,其唇青白也;肺神去不在,其鼻不通也;肾神去不在,其耳聋也;脾神去不在,令人口不知甘也。"

③尽出入:此三字中"尽"字《太平经钞》作"昼"。

④可与语言:即能当面对话之意。本经乙部《调神灵法》云:"故圣人能守道,清静之时,旦食诸神皆呼与语言,比若今人呼客耳。"

⑤洞见身:谓对全身的神灵分布及活动情形一清二楚。以上所云,参见本经乙部《以乐却灾法》、《悬象还神法》、卷七十二《斋戒思神救死诀》所述。

【译文】

"第四等属于神游出去而还返的,是说精思专念体内五脏的神灵,它们都在身躯内外出来进去,能够看到它们行走游动的情景,还可以同它们对话交谈。意念随顺五脏神往来转动,也能对全身的神灵分布及活动情形一清二楚。这种道术可以测知吉凶,仅次于数度。

"五为大道神者,人神出①,乃与五行四时相类,青赤白黄黑②,俱同藏神出入往来,四时五行神吏为人使③,名为具道可降诸邪也④。

【注释】

①人神:即身中神。

②青赤白黄黑:以五色配五行,则青属木,赤属火,白属金,黄属土,

黑属水。汉刘熙《释名·释彩帛》云:"青,生也,象物生时色也。赤,赫也,太阳之色也。黄,晃也,犹晃晃象日光色也。白,启也,如冰启时色也。黑,晦也,如晦冥时色也。"

③四时五行神吏:指春季东方青衣神吏,夏季南方赤衣神吏,六月中央黄衣神吏,秋季西方白衣神吏,冬季北方黑衣神吏。

④具道:身怀道术之意。降:降伏。以上所云,参见卷七十二《斋戒思神救死诀》、癸部《以自防却不祥法》所述。

【译文】

"第五等属于大道神的,是说人体内的神灵游动到外面,正与五行和四时相类似,计有青色的、红色的、白色的、黄色的、黑色的,全都随同五脏神出入往来,四时和五行的神吏能够被人所驱使,这就叫做身怀道术可以降伏各种邪物。

"六为刺喜者,以刺系地①,道神各亦自有典②,以其家法③,祠神来游④,半以类真,半似邪颇⑤,使人好巧⑥,不可常使也⑦,久久愁人。

【注释】

①以刺系地:此四字中"系"字《太平经钞》作"击"。刺,指招神的名帖。其与唐代开始出现的扶乩有类似之处。

②道神:指在道路上游动的神灵。典:指成文的秘籍。

③家法:谓自行创立而被遵守沿用的一家之法。

④祠神:指被人用名帖招请的路上游神。

⑤邪颇:邪僻不正。

⑥好巧:喜好耍弄小聪明之意。

⑦不可常使也:此五字《秘旨》作"而入半邪"。

【译文】

"第六等属于刺喜的,是说把招神的名帖拍在地上,而在道路上游动的众神也各自编有自家的成文秘籍,于是按照自家的法度,那个被人用名帖招请的路上游神就前来与人打交道,一半像是真实可信的,一半像是邪僻不正的,会叫人喜好耍弄小聪明,所以就不能时常招请它们,时间一长,它们会给人带来犯愁的事情。

"七为社谋者,天地四时、社稷山川祭祀神下人也①,使人恍惚欲妄言。其神暴仇狂邪②,不可妄为也。

【注释】

①社稷:古代由朝廷祭祀的主要对象之一。社谓土神,稷谓谷神。下人:降临人身之意。从"下人"至"不可妄为也"二十一字,《秘旨》另作十二字:"令人通此,涉邪妄也,灭而不取。"

②其神暴仇狂邪:意为这类神灵会让它们所憎恶的仇人或邪人做出凶暴或狂妄的举动。

【译文】

"第七等属于社谋的,是说被人间祭祀的天地四时、社稷山川那些神灵降临到人身上,它们会让人神志恍惚,总想乱讲一通。这类神灵还会叫它们所痛恨的仇人或邪人做出凶暴或狂妄的举动来,因而不能轻易就招请它们。

"八为洋神者,言其神洋洋①,其道无可系属②,天下精气下人也③,使人妄言,半类真,半类邪。

【注释】

①洋洋：无所依归的样子。

②系属：归属。

③天下：上天派下之意。

【译文】

"第八等属于洋神的，是说这类神灵无所依归，此等道术没有什么可以归属的类别，实际是上天派下精气降临到人身上，使人胡言乱语，它们一半像是真实可信的，一半像是邪僻不正的。

"九为家先，家先者，纯见鬼①，无有真道也。其有召呼者，纯死人之鬼来也。此最道之下极也，名为下士也。得其上道者②，能并使下；得其下道者③，不能使其上也。"

【注释】

①鬼：指祖先的幽灵。

②上道：指前三种道术。

③下道：指后六种道术。

【译文】

"第九等属于家先的，是说家先这种道术，纯粹是看到自家的死人鬼，根本就没有真道在里面。有人要是进行呼召，纯粹是自家的死人鬼来到面前。这属于道术中最低劣的玩艺，搞这玩艺的人被叫做最低劣的术士。掌握住九种道术中前三种道术的人，能够同时驾驭后六种道术；掌握了后六种道术的人，却根本无力驾驭前三种道术。"

"今愿闻：何故有是上下乎哉？""然。此者，人行之所致也。守本者得上，好身神出入游者得中也，愚人乃损其本守末,他游神者得下①。守本者能尽见之,守中者半见之,守末者不能还自镜见之道也②。故凡学者,乃须得明师;不得明师,失路矣。故师师相传③,乃坚于金石④;不以师传之,名为妄作⑤,则致凶邪矣。真人慎之慎之。""唯唯。"

【注释】

①他游神:指社谋诸神等。

②自镜见之道:意为自行像以镜照面般洞见一切的道术。本经壬部有"洞照之式"、癸部《神人真人圣人贤人自占可行是与非法》有"照镜之式"的说法。卷四十二《四行本末诀》则云:"是故古圣贤,深观天地岁月日人民万物,视所兴衰浮平进退,以自知行得与不得,与用洞明之镜自照,形容可异。"卷八十六《来善集三道文书诀》又云:"以其事对之,比若窥明镜,相对而面语。"

③师师:以师为师之意。犹言拜师、从师。本经乙部《安乐王者法》云:"受命于天,受体于地,受教于师,乃闻天下要道。"

④金石:金属和玉石之类。以喻心志坚定不移。

⑤妄作:谓按本人一己之见另编道书。本经卷一百三《虚无无为自然图道毕成诫》云:"妄作则乱文,身自凶焉。"

【译文】

"如今希望听一听:为什么具有这上等和下等的区定呢?""好的。这种区定完全是由世人的行动所造成的。持守根本的人就获取到上等的道术,喜欢让体内神灵出来进去而游动的人就获取到中等的道术,愚昧的人竟丢失根本,持守末梢,四处游逛的神灵就得以降临到他的身上。持守根本的人能见到所有的神灵,持守中间状态的人能见到一半的神灵,持守末梢的人根本无法回归到自行像以镜照面般洞见一切的道术上来。所以只要是学道的人,正须待得见明师;未得见明师,那就失去途径了。因而拜从师长,递相传授,正比金石还要坚不可破;不依仗师长传授,这就叫做乱来,就会招来凶险和邪恶。真人对此要慎重再慎重。""是是。"

"故古者上学圣贤①,得明师名为更生②,不得明师者,名为乱经③。故贤圣皆事师④,乃能成;无有师,道不而独自生也。""善哉善哉!"

【注释】

①上学圣贤:意为第一等求学的圣人贤士。

②更生:新生。即重新获得生命。

③乱经:败乱经典。

④贤圣皆事师:古传神农氏以悉诸为师,黄帝以风后为师,颛顼以绿图为师,帝喾以赤松子为师,尧以务成子为师,舜以尹寿为师,禹以国先生为师,汤以伊尹为师,文王、武王以太公吕望为师,孔子以老子为师。详参《吕氏春秋·尊师》、《白虎通义·辟雍》、《潜夫论·赞学》及《新序·杂事第五》、《韩诗外传》等。诸书所述师名,互有异同。

【译文】

"所以古代第一等求学的圣人贤士,得到了明师,这被称作新生;未得到明师,这被称作败乱经典。因而圣人贤士全都拜从师长,才能够成功;没有师长,真道是不能本身就自动降生出来的。""这太好了! 这太好了!"

"真人欲知其效,比若夫人居大贤之里①,则使人大贤;居中贤之里,则使人中贤;居不肖之里②,则使人不肖,常不及③。此之谓也。

【注释】

①里：指居民点。东汉以百户人家为一里，里设里正。

②不肖：子不似父曰不肖。即不贤。

③不及：搞不懂、闹不清之意。以上所云，本于《论语·里仁》中的孔子之言："里仁为美。择不处仁，焉得知（智）？"

【译文】

"真人打算了解那效验，就好比人们住在具有大贤人的地方，就会使人成为大贤人；住在具有中等贤人的地方，就会使人成为中等贤人；住在不贤的人充斥的地方，就会成为不贤的人，常常什么都搞不懂来闹不清。说的正是这个意思。

　　"学此道者，审之详之，此天之要道也①。慎之慎之！""唯唯。""行去。道归其人，以付贤明。""唯唯。""是神诀要道也②。"

　　　右真道九首得失文诀。

【注释】

①要道：指近在胸心、散满四海的真道。详见本经卷六十八《戒六子诀》所述。

②神诀：神灵所掌握的秘诀。

【译文】

"学习这类真道的人，要审慎对待它，要仔细琢磨它。这是皇天的紧要真道。多加小心！多加小心！""是是。""回去吧。真道只会归属合适的人选，要把它授付给贤明的人。""是是。""这可是神灵的秘诀，紧要的真道。"

　　以上为真道九首得失文诀。

致善除邪令人受道戒文第一百八

【题解】

本篇所谓"道戒文",乃系神人天师向修道者降示的戒饬文书。"致善除邪",则为"令人受"此道戒文书的感召力之所在。受此道戒必得大寿度世,乃至"乘云驾龙,周流八极",是为"善";违此道戒注定当生反死,转为天杀,是为"邪"。篇中围绕这一"致"一"除"的吉福大效,言称天地专使邪神惑人,又以玉女试人,借此凸现"虚无绝洞之道"的贵重性。并强调人要获此重道,必须"持心坚密",使邪神、玉女无隙可乘,而其防范的根本办法,则在于"好道而学"。由此又宣扬禄命六等说(神、真、仙、道、圣、贤)和学道三效论(大度、大寿、小寿);指明"尊天重地,敬上爱下,顺用四时五行可为",乃系"道意"之所在。至于篇中把君臣权力之争、"小人"造反、父子相恶,归结为邪神欺惑的结果,则是对东汉后期社会矛盾所作的一种神学解释。通篇宜与本经庚部《九君太上亲诀》、丙部《九天消先王灾法》相参证。

真人问神人曰①:"受道以何为戒乎?"神人言:"道乃有大戒,不可不慎之也。夫且得道,临且成之时,乃与诸神交结也②,与精神为邻里,出入相见睹,与人相爱,若父子也。夫道,乃重事也。或悔与人,且欲夺人道,故先试人,视人坚不,共来欺人,使人妄语。得其辞语,坚闭之,慎无传之也③,即可得寿也,久可得真道矣。传之,日消亡矣,又使人好生而恶害。"

【注释】

①神人:对传道天师的敬称。

②诸神:谓百神群精。

③慎无:切莫。

【译文】

真人向神人询问说:"承受真道,该把什么作为戒条呢?"神人回答说:"真道正有紧要的戒条,不能不对它特加小心。眼看就要得道,临近修成的时候,这时正与百神群精相交结,同精灵、神灵结成邻居,出入彼此总见面,它们与人互相爱护,就像父子。真道正是特别重大的事体。有时会后悔授给世人,而且想把世人眼看就要修成的真道剥夺掉,所以事先就考验人,看人是否坚密,共同前来欺哄人,让人胡言乱语。听到这类话,要坚定地不去理会它,切莫传扬它,这样就可以获取到长寿了,时间一长又可以获取到真道了。传扬它的话,就会一天比一天消耗衰亡,可在此过程中又使人更加渴望存活,厌恶凶害。"

真人曰:"愿闻其日消亡意。""精神消亡,身即死矣。夫虚无绝洞之道①,常欲使人好生而恶杀,闭口无泄,乃可万万岁也。"真人问神人:"愿闻无泄之禁忌。"神人言:"然。大人泄之②,亡其位;中人泄之③,即断其气;小人泄之④,灭其世类也⑤。所以然者,夫天地乃以此自殊异自私⑥,故能神⑦,尤重之也。夫天地不深知绝洞之道,以何为神乎?以何为寿乎?记之!吾告子,其精之、重之、慎之。"真人唯唯⑧:"不敢妄言也。”

【注释】

①虚无:谓内实外虚,有若无。详参本经卷一百三《虚无无为自然图道毕成诚》所述。

②大人:圣人在位者。指以帝王为首的最高统治集团的核心成员。

③中人:中等人。谓官府属吏。

④小人:即普通民众。

⑤世类:指代代传衍的家族世系。

⑥殊异:与众迥然不同之意。自私:意谓自身牢牢掌握着对世人授付真道的权力。

⑦神:神妙之意。本经乙部《阙题》(二)谓:“故天地不语而长存,其治独神。”

⑧唯唯:形容绝对顺从的样子。

【译文】

真人说:“希望能听到一天比一天消耗衰亡的含义。”“世人体内的精灵与神灵消失离去了,那副身躯也就死灭了。内实外虚而通透至极的真道,总是想让人渴望存活,厌恶克杀,紧紧闭口不泄露,就可以长生永存了。”真人又向神人询问说:“希望听一听不泄露这方面的禁忌。”神人回答说:“好的。身居高位的人泄露它,就会丧失他的高位;中等人泄露它,就会断绝他的性命;普通老百姓泄露它,就会灭绝他的家族世系。之所以如此,是因为天地正靠真道来显示自身迥然与众不同,把对世人授付真道的权力牢牢掌握在自己的手中,所以就能神妙,特别地看重它。天地不深深了解并掌握住通透至极的真道,凭借什么形成神妙呢?又凭借什么形成长寿呢?要记住这一点!我告诉你了,你要精思它,看重它,谨慎对待它。”真人赶紧表示绝对顺从教诲,说道:“决不敢胡乱瞎讲呀。”

真人稽首①："愿更闻其将欲败人,奈何乎哉?"神人言:
"然。于人心中有恶意,使大邪来欺②。人能坚闭耳,不听其
辞语,则吉矣;听其辞,则凶害矣。夫人君听之,恶其臣,言
其臣不忠信而欲反也。臣子听之,恶其君,就来欺之,言子
今当为圣人,今当为人君。小人听之,使人自言且大尊也③。
父听之,恶其子;子听之,恶其父。辩变其辞语④,荧惑人心
意⑤。言其且善且恶,乱人政治,一喜一怒,大佞之邪也⑥,方
欲害人也。从古到今,诸学长寿者,皆不得度于此辞也。"

【注释】

①稽(qǐ)首:古代以头着地的最重跪拜礼。

②大邪:指极为邪僻的鬼物。

③大尊:谓大富大贵。

④辩变:意为伶牙俐齿地变来换去。

⑤荧惑:迷惑,眩惑。

⑥大佞之邪:万分谄媚猾巧的大邪鬼物。

【译文】

真人敬行跪拜大礼说:"希望再听一听它想让人毁败,将怎样去做
呢?""神人回答说:"好的。在人心中产生厌恶情绪的时候,就派大邪鬼
物前来进行欺哄。人能牢牢堵住耳朵,不听它那言辞,就吉利了;一听
它那言辞,就凶险了。君主听了,就憎恶自己的臣僚,因为它声称臣僚
不忠诚而想谋反。臣僚听了,就憎恶自己的君主,因为它趁势前来欺骗
臣僚,说什么你如今应当成为圣人,如今应当成为君主。普通老百姓听
了,就会让人自我宣称眼看就要大富大贵了。做父亲的听了,就憎恶自
己的儿子;当儿子的听了,就憎恶自己的父亲。它花样百出地变换那言
辞,迷惑人的心意。说人会有好结果或坏下场,借此来败乱人的政治,

让人一喜一怒,这纯粹是万分谄媚猾巧的大邪鬼物,正想祸害人。从古到今,众多学习长寿道法的人,都被这类言辞弄得成不了神仙。"

真人问曰:"当奈何哉?"神人言:"闭耳无听,闭口无语。此但佞邪,无可听者也,听之即真道去,去即死矣。子欲长存,慎之。此辞也,吾已为子先更之①,几何中于此大邪矣②。吾常自正吾心,不复用之也。此大邪,常积欲观人坚不;大猾邪常或乃来,入人之腹中,动人之心,使人心妄为,故也时时怒喜,不能自禁止,皆为邪所误也。为邪所推③,众溓得灭亡于此者,积众多。审得其重戒,心亦不可移也。非独学道者也,百姓喜怒无常,同是子可为也。子慎之自精。"真人唯唯。

【注释】

①更(gēng):经历。

②几何:若干次,好多回。

③推:耸动之意。

【译文】

真人又询问说:"应当怎么对付呢?"神人回答说:"紧紧堵住耳朵不去听,闭住嘴巴不出声。这只是谄媚邪僻那套话,没有什么值得去听的东西,一听就真道离去了,离去人就死了。你想长生,就要对此多加小心。这类言辞,我已经替你在前面经历过了,有好几回陷入这大邪鬼物的迷惑当中了。我从此就时常自己端正自己的心念,不再听信那一套了。这大邪鬼物总想观察人是否坚密;而极其猾巧的大邪鬼物有的常常前来,进入人的腹内,引动人的心思,让人心想乱干一气,所以人就时时或怒或喜,没办法控制住自己,全是被这大邪鬼物所妨害的。由于受到这大邪鬼物的耸动，众位怀有柔术的人在这上面落得个灭亡，加起来也太多了。确实获取到重大的戒条，心意也就不可动摇了。这还不仅仅局限在学道的人这里，众百姓喜怒无常，同样都是这大邪鬼物让他们去做的。你要多加小心，自行精思。"真人赶紧表示绝对顺从教诲。

真人曰："吾身尝中于大邪，使吾欲走言①：'吾欲当为人主，后当飞仙上天。'吾受其言，信之大喜，后反三月病癫疾②。见神人天师言，心中大悦喜。吾亲尝中如此矣，几为剧病，后癫疾自止得愈，遂得数千岁③。今自幸复与神人相睹，重复道戒，睹见门户，冀得长度为天上之吏④。"

【注释】

①走言：四处宣称之意。

②癫疾：即癫狂病。《灵枢》卷九有专篇论其病症、病因及疗法。

③数千岁：此为侈言以自神，但从中可见学道真人确对长生不死孜孜以求。本经卷五十一《校文邪正法》亦有学道真人自述云："吾学本以思善得之，故人悉老终，吾独得在，而吾先人子孙尽已亡，而吾独得不死。"

④天上之吏：天庭所设置和委任的官吏。详见本经庚部卷一百十、卷一百十一诸篇暨壬部经文所述。

【译文】

真人又说："我自身也曾陷入这大邪鬼物的迷惑当中，致使我想四处去宣称：'我想我正该成为君主，以后会飞举成仙，升上皇天。'我接受它那话语，相信并感到万分喜悦，可三个月后反而得了癫狂病。如今看到神人天师的讲说，心中真是非常高兴。我曾亲身像那样陷入大邪鬼物的迷惑当中去了，险些被染上最厉害的疾病，到后来癫狂病被自己控制住了,得以痊愈,于是活到现在好几千年了。如今自己幸而又与神人见面,重新告知真道的戒条,看到了入口处,希望能够永久化度,成为天上的神吏。"

神人言:"子持心志坚如此,何忧不得上九天^①,周历二十五天乎哉^②?今是诸得上天之士,皆得持心坚密,不可误者也;诸可荧惑误者,皆反蚤死^③,不得度也。欲得长寿,读此文以为重戒,此乃死生之戒,不可不慎也。

【注释】

①九天:指九重天。此就立体而言。《楚辞·天问》云:"圜则九重,孰营度之?"《淮南子·天文训》称:"天有九重。"

②二十五天:此就平面而言。即五行同五方相乘所得的积数。《素问·五运行大论》称:"丹天之气经于牛、女(火),戊分;黅(jīn)天之气经于心、尾(土),巳分;苍天之气经于危、室、柳、鬼(木),素天之气经于亢、氐、昴、毕(金),玄天之气经于张、翼、娄、胃(水)。"《淮南子·地形训》谓:"正土之气也御乎埃天(土)。""偏土之气御乎清天(木)。""壮土之气御于赤天(火)。""弱土之气御于白天(金)。""牝土之气御于玄天(水)。""二十五"或谓《周易·系辞上》所称"天数",即一、三、五、七、九共五个奇数相加之和。由此"天数",本经遂从平面环列上推衍成"二十五天"。又乙部《以乐却灾法》有"二十五神人真人共是道德正行法"的载列,或与此处之"二十五天"相关。

③蚤死:早亡。蚤,通"早"。

【译文】

神人接着说:"你抱持心志,坚密到这种地步,还忧虑什么不能升入九重天，周游那二十五方天区呢？如今得以上天的众位神士，都是做到了持心坚密，没办法加以妨害的人；那些甘愿被迷惑、受妨害的人，反而全都早亡，没办法成仙。乐意获得长寿，就观读我这篇书文，作为重大的戒条，这可是关系到死生的戒条，不能不慎重对待。

　　"是故古者圣贤先得度世者，不聆此之力也①；学道而反不得，不长度者②，皆坐聆此，得其贼也③。夫天上大神④，非贼人可为，便使人还此害克，故无大福也；当生反死，转为天贼也⑤。今吾所教示真人书，悉皆可得大寿矣。或得度世，但谨自持，无以此为害，审能专心，可得万万岁。"真人唯唯："吾不敢为非，请受明戒。"神人言："子好道如此，成事⑥，得上天之阶矣⑦。"

【注释】

①聆：聆听。

②长度：谓长生登仙。

③贼：戕害。

④大神：此系《太平经》所构设的神仙等级序列中的特级神仙的专称。本经丙部《九天消先王灾法》谓："其无形委气之神人，职在理元气。"又壬部第十六条经文称："上皇神人之尊者，自名委气之公，一名大神，常在天君左侧，主为理明堂文之书，使可分别。曲领大职。"

⑤天贼：犹言天杀。

⑥成事：汉代惯用语，即旧有事例之意。

⑦阶：阶梯。喻起点。

【译文】

"所以古代的圣贤在前面得以超凡登仙的人,正是极力不聆听这大邪鬼物的言辞;学道反而学不成,不能够长生登仙,都是被聆听这类言辞所牵累,遭受它的戕害。天上的大神,不是毁败人要修成的真道,就是让人反过来听信大邪鬼物的言辞而受戕害,被克杀,所以就没有那大福分;应当长生,反而早死,变成了天杀。现下我所教导开示真人的文书,让人全都可以获取到长寿了。有的还会超凡成仙,只管谨慎自持,不要因这而构成凶害,确实能够专心,可以存活万万岁。"真人赶紧表示绝对顺从教诲,说道:"我不敢做错事,请求领受这明确的戒条。"神人说:"你喜好真道达到这种地步,旧有的事例已经证明,你获取到升天的阶梯了。"

真人问:"戒独有此邪?复有深者邪?""复有上天之戒,固固戒人耳。专戒以言共欺人,言人且尊贵,以是戒人。故使人触防禁^①,得诛死焉。复数试人以玉女^②,使人与其共游,已者共笑人贱,还反害人之躯。但人常默,万岁无可聆^③,但独自守终命,何有害哉?死生之间,专此也。"真人唯唯。

【注释】

①防禁:指法令刑律。

②玉女:女神之称。《春秋繁露·天地之行》始有"玉女芝英"之称。汉代《诗纬含神雾》又谓太华山上有明星玉女,掌持玉浆,服后可成神仙。《礼纬含文嘉》则称大禹得天赐玉女敬养,身份为妾。本经卷一百十五至一百十六《某诀》亦有青衣玉女、赤衣玉女诸名;卷九十九《乘龙驾云图》且绘有玉女画像。

③万岁：指代登仙成神。本经佚文有云："上天度世者，以万岁为
　　一日。"

【译文】

真人又问道："戒条仅仅有这一条吗？还有更深层次的吗？""另外
还有皇天的戒条，目的是牢牢戒饬世人罢了。专门告诫邪物拿言辞来
共同欺哄人，说人马上就要尊贵了，正用这一条来戒饬世人。否则会因
此让人触犯法令刑律，落个被诛杀处死的下场。此外还多次派玉女去
考验人，让人和玉女一起游乐，完事后又共同耻笑人下贱，转过来又戕
害人的性命。人只管保持沉默不听登仙成神那套诱骗话，只是一味自
我守持，尽享天年，还有什么凶害呢？死生之间，就全在这上面了。"真
人赶紧表示绝对顺从教诲。

真人问："何故专使邪神来试人乎？"神人言："道重，难
与人也。其执必坚①，死而已者，亦不夺人之愿也。天上度
世之士，皆不贪尊贵也，但乐活而已者，亦无有奇道也②。记
吾戒，子□□矣③。吾言万世不可忘也，正使上行穷周无訾
之天④！其戒皆如此矣，无复有奇哉也。"真人唯唯："不敢离
绳墨之间也。"神人言："审如子言，已得道矣。吉者日进，邪
者上休矣⑤。持心若此，成神戒矣。成事，乘云驾龙⑥，周流
八极矣。大道坦坦，已得矣。命已长寿，无极矣。"真人曰：
"唯唯。"

【注释】

①其执必坚：意谓上天把真道紧紧握定而不轻授。

②奇道：奇特的道法。

③子□□矣：此句原缺二字。

④穷周：遍历。无訾(zī)：不可限量之意。

⑤邪者：指被大邪鬼物所迷惑的修道者。上休：意谓登仙成神的理
想化为泡影。

⑥乘云驾龙：源于《庄子·逍遥游》对藐姑射之山的神人描述，《楚
辞·离骚》及《九歌》、《九章》更有同类神话的形象描写。此处乃
言成仙后的赫赫灵威。其场景见本经卷九十九《乘龙驾云图》所
绘者。又卷九十四至九十五《阙题》谓："乘云驾龙行天门，随天
转易若循环。"卷一百十二《写书不用徒自苦诫》称："有命当存，
神神相使，乘云驾龙，周遍乃止。"而《论衡·龙虚篇》已云："如以
天神乘龙而行，神恍惚无形，出入无间，无为乘龙也。如仙人骑
龙，天为仙者取龙，则仙人含天精气，形轻飞腾，若鸿鹄之状，无
为骑龙也。"

【译文】

真人又问道："为什么专门派遣邪神前来考验人呢？"神人回答说：
"真道太贵重了，难以授付给世人。上天把真道紧紧握在手中，即使是
到死才算作罢的修道者，也不用强力让人改变自己的愿望。天上登仙
成神的人，都不贪求尊贵，只高兴存活也就到头了，其实也没有什么奇
特的道法。牢牢记住我的戒语，我的戒语永远不能忘掉，它正让人朝着
登仙成神的方向迈进，遍历那不可限量的天区啊！诸多戒条都像这个
样罢了，并非另有什么奇异的。"真人赶紧表示绝对顺从教诲，说道："不
敢偏离一丝一毫。"神人说："确实像你所说的这样，就已经获取到真道
了。吉庆的人日益向登仙成神的方向迈进，而被大邪鬼物所迷惑的修
道者想登仙成神也实现不了了。持守心志能像你说的那样，也就遵从
履行神戒了。旧有的事例已经证明，乘云驾龙，遍历那八方极远之地
了。大道宽阔坦荡，已经获取到它了；本命已经长寿，永无尽头了。"真
人说："是是。"

神人言:"道实大无内外,但常恐为大邪所害,而不听一邪,邪于何败乎^①? 故古者帝王,好道而学,不听邪者,尽得万万岁^②。其听用邪言者,悉自败矣。吾道乃万端,悉当知其利害。"真人唯唯:"今得神人之辞,皆得须臾长生乎^③?"神人言:"不深戒,成事□□凶矣^④,道不得成也。"

【注释】

①败:指对修道垂成者的毁败。

②"故古者帝王"四句:此言黄帝铸鼎荆山、乘龙上天之类。详参《史记·封禅书》《论衡·道虚篇》所述。

③须臾长生:谓人已老而延缓个把年寿。

④成事□□凶矣:此句原缺二字。

【译文】

神人又说:"真道实际上广大极了,不存在内层与外端,只是总怕被大邪鬼物所残害,然而不听信它那一个邪物,邪物又能在哪里毁败人呢? 因而古代的帝王,喜好真道并且学用它,不理会大邪鬼物那一套,全都得以登仙成神了。而那些听用大邪鬼物言辞的人,全都自行毁败了。我那真道极多又纷繁,应当完全弄清其中的益处和害处。"真人赶紧表示绝对顺从教诲,说道:"如今得到神人的戒语,都会延长一些年寿吗?"神人回答说:"不深深引为大戒,旧有的事例已经证明,那是太凶险了,真道没办法修炼成了。"

真人言:"吾生有禄命邪^①? 侥幸也乃得与神人相遭逢?"神人言:"然。六人生各自有命^②:一为神人,二为真人,三为仙人^③,四为道人^④,五为圣人,六为贤人,此皆助天治也。神人主天,真人主地,仙人主风雨^⑤,道人主教化吉凶^⑥,

圣人主治百姓⑦，贤人辅助圣人，理万民录也⑧，给助六合之不足也⑨。

【注释】

①禄命：贵贱为禄，寿夭为命。均由上天在人生前所注定。

②六人：六类人，六等人。

③仙人：指超脱尘世而身变形易、长生不死的人。《论衡·无形篇》云："图仙人之形，体生毛，臂变为翼，行于云，则年增矣，千岁不死。此虚图也。"《释名·释长幼》云："老而不死曰仙。仙，迁也，迁入山也。故其制字，人旁作山也。"本经在其所构设的神仙序列中，将"仙人"列为正牌神仙中的三等神仙。

④道人：指怀有道法方术的人。《庄子·天下》云："古之道人，至于莫之是、莫之非而已矣。"汉严遵《道德指归论·上德不德篇》谓："庄子曰：虚无无为，开导万物，谓之道人。"《文子·微明》引中黄子曰："所谓道者，无前无后，无左无右，万物玄同，无是无非。"本经在其所构设的神仙序列中，将"道人"列为正牌神仙中的四等神仙。卷一百十七《天咎四人辱道诫》云："天上亦尊贵善道人，言其可与和风气，顺四时，承五行，调风雨，助日月星宿为光明也，而使万物兴也。"

⑤主风雨：本经卷四十二《九天消先王灾法》改称："仙人，职在理四时。"

⑥主教化吉凶：本经卷四十二《九天消先王灾法》改称："大道人，职在理五行。"

⑦主治百姓：本经卷四十二《九天消先王灾法》改称："圣人，职在理阴阳。"

⑧录：指文书。

⑨给(jǐ)助：补助。以上所云，详参本经卷四十二《九天消先王灾

法》、卷五十六至六十四《阙题》(六)所述。

【译文】

真人又说:"我天生就享有吉庆的禄命吧? 这才侥幸与神人遇到一起了吧?"神人说:"是的。有六种人从降生下来就分别享有自身的禄命,第一种是神人,第二种是真人,第三种是仙人,第四种是道人,第五种是圣人,第六种是贤人,他们全都协助皇天施行治理。神人掌管天空,真人掌管大地,仙人掌管风雨,道人掌管教化人们懂得吉凶,圣人掌管治理百姓,贤人辅助圣人,料理天下万民的文书,补助上下四方的不足之处。

"故人生各有命也,命贵不能为贱,命贱不能为贵也。子欲知其审实,若鱼虽乘水,而不因水气而蜚①,龙亦乘水,因水气乃上青云②,为天使乎? 贵贱实有命,愚人而妄语③。古者圣人帝王,其大优者,不复录问伪言也④,知其□□⑤,会无可能为也。此比若教无道之人,令卒蜚⑥,安而蜚乎哉? 能飞者,独得道仙人耳。夫百姓相与游戏,言我能蜚,实不能蜚。此妄言者,若此矣。"真人言:"善哉! 吾一觉于此。"神人言:"子自若愚,为天命可强得也哉⑦?"

【注释】

①蜚:通"飞",飞翔。

②青云:青色的彩云。借指高空。《周易·乾·九五》爻辞谓:"飞龙在天。"《文言》解释说,同气相求,云从龙。

③妄语:指否定贵贱有命的言论。

④录问:采录询问。

⑤知其□□:此句原缺二字。

⑥蜚:指飞升登仙。《论衡·无形篇》对其情景载录说,世画仙人之
　形,体生毛,臂变为翼,行于云,以为年增而千岁不死。

⑦天命:即皇天所赋予的既定禄命。

【译文】

　　"所以世人一生下来,各自都有本人的禄命,命里注定该尊贵的,就
不会变成卑贱;命里注定该卑贱的,也不会变成尊贵。你想了解那详实
的情况,也就好比鱼儿尽管能在水上游动,但却不能凭借水气飞到空中
去,龙也能在水上游动,但却能够凭借水气直上高空,这是由皇天所驱
使的吧? 贵贱实际上都有既定的天命,愚昧的人却说根本没有那档事。
古代的圣人和帝王,其中最为优秀的人,根本就不去采录询问奸伪的言
论,知道它们终归没有什么能派得上用场的。这就好比教导本来就没
有道术的人,却让他一下子就飞升上天,他怎么能飞升上天呢? 真能飞
升上天的,只是那些得道的仙人罢了。百姓们在一起开玩笑,说我能飞
升上天,其实是绝对不能飞升上天的。那些虚妄的言论,也就像这个样
子了。"真人说:"太好了! 我对这宗事彻底觉悟了。"神人说:"你还仍旧
愚昧,认为皇天既定的禄命可以硬行获取到吗?"

　　真人言:"然此道亦可学耶?"神人言:"然。有天命者可
学之,必得大度;中贤学之,亦可得大寿;下愚为之,可得小
寿。子欲知其效,同若凡人学耳①。大贤学,可得大官;中贤
学者,可得中官;愚人学者,可得小吏②。夫小吏,使于白衣
之民乎③? 以是言之,犹当勉学耳。"真人:"唯唯。吾为之,
未尝敢懈也。"神人言:"然。努力信道。天地之间,各取可
宜,亦无妄也。"真人:"唯唯。请得尊天重地,敬上爱下,顺
用四时五行可为,不敢为非也。"神人言:"善哉善哉! 子得
道意矣④,吾不复重教示子矣。"

右致善除邪、令人受道戒文。

【注释】

①凡人学:指世人研习儒家经典步入仕途。

②小吏:指中央和地方官府中的办事人员。

③白衣:粗布衣服。属平民常穿的服装。

④道意:真道的奥义妙旨。

【译文】

真人说:"然而这种真道也可以学成吗?"神人说:"是的。享有天赐禄命的人可以学成它,必定会登仙成神;中等的贤人学成它,也会获得长寿;低劣愚昧的人致力学习,能够得到比天年还要长一些的寿龄。你想了解那效验,就好比世人研习儒家经典而步入仕途罢了。特别贤明的人通过研习,可以获取到头等官位;中等贤明的人通过研习,可以获取到中等官位;愚昧的人通过研习,可以获取到官府办事人员的职位。官府的办事人员,不也对普通百姓具有指使的权力吗? 根据这种情况作论说,仍然需要在学习上加劲儿。"真人说:"是是。我一定努力去学用,未曾胆敢懈怠。"神人说:"好的,要努力信奉真道。天地之间,各自择取认为适宜的东西,也不要乱干一通。"真人说:"是是。请求让我做到尊天重地,敬上爱下,顺从和行用四时五行乐意让人去做的事情,不敢干坏事。"神人说:"这太好了! 这太好了! 你已经获取到真道的奥义妙旨了,我不再重新教导和开启你了。"

以上为致善除邪、令人受道戒文。

卷七十二 戊部之四

斋戒思神救死诀第一百九

【题解】

本篇所谓"斋戒",乃系早期道教袭取古代祭祀前沐浴更衣等礼仪而特设的以示虔诚的道规与科仪之一,洗心曰斋,防患曰戒。"思神",则指观视、精思四时五行之气的化身——体内神与体外神而言。"救死",意谓消除"鬼物老精凶殃尸咎"和"风湿疽疥"等恶疾顽症。由于神喜清净整洁,故须斋戒;神能拱邪去病,故称"救死"。通篇所述此"诀",是对卷七十一"真道九首"中第四与第五,即"神游出去而还反"、"大道神与四时五行相类"两种修炼术的具体展开。篇中言称,四时五行之气入则为人五脏神,出则变成犹近于人的"五德神"和稍远于人的"四时兵马",它们内外相似相通,"可除天地之间、人所病苦邪恶之属"。以此为基点,篇中依据"五行休王"的定律,详列画像思神的修炼方术,特意命名为"明大绝反洞者聚之病形不(否)",并强调这一"大法"必赖天师这等人物口诀示教,方能见效。值得注意的是,篇中关于病害肆虐、人多死亡的描述,从一个侧面反映出东汉中后期的社会状况。此篇着眼点虽与乙部《以乐却灾法》、《悬象还神法》、癸部《以自防却不祥法》不同,但在方术操作层面上则颇有相通乃至相同之处。

六方真文悉再拜问[①]:"前得天师言,太平气垂到,调和阴阳者，一在和神灵②。归俱分处，深惟天师之语，使能反明洞照者，一一而见之③。其人积众多，何以能致此④？诸道士能洞反光者⑤，能聚之乎⑥？"噫，大善哉！天上皇气且至⑦，帝王当垂拱而无忧，故天遣诸真人来，具问至道要⑧，可以为大道德明君悉除先王之流灾承负，天地之间邪恶气，鬼物凶奸尸咎殃为害者耶⑨？故真人来，一一口口问此至道要也。诸弟子亦宁自知不乎？""忽然不自知也。"

【注释】

①六方真文：此四字中"文"当作"人"。音近而讹。六方真人系对跟随天师学道传道的六名弟子的统称。又称六端真人。据本经丁部《戒六子诀》所述：上为玄真真人，下为顺真真人，东为初真真人，南为太真真人，西为少真真人，北为幽真真人。其中一人名纯，其他五人则在本经中均佚其名。本经卷一百一《东壁图》绘有六名"受戒弟子"图像，或与六方真人相对应。

②一：完全。

③"使能"二句：此言天师所传授的具体化的睹神之术。

④"其人"二句：此就睹神之术的推广范围与适用面而发。

⑤道士：方术之士。即下文所称卜医等七工师。

⑥之：指代鬼物病魔。

⑦上皇气：最盛明的太平气。

⑧至道要：最高道法的要领。

⑨鬼物凶奸尸咎殃：指当时民间所盛传的走凶、飞尸、咎魅一类令人畏忌和恐怖的鬼物。走凶、飞尸、咎魅俱为入人宅中作祟致祸的怪物。参见《论衡·解除篇》及《潜夫论·巫列篇》所述。

【译文】

六方真人一起连拜两次询问说:"前些时候得到天师的教诲,说是太平气即将到来,使阴阳协调和谐的办法,完全在于协和起神灵来。我们回去后,全都各在各的修炼处所,一味深深思索天师的话语,也就是让那确能闭上眼睛往体内观视而一片通明并察照所有精灵与神灵的道术,达到一一可以看得见的地步。对此又想,世人加起来是那样的众多,通过什么能让世人全都掌握到这种程度呢?众位道士中会闭目内视察见一切神灵与精灵的人,能够把那鬼物病魔全都聚集到一块吗?""嘿嘿!这可问得太好了!皇天最盛明的太平气马上就要降临,帝王应当垂衣拱手实现天下大治,没有任何忧虑事,因此皇天才派遣你们众位真人前来详尽询问最高道法的要领,可以为具有盛大道德的英明君主解除掉先王的流灾承负,驱除掉天地间的邪恶气和凶残奸恶的飞尸、咎魅等祸害人的大鬼物吧?所以真人前来逐个地口口声声询问这最高道法的要领。众位弟子对此究竟自我感知到还是没感知到呢?""我们并未特别经意,还没自我感知到。"

"今忽不自知,何故问之?""归思天师教救,有不解者。今不自知当皆以何能聚此诸绝洞虚靖、反光能见邪者,怪之,今故相与俱来,共问之也。""善哉!真人精益进①,乃知疑此。天使子来,悉为德君具问可解邪者。诺,方今为真人具说,分别道其要意,安坐共记。""唯唯。"

【注释】

①精:谓精思事象及其义理。本经卷五十《诸乐古文是非诀》云:"故古者名学为往精,精者,乃精念其事象可宜,复思其言也。极思惟此,书策凡事毕矣。"

【译文】

"如今你们并未特别经意,还没自我感知到,可又为什么询问这桩事呢?""回去后精思天师的教令训饬,存在着闹不懂的地方。现下我们自身不清楚究竟都该依仗什么才能够聚合起各种通透至极、空虚宁静、闭目一片光明、确能看到邪恶鬼物的道术来,对此觉得特别奇怪,所以现下一起前来,共同询问这桩事。""太好了!真人精思越发有长进了,竟然懂得对此事提出疑问来。这是皇天驱使你们前来,特为具有道德的君主详尽询问可以驱除邪恶鬼物的道术。好的。眼下马上为真人详加解说,条分缕析地讲述那切要的意旨,你们稳稳坐定,共同记下它。""是是。"

"天地自有神宝①,悉自有神精光②,随五行为色③,随四时之气兴衰④,为天地使,以成人民万物也。夫天地阴阳之间,莫不被其德化而生焉。得其意者,立可睹;不得其大要意,无门户知⑤。能大开通用者大吉,可除天地之间、人所病苦邪恶之属;不知其大法者,神亦不可得妄空致⑥,妄得空使也⑦。"

【注释】

①神宝:神妙的重宝。隐指道法道术。

②神精光:神灵与精灵的光华。

③五行:木火土金水。色:指属木的青色,属火的赤色,属土的黄色,属金的白色,属水的黑色。汉刘熙《释名·释彩帛》云:"青,生也,象物生时色也。赤,赫也,太阳之色也。黄,晃也,犹晃晃象日光色也。白,启也,如冰启时色也。黑,晦也,如晦冥时色也。"

④四时之气:指春之少阳气,夏之太阳气,秋之少阴气,冬之太阴

气,以及每季季末后十八日特别是季夏六月后十八日之中和气。换言之,即五行之气。《白虎通义·五行》谓:"行有五,时有四何? 四时为时,五行为节,故木王即谓之春,金王即谓之秋,土尊不任职,君不居部,故时有四也。"本经卷六十九《天谶支干相配法》称:"夫皇天乃以四时为枝,厚地以五行为体,枝主衰盛,体主规矩。"

⑤门户:喻途径。

⑥空致:凭空被招来之意。

⑦空使:凭空受驱使之意。

【译文】

　　"天地原本就拥有神妙的重宝,都会自行生出神灵与精灵的光华来,随同五行构成本身的颜色,随同春夏秋冬的时气而兴盛衰落,充当天地的使者,来成就人们和万物。在天地阴阳之间,没有哪种事物不蒙受它们的恩德化度而生存在那里。获取到它那意旨的,立刻就能看出来;获取不到它那重要又紧切的意旨的,就没有途径去了解掌握住。能够彻底弄明白并加以施用的,就特别吉利,可以消除掉天地之间、世人所感到病痛的邪恶东西;不了解掌握那重大的道法,神灵也不会随便就凭空被招来,随便就凭空受驱使。"

　　"愿闻其意,使可万万世传而不妄。""善哉! 子之问也。然。欲候得其术①,自有大法。四时五行之气来入人腹中,为人五藏精神②,其色与天地四时色相应也③。画之为人,使其三合④,其王气色者盖其外⑤,相气色次之⑥,微气最居其内⑦,使其领袖见之⑧。

【注释】

①候：测断，验知。

②五藏（zàng）精神：五藏即五脏。藏，内脏。其"精神"即肝神、心神、脾神、肺神、肾神。

③"其色"句：谓肝神应合春季与青色，心神应合夏季与赤色，脾神应合每季季末后十八日与黄色，肺神应合秋季与白色，肾神应合冬季与黑色。

④三合：意谓服饰需做三层搭配。

⑤王气色：指在不同季节占据统治地位的气色。王，当政为王，引申为旺盛。

⑥相气色：此为仅次于王气的气色。辅政为相，引申为强壮。

⑦微气：指孕育滋生之气。以上所云，系本五行休王为说。汉代五行家宣称，五行之气在一年四季轮流占据统治地位，迭有变化，并借用王、相、休、囚、废予以描述。如春则木王，火相，土废（死亡），金囚（困囚），水休（休退）。其余可依次类推。由五行休王说，又衍生出八卦休王说。此处所称"微气"，即与八卦休王说中的"胎"气大致相当。若据春季论，则其王气色为青色，相气色为赤色，微气色为黄色。

⑧领袖：衣领和衣袖。指在画像之衣领、衣袖上依次彰显三合气色。汉刘熙《释名·释衣服》云："领，颈也，以壅颈也，亦言总领衣体为端首也。""袖，由也，手所由出入也，亦言受也，以受手也。"

【译文】

　　"希望听到那深意，使它可以万万世流传而不虚妄。""太好了！你们这问话。好的。要想验知那道术，原本就有重大的法则。四时五行气交替来到，进入世人的腹内，就凝化成世人的五脏神灵，它们的光色与天地四时的光色相对应。把它们绘制成人形，在服饰上按三层颜色作排列,最外层是全年中轮流占据统治地位的那个季节的那一行气色,中间层是与之相应的处于强壮状态的那一行的气色,最里层是与之相应的处于孕育滋生状态的那一行的气色,让这三层气色在衣领、衣袖上彰显出来。

　　"先斋戒,居闲善靖处①,思之念之。作其人画像,长短自在②。五人者③,共居五尺素上为之④,使其好善⑤,男思男⑥,女思女。其画像如此矣。此者书已众多,非一通也,自上下议其文意而为之,以文书传相微明也⑦。吾书虽多,自有大分⑧,书以类相聚从,字以相明⑨,则毕得其要意。""唯唯。"

【注释】

①闲善靖处:指悠闲安静且又香洁的专修处所。本经乙部《阙题》
　(二)谓:"夫神、精,其性常居空闲之处,不居污浊之处也。欲思
　还神,皆当斋戒,悬象香室中,百病消亡。"又佚文称:"真神好洁,
　粪秽气昏。"

②自在:谓有固定的规格。本经乙部《以乐却灾法》、《悬象还神法》
　俱云:"皆以一尺为法。"则与下文"五人者,共居五尺素上为之"
　相合。

③五人:指五脏神。

④素:白丝帛。汉刘熙《释名·释彩帛》云:"素,朴素也,已织则供
　用,不复加巧饰也。又物不加饰,皆自谓之素,此色然也。"

⑤好善:图像漂亮美观之意。

⑥男思男:后一"男"字,指五脏男神像。

⑦传相微明:此四字中"微"当作"征"。形近而讹。

⑧大分：指类别界限。

⑨字：指各种术语。

【译文】

"首先要斋戒，栖身在悠闲安静又香洁的专修处所，精思它们，专念它们。绘制这些人形神灵的画像，尺寸大小都有固定的规格。五脏神共在一幅五尺绢帛上绘制它们，图像要画得漂亮可爱，以便让男子精思那男神像，女子精思那女神像。有关画像就像这样处置了。这种道术已经有好多篇书文讲述过了，并不仅仅是一篇，但要自行从上到下研讨那文辞涵义，作出裁断，拿文书递相辗转互作印证。我那书文虽然篇目众多，原本就有明确的类别界限，按照类别对书文依次加以聚合排列，各种术语用来转相发明，其中的切要意旨就全部获取到了。""是是。"

"此四时五行精神，入为人五藏神，出为四时五行神精。其近人者，名为五德之神①，与人藏神相似；其远人者，名为阳历，字为四时兵马，可以拱邪，亦随四时气衰盛而行。其法为其具画像，人亦三重衣，王气居外，相气次之，微气最居内，皆戴冠帻乘马②，马亦随其五行色具。为其先画像于一面者，长二丈③。五素上疏画五五二十五骑④，善为之。东方之骑神持矛，南方之骑神持戟，西方之骑神持弓弩斧，北方之骑神持镶楯刀，中央之骑神持剑鼓。

【注释】

①五德：指仁、义、礼、智、信。《周易乾凿度》称："道兴于仁，立于礼，理于义，定于信，成于智。五者，道德之分，天人之际也。"《白虎通义·情性》谓："仁者，不忍也，施生爱人也。义者，宜也，断

决得中也。礼者,履也,履道成文也。智者,知也,独见前闻,不
惑于事,见微知著者也。信者,诚也,专一不移也。"《释名·释言
语》云:"仁,忍也,好生恶杀,善含忍也。义,宜也,裁制事物,使
合宜也。礼,体也,得事体也。智,知也,无所不知也。信,申也,
言以相申束,使不相逢也。"

②帻(zé):包头发的发巾。

③长二丈:此三字中"丈"当作"尺"。道教的活动场所,民家曰靖,
　师家曰治,皆长一丈八尺,广一丈六尺。若如此处所云一面画像
　即长二丈,则无法容纳。又本经癸部《盛身却灾法》称:"神长二
　尺五寸,随五行、五藏服饰。"亦为一证。

④疏画:意为布局分明地进行绘制。

【译文】

　　"这些四时五行的精灵与神灵,进入人体内就凝化成五脏神,从人
体内再出来就又成为四时五行的神灵与精灵。其中离人近的,称为五
德之神,与人体内的五脏神相近似;其中离人远的,名叫阳历,表字又称
四时兵马,可以驱逐邪恶,也随同四时气的盛衰而活动。调遣它们的道
法是,给它们绘制出完整细致的画像,人形表面也是三层气色的衣饰,
全年中轮流占据统治地位的那个季节那一行的气色在外边,与之相应
的处于强壮状态的那一行的气色在中间,与之相应的处于孕育滋生状
态的那一行的气色在最里面,全都头戴冠帽发巾,骑乘马匹,马匹也随
各自归属的五行气色画仔细。对在一面墙壁上悬挂的最先画出的那幅
图像,全长要两丈。五幅绢帛画面上要布局分明地绘制出五五二十五
个骑马的神灵,形象要生动。东方骑马的木行神持带长矛,南方骑马的
火行神持带方戟,西方骑马的金行神持带长弓、弩箭和大斧,北方骑马
的水行神持带镶有图案的盾牌和短刀,中央骑马的土行神持带利剑和
战鼓。

　　"思之,当先睹是内神已①,当睹是外神也;或先见阳神而后见内神②,睹之为右③。此者,无形象之法也④。亦须得师口诀示教之⑤。上头一有关知之者⑥,遂相易曰为⑦。其易致易成,宜远于人,便间处为之易集⑧。近人,必难成也。于其道成,曰明大绝反洞者聚之病形不⑨。多多则吉,少则凶。"

【注释】

①内神:即体内五脏神。

②阳神:即外神。外为阳,内为阴,故称。

③睹之为右:由左至右进行观看之意。《老子·三十一章》谓:"吉事尚左,凶事尚右。"本经乙部《录身正神令人自知法》称,人体部位"左法阳,右法阴"。

④无形象:谓人与内外神达到高度融合的境地。

⑤口诀:口头传授秘诀之意。

⑥上头:指入手处。关知:告知,示知。

⑦相易曰为:意谓相互都感觉容易而说去修炼。曰,或系"日"字之讹。易日为,文义亦通。

⑧便间处:指方便又僻静的地方。集:谓聚集起内外神。

⑨明大绝反洞者:本篇起首有云:"反明洞照者";"洞反光者";"诸绝洞虚靖、反光能见邪者",则"反"可俱作"掉转来"解;再作比勘,"明大"适与"明洞照"义相近,"绝反洞"乃同"绝洞"、"反光"义相近。所谓"明大绝反洞",即万分明彻、掉转来通透至极、察照一切之意。病形:指鬼物老精、凶殃尸咎和风湿疸疥等。

【译文】

　　"精思它们,应当首先察视自己体内的五脏神,然后应察视体外的五德神和四时兵马;或者先察视体外的五德神和四时兵马,然后察视体内的五脏神,但察视的顺序都应由左至右。这是人与内外神达到高度融合境地的道法。但也要仰仗师长口头传授秘诀来开启教导人们。在入手处一有告知的人,于是相互就都感觉容易而说去修炼了。打算很容易把神灵招来,很容易炼成功,就应远离他人,在方便又僻静的处所进行修炼,这样容易聚集起内外神。离人近的话,肯定难炼成。等这种道术炼成后,就专门叫做'明大绝反洞者聚之病形否'。聚结的病形越多就越吉利,少的话,也就凶险了。"

"或有不及所治①,不决解愈②,当得多少而可哉③?""高得万,中得四五千,下得十数百,如百数十④。""其何多也?""噫!真人其复故愚邪? 安坐,方为子道其大要意也。今承负之后,天地大多灾害,鬼物老精凶殃尸咎非一,尚复有风湿疽疥⑤,今下古得流灾众多⑥,不可胜名也。

【注释】

①不及所治:指尚未救治而人已死的情况。

②决解愈:当即获得痊愈之意。

③当得多少而可:谓检核灵验度的标准何在。

④如百数十:犹言百分之四五十。指治愈率的平均比例。

⑤疽(jū):囊肿恶疾。

⑥下古:指夏商周以下的历史时期。实指东汉而言。

【译文】

"有的还没救治就已死去,有的无法立刻获得痊愈,应当能治好多少人才算合适呢?""最高该治好上万人,中等该治好四五千人,最低也得一百人中治好数十个人,平均为百分之四五十。""为什么竟是这么多呢?""嘿嘿! 真人仍旧还像原先那样愚昧吗? 安稳坐定,马上为你们讲说其中重要而又紧切的意旨。如今处在承负之后,天地降现的灾害既多又严重,飞尸、咎魅等鬼物和殃害人的老妖精并不是一种,尚且还有风湿和囊肿以及癣疥等病菌,如今下古蒙受的流灾多极了,简直无法一一能指出来。

　　"或一人有百病,或有数十病。假令人人各有可畏①,或有可短②,或各能去一病。如一卜卦工师中知之③,除一祸祟之病④;大医长于药方者⑤,复除一病;刺工长刺经脉者⑥,复除一病;或有复长于炙者⑦,复除一病;或复有长于劾者⑧,复除一病;或有长于祀者⑨,复除一病;或有长于使神自导视鬼⑩,复除一病。此有七人,各除一病,这除去七病⑪。

【注释】

　①可畏:指令病魔畏惧遁去的道法。

　②可短:指令病魔难以招架的方术。

　③卜卦工师:指卖卜者。即在街市闹区给人占卜吉凶祸福而以此为谋生手段的人。《史记》即有《日者列传》,《后汉书·方术传》亦多所述及。

　④祸祟:指鬼神所兴作的灾祸。《论衡·辨祟》云:"世俗信祸祟,以为人之疾病死亡,及更患被罪,戮辱欢笑,皆有所犯。"

　⑤大(tài)医:古代宫廷中掌管医药的官员。此处泛指医生。药方:详参本经丙部《草木方诀》、《生物方诀》所述。

　⑥刺工:即针刺师。

　⑦炙者:此二字中"炙"当作"灸"。指艾灸师。灸为传统中医的一种疗法,即用燃烧的艾绒熏灼人体的穴位。常与针刺配合进行。

　　详参本经丙部《灸刺诀》所述。

⑧劾者:指禁咒术士。详参本经丙部《神祝文诀》所述。

⑨祀者:指解除术士。即通过祭祀的方式而驱逐凶煞恶鬼的人。

　　详参《论衡·解除篇》所述。

⑩视鬼:一种用肉眼察见鬼魅的巫术。参见《史记·魏其武安侯列
　　传》、《汉书·田蚡灌夫传》所述。

⑪这(yàn):迎头之意。

【译文】

　　"同是一个人,有的就身患百病,或身患几十种病。假设能让每个人各自怀有使那病魔感到畏惧的道法,或者怀有使那病魔难以招架的方术,或者各自能够去除掉一种疾病。比如专门给人算卦的人内心清楚病因,就去除掉一种被疾祟的疾病;作为医师而精通药方的人,又去除掉一种疾病;作为针刺师而擅长针刺经脉的人,又去除掉一种疾病;还有擅长用艾草薰灼的人,又去除掉一种疾病;还有精通念咒语的人,又去除掉一种疾病;还有精通祭祷的人,又去除掉一种疾病;还有擅长驱使神灵、自行引导而察见鬼魅的人,又去除掉一种疾病。这总共有七类人,各自去除掉一种疾病,迎头就去除掉了七种疾病。

　　"下古人多病,或有一人十数病,乃有自言身有百病者,悉无不具疾苦也①。尽诸巧工师,各去一病,这去七病,其余病自若在,不尽除去,七工师力已极②。此余病不去,犹共困人,久久得穷焉,故多得死,不能自度于厄中也③。

【注释】

①具疾苦:备受病痛折磨之意。

②七工师:即上文所谓卜卦工师、太医、刺工、灸者、劾者、祀者、视

鬼者七种方技术士。

③厄:灾厄,劫厄。

【译文】

"下古时代的人,大多都染患疾病,有的一个人就染患十几种病,竟有人还说自己身患百病,无不备受病痛的折磨。把各类具有一技之长的工师的力量全使上,各自去除掉一种疾病,总共迎头去除掉七种疾病,但剩下的那些疾病仍旧存在,尚未全部去除掉,可七类工师的力量却已用到尽头了。这些剩下的疾病不去除掉,仍然一起困扰着世人,时间一长就让人陷入了绝境,所以大多落得个死亡,不能从劫厄中自行超脱出来。

"人生比竟天年①,几何睹病,几何遭厄会②,衰盛进退,天之格法③,比如四时五行有兴衰也。八卦乾坤,天地之体也④,尚有休囚废绝少气之时⑤,何况人乎?

【注释】

①天年:指皇天为世人在其生前所注定的寿龄。本经分人寿为三类,即:乙部《解承负诀》、癸部《盛身却灾法》所云上寿一百二十岁,中寿八十岁,下寿六十岁;辛部经文所云头等寿命一百三十岁,二等寿命一百二十岁,三等寿命一百岁;己部《经文部数所应诀》后附遗文所云天寿一百二十岁,地寿一百岁,人寿八十岁,霸寿六十岁,仟寿五十岁。

②厄会:劫厄交会之意。

③格法:成法,常法。

④"八卦"二句:指汉代《易纬》以八卦为框架的宇宙图式。即:乾卦居西北,代表农历十月;坎卦居正北,代表农历十一月;艮卦居东北,代表农历十二月;震卦居正东,代表农历二月;巽卦居东南,

代表农历四月;离卦居正南,代表农历五月;坤卦居西南,代表农历六月;兑卦居正西,代表农历八月。阴阳二气在此框架内流转运行,周而复始,循环无已。体,躯体。汉刘熙《释名·释形体》云:"体,第也,骨、肉、毛、血表里大小相次第也。躯,区也,是众名之大,总若区域也。"

⑤休囚废绝:八卦休王说的专用术语。此说认为,八卦同五行一样,也轮流占据统治地位,迭有变化。如立春,则艮王,震相,巽胎(表示孕育新生),离没(表示没落),坤死(即《太平经》所谓"绝",表示死灭),兑囚,乾废(表示废弃),坎休。到春分,则变为震王,巽相,离胎,坤没,兑死,乾囚,坎废,艮休。其余六节气——立夏、夏至、立秋、秋分、立冬、冬至,可依次类推。

【译文】

"世人从出生一直到尽享天年死去,有多少次看到自己得了病,又有多少次遇到了劫厄交会的时候,在此过程中所历经的盛衰进退,按照那皇天的常法,就好比四时五行存在着兴盛与衰落。八卦乾坤,构成了天地的躯体,尚且还有休退、困囚、废弃、死灭而少气的时候,何况世人呢?

"人者,乃象天地四时五行、六合八方相随①,而一兴一衰,无有解已也②。故当豫备之③,救吉凶之源,安不忘危,存不忘亡,理不忘乱,则可长久矣。是故治邪法,道人病不大多④。假令一人能除一病,十人而除十病,百人除百病,千人除千病,万人除万病。一人之身,安得有万病乎? 故能悉治决愈之也。子知之邪?""唯唯。""故教其豫作戒,成其道者聚之者。""唯唯。"

【注释】

①六合：上下四方。

②解已：摆脱和停息之意。

③豫备：谓事先戒备。豫，预先，事先。

④道(dǎo)：引导，化导。大多：加重增多之意。

【译文】

"身为世人，恰恰取法天地四时五行、六合八方递相随从而一兴一衰，没有摆脱和停息的时候。所以就应事先作戒备，救护吉凶产生的那个根源，安全但不忘掉危险，存在但不忘掉灭亡，大治但不忘掉动乱，这样就会长远悠久了。因而整治邪物的道法，是要引导人们染疾患病不再加重增多。假设让一个人能去除掉一种疾病，十个人就能去除掉十种疾病，一百个人就能去除掉一百种疾病，一千个人就能去除掉一千种疾病，一万个人就能去除掉一万种疾病。而每个人的整副身躯，又哪里会染上一万种疾病呢？所以就能全都治好他们，使他们痊愈。你们明白这一点了吗？""是是。""所以要教导他们事先就作好戒备，修炼成聚合起病形的道术。""是是。"

"行，子知之矣。行为真人明陈列之，此所治病者，鬼物大邪，共为盗贼。夫帝王安平，常备军师①。兵者以备人，反为无义，成奸贼也。故一人敢死，十人不敢当；十人敢死，百人不敢当；百人敢死，千人不敢当；千人敢死，万人不敢当；万人敢死，四面横行②。备其有疾病折伤，故军师乃备万二千人者③，以备非常。其二千人者，但备以补其休逋耳④，乃能服之也。真人知之耶？""唯唯。""行，子已知之矣。"

【注释】

①军师:军队。《白虎通义·三军》谓:"国有三军何? 所以戒非常,伐无道,尊宗庙,重社稷,安不忘危也。"

②四面横行:犹言天下无敌。

③万二千人:此系《太平经》编著者用术数推导出来的国家常备军的总人数。其理据与"万二千物"、"万二千国"相同,即一年为十二个月,扩大千倍即得此数。《白虎通义·三军》则称:"虽有万人,犹谦让自以为不足,故复加五千人。因法月数,月者,群阴之长也。十二足以穷尽阴阳,备物成功。二千人亦足以征伐不义,致太平也。"

④休逋(bū):谓伤亡与逃跑的士兵。

【译文】

"回去吧,你们已经明白这一切了。回去前再为真人明确地指陈列示一桩事,这种治病的道术,对象是鬼物大邪,而它们又一起干那盗贼的勾当。帝王为了安定太平,就时刻配备好军队。兵器本来是用来防备别人的,可反而拿它去干不义的事情,就变成了奸贼的行径。所以一个人敢战死,十个人就抵挡不住;十个人敢战死,一百个人就抵挡不住;一百个人敢战死,一千个人就抵挡不住;一千个人敢战死,一万个人就抵挡不住;一万个人敢战死,就天下无敌。预先考虑到会出现得病或伤亡的士兵,所以国家正规军就由一万二千人组成,用来防备意外出现的情况。其中的两千人,只是准备用来补充那些伤亡与逃跑的士兵罢了,这样才能征服盗贼。真人明白这一点了吗?""是是。""回去吧,看来你们已经明白这一点了。"

不用大言无效诀第一百一十

【题解】

本篇所谓"大言",意为"一事大决"之言,系对斋戒思神救死术的推尊语。"不用"则属设若之辞,即世人尤其是帝王对此术所抱持的反面态度。态度果真如此,便无从获得"高则万人,中则数千,下则数百"病去灾除的结果,更难实现"阳德君治,当得长久"的目标,即为"无效"之义。篇中出于此术或被社会弃置的忧虑,既强调生命至上,死亡最可怕,又宣示尸解仙去极难,"万万未有一人",进而凸显推广斋戒思神救死术的紧迫性,事必预作防备的真理性,"大渫道德之人"拯危救急的决定性作用。为此择取生活常识和政治常识,多方取譬,辗转申说。而其最后提出的推广斋戒思神救死术的措施,又是以帝王不惜对精通此术者赏赐封官为动力的。

"请问一事天师,今太平气垂到,邪气当思息除去也。""然。子言是也,又非也。然。太平气至,邪固当自消去,惟天地开辟以来,积久邪气大众多,更相承负;太平之治气虽至也,亦安能一旦悉卒除此乎①?故当豫备之,为其作法②。困穷然后求索良工③,已大后之矣。

【注释】

①卒(cù)除:猛然去除之意。卒,后多作"猝",猛然,突然。

②作法:创制道法。

③良工:技艺高超的人。

【译文】

"请求向天师询问一桩事情,现今太平气眼看着就要来到,邪气也该考虑止息而消亡离去了。""好的。你这话听起来很对,可实际上却不对。好的。太平气降临,邪气固然应自行消亡离去,只是由于天地开辟以来,时间太长了,邪气严重又众多,递相承负;太平的大治盛气尽管眼看来到了,可又怎么能一天当中就把这邪气猛然全部去除掉呢? 所以应当对它预先就作防备,为此而创制出道法。已经困顿并陷入绝境了,然后才去求索技艺高超的人,那就远远赶不上趟了。

"夫上古之人①,人人各自知真道,又其时少邪气。太上中古以来②,人多愚,好为浮华③,不为真道,又多邪气狂精殃咎④,故人多卒穷天年而死亡也⑤,悉由用心愚暗蔽,不知豫防其本也。

【注释】

①上古:指天皇、地皇、人皇所谓三皇时代。

②太上:即上古、远古。中古:指以黄帝为首的五帝时代。

③浮华:指虚浮不实的理论和行为。本经癸部《神人真人圣人贤人自占可行是与非法》云:"浮者,表也;华者,末也。"

④狂精:指欺惑世人使其疯癫作乱的大邪鬼物。详参本经卷七十一《致善除邪令人受道戒文》所述。殃咎:指咎魅之类入人宅中作祟致祸的凶怪。

⑤卒穷:突然中止之意。

【译文】

"上古时代的世人,每个人都各自了解并掌握真道,那时邪气又很少。自从上古和中古以来,世人大多愚昧,喜好奉行浮华那一套,不修炼真道,又有很多邪气和欺惑世人使他们疯癫作乱的大邪鬼物以及咎魅之类的害人凶怪,所以人们大多天年突然中止而死去,这都因为用心愚昧昏暗,不知道预防那祸害袭来的根源。

"今当上德君治,天爱之,不欲使其若此愚人多穷也,当使卒其大德①,与天同心。故天使诸真人来问疑,使吾为其陈法,可以厌御邪不祥妖恶者②,故吾为真人具言之。今真人反言当自除不备,此言非也,名为大误君子之辞也。子言不可用也。"

【注释】

①卒:完成,实现。

②厌(yā)御:禁遏驾驭之意。厌,禁遏,遏制。

【译文】

"如今正轮上具有第一等道德的君主施行治理,皇天喜爱他,不想让他统辖的像那样愚昧的百姓大都陷入绝境,应当使他完成他的盛大德业,与皇天心意相同,所以皇天就驱使众位真人前来询问疑惑的事情,让我为皇天陈述可以遏制驾驭不祥妖恶的道法,因而我才为真人详尽讲说。现下真人反而说什么该当自行消除不作防备,这种说法是荒谬的,被称作大误君子的言辞。你们那种说法决不能行用。"

"何谓乎?""然。有大急,乃后求索之,不可卒得也,令人穷困矣。故真人言大误,不可用也。今积谷乃满仓,可以备饥饿也。今为真人察察道之^①,使可万万世不忘也。"

"唯唯。"

【注释】

①察察:分辨得万分明晰的样子。

【译文】

"这话讲的是什么意思呢?""好的。出现了特别危急的情况,然后才去求索解救的办法,根本就一下子找不到,但已让人陷入穷迫困顿了。所以真人的说法十分荒谬,绝对不能行用。如今储备粮食竟堆满仓库,这才可以防备饥饿。眼下为真人明晰地讲述这桩事,使它能够永远不忘掉。""是是。"

"今饥乃教人种谷,言耘治之,待其米成,乃可得火炊食,亦岂及事邪?于此已饿死困矣。或不及春时种之,至冬饥念食,乃欲种谷,种之不生,此岂能及事活人邪?非独身穷,举家已灭亡矣。是真人之一大愚无知冥冥之大效也^①!行,复为子说一事:今人掘井,所以备渴饮也;居当近水泉,所以备渴也;临渴且死,乃掘井索水,何及得也,已穷矣!是真人复问,二愚暗。复为真人说一事:古者有穴居^②,今者作庐宅^③,所以备风雨也。及不风雨之时,居野极乐矣;浮云已起,雨风已至,乃作庐宅,已雨寒而困穷矣。是真人三愚也。

【注释】

①冥冥:昏昧的样子。

②穴居：营窟而居。属于原始的居住方式和建筑样式。《营造法
式》云："古之民未知为宫室时，就陵阜以居，穴而处，下润湿伤
民。"《礼记·礼运》谓："昔者先王未有宫室，冬则居营窟，夏则居
橧巢。"本经卷四十五《起土出书诀》云："多就依山谷，作其岩穴
因地中，又少木梁柱于地中，地中少柱，又多倚流水。"

③庐宅：房舍，住宅。《周易·系辞下》谓："上古穴居而野处，后世
圣人易之以宫室，上栋下宇，以待风雨，盖取诸《大壮》。"刘熙《释
名·释宫室》云："寄上曰庐。庐，虑也，取自覆虑也。""宅，择也，
择吉处而营之也。"

【译文】

"如今挨饿了，才去指导人们种庄稼，说什么要精耕细作，可等到粮
食长成，才能烧火做饭吃上它，这又哪里赶得上事情的急需呢？到这
时，已经被饿得死去或不会动弹了。有人不赶在春季耕种，到冬天肚子
饿，想得到吃的东西，于是要去种庄稼，种下去却根本长不出来，这又哪
里赶得上事情的急需而让人活下去呢？结果不单单本人已经饿死，全
家也都灭绝了。这正是真人万分愚昧无知昏暗的最明显的证验啊！近
前来，再为你们讲说一档事：如今人们挖井，目的是准备口渴时好打水
喝；住所靠近水泉，目的是准备口渴时好用它；到渴得要命的时候，才去
挖井找水，哪里会来得及，早已渴死了呀！这是真人刚才又作询问，纯
属愚昧昏暗的第二种证明。再为真人讲说一档事：古代曾有穴居，现今
都修造房屋，目的是防御风雨。遇到不刮风、不下雨的时候，在田野里
住宿真是快乐到极点了；可浮云已经卷动，风雨已经来到，这才去修造
房屋，就早被大雨淋得浑身打颤而快冷死了。这是真人愚昧昏暗的第
三种证明。

"复为真人说一事：夫太中古以来，圣人作县官城郭深
池①，所以备不然。其时默平平，无他也；及有不然，小人欲污

乱②,君子乃后使民作城郭深池,亦岂及急邪? 是真人剧愚暗效也。行,复为真人说一事:今军师兵,不祥之器也③。君子本不当有也,下之恶之。故当置于鞘中,坚治藏之④,必不贵有之也,不贵用之也,但备不然。有急乃后使工师击治石⑤,求其中铁烧治之,使成水,乃后使良工万锻之,乃成莫耶⑥,可以战斗御急者,亦岂及事邪? 已穷服矣⑦,死命属矣。是非六真人之大愚不及邪?""唯唯。有过。""非过也,思事当详,卜之胸心,乃出之也,后勿轻妄语也!""唯唯。"

【注释】

①县官:汉称天子为县官。此处指各地官府。城郭:城谓内城,郭谓外城。

②污乱:造反作乱之意。

③不祥之器:不吉利的器物。《老子·三十一章》云:"夫佳(惟)兵,不祥之器。"汉河上公章句:"祥,喜也。兵者惊精神,浊和气,不善人之器也,不当修饰之。"

④坚治:谓建造坚固密封的兵器库。本经卷六十五《兴衰由人诀》称:"兵革战备投于下处。"

⑤工师:即工匠。

⑥莫耶:宝剑名。莫耶同"莫邪"。相传春秋时期吴国铸剑能手干将之妻名莫邪。吴王阖庐曾命干将铸剑,铁汁不下,莫邪遂自投炉中,铁汁乃出,成剑两把,雄剑名干将,雌剑名莫邪。后世则用为宝剑的泛称。详见《吴越春秋·阖闾内传》所述。

⑦穷服:意为走投无路而投降。

【译文】

"再为真人讲说一档事:从上古、中古以来,圣人营建各地官府所在的内外城以及深阔的护城河,用来防备突发的事件。平时安安定定,一切照常,没有其他的变故;等到出现变故,歹恶的百姓要造反,然后君子才去驱使民众修筑内外城以及深阔的护城河,又哪里赶得上应急呢?这是真人极其愚昧昏暗的证明。近前来,再为真人讲说一档事:如今部队和武器装备,正是不吉祥的东西。君子原本不该拥有它,既厌恶它,又把它摆在最后面。所以正该将兵器放入护鞘内,建起坚固密封的兵器库,收藏起它,必定不看重怎样拥有它,也不看重怎样动用它,只是用来防备突发的事件。可突发的事件出现了,然后才去让工匠敲击矿石,找出里面的铁块去冶炼,化成铁水,再让铸造高手万般打制,打制成莫邪那样的宝剑,成为能够进行战斗、抵御突发事件的东西,可又哪里赶得上事情的急需急用呢? 早就走投无路投降了,死亡的命运也落在头上了。这还不是六位真人万分愚昧闹不懂的证明吗?”“是,我们犯下了罪过。”“这倒不是什么罪过,只是考虑事情应当周详,在胸心加以占验,然后才讲出来,以后不要轻易地就瞎说一通啊!”“是是。”

　　“为真人道小决事,反以明大。夫古者圣贤之设作梳与枇①,以备头发乱而有虮也。夫人生而不栉②,头乱不可复理,虮虱不可复得困,乃后求索南山善木及象骨奇物可中枇者③,使良工治之,发已乱不可复理,头中之虱不可胜数,共食人头,皆生疮矣,然后得梳与枇,已穷矣。然后为真人陈小决事,以小况大。夫河海五湖④,近水之傍多蚊虻。不豫备作可以隐御之者,夫蚊虻俱生而起,飞共来,食人及牛马,牛马摇头踶躅⑤,不能复食;人者大愁且死,无于止息⑥;然后求可以厌御之者,已大穷矣。真人宁明知之邪?”“唯唯。”

【注释】

①梳：即梳子。枇(bì)：即篦子。篦子比梳子齿缝密。

②栉(zhì)：梳理之意。

③象骨：指象牙。

④五湖：江南五大湖泊的总称。指具区、洮漏、彭蠡、青草、洞庭湖。

⑤踶躅(dì zhǔ)：尥蹶子、来回转之意。躅，同"躅"，踩踏。

⑥止息：谓落脚安歇。

【译文】

"再为真人讲一讲确凿无疑的小事，反过来去彰明那大道理。古代的圣贤制造出梳子和篦子放在那里，是用来防止头发散乱和长出虱子来。人从生下来却不梳理头发，头发乱糟糟地梳不动，对满头虮子和虱子没办法再把它们去除掉，然后才去求索南山中可以制成梳子的上等木料以及象牙等罕见的物品，让手艺灵巧的工匠去制成它，可头发已经糟乱得没办法再梳理，头发中的虱子多得数不过来，共同咬啮人的头部，使它长满了脓疮，然后得到梳子和篦子，却已无济于事了。说完这档事，再为真人陈述一桩确凿无疑的小事，用小事来比照那大事。河流海洋与五湖，在这些靠近水边的地方，蚊虻全都多得很。不预先作防备，采取能够暗中抵御它们的措施，蚊虻一下子孳生冒出来，一起成群地飞过来，吸食人和牛马的鲜血，牛马就摇动头部，尥蹶子，来回转，没办法再吃草料；而人被搅得愁苦极了，简直要烦死，没个地方能落脚安歇；这样才去求索能够遏制抵御住它们的办法，早已完全无济于事了。真人到底对此一清二楚了吗？""是是。"

"行，子已觉矣。夫良方所以能厌御疥虫，善衣善处所以厌御蚤虱。不豫备之，病之乃求索可以去之者，已得大穷，愁病之矣。子知之邪？""唯唯。""是尚最天下小小财备数之物也①，何言其大巨者乎？夫天地之间，时时有是暴鬼邪物凶殃尸咎杀客②。当其来著人时，比如刀兵弓弩之矢毒，著人身矣。所著疾痛不可忍，其大暴剧者，嘘不及噏③，倚不及立，身为暴狂。比若间亭④，远帝王之县吏，雍阏断人辞语⑤，不得言变事⑥。于此之时，乃求索良工长者以自救，已穷矣。辞已不通，无可复得言之矣。子知之邪？""唯唯。"

【注释】

①财：通"才"，仅仅。

②杀客：指害人性命的凶物。

③嘘：呼。噏（xī）：吸。

④间亭：间隔分布之亭。亭为汉代基层行政组织，既负司奸捕盗之责，又为驿馆所在。其由十里（百户为里）组成，设亭长。汉桓帝永兴元年（153），共置一万二千四百四十二亭。卫宏《汉官旧仪》卷下载："亭长持三尺板以劾贼，索绳以收执盗。"《营造法式》云："汉家因秦，大率十里一亭。亭，留也，今语有亭留亭待，盖行旅宿会之所。"

⑤雍阏（è）：阻塞。指对民间向朝廷上书言事的对策。

⑥变事：指各种灾异现象。详参本经卷八十六《来善集三道文书诀》所述。

【译文】

"近前来，看来你们已经觉悟了。确有疗效的药方，是用来遏制抵御住癣疥病菌的东西；干净的衣服和清洁的居室是用来遏制抵御住跳蚤、虱子的东西。不预先作防备，被它们弄得生病了，才去求索可以去除掉它们的东西，已经落得毫无办法，对它们只有犯愁担忧了。你们清楚这一点了吗？""是是。""这尚且还只是天下最微小、仅仅充个数的东西，哪里还用说那巨大又厉害的东西呢？在天地之间，时时有那凶暴野鬼、邪毒妖物和走凶、飞尸、咎魅之类的杀人精怪。当它们附着在人身上的时候，就如同刀剑刃上和弓箭箭头上所蘸的毒液，刺入人的体内了。所刺入的地方疼痛得无法忍受，其中最凶暴、特厉害的，让人喘不过气来，稳不住身子，整个人变得暴躁狂乱，简直活不下去了。这就好比间隔分布的乡亭，远离帝王的郡县官吏，阻塞百姓向朝廷上书，不准讲说灾异情况。到了这个时候，才去求索高明的工师和精通某种技艺的人来营救自己，早就无济于事了。言辞已经得不到沟通，就没办法再能去说什么了。你们清楚这一点了吗？""是是。"

"行，子已觉矣。故吾尤急此死亡天下大凶事也。故吾文□□①，侗侗教有德人君豫备之也②。上贤明见吾书言之，必大觉矣；中贤见吾文言，必小觉；下愚不觉，反笑吾书，不备其本，已自穷矣。天地帝王，无过于是也，今行太平气至③，阳德君治④，当得长久。

【注释】

①故吾文□□：此句原缺二字。

②侗侗(dòng)：憨愚的样子。

③行：即将。

④阳德君：即火德之君。当时盛行汉为火德说，故有是语。

【译文】

"近前来，看来你们已经觉悟了。所以我对死亡这种全天下最凶险的事情，尤为感到急迫。因而我这书文，简直近乎愚憨地教导具有道德的君主对此预作防备。第一等贤明的人看到我这书文所讲的事情，必定会彻底觉悟了；中等贤明的人看到我这书文所讲的事情，必定会基本觉悟了；低劣愚昧的人不但不觉悟，反而会讥笑我这书文，不预防那祸害产生的根源,就已经自行陷入绝境了。天地和帝王,没有能超越过这条法则的。如今太平气眼看就要降临,火行盛德的君主理应实现大治,正该长远悠久。

"凡天下人死亡,非小事也。一死,终古不得复见天地日月也①,脉骨成涂土②。死命,重事也。人居天地之间,人人得一生,不得重生也。重生者,独得道人死而复生,尸解者耳。是者天地所私③,万万未有一人也。故凡人一死,不复得生也,故当大备之。虽太平气乐岁④,犹有邪气。比若一家虽善,中犹有恶人,但相忍耳。是故益聚道术士者,为有不然,辄当除之;不疾除之,则生之矣。故教其豫多其人也。

【注释】

①终古:永久。

②涂土:泥土。

③私:独自掌握、决不轻付之意。

④乐岁:吉祥安乐的年景。

【译文】

"只要是天下人有谁死亡,决不是小事情。一旦死去,永远不会再看到天地日月了,血脉和骨骼就化成泥土了。丧失性命,这可属于大事情。世人活在天地之间,每个人都只获得一次性命,不会再重新生存。能够重新生存的,只有那获得真道的人才会死而复生,也就是尸解仙人罢了。尸解而成仙,这是天地所独自掌握而决不轻付的事情,万万人当中也没有一个这样的人。所以人只要一旦死去,就无法再能重新生存,因而应当大力加以防备。尽管太平气带来吉祥安乐的年景,可仍然存在着邪恶气。这就好比某户人家尽管很美满，但家中仍有邪恶的成员，只是对他能容忍罢了。所以要扩大并聚集起身怀道术的人，一旦出现危害世人性命的东西，立刻就该消除掉它们；不把它们火速消除掉，就使它们蔓延开了。所以教导帝王要预先就增多扩充身怀道术的人。

"夫大学所以益积道德之人者①，备求可得也；如不豫蓄聚，求不可卒得也；如有变事，欲问古今比列②，不豫有大渘道德之人③，无能卒对解者④，令人君暗蔽。卒有疑事，问之不以时决解愁，乃后往求索远方贤明渘术，何及于怵怵当前乎哉？真人知之邪？""唯唯。"

【注释】

①大(tài)学：即太学。为东汉设于京师的国家最高学府。顺帝时，太学有二百四十房，一千八百五十室。质帝时，太学生达三万人。

②比列：指类似的众多事象与例证。

③大渘(róu)：十分精通柔术之意。渘，通"柔"，柔和。《老子》倡导守柔克刚，故称。

④对解：对答解说。

【译文】

"太学作为国家的最高学府，用来扩大并积聚起具有道德的人才，目的是预备求取人才时可以求取到；如果不预先把人才储备聚集起来，求取时就没办法一下子求取到；倘若发生意料不到的事件，打算询问古今与此事件相类似的众多事象与例证，却未预先就有精通柔术、具有道德的第一流人士站在那里，就没有紧急中真能对答解说的人，致使君主暗昧不明。猛然间出现疑虑事，询问谁却不能当即作出裁断，化解掉忧愁,然后再去求索远方的贤明人和身怀柔术的人,哪能对付得了目前陷入的憨愚窘境呢?真人清楚这一点了吗?""是是。"

"行,子已大觉矣。""虽每发言有过责,不问又会不知之,愿决一事。""言之。""今是或高则万人,中则数千,下则数百,何可卒得卒成乎?""善哉!子之问事也。但教十数人,以善成之,且自转相易,有急效之有成功者,令使上德道君重之爱之,于其有功者赐之,众人且愿之;于其愿之而大从,使其为之;于其得者,共尊敬爱之。此四时五行天地之神精,见尊重爱,莫不说喜①,使人吉利。德君长蒙其吉福,众贤渫下及愚人,莫不争欲为之也。即为者日益多,以久久大小尽化②。能人人为之,乃选取其中第一大功者悉聚之,大有功者署其位,小有功者赏赐之,天下人莫不欲为之。但恐大多,不可胜记,何患忧少哉?真人何其大愚暗且蒙也!

【注释】

①说喜:即喜悦。说,同"悦"。

②化:受到化导之意。

【译文】

"近前来,看来你们已经彻底觉悟了。""我们尽管每次对事情发表看法都出现过责,可不询问又终归闹不明白,希望天师再对一宗事给我们作出定论来。""只管讲来。""如今斋戒思神除病救死的道术,按照标准有的最高要治好上万人,处在中等要治好几千人,最低要治好数百人。这该怎么办才能一下子就实现呢?一下子就成功呢?""你们问事简直太好了!只管教导十几个人,使他们修炼得特别精熟,接下来就会自动辗转传布,相互觉得容易做,随后会涌现出火速效法并修炼成功的人,导致极有道德的君主看重它,喜爱它,对那立有功劳的人进行赏赐,众人一看就都愿意修炼它了;那些愿意修炼的人又会带动大批人跟在后面,再让这批人进行修炼;对其中修炼得很精熟的人,又共同尊敬并喜爱他们。而被奉为精思对象的天地四时五行众神灵,由此受到世人的普遍尊重和敬爱,也无不喜悦,就让人吉利了。具有道德的君主承受到吉利福庆,众位贤明人和怀有柔术的人以至于愚昧的百姓也就没有谁不争着要修炼它了。修炼的人既已日益增多,时间一长,大人小孩就都受到化导了。达到人人都去修炼这一道术的地步,于是选取其中功劳数第一的人,把他们全部聚集到一起,对功劳最大的人委任官职,对功劳略低的人进行赏赐,这样一来,全天下的人,就没有谁不想修炼这一道术了。结果只会担心人数太多,简直记不过来,还忧虑什么人数少呢? 真人对此怎么竟是那样地万分愚昧昏暗又不开通!

　　"一事大决^①,毋取用,但好大言者也^②,是人无益于人也。但效式之^③,常有成功者,即其人得道意,大信人也。知但数言,而无大效者,即是其不得道意而妄语,大佞人也^④,不可用也,乱道者也。真人知之耶?""唯唯。""行去,慎之戒之! 诵读吾书,惟思其上下意,以类相从,更以相证明,以相足也,乃且大解,知吾道所指趣也^⑤。""唯唯。"

【注释】

①大决:得出重大结论之意。

②大言:正大的言论。《庄子·齐物论》云:"大言炎炎,小言詹詹。"

③效式:效行且奉为法式之意。

④大佞人:特别擅长花言巧语、阿谀奉承的人。

⑤指趣：宗旨，大义。

【译文】

"一宗事体已经得出重大结论，可却不择取施用，这只属于口头上喜好正大言论的人，这类人对世人是没有什么好处的。只管效行并且奉为法式，常常取得成功，也就标志着他们获取到真道的奥义妙旨了，这类人属于非常诚实可信的人。只了解书面上的几句话，没有十分明显的效验，也就标志着他们并未获取到真道的奥义妙旨，而是在乱吹一通，这类人纯属特别擅长花言巧语、阿谀奉承的人，决不可以信用，是败乱真道的人。真人对此闹清楚了吗？""是是。""回去吧，要多加小心，要引起警戒啊！诵读我那道书，只应精思上下文辞的意旨，按照类别作出归纳，转而相互进行印证和发明，彼此作补充，这才能恍然大悟，了解并掌握住我那真道的宗旨大义了。""是是。"

五神所持诀第一百一十一

【题解】

本篇所谓"五神",系指《斋戒思神救死诀》中作为五行化身的离人近的"五德之神"和离人远的"四时兵马"而言;"所持"则为各自执持的兵器。篇中把矛、戟、弓弩斧、镶盾刀、鼓与剑的形制、性能与用途,同四时五行之气所在的方位、作用与证象,两相配比,赋之以"五神"应思而至的"天地自然实信之符节"的性质,谆谆告诫修炼者以此为识别标志,谨防其他神"乱政"。这种配比和套挂,是早期道教对五兵和符节制度的宗教改造。其渊源亦出自《淮南子·时则训》的五行配属说。

"愿请问一大决:东方之神何故持矛乎①?""然。可毋问也,真人必自知之。""所以问者,天师幸哀后生,为作法;不问,则令后世不得知天道之意决。""然。此者,天之象也!物者各从其类。东方者,物始牙②,出头尽生利③,刺土而出,其精象矛④,故为矛。其神吏来,以此为节⑤。南方,万物垂枝布叶若戟⑥,故其精神而持戟。其神吏来⑦,以此为节。

【注释】

①东方之神：即骑青马、戴青冠的五个木行神。为本经所称"五德之神"和"四时兵马"之一。

②牙：萌芽之意。牙，通"芽"，植物的幼芽。

③出头：谓生出地面。利：锋利之意。指生出地面的那种天然拱动力。

④其精象矛：矛为尖状直刺兵器，故与具有"刺土而出"能力的植物幼芽之精灵来作比附。《淮南子·时则训》高诱注："矛有锋锐，似万物钻地生。"汉刘熙《释名·释兵》云："矛，冒也，刃下冒矜也。下头曰镈，镈，入地也。松椟长三尺，其矜宜轻，以松作之也；椟，速椟也，前刺之言也。"

⑤节：古代使者持作凭证的朝廷仪物。此处谓凭证。

⑥若戟：戟为多叉兵器，由戈与矛组合而成，故与"万物垂枝布叶"的枝、叶之精神作形状上的比附。《淮南子·时则训》高诱注："戟有枝干，象阳布散。"汉刘熙《释名·释兵》云："戟，格也，旁有枝格也。戈，句矛戟也。戈，过也，所刺捣则决过，所钩引则制之，弗得过也。""手戟，手所持摘之戟也。"

⑦神吏：即骑红马、戴赤冠的五个火行神。为本经所称"五德之神"和"四时兵马"之一。

【译文】

"希望请求询问一种非常紧要的决断性的结论，这就是斋戒思神除病救死的道术中，为什么东方木行的神灵要手执长矛呢？""好的。可以不必询问，真人必定会自行闹清楚的。""询问的原因在于，天师对后来出生的人幸予哀怜，为他们创制道法；不询问的话，会使后世无法得知天道的意旨定论。""好的。这是皇天显示的证象啊！事物分别依从它们的类属。在东方，万物开始萌芽，冒出地面，全都具有拱动的力量，破土而出，它们的精灵形状像矛，所以就执带长矛。木行骑马的神灵来到,把这作为表明自己身份的凭证。在南方,万物垂下枝条,布满叶片,形状像戟,所以它们的精灵就持带方戟。火行骑马的神灵来到,把这作为表明自己身份的凭证。

"西方为弓弩斧①,西方者,天弩杀象②,夫弓弩斧,亦最伤害之长也。故其神来③,以此为节。北方为镶楯刀④,北方者,物伏藏逃⑤,镶楯所以逃身者也,刀者小人所服,亦常以避逃以害人,非上君子之有也⑥。故其神来⑦,亦以此为节。

【注释】

①弓弩斧:弓为射箭用的依托器械,弩为用机械发箭的弓,斧为带柄的椭圆形兵器。汉刘熙《释名·释兵》云:"弓,穹也,张之穹隆然也。""弩,怒也,有势怒也。其柄曰臂,似人臂也;钩弦者曰牙,似齿牙也;牙外曰郭,为牙之规郭也;下曰悬刀,其形然也;合名之曰机,言如机之巧也,亦言如门户之枢机,开阖有节也。""戚,戚也。斧以斩断,见者皆戚惧也。钺,豁也。所向莫敢当前,豁然破散也。"

②天弩杀象:此本星象为说。在西方七宿中,参宿被星占家视为掌管斩刈杀伐的星宿,又名钺(斧)钺或参伐、天弓。详见《史记·天官书》及《晋书·天文志》所述。杀象,斩杀的证象。

③其神:即骑白马、戴白冠的五个金行神。为本经所称"五德之神"和"四时兵马"之一。

④镶楯:镶有图案的盾牌。楯,同"盾"。汉刘熙《释名·释兵》云:"盾,遁也,跪其后,避以隐遁也。"刀:汉刘熙《释名·释兵》云:"刀,到也,以斩伐到其所,刀击之也。""佩刀,在佩旁之刀也。或曰容刀,有刀形而无刃,备仪容而已。"

⑤物伏藏逃：谓万物因阴气大盛，随同阳气入藏地下。详见本经卷
　四十四《案书明刑德法》所述。

⑥上君子：第一流的圣人贤士。

⑦其神：即骑黑马、戴黑冠的五个水行神。为本经所称"五德之神"
　和"四时兵马"之一。

【译文】

"西方金行神持带长弓、弩箭和大斧，这是因为西方属于参宿对人
间负责斩杀讨伐的证象，长弓、弩箭和大斧也是杀伤最厉害的兵器。所
以金行骑马的神灵来到，把这作为表明自己身份的凭证。北方水行神
持带镶有图案的盾牌和短刀，这是因为北方属于万物藏伏逃归的处所，
而镶有图案的盾牌是用来使身体免受伤害的武器，短刀是小人所佩带
的兵刃，常被用来抵御对方的伤害或去伤害别人，不是第一等圣人贤士
所该持有的东西。所以水行骑马的神灵来到，把这作为表明自己身份
的凭证。

　　"中央者，为雷为鼓为剑①。中央者，土也②，五行之主
也③。鼓亦五兵之长也④，剑亦君子道德人所服也⑤，亦五兵
之长也。故中央神来⑥，以此为节。

【注释】

①为雷：五行说认为，雷于天地为长子，其二月出地，凡一百八十
　日，此间雷出则万物出；其八月入地，凡一百八十日，此间雷入则
　万物入。入能除害，出能兴利，故为人君之象。人君居中央，遂
　曰"为雷"。雷声与鼓声均有震撼力和指挥作用，故此处予以
　提及。

②"中央"二句：以五方配五行，中央属土行。故出此语。

③五行之主：此系承袭西汉流行的"汉为土德说"立言，与本经他篇

播扬的"汉为火德说"不同。

④五兵：五种主要兵器的统称。具体所指非一。《淮南子·时则训》列作：矛、戟、剑、钺、铩（shā，形似两刃刀），鼓则不在其内。《论衡·顺鼓篇》谓："夫礼，以鼓助号呼、明声响也。古者人君将出，撞钟击鼓，故警戒下也。"汉刘熙《释名·释兵》云："金鼓，金，禁也，为进退之禁也。"

⑤剑：《山海经·大荒东经》谓："有君子之国，其人衣冠带剑。"又《庄子》有《说剑篇》。《淮南子·时则训》高诱注称："剑有两刃，无所不主。"汉刘熙《释名·释兵》云："剑，检也，所以防检非常也。又其在身拱时，敛在臂内也。其旁鼻曰镡，镡，寻也，带所贯寻也；其末曰锋，锋末之言也。"服：佩戴。

⑥中央神：即骑黄马、戴黄冠的五个土行神。为本经所称"五德之神"和"四时兵马"之一。

【译文】

"中央土行神持带声如雷鸣的战鼓和利剑，这是因为中央属于土行，土行又为五行的君长。战鼓也是五类兵器的君长，利剑属于君子和具有道德的人所佩带的兵刃，也是五类兵器的君长。所以土行骑马的神灵来到，把这作为表明自己身份的凭证。

"是天地自然实信之符节也①。比若人，生当有头②。应此，持其节实信符传来对③；不若此，即非其行神也④。应他神妄来对，悉为乱政，久久其治乱，难平安，故皆求信符节也。真人知之耶？""唯唯。""是说乃浅而深，虽不足道者，反乃当与天地四时五行气相应和。""善哉善哉！""行，真人知之矣。"

右厌邪、人尽变成道、以救死命诀⑤。

【注释】

①符节：古代对调兵或传令所用凭证以及使者所持旌节的概称。

②头：谓面庞。面庞人各不同，他人据此得识其人。故有此喻。

③符传：犹今通行证。古代用于出入门关。《释名·释书契》云："传，转也，转移所在执以为信也。"

④其行神：指五行中每一行骑马戴冠、持兵器的真神。

⑤"右厌邪"句：此句系对本卷共计三"诀"之内容主旨所作的总体概括与揭示。

【译文】

"以上是天地原本就那样的真确可信的凭证。这就好比人，生下来就该拥有属于自己的面庞。五行骑马的神灵分别与此相应合，持带自身真确可信的凭证前来与人面对面相见；不像这样持带兵器，也就不是那五行中每一行的骑马神灵。应合前来的其他神灵，胡乱就面对面相见，均属败乱国政，时间一长，他那治理就混乱，难以平和安宁，所以都必须求索那真确可信的凭证。真人清楚这一点吗？""是是。""这种说法看似浅显，实际上却很深刻，尽管不值得大讲特讲，可反过来却正与天地四时五行气相应合。""这太好了！这太好了！""回去吧，真人已经明白这一切了。"

以上为厌邪、人尽变成道、以救死命诀。

卷七十三至八十五　戊部五至十七

阙题一

【说明】

本经卷七十三至八十五,原有戊部经文十五篇,已全部缺失。《合校》本据《太平经钞》配补区定,统标《阙题》。本篇寥寥数语,略述守道德、积善行的效应。

守道德积善,乃究洽天地鬼神精气①。人民蚑行万物②,四时五行之气,常与往来,莫不知其善者矣。

【注释】

①究洽:极为切合之意。精气:指精粹的施生之气。

②蚑(qí)行:泛指用脚行走的动物。

【译文】

守行真道真德,积累良善的行为,就极为切合天地鬼神的精气了。众百姓和所有的动植物以及四时五行之气,全都和他经常往来,没有不知道他那良善的了。

阙题二

【说明】

本篇经文和原题已佚,《合校》本据《太平经钞》配补。《敦煌目录》卷七十四,题曰《善恶间图决》,与本篇内容大致吻合。其所谓"间",原指里巷的大门,此处则被转借为修道所获善恶吉凶的门路与途径。篇中列举十间,分述各自的表现与结果。其间正反对照,把儒家的孝悌思想、宗法观念同道家贵柔贵生的主张糅为一体。既向世人投注悔过从善、改行易心、得终天年的慰抚剂,又以其祸不救,死无葬身之地相威慑,痛斥犯上作乱;同时也揭露了尸位素餐,欺上害下,外则似人之形、内实贪兽之情的"官贼"的本质面目。

大慈孝顺间第一①:慈孝者,思从内出,思以藏发②,不学能得之,自然之术③。行与天心同,意与地合,上有益帝王,下为民间昌率④,能致和气⑤,为人为先法⑥,其行如丹青⑦,故使第一。

【注释】

①间:里巷之门。用以启闭出入。此处转指善恶吉凶的门路与途径。

②藏(zàng)：指五脏。即心、肝、脾、肺、肾。藏，内脏。

③自然之术：意为原本如此的常规定法。

④昌率：倡导且做表率之意。昌，通"倡"。

⑤和气：谓太和之气。即天之太阳气、地之太阴气、人之中和气的统一体。本经卷四十八《三合相通诀》云："气者，乃言天气悦喜下生，地气顺喜上养。气之法，行于天下地上，阴阳相得，交而为和，与中和气三合，共养凡物。三气相爱相通，无复有害者。太者，大也；平者，正也。气者，主养以通和也。"

⑥人为先法：意为世人行为之率先垂范的榜样。

⑦丹青：两种颜料，即丹砂和青䐉。既色彩鲜明，又不易褪色。本经以之象征木行与火行，强调青者生，仁而有心，赤者太阳，天之正色，主养。详参卷五十六至六十四《阙题》(五)、卷六十九《天谶支干相配法》所述。

【译文】

万分仁慈孝顺的门径列居第一：仁慈和孝顺，这种意识是从内心产生出来的，是通过五脏涌发出来的，不学习也能做得到，它属于原本就那样的常规定法。行为和天心相一致，心意与大地相切合，往上对帝王有补益，往下成为民间的倡导者和表率，能把太和之气引来，给世人的行为树立起率先垂范的榜样。他那行为如同丹青般鲜明牢靠，所以把这条门径列居第一。

明道德大柔间第二：明经道德①，为百姓先，学好道，善聚德，不致盗贼，上有益帝王化之，最真吉矣。

【注释】

①明经道德：谓汉代两种选举科目。明经主要指精通儒家一经者，道德包括有道、敦厚质直、仁贤等。此处将明儒经、有道德共举

并列,系因当时经学已被谶纬内学所支配之故。《后汉书·陈忠传》载:安帝"诏举有道,公卿百僚各上封事"。陈忠上疏言:"嘉谋异策,宜辄纳用。……若有道之士对问高者,宜垂省览,特迁一等,以广直言之路。"又《左雄传·论》:"中兴以后,复增淳朴有道、贤能直言、独行高节、质直清白敦厚之属。"

【译文】

彰明道德和身怀超常柔术的门径列居第二:在通晓经典、怀有道德上,成为天下百姓的榜样,喜好并学用真道,通过做善事聚积起大德,连盗贼都不骚扰他们居住的地方,往上对帝王教化百姓大有补益,这是最为真确和吉庆的了。

孝悌始学化善闰第三①:始学欲为善,心中有庶几②。去邪就正,且成仁行,未化也③。

【注释】

①孝悌:孝顺父母,敬爱兄长。在汉代选举科目中,亦设孝悌,包括孝廉、至孝等。且为国家赐民爵位的直接对象。《后汉书·章帝纪》载元和二年诏令曰:"孝悌,淑行也。"化善:化作吉善之意。

②庶几:指希望达到的目标。

③化:指身变形易,登仙成神。

【译文】

孝悌人开始学道、化作吉善的门径列居第三:开始学道,特想做善事,心中立有大致所要达到的目标。摒弃邪伪,归向纯正,而且成就仁爱的一惯行为,但还没有化度成仙。

佃家子谨闰第四①:佃家谨力子,平旦日作②,日入而息,不避劳苦,日有积聚,家中雍雍③,以养父母,得土之利,顺天之道,不敢为非,有益县官④。

【注释】

①佃家子:即务农人家的子弟。谨:恭谨顺从。在汉代选举科目中,亦设力田。且为国家赐民爵位的直接对象。《后汉书·章帝纪》载元和二年诏令曰:"力田,勤劳也。"

②平旦:汉代区定的十二时段之一,相当于现代时凌晨三点至五点。亦即拂晓之际,天明时分。

③雍雍:和乐的样子。

④有益县官:谓向国家交纳赋税,协助帝王救济穷人等。汉称天子为县官。

【译文】

农家子弟恭谨顺从的门径列居第四:农家中恭谨顺从而又致力耕作的好男儿,天明时分就去下地干活,太阳落山就回家安歇,不避劳苦,一天比一天积聚起财物来,家中富裕和乐,用来侍养父母,获取到土地赐给的利益,顺从皇天的道法,不敢干坏事,对天子大有帮助。

大不仁之子、无义少年好兵聚奸间第五①:无义之人,不仁之子,不用道理,骂天击地,不养父母,行必持兵,恐畏乡里②。轻薄年少,无益天地之化,反为大害,并力计捕③,捐弃沟渎④,不得藏埋。

【注释】

①无义:抛弃道义。兵:兵刃,兵器。聚奸:意为合伙为非作歹。

②乡里:汉代地方基层行政组织。百户为里,十里为乡。或谓十里

一亭,十亭一乡。一乡辖户达五千者,设立有秩、三老和游徼等职,分掌乡政教化和治安之事。

③计捕:逐个搜捕之意。

④沟渎:田间水道。

【译文】

非常不仁的家伙和抛弃道义的坏小子喜好耍弄兵器、聚在一起干坏事的绝路列居第五:抛弃道义的家伙,不仁爱的坏小子,全都不按道理来行事,辱骂皇天,拍击大地,不侍养父母,出门一定携带着兵刃,让本乡本里感到畏惧。轻薄的恶少年,对天地的化育没有一丝补益,反而构成大祸害,官府对他们逐个进行搜捕,尸体被抛弃在田间水道边,死无葬身之地。

不和家中、欺老爱少、共食异财间第六①:家将必败,骨肉不和,不能相教,妄传往来②,更相逃避③,背本向末,其祸不救矣。

【注释】

①共食:指在一个大家族内共同生活。异财:指兄弟之间各蓄私财,相互隐瞒。

②妄传往来:谓相互搬弄是非。

③更相逃避:谓彼此推卸过责。

【译文】

在家中闹不和、欺凌老人喜爱孩子、共同生活却各蓄私财的绝路列居第六:一户人家眼看要败落下去,就必定骨肉不和,不能够你教导我,我教导你,而是随意播弄是非,递相推卸过责,背离根本,归向末梢,这种大祸简直没办法挽救了。

悔过弃兵间第七：生于穷里①，希有闻睹，不知善恶，有过天下，行不合天，赖有明君，使我就善。少不知学，长乃悔之，使善人贤士，以五尺柱高②，卒有去间③。学者当考问之④，一旦民皆为善矣。

【注释】

①穷里：非谓穷乡僻壤，乃指无有仁人贤士居住的地方。

②五尺柱高：喻指体格。即五尺男儿之意。

③去间：去路，出路。

④考问：推寻究问。

【译文】

悔恨过错、扔掉兵刃的门径列居第七：出生在没有仁人贤士居住的地方，绝少能看到和听到些什么，连什么是善、什么是恶都闹不清楚，对天下人犯下罪过，行为不符合天心，然而赖有贤明的君主，让我归向良善。少年时根本就不懂得学道这码事，成年后对此感到特别悔恨，在善人贤士的引领下，凭借身为五尺男儿，终于有了出路。学道的人对这种情况应作推究寻问，然后众百姓在一个早晨就都成为良善的人了。

悔过更合善间第八①：室学不成②，祸乱悉生，赖有明君，知我情由，令我悔过，反致为人师矣。

【注释】

①更：重新。合善：符合精善标准之意。

②室学：谓身入茅室学道修道。详参本经卷九十六《守一入室知神戒》所述。

【译文】

悔恨过错、重新符合精善标准的门径列居第八：进入茅室学习和修炼真道却未成功，致使各种祸乱全都产生出来，然而赖有贤明的君主，了解我那情由，让我悔恨过错加以改正，反而成为世人学习和修炼真道的师长了。

大恶人邪贪败化间第九[①]：尸禄邪恶贪贼[②]，欺上害下大佞，名为官贼。似人之形，贪兽之情，无益天地阴阳，灾深当诛亡[③]。

【注释】

①败化：败坏教化。

②尸禄：尸禄素餐的略语。谓白白领取俸禄却不尽其职，无所事事。贪贼：贪婪阴险之意。

③诛亡：诛杀而叫他死灭之意。

【译文】

万分恶毒的人邪伪贪婪，败坏教化的绝路列居第九：白拿俸禄不干正事，反而邪伪奸恶，贪婪阴险，欺骗上面，残害下面，万分诒媚猾巧，这被称为官吏中的恶贼。外表上有副人胚子，骨子里却是贪婪的禽兽一般的情性，对天地阴阳没有一丝益处，灾害深重，必定会遭诛杀而叫他死灭。

除过复正悔事间第十[①]：悔过改行易心，少无善情[②]，灾害数生，朝过暮改，名为善人。

【注释】

①复正：恢复纯正之意。悔事：谓悔恨往事。

②善情：善良的情性。

【译文】

去除罪过、恢复纯正、悔恨往事的门径列居第十：悔恨过错，改正行为，变换心肠，由于从小时候就没养成善良的情性，灾害屡屡降临到自己的头上，但早晨出现过错，到晚上就予以改正，这被称为归向良善的人。

此十间，古贤圣人之法，乐人为善，使不相贼伤，欲令各终天年，还反其道，防绝其本①，得睹太平之气也。

【注释】

①其本：指邪恶与罪恶的根源。

【译文】

以上总共十种门径或绝路，属于古代圣人贤士的道法，旨在喜欢世人做善事，让大家不相互虐杀或伤残，致使各自尽享天年，返归到真道上来，防止并断绝掉邪恶与罪恶的根源，得以看到太平气。

阙题三

【说明】

本篇经文和原题已佚,《合校》本据《太平经钞》配补。其内容,析而言之,共由十三节文字组成,大致可分为五部分。一至二节文字,申说神灵职在规正世人力行道德,以四根即大根、次根、中根、细微小根分别系属于帝王、皇后、众圣贤与庶民,并列示其行道德与否的上天应象。这与《敦煌目录》卷七十五所题《图画正根决》大略相符。三至五节文字,强调帝王、皇后作为天之第一贵子和地之第一贵女的神圣地位,胪举筑灵台、设太史、修黄钟、建明堂的候气、导气、通气之法。这与《敦煌目录》卷七十七所题《使四时神吏注法》,存在相近之处。六至九节文字,重在解说王气,系对"五行休王说"的专门发挥;而所述建除十二神,则与《淮南子·天文训》小同大异,属于对这种以天文十二辰分别象征十二种人事情况、据以占测吉凶祸福之术的异解,与后世术数家所言也迥然不同,颇具道教的气论特点。这同《敦煌目录》卷七十九所题《神吏尊卑决》,似有一定联系。十至十一节文字,则讲论元气化成天地人,人由财利之争导致承负之灾,向帝王宣示三气占问术。这同《敦煌目录》卷八十所题《占中不中决》相仿佛。十二至十三节文字,乃用韵语向世人完整地开列"清静为本守魂神"的修炼方术,该方术属于守一术的范畴,但在《敦煌目录》中已无从寻觅其雪泥鸿爪。以上五部分文字,《太平经钞》连书,核之于《敦煌目录》,顾名而思义,宜将本篇一分为五,各标《阙题》。

　　神者皆以规正①,其根太相②,太相系于帝王,因以正天行之③。其次根系于皇后,因以顺地理④。中根系于众圣,因以理阴阳。细微小根系于庶民⑤,因以理万物。大人为之得大⑥,中人为之得中⑦,小人为之得小⑧,皆有可正也。

【注释】

①神:指人体内外众神灵。规正:谓矫正邪行,使入正道。

②根:根本,根基。以喻同人间相应合的具体对象间的系属关系。此处指大根,即最粗壮、最主要者。太相:宰辅重臣。以喻至为紧切的辅助作用。太相自天庭而言,则指诸大神,包括委气大神人和九君等。其为至高神天君的辅佐,如同人间宰相或帝王的太子。本经丙部《九天消先王灾法》谓:"无形委气之神人,职在理元气。"又壬部第十六条经文称:"上皇神人之尊者,自名委气之公,一名大神,常在天君左侧,主为理明堂文之书,使可分别。曲领大职。"佚文又有云:"大神比如国家忠臣,治辅公位,名为大神。"卷一百十四《九君太上亲诀》称:"九君者,则太上之亲也。各有所行,恩贷布施,诸神从者;诸神敬其所为,靡有不就者也。"自人间王朝而言,则指东汉中央所设五府的首脑,即太傅、太尉、司徒、司空、大将军。

③正天:意为正大的皇天。本经卷五十六至六十四《阙题》(五)谓:帝王为行,应象天欲利不害,不负一物。

④顺地理:意为顺从大地所奉行的准则去治理。本经卷五十六至六十四《阙题》(五)称:"皇后将有为,皆先念后土,无不包养,无

不可忍,无不有常。"

⑤庶民:即普通民众。

⑥大人:圣人在位者。指以帝王为首的最高统治集团的核心成员。

⑦中人:中等人。指一般官吏。

⑧小人:平民百姓。指被统治者。

【译文】

神灵都来对世人进行规正,其中最粗壮、最主要的那条大根是如同天上人间宰辅重臣的辅助物,它和帝王紧紧连在一起,因而帝王要像正大的皇天那样去施政。在大根之下的那条次根和皇后紧紧连在一起,因而皇后要顺从大地所奉行的准则去治理。接下来的那条中根和众位圣人紧紧连在一起,因而众位圣人要去协理好阴阳。再往下的那条细微小根和普通民众紧紧连在一起,因而普通民众要去整治好万物。帝王及其重臣按照属于大根之神灵所辅导的那样去付诸行动,就会获得大成效;一般官吏按照属于中根之神灵所辅导的那样去付诸行动,就会获得中等的成效;平民百姓按照属于细微小根之神灵所辅导的那样去付诸行动,就会获得小成效,都有可以受到规正的地方。

帝王行道德兴盛,日大明①,少道德少明。皇后行道德,月大光明②,少道德少光明。众贤行道德,星历大耀③,少道德少耀。四根俱行道德④,天下安宁,瑞应出⑤,大光远。遥观天象,风雨时善⑥,夷狄归心⑦,灾害自消。今得天师书道德,以往付谨民,使谨民使归上有大仁道德之君,可以平天下之理而长安身。

【注释】

①日大明:此以拟象为言。本经丙部《以乐却灾法》称:"日象人

君。"又辛部云:"日者,君德也。"

②月大光明:此以拟象为言。《礼记·昏义》云:"故天子之与后,犹日之与月,阴之与阳,相须而后成者也。"

③星历:星辰。此以拟象为言。本经丙部《以乐却灾法》称:"星象百官众贤。"

④四根:即上文所称大根、次根、中根、细微小根。

⑤瑞应:吉祥的兆应。如凤凰至、芝草生、甘露降、醴泉出之类。汉刘歆《西京杂记》卷三谓:"瑞者,宝也,信也。天以宝为信,应人之德,故曰瑞应。"本经卷一百八《瑞议训诀》称:"瑞者,清也,静也,端也,正也,专也,一也,心与天地同,不犯时令也。"

⑥时善:谓按节气时令而必至必降且超乎寻常。汉代谶纬有八风三十六雨的说法。详见《春秋说题辞》所述。

⑦夷狄:古代对边疆少数民族的蔑称。以上两段文字,当属《图画正根决》的内容。

【译文】

帝王行用道德兴盛,太阳就大放光明;缺少道德的话,太阳就暗淡照射。皇后行用道德,月亮就大放光明;缺少道德的话,月亮就暗淡照射。众位圣贤行用道德,星辰就大放光辉;缺少道德的话,星辰就闪烁无常。被四条神根拴系的人共同行用道德,就天下安宁,吉祥的兆应接连出现,道德的光辉照耀到极其遥远的地方。从远处观望天象,风雨按节气时令准时到来,边区的少数部族真心归服,灾害也自动消亡。如今得到天师的道德文书,前去把它授付给一名谨顺的百姓,让这名谨顺百姓再把它付归给特别仁厚又具有道德的君主,就能使天下的治理实现太平,长久使本人安康。

帝王尸上皇天之第一贵子也①,皇后乃地之第一贵女也②。夫至神圣贵人,职当居百重之内③,而反忧天下万里之外,受天业④,为阴阳六合八方持统首⑤。

【注释】

①尸:位居之意。或系"乃"字之讹。第一贵子:犹言地位最尊贵的
嫡长子。古以君权为天为神所授,故称帝王为天子。《庄子·庚
桑楚》云:"天之所助,谓之天子。"《吕氏春秋·本生》曰:"能养天
之所始生而勿撄之,谓天子。"《春秋繁露·三代改制质文》云:
"德侔天地者称皇帝,天祐而子之,号称天子。故圣王生,则称天
子。"《易纬坤灵图》谓:"天子者,继天治物,改正一统,各得其宜,
父天母地,以养生人,至尊之号也。"《春秋保乾图》称:"天子之尊
也,神精与天地通,血气含五帝精,天爱之、子之也。"《白虎通
义·爵》谓:"天子者,爵称也。爵所以称天子者何? 王者父天母
地,为天之子也。故《援神契》曰:'天覆地载,谓之天子,上法斗
极。'"本经卷九十《冤流灾求奇方诀》称:"帝王乃最天之所贵
子也。"

②第一贵女:犹言地位最尊贵的长女。女属阴,地亦属阴。地为众
阴之长,皇后身为天子的正妻,亦为后宫之长和女性之长,故称
其为"第一贵女"。《礼记·曲礼下》谓:"天子之妃曰后。"《白虎
通义·嫁娶》云:"天子之妃谓之后何? 后者,君也。天子妃至
尊,故谓后也。明配至尊,为海内小君,天下尊之,故继其王言
之。"《释名·释亲属》云:"天子之妃曰后,后,后也,言在后,不敢
以副言也。"本经乙部《安乐王者法》称:"帝王,天之子也;皇后,
地之子也,是天地第一神气也。"又卷五十六至六十四《阙题》
(五)谓:"天子者,天之心也;皇后者,地之心也。"

③百重:指规模宏伟、戒备森严的皇宫建筑群。即深宫。

④天业:上天赋予的帝王大业。本经乙部《解承负诀》云:"今帝王
居百重之内,其用道德,仁善万里,百姓蒙其恩,父为慈,子为孝,

家足人给,不为邪恶。”

⑤统首:指天统。天统为三统(包括地统、人统在内)之首,故称。

【译文】

帝王占据盛明上天第一贵子的地位,皇后是大地的第一贵女。作为最神圣的贵人,天职就应置身在皇宫里面,反而忧虑到天下万里之外,承受皇天赋予的大业,为阴阳六合八方执持住三统中占居第一位的那个天统。

　　天地之尊位,为神灵所因任①,上下洞极②,万物蚑行之属,莫不归心。于是作无上灵宝谒③,能知天意。明于星历之吏④,名为太史⑤。直事不得通⑥,日与夜迭上观候天气盛衰,三光之得失⑦,乐得天敕戒以自安也⑧。十一月则修黄钟⑨,导地下之气使上通,乐得后土意⑩,以自安矣。

【注释】

①因任:递相担任之意。

②洞极:意为通透至极。

③无上灵宝谒:指灵台,即天象观测台。为古代帝王观察天文星象、妖祥灾异的建筑。刘向《五经通义》云:“灵台制度奈何? 师说之:‘积土崇增,其高九仞,上平无屋。高九仞者,极阳之数;上平无屋,望气显著。’”《礼纬含文嘉》称:“礼,天子灵台,所以观天人之际,阴阳之会也。揆星度之验征,六气之瑞应,原神明之变化,睹日气之所验,为万物获福于无方之原,招太极之清泉,以兴稼穑之根。”《孝经援神契》谓:“灵台考符,居高显,圣王所以宣德察微。”

④星历:指天文历法。

⑤太史:官名。掌管天象的观测和历法的制定。为世袭之职。

⑥直事:值班供职。即履行岗位职责。直,当值。逋:拖延,稽迟。

⑦三光:指日月星。本经乙部《和三气兴帝王法》云:"天有三名:日、月、星,北极为中也。"又卷一百十二《不忘诫长得福诀》谓:"天以三明名日月星,下照中和及地下,无有懈息。"又卷五十六至六十四《阙题》(六)称:"日与昼,阳也,主生;月星夜,阴也,主养。"

⑧敕戒:警诫,教诫。

⑨黄钟:古代乐律十二律中的第一律。律以起历,历以明律。农历十一月为冬至所在,冬至阳气始生,为历法的起算点,故修黄钟。黄钟之义,按照《白虎通义》的解释,乃言阳气动于黄泉之下,动养万物。

⑩后土:对大地的尊称。本经乙部《安乐王者法》云:"土者不即化,久久即化,故称后土。"

【译文】

天地的重要职位,被神灵所递相担任,上下通透到极点,所有的动物和植物,没有哪一种不真心归服。于是修筑天象观测台,可以测知到皇天的心意。对星象特精通的官吏,官名被称作太史。太史值班供职,不许出现拖延贻误的现象,从白天到黑夜轮番往上观察占测时气的盛衰和日月星辰的得失,高兴获取到皇天的训诫,来使自身平安。在农历十一月,则修明历律,疏导地下的阳气,使它往上通达,高兴获取到后土的心意,来使自身平安。

　　作明堂于太阳丙午之地①,为其开八窗四达②,欲与八风四时之气合其吉③,以自安也。明辟四门④,乐得天下奇文殊策、希见之物、贤明异术⑤,可以长安天下而消灾异⑥。古者圣人在位,常力求隐士贤柔,可以共理⑦。

【注释】

①明堂:古代布政宣教的专用处所。关于明堂之制,众说纷纭。此处系本谶纬为说。《孝经援神契》称:"得阳气明朗,谓之明堂。"《礼纬含文嘉》谓:"明堂,所以通神灵,感天地,正四时,出教令,崇有德,彰有道,襄有行。"《春秋合诚图》云:"明堂在辰巳(东南),言在木火之际,辰属木,巳属火,木之生数为三,火之成数为七,故在国都之阳三里之外、七里之内。"另参《白虎通义·辟雍》及《大戴礼记·明堂》所述。太阳丙午之地:指京师近郊的南部地段。太阳,最旺盛的阳气。丙午,天干第三位与地支第七位,分别为阳干与阳支。干支配五行,丙午均属火行。《史记·律书》谓:"丙者,言阳道著明,故曰丙。""午者,阴阳交,故曰午。"《释名·释天》云:"丙,炳也,物生炳然,皆著见也。""午,仵也,阴气从下上,与阳相仵逆也。于《易》为《离》,离,丽也,物皆附丽阳气以茂也。"

②八窗:象征八风而设。四达:即四门,效法四时而设。关于明堂的建筑规制,诸家之说有异。此处系本谶纬为说。《白虎通义·辟雍》即云:"明堂上圆下方,八窗四闼,布政之宫,在国之阳。上圆法天,下方法地,八窗象八风,四闼法四时,九室法九州,十二坐法十二月,三十六户法三十六雨,七十二牖法七十二风。"

③八风:指条风,即立春时的东北风;明庶风,即春分时的东风;清明风,即立夏时的东南风;景风,即夏至时的南风;凉风,即立秋时的西南风;阊阖风,即秋分时的西风;不周风,即立冬时的西北风;广莫风,即冬至时的北风。参见《淮南子·天文训》、《史记·律书》及《白虎通义·八风》所述。

④明辟四门:语本《尚书·尧典》。

⑤奇文殊策:指奇异隐秘的天书神文。参见本经卷四十七《上善臣子弟子为君父师得仙方诀》、卷一百八《忠孝上异闻诀》所述。

⑥灾异：谓自然灾害和奇异反常的自然现象。《春秋繁露·必仁且
智》云："天地之物有不常之变者，谓之异，小者谓之灾。灾常先
至，而异乃随之。灾者，天之谴也；异者，天之威也。谴之而不
知，乃畏之以威。凡灾异之本，尽生于国家之失。"《白虎通义·
·灾变》云："灾异者，何谓也？"《春秋潜潭巴》曰："灾之言伤也，随
事而诛；异之言怪，先感动之也。"本经卷五十《天文记诀》云："水
旱气乖迕，流灾积成，变怪不可止，名为灾异。"其具体表现，本经
卷四十三《大小谏正法》述之甚详。

⑦共理：谓共同治理天下。以上三段文字，当属《使四时神吏注法》
的内容。

【译文】

在京师近郊的南部地段修建明堂，给它开设八面窗户四座门，借此
想与八风及春夏秋冬的时气融汇起吉祥来，致使自身平安。敞亮地开
设四座门，希望获取到全天下奇异隐秘的天书神文、罕见的物品和贤明
人士的殊异道术，可以用它们去长久地安定天下，消除灾异。古代的圣
人身居帝位，时常去大力访求隐士和怀有柔术的贤人，能和他们共同治
理天下。

愿闻四时为尊贵①。然。王气乃为无气之长也②，众气
所系属③，诸尊贵之君也！王气乃为天，为皇④，为帝⑤，为
王⑥，为太岁⑦，为月建⑧，为斗冈⑨，为青龙⑩，为大德，为盛
兴，为帝王⑪，为无上王，为生成主⑫。

【注释】

①四时为尊贵：指五行之气在一年内轮流占据统治地位。

②王气：当政为王，由此引申则王气遂为最旺盛的一种占统治地位

并发挥主导作用的气态。如春季，则木气为王气。无气：指死气
或废气，即被王气所克者。如木克土，春季木王，则土气为无气。

③众气：指处于强壮状态的相气，处于休退状态的休气，处于困囚
状态的囚气等。系属：谓被王气所统率。如春季则木王，火相，
土死，水休，金囚。

④皇：对最高统治者按功德治绩所定的一种顶级位号或称号。《逸
周书·谥法解》谓："靖民则法曰皇。"《桓子新论》云："无制令刑
罚，谓之皇。"《尚书璇玑钤》："皇者，煌煌也。"《春秋运斗枢》谓：
"皇者天，天不言，四时行焉，百物生焉。三皇垂拱无为，设言而
民不违，道德玄泊，有似皇天，故称曰皇。皇者，中也，光也，弘
也，含弘履中，开阴布纲，上合皇极，其施光明，指天画地，神化潜
通，煌煌盛美，不可胜量。"《春秋元命苞》称："皇者，煌煌也，道烂
然显明。"《白虎通义·号》云："皇者何谓也？亦号也。皇，君也，
美也，大也。天人之总，美大之称也。时质，故总称之也。号之
为皇者，煌煌人莫违也。烦一夫，扰一士，以劳天下，不为皇也。
不扰匹夫匹妇，故为皇。故黄金弃于山，珠玉捐于渊，岩居穴处，
衣皮毛，饮泉液，吮露英，虚无寥廓，与天地通灵也。"应劭《汉官
仪》曰："皇者，大也，言其煌煌盛美。"《独断·天子正号之别名》
称："皇者，煌也。盛德煌煌，无所不照。"本经卷四十八《三合相
通诀》谓："皇者，乃言其神盛煌煌，故名为皇也。皇，天下第一，
无复能上者也。"又壬部云："其德皇，王（皇）之言煌煌也。"

⑤帝：对最高统治者按功德治绩所定的一种二级位号或称号。《逸
周书·谥法解》称："德象天地曰帝。"《吕氏春秋·下贤》曰："帝
也者，天下之适也。"《桓子新论》谓："有制令，无刑罚，谓之帝。"
《易纬坤灵图》云："帝者，天号也。德配天地，不私公位，称之曰
帝。"《孝经援神契》谓："帝者，谛也，象上可承五精之神。"《白虎
通义·号》云："号言为帝者何？帝者，谛也，象可承也。"《风俗通

义·五帝》云："谨按《易尚书大传》：天立五帝以为相，四时施生，法度明察，春夏庆赏，秋冬刑罚。帝者任德设刑，以则象之。言其能行天道，举错审谛。"《独断·天子正号之别名》称："帝者，谛也。能行天道，事天审谛。"本经壬部云："帝者，为天地之间作智，使不陷于凶恶，故称帝也。"

⑥王：对最高统治者按功德治绩所定的一种三级位号或称号。《逸周书·谥法解》谓："仁义所往曰王。"《吕氏春秋·下贤》曰："王也者，天下之往也。"《荀子·王霸篇》云："天下归之，之谓王。"《大戴礼记·盛德》称："法政而德不衰，故曰王也。"《韩诗外传》卷五谓："王者何也？曰往也。天下往之，谓之王。"《春秋繁露·王道通三》云："古之造文者，三画而连其中，谓之王。三画者，天地与人也；而连其中者，通其道也。取天地与人之中，以为贯而参通之。非王者，孰能当是？"又《深察名号》称："深察王号之大意，其中有五科：皇科、方科、匡科、黄科、往科。合此五科，以一言谓之王。王者皇也，王者方也，王者匡也，王者黄也，王者往也。"《桓子新论》谓："赏善诛恶，诸侯朝事，谓之王。""王者，往也，言其惠泽优游，天下归往也。"《周易乾凿度》卷上曰："王者，天下所归往。《易》曰：在师中，吉，无咎。王三锡命。师者，众也，言有盛德，行中和，顺民心，天下归往之，莫不美命为王也。行师以除民害，赐命以长世德之盛。"《春秋文耀钩》称："王者，往也。神所向往，人所归落。"《白虎通义·号》云："王者，往也，天下所归往。"《风俗通义》卷一《三王》云："夫擅国之谓王，能制割之谓王，制杀生之威之谓王。王者，往也，为天下所归往也。"《独断·王者至尊四号之别名》谓："王有天下，故称王。天下之所归往，故称天王。"本经壬部云："王者，人民万物归王之不伤，故称王。王者，往也。"

⑦太岁：古人假设的理想天体，用以纪年。星相家则奉之为运行于

天的岁神,其所在方位,必不可犯。《论衡·难岁篇》谓,太岁为天别神(从属于天之神),与青龙无异。本经卷一百十二《有过死谪作河梁诫》称:"部主轮值十二方之神,名为太岁。"

⑧月建:又称斗建。意谓北斗星斗柄所指。古代用十二地支代表十二方位,即以子为北,午为南,卯为东,酉为西等等。依此,则夏历十一月黄昏时斗柄指北,即称该月为建子之月。嗣后斗柄每月移动,指向一个既定方位,周而复始,遂成十二月建。在东汉以前,另有一种方术,简称建除,即以天文十二辰分别象征十二种人事情况,据以占测吉凶。其所定术语,俱为神名,起首二神曰建、除,故合称建除十二神。作为第一神的"建",指寅为建。寅则代表斗柄指向寅位的正月,而"建"之为义,《淮南子·天文训》解作主生万物,本经则释为元气建位,形同帝王。这里所谓月建,即指此而言。实际上是把斗柄建寅同寅为"建"神套挂在一起的。

⑨斗冈:此二字中"冈"当作"纲"。音近而讹。斗纲,即斗柄,由北斗七星中的第五至第七星所组成。其按空间方位依次旋转,指东则天下皆春,指南则天下皆夏,指西则天下皆秋,指北则天下皆冬。《春秋运斗枢》曰:"北斗七星,第一天枢,第二璇,第三玑,第四权,第五玉衡,第六开阳,第七摇光。第一至第四为魁,第五至第七为杓,合而为斗,居阴布阳,故称北斗。"

⑩青龙:木行的精灵。

⑪帝王:此与上文所言"帝"、"王"不同,乃泛指国家的最高统治者。《尚书璇玑钤》谓:"帝者天号也,王者人称也。天有五帝以立名,人有三王以正度。"《孝经钩命诀》曰:"或称帝王接上称天子,明以爵事天;接下称帝王,明以号令臣下。"《白虎通义·号》云:"帝王者何? 号也。号者,功之表也,所以表功明德,号令臣下者也。德合天地者称帝,仁义合者称王,别优劣也。"

⑫生成主：意为化生和成就的主宰。

【译文】

希望听一听一年四季中五行气轮流占据统治地位这方面的教诲。好的。占据统治地位的王气，属于死气的主宰者，众气的统率者，所有尊贵物的君长啊！王气是上天，是皇，是帝，是王，是太岁，是月建，是斗柄，是青龙，是大德，是盛兴，是帝王，是至高无上的君王，是化生和成就的主宰。

是故王气所处，万物莫不归王之①；王气所居，皆王而生，所背去悉死，由元气也②。故王气处阳则阳王③，居阴则阴王④，居天则天王，居地则地王，所处者皆王，受命主理。是古者圣人王者，春东⑤，夏南⑥，秋西⑦，冬北⑧，六月中央⑨。匝气则谒见天⑩，王气乃尊于天。

【注释】

①王：奉其为王之意。

②元气：化生宇宙万物的无形实体。本经卷五十六至六十四《阙题》(六)称："元气，阳也，主生。"又卷九十八《核文寿长诀》谓："天道广从，无复穷极，不若一元气与天持其命纲也。"

③阳：指东方和南方。

④阴：指西方和北方。

⑤春东：谓在立春之日，迎春气于东郊，祭祀木行青帝。

⑥夏南：谓在立夏之日，迎夏气于南郊，祭祀火行赤帝。

⑦秋西：谓在立秋之日，迎秋气于西郊，祭祀金行白帝。

⑧冬北：谓在立冬之日，迎冬气于北郊，祭祀水行黑帝。

⑨六月中央：谓在立秋前十八日，迎黄灵于中兆(位于京师西南郊

五里处所设的祭所),祭祀土行黄帝。或谓在室中祭祀后土。以
上所云,合称五祀或迎气。

⑩匝气:谓迎候五行之气满一轮。匝,周遍。

【译文】

因此在王气所在的处所,万物无不归向它,奉它为王,在王气所在
的处所,一切事物都旺盛而生存,与它相对冲的地方却全都死灭,这是
由元气所决定的。所以王气位居阳处就阳处发挥主宰作用,位居阴处
就阴处发挥主宰作用,位居天上就天上发挥主宰作用,位居地下就地下
发挥主宰作用,只要是它所在的地方,就都发挥主宰作用,承受天命,负
责治理。这就引导古代圣人身居王位者,到立春那天在京师东郊迎候
春气,到立夏那天在京师南郊迎候夏气,到立秋那天在京师西郊迎候秋
气,到立冬那天在京师北郊迎候冬气,到六月立秋前第十八天在京师西
南郊迎候土行气。迎候五行气满一轮,就拜祭皇天,王气于是在皇天赢
得尊贵的地位。

当月建名为破大耗①,当帝王气冲②,为名死灭亡。元气
建位,帝王气为第一气,尊严不可妄当也。月建后一为闭③,
闭者,乃天主闭塞其后阴休气④,恐来前为奸猾,干帝王建气
也⑤。故闭其后也,开者⑥。天之法,不乐害伤也,故开其后
者,示教休气为其有为奸者,乐开使退去也。不去当见收⑦,
收则考问之⑧,则成罪⑨。罪则不可除⑩,令死危,故后五为
危⑪。危则近死矣,故后六为破⑫。天斗所破乃死,故魁主死
亡⑬,乃至危也⑭。

【注释】

①当:正相对。破大耗:破败又极度虚空之意。"大耗"又被用作岁

中虚耗神的名称。

②帝王气：其中帝气为《太平经》编著者在王气基础上引申出来的第一尊贵之气。冲：对冲。

③后一：谓倒数第一位。闭：北斗星斗柄指向丑所代表的东北方，乃为建丑之月，即农历十二月；在建除十二神中，丑为闭。闭属第十二神，故自第一神起，倒数为"后一"。

④阴休气：十二月阳气形成，阴气休伏，故曰阴休气。

⑤干：凌犯，侵害。

⑥开：北斗星斗柄指向子所代表的北方，乃为建子之月，即农历十一月；在建除十二神中，子为开。

⑦见收：被囚禁之意。收，指北斗星斗柄指向亥所代表的西北方，乃为建亥之月，即农历十月；而在建除十二神中，亥为收。

⑧考问：勘问审讯。

⑨成：北斗星斗柄指向戌所代表的偏西方，乃为建戌之月，即农历九月；在建除十二神中，戌为成。

⑩除：北斗星斗柄指向卯所代表的东方，乃为建卯之月，即农历二月；在建除十二神中，卯为除。

⑪后五：谓倒数第五位。危：北斗星斗柄指向酉所代表的西方，乃为建酉之月，即农历八月；在建除十二神中，酉为危。危属第八神，由十二倒数至八，共五位，故曰"后五"。

⑫后六：谓倒数第六位。破：北斗星斗柄指向申所代表的偏西南方，为建申之月，即农历七月；在建除十二神中，申为破。破为第七神，由十二倒数至七，共六位，故曰"后六"。破与建，恰相对冲。

⑬魁：指斗魁。由北斗七星中第一至第四星组成。斗柄指向元气建位的寅位，则斗魁随之指向申位，构成对冲之势。故上文既称"天斗所破乃死"，此处则云"魁主死亡"。

⑭乃至危：由第七神破，正数仅一位便到第八神危，故曰"乃至危"。

【译文】

正与北斗星斗柄最先指向的寅位坐标相对冲,就被称作破败又极度空虚;正与帝王气相对冲,就被称作死废灭亡。元气在寅位建立起本位,帝王气属于第一气,最为尊严,不可胡乱与它对着干。从帝王气所在的寅位往后倒数第一位就构成闭,所谓闭,正是皇天职在闭塞住帝王气后面的休伏阴气,恐怕它冒到前面来耍弄奸猾那一套,凌犯始建本位的帝王气。再往后是开。由于皇天的道法不喜欢伤害,所以敞开那后方,指示并责令休伏的阴气有想干那奸恶勾当的,愿意给它们敞开一条路,让它们退走离去。不离去就应被囚禁起来,一囚禁就进行勘问审讯,审讯就判定罪名。罪名一判定就不能免除,让它死灭危险,所以从寅位倒数的第五位就构成危。既已危险,也就接近死亡了,所以从寅位倒数的第六位就构成破。北斗星所击破的对象就死灭,所以斗魁掌管死亡,于是从破正数仅一位,也就到了危。

　　故帝王气,起少阳太阳^①,常守斗建^②;死亡气,乃起于少阴太阴^③,常守斗魁^④。是故后六将^⑤,天常休之空之^⑥,与地同气,主闭藏匿奸宄^⑦,与邪鬼物同处,不可妄开发。古者贤人好生也,悉气属斗前^⑧,与天行并^⑨,故日吉,能有气也。诸为奸猾阴贼恶邪,悉象阴气,属斗后^⑩,故日衰,所为者凶^⑪。

【注释】

①少阳太阳:指东方、南方与春夏。

②常守斗建:意谓总是守执斗柄由正月至六月所指向的方位。即旺盛之阳气、生气所在。斗建即月建。《汉书·律历志上》云:"日至其初为节,至其中斗建下为十二辰,视其建而知其次。"

③少阴太阴:指西方、北方与秋冬。

④常守斗魁：意谓总是守执斗魁随斗柄旋转而指向的七月至十二月的对冲方位。即沉重之阴气、死气所在。

⑤后六将：指建除十二神中破、危、成、收、开、闭六神。

⑥天常休之空之：此缘西汉董仲舒的阳实阴虚论而为说。《春秋繁露·王道通三》云："阳，天之德；阴，天之刑也。阳气暖而阴气寒，阳气予而阴气夺，阳气仁而阴气戾，阳气宽而阴气急，阳气爱而阴气恶，阳气生而阴气杀，是故阳常居实位而行于盛，阴常居空虚而行于末。"

⑦奸宄（guǐ）：泛指为非作歹的东西。在内曰奸，在外曰宄。

⑧斗前：指建除十二神中以建为基准，往前正数的除、满、平、定、执五神。斗柄于二月指向卯所代表的东方，即建卯之月，卯乃为除；斗柄于三月指向辰所代表的偏东方，即建辰之月，辰乃为满；斗柄于四月指向巳所代表的东南方，即建巳之月，巳乃为平；斗柄于五月指向午所代表的南方，即建午之月，午乃为定；斗柄于六月指向未所代表的西南方，即建未之月，未乃为执。本经壬部称之为建前五将，悉受天正气，皆为天使。

⑨并：保持一致之意。

⑩斗后：即上文所称后六将。凡上所云，源于《淮南子·天文训》的建除家言，又与之迥异。

⑪凶：凶险。以上四段文字，当属《神吏尊卑决》的内容。参见本经壬部经文所述。

【译文】

因此帝王气从春季东方、夏季南方而兴起，总是守执斗柄首先所指向的六个方位；死亡气从秋季西方、冬季北方而兴起，总是守执斗魁随斗柄旋转而击向的对冲方位。所以处在王气寅位后面的闭、开、收、成、危、破这六神，皇天总是叫它们处在休伏、空虚的状态，与地同气，负责锁闭收藏起为非作歹的东西，与大邪鬼物处在一处，决不能随意把它们放出来和发泄出来。古代的圣人喜好化生,气都归属于斗柄在寅位建立起王气本位后再紧跟的除、满、平、定、执这五神,与皇天的运行相一致,所以一天比一天吉利,能有充盈的生气。而各种专干奸猾阴险、恶毒邪伪勾当的家伙,全都代表阴气,归属于斗柄在寅位建立起王气本位再往后倒数的那六神,所以一天比一天衰败,所干的勾当桩桩凶险。

　　元气恍惚自然①,共凝成一,名为天也②;分而生阴而成地,名为二也;因为上天下地,阴阳相合施生人,名为三也。三统共生、长、养凡物③,名为财。财共生欲,欲共生邪,邪共生奸,奸共生猾,猾共生害而不止,则乱败,败而不止,不可复理,因穷还反其本,故名为承负。

【注释】

①恍惚:迷蒙混沌的样子。自然:谓原本固有的情状与态势。

②共凝成一,名为天也:据下文文例,此八字中"天"字与"一"字应互换字序。

③三统:指职在施生的天统,职在养长的地统,职在成就的人统。本经卷九十二《万二千国始火始气诀》谓:"夫天地人三统,相须而立,相形而成,比若人有头足腹身;一统凶灭,三统反俱毁败,若人无头足腹,有一亡者,便三凶矣。"

【译文】

　　元气迷蒙混沌,保持那自然状态,共同凝结成皇天,这被称为一;继续分化而生出阴气,凝结成大地,这被称为二;随后构成上面的皇天和下面的大地,阴阳彼此交合,化生出人类,这被称为三。天统、地统和人统共同化生与养长万物,这被称为财富。由财富而共同滋生出占有它的欲望,由这种欲望共同滋生出邪恶,由邪恶共同滋生出奸诈,由奸诈共同滋生出猾巧,由猾巧共同滋生出伤害而不止息,于是混乱败毁,败毁而不止息,直至没办法再施行治理了,面对绝境要返归到本始的状态,所以在此过程中积聚的流恶余殃就被叫做承负。

　　夫天道无心①,遭不肖则乱②,得贤明则理。古者帝王得贤明乃道兴,不敢以下愚不肖为近辅③。速以吾此文付上德之君行之,洞明者光④。以三气相见问之⑤,占十中十,所理悉理,此第一善明,可以为帝王使;占十中九,一气乱不理⑥,可为诸侯使;占十中八,二气乱不理⑦,可为凡人使;过此已下,名乱天正道,必有冤结⑧,鬼神精伏逃不见⑨,不可理,不能调和太平之气⑩。

【注释】

① 无心:人人可以了解掌握之意。心谓偏私,指对世人不公正的对待态度和方式。即甲可乙否或此灵验彼无效。

② 不肖:子不似父曰不肖。即不贤。

③ 近辅:指左右辅政大臣。

④ 洞明:通晓之意。光:意为一切无不察照。

⑤ 三气:指由元气分化而成的天之太阳气,地之太阴气,人之中和气。太阳气职在施生,太阴气职在养长,中和气职在施惠布恩。参见本经卷四十八《三合相通诀》所述。

⑥ 一气:指天之太阳气。

⑦ 二气:指天之太阳气、地之太阴气。

⑧ 冤结:冤气聚结之意。

⑨ 鬼神精:指百鬼、诸神和群精。本经乙部《调神灵法》称:"百神自言为天吏,为天使;群精为地吏,为地使;百鬼为中和使。此三

者，阴阳中和之使也。"又卷一百十八《天神考过拘校三合诀》谓："神应天气而作，精物应地气而起，鬼应人治而斗。"又辛部云："心神，乃天之神也；精者，地之精也；鬼者，人之鬼也。"又壬部云："神者居人心阴，精者居人肾阴，鬼者居人肝阴。"又壬部称："神者居人心阴，精者居人肾阴，鬼者居人肝阴。"

⑩调和：协调，协理。以上两段文字，当为《占中不中决》的内容。

【译文】

天道原本是人人可以了解掌握的，但它遇到不贤明的人就被败乱，得到贤明的人就归于治理。古代的帝王求取到贤明的人，天道就兴盛，因而不敢把那低劣愚昧不贤明的人作为自己身边的辅政大臣。赶快拿我这篇书文去付归给具有第一等道德的君主行用它，对它了然于胸，就能察照一切。通过天气、地气、人间中和气相互接触来印证验核，进行占测而结果百分之百灵验，所治理的事物全都得到了治理，这就属于第一等既美好又贤明的人，可以供帝王来使用；进行占测而结果百分之九十灵验，其中天气混乱而未得到治理，此等贤明人可以供诸侯来使用；进行占测而结果百分之八十灵验，其中天气和地气混乱而未得到治理，此等贤明人可以供普通人来使用；凡属在这幅度之下的，就被叫做败乱皇天的正道，必定存在着聚结的冤气，鬼神和精物躲开藏匿而不显现，根本没办法施行治理，不能调理好太平气。

子欲得道思书文，求道之法静为根①。为根积精不止神之门②，五德和合见魂魄③，心神已明大道陈④。先知安危察四邻，群神大来集若云⑤，若是不息长寿君⑥。哉大道不用勤⑦，形若死灰守魂神⑧，魂神不去乃长存。

【注释】

①静：指致虚守静的功夫。《老子·十六章》谓："归根曰静，静曰复命（复归本性）。"

②为根积精不止神之门：此九字中"为根"二字疑涉上文而衍，当删。积精，精思再精思之意。神之门，意为得以召神见神的入口处。

③五德：指五德神。本经卷七十二《斋戒思神救死诀》称："此四时五行精神，入为人五脏神，出为四时五行神精。其近人者，名为五德之神，与人脏神相似。五德犹言五常，即仁、礼、信、义，智，分别与木行、火行、土行、金行、水行相配属。"魂魄：指寄居在人体之内起主宰作用的人格化的魂神与精魄。《素问·宣明五气》云："心藏神，肺藏魄，肝藏魂，脾藏意，肾藏精……"精气之化成也。《灵枢·本神》谓："故生之来谓之精，两精相搏谓之神，随神往来者谓之魂，并精而出入者谓之魄。"《孝经援神契》云："魄，白也。魂，芸也。白，明白也。芸，芸动也。形有体质，取明白为名；气唯嘘吸，取芸动为义。"《白虎通义·情性》称："魂魄者，何谓也？魂犹伝伝也，行不休也于外也，主于情。魄者，犹迫然著人，主于性也。魂者，芸也，情以除秽。魄者，白也，性以治内。"

④心神：寄居在人体心室且起支配作用的人格化的神灵。本经辛部称："其一气主行为王者，主执正凡事，居人腹中，自名为心。心则五藏之王，神之本根，一身之至也。主执为善。心不乐为妄，内邪恶也。凡人能执善，清静自居，外不妄求，端正内，自与腹中王者相见，谓明能还睹其心也。"又本经佚文云："求道之法，静为基先，心神已明，与道为一，开蒙洞白，类如昼日。"

⑤群神大来集若云：本经佚文称："守一之法，将与神游，万神自来，昭昭可倚。从一神积至万神，同一器，则得道矣。"

⑥不息：谓呼吸吐纳活动持续不断而气息常在。

⑦哉大道不用勤：此六字当作七字，其中"哉"上疑脱一字。勤，指人所进行的各种繁杂活动。本经卷一百三《虚无无为自然图道毕成诫》称："好为俗事，伤魂神也。"

⑧魂神：即灵魂，魂魄。在《太平经》编著者看来，其附着人体则人生，其离开人体则人死。本经壬部云："故昼为阳，人魂常并居；冥为阴，魂神争行为梦，想失其形，分为两，至于死亡，精神悉失，而形独在。"

【译文】

你要获取到真道，就去精思我那书文，求取真道的方法，是把清静作为根本。精思再精思而不停顿，就形成召来并看到神灵的门径，叫五德神协调行动，就看到魂神与精魄，心神变得万分明彻，大道就陈布在面前。预先明了安危，察视那周边四邻，群神纷纷来到，汇集得像团团彩云，达到这般境地，就是那气息永不中止的长寿君。大道并不需要世人忙里忙外，形体就像燃成的灰烬，只管守住那魂神，魂神不离去，才能够永久生存。

周者反始环无端①，去本求末道有患，众民失之不得完②，思其意无失真言。清静为本非用钱，可不重爱明师言？顺受师语不死焉。愚者逆师与鬼邻③，不得正道入凶门，遂不复还去神④，骨肉腐涂称祖先⑤，命已灭亡大穷焉。

【注释】

①环无端：谓环形物体不存在起点和终点。

②完：保全之意。

③逆：违逆，背离。《吕氏春秋·尊师》云："君子之学也，说义必称师以论道，听从必尽力以光明。听从不尽力，命之曰背；说义不

称师,命之曰叛。"

④去神:指出游在外的体内诸神。本经乙部《阙题》(二)谓:"故肝
神去,出游不时还,目无明也;心神去不在,其唇青白也;肺神去
不在,其鼻不通也;肾神去不在,其耳聋也;脾神去不在,令人口
不知甘也;头神去不在,令人眴冥也;腹神去不在,令人腹中央甚
不调,无所能化也;四肢神去,令人不能自移也。"

⑤腐涂:朽成烂泥之意。祖先:意为早早便死去的人。

【译文】

转完一轮又开始重新转,如同环形物没有起点和终点;脱离根本去
求索末梢,真道就会出现忧患;众多平民失去真道,性命便无法保全;精
思那要意,切不可违背真言。把清静作为根本,用不着花去一枚铜钱,
能不喜爱并看重明师的真言? 顺从并承用明师的教诲,也就不会死去。
愚昧的人背离明师,就与恶鬼做同伴。得不到纯正的道法,就进入凶险
的大门,于是让离开体内的众神灵无法再返回,骨骼和血肉就都朽成烂
泥,而被称作早早便死去的人,性命已经不复存在,那就没有任何挽救
的办法了。

阙题四

【说明】

本篇经文和原题已佚，《合校》本据《太平经钞》配补。《敦煌目录》卷八十一，题曰《得道长存篇》，则与本篇内容基本接近。篇中以韵语形式，首则述说居身幽室、与神交结的"精思之道"，继则详言下愚万民特别是帝王好道、好德、好仙与否所产生的一治一乱两极化的社会效应。从中反映出早期道教既欲求得官方支持、又欲使之全民化的意向。

凡愚之术①，皆从内出②，自有法律③。厚为本根④，见神而活，亦无苦愁，神恶劳烈⑤，安心定意，慎无暴卒⑥。久久自静，万道俱出，长存不死，与天相毕⑦。为之必和⑧，与道为一，贤持无置⑨，凡事已毕。俗念除去⑩，与神交结，乘云驾龙，雷公同室⑪，躯化而为神⑫，状若太一⑬。详思书言，慎无失节⑭。

【注释】

①凡愚之术：谓普通人所修持的道术。

②内：指胸心腹内。

③法律:法则定律之意。

④厚:谓厚朴。

⑤劳烈:指思虑繁杂深重。

⑥慎无:切莫。暴卒:意为急于求成。

⑦相毕:相始终之意。

⑧和:谓平和。

⑨贤:以其为贤之意。无置:犹言中途废止。

⑩俗念:指功名利禄、声色犬马等。

⑪雷公同室:谓与尊神共事同列。雷公为神名。五行家奉之为天
　　地长子,人君之象。其形象在东汉为:若力士之容,左手引持雷
　　状连鼓,右手推握鼓槌,若击之貌。参见《论衡·雷虚篇》所述。

⑫躯化:谓形体变易。

⑬太一:指天地未分前的处于混沌迷离状态的元气。详参《淮南
　　子·诠言训》所述。

⑭节:指修炼的程序。

【译文】

普通人所修炼的道术,都是从胸心腹内生出,天然就有法则和定
律。把厚朴作为根本,直至看到神灵就长存;不要整天忧愁苦闷,神灵
最厌恶世人思虑繁杂又深重;安定下心意,切莫急于求成。时间一长,
自然会进入宁静的状态,所有的道术就都显现出来;长生不死,与那皇
天相始终。修炼时必须保持平和,与真道融为一体;把它奉作美好的事
体予以执持而不废止,一切修炼事项便已告成。纯属世俗人的那些念
头抛在脑后,只管与神灵相交结,结果就乘云驾龙,和尊神站在同一行
列;形体变易,成为神仙,形状便同元气一般。仔细琢磨我这书文所讲
的话语,切莫偏离修炼的程序。

凡精思之道,成于幽室①。不求荣位②,志日调密③,开

蒙洞白④,类似昼日⑤。不学之时,若夜视漆,东西南北,迷于其室,令贤圣惶恢⑥,心独战栗。五守已强不死亡⑦,安贫乐贱可久长,贱反求贵道相妨,尊官重禄慎无望,强守官位道即亡,不若除卧久安床⑧。不食而自明⑨,百邪皆去远祸殃。守静不止不丧,幸可长命而久行,无敢恣意失常,求之不止为道王⑩。

【注释】

①幽室:指幽暗清静的修炼处所。

②荣位:指高官显职。

③调密:协调邃密。

④开蒙:谓破除翳障。洞白:指四方皆暗、腹中洞照的一种幻境。本经佚文云:"守一明法,四方皆暗,腹中洞照,此太和之明也。"

⑤昼日:中午的太阳。本经乙部《守一明法》称:"守一明之法,明有日出之光,日中之明,此第一善得天之寿也。"

⑥惶恢(hài):惶恐愁苦之意。

⑦五守:指意守五脏神。

⑧除卧:谓清整卧具。

⑨不食:指辟谷食气的修炼方术。又称服气或行气、炼气。即不食五谷,而以呼吸吐纳元气为主,辅之以导引、按摩等养生延年。

⑩道王:意为道术的最高驾驭者。

【译文】

只要是精思的道术,一律在幽暗清静的密室里才能修炼成功。不贪求高官显职,志意一天比一天协调邃密,破开翳障,而腹中一片光明,就像那大白天处在天空正中的太阳。在尚未修炼的时候,就如同在夜间察看那黑漆,在秘室中分不出东西南北来,致使圣人贤士惶恐愁苦,心里只因恐惧而在颤抖。但到意守五脏神已变强盛，就不再死亡了，安于并喜好贫穷卑贱，就能活得长久，本属卑贱却去谋求尊贵，这与真道正相妨害，显贵的官职和优厚的俸禄，切莫去向往它们，死死抱住官位不放，真道立刻就会离去，远不如清整卧具，久久在床上安静地修炼。修炼到不吃五谷杂粮而自我腹内通明，各种大邪鬼物就都离去，远远避开那祸殃。执守清静不止息又不让它受损丧，有幸能够性命长存而永久活动，不敢放纵而失去那常规定律，求索不罢休便成为道术的最高驾驭者。

治活之术各异方①，与民殊事不相妨②。上之好生，民命久长，俗教道上有仁王③。圣主思道，化下流行，令民清廉④，永无祸殃。民之不死，上之明也！上无明君教不行，不肯为道反好兵。户有恶子家丧亡，持兵要人居路傍⑤，伺人空闲夺其装⑥，县官不安盗贼行。观民可为上可明。人君好仁，下求长生；上之不仁，下多邪倾⑦，皆令夭死⑧，不知乐生。

【注释】

①治活：谓对存活予以调理掌控。异方：指各不相同的修炼方式。

②殊事：意为区别对待和行用。此就帝王亦须修炼道术而发。

③俗教：世俗要求之意。

④清廉：谓掌握食气方术而使腹内污浊物不复存在。

⑤要（yāo）：拦截。

⑥空闲：谓不经意间，未留神时。

⑦邪倾：指邪僻不正的人。

⑧夭死：早亡。汉刘熙《释名·释丧制》云："少壮而死曰夭，如取物，中夭折也。"

【译文】

对存活予以调理掌控的道术,各自有各自的修炼方法,与平民百姓区别对待和特地行用,并不彼此构成妨害。帝王喜好施生,平民百姓就性命久长,世俗要求在真道上应有仁爱的帝王。圣明的君主思获真道,化导下面让它流行,使平民百姓都会食气而腹内不存污浊物,永远就没有祸殃。平民百姓不死亡,这正显示帝王圣明啊!上面没有圣明的君主,教化推行不开,不愿修炼真道,反而喜好武力。下面就家家户户出现坏小子,致使家族败亡,这些人手持兵刃,躲在路旁拦截人,趁机抢夺他们的行装,各地官府不得安宁,盗贼四处来横行。观察平民百姓的所作所为,帝王究竟怎么样也就分得很清楚了。君主喜爱仁惠,下面就追求长生;君主不仁惠,下面就有很多邪僻不正的人,促使他们都早早死去,不懂得珍惜生命。

　　下愚好德,上教令也;民之好道者,其主明也;尽欲长生,远祸殃也;不食廉洁,去诸兵也①;垂拱无为②,弃不祥也。圣主大兴,其民相亲也;恩及下愚,是其王也③。天道好生,以安上也;下愚不争上之庆④,天下幸甚,莫不归王也。

【注释】

①诸兵:指各种暴力行径和武力举动。

②无为:即顺应自然而不加以人为干涉。此系老子学说的重要组成部分,在汉初被奉为治国的指导思想。

③王:主宰天下之意。

④庆:福庆。

【译文】

低劣愚昧的人反而喜好仁德,这是上面教化诱导的结果;平民百姓喜好真道,这正显示他们的君主圣明。全都渴望长生,也就远远离开那祸殃了;都会食气而腹内不存污浊物,也就放弃各种暴力行径和武力举动了;垂衣拱手无为而治,也就去除掉不吉祥的事情了。圣明的君主大为兴盛,他那百姓就相互亲近;恩德施布到低劣愚昧的人,这正表明他确实在主宰天下。天道喜好施生,用来安定那君主;低劣愚昧的人不争斗,这是君主的福庆;天下幸运到极点,没有谁不归顺而奉他为王。

民不好道者,上之不明也;内怀奸心,明行也①;不好为德,反好兵也;父子分离,居道傍也②;不得长生,积死丧也;家有贫子,若虎狼也。上之无德,兵祸殃也;下愚为君③,化不行也。民多好仙④,帝王明也;天见其治,恩下行也;蚑行喘息⑤,皆被光也⑥。

【注释】

①明行:公开为非作歹之意。

②居道傍:意为形同路人。

③下愚:指皇室中的蠢货笨蛋。

④仙:谓超脱尘世而身变形易、长生不死的人。其在本经中半具神性又半具人性,为本经所构设的神仙等级序列中的三等正牌神仙(其上为神人、真人,其下为道人),职在掌理四时,属于早期道教修炼所欲实现的主要目标和理想结果之一,但与神话传说及后世道教、文艺作品所称神通广大者不同。详参本经丙部《九天消先王灾法》、卷五十六至六十四《阙题》(六)所述。《论衡·无形篇》云:"图仙人之形,体生毛,臂变为翼,行于云,则年增矣,千岁不死。此虚图也。"汉刘熙《释名·释长幼》云:"老而不死曰仙。仙,迁也,迁入山也。故其制字,人旁作山也。"

⑤喘息：泛指用嘴呼吸的动物。

⑥被光：蒙受恩泽。

【译文】

　　平民百姓不喜好真道，这正表明君主不圣明；骨子里怀有奸恶的念头，也就敢公开为非作歹；不喜好做仁德事，也就反过来喜好暴力行径和武力举动；父子之间闹分离，就像路上素不相识的人；获取不到长生，死亡就一串接一串；家里生有贫困的儿子，对父母简直就像虎狼。君主没有仁德，暴力和武力就形成祸殃；蠢货笨蛋当君主，教化就无法推行开。平民百姓大多喜好成仙，这正显示帝王圣明；皇天看到他那大治功绩，恩惠就往人间施布；所有的动物和植物，全都蒙受到恩泽。

阙题五

【说明】

本篇经文和原题已佚,《合校》本据《太平经钞》配补。《敦煌目录》卷八十三,题曰《经学本末决》,与本篇内容大致相近。篇中既对天经、地经、人经的涵义特作解说,更以植树为喻,强调尊奉"本师古法"乃系修道的根基,"端身正性"则为修道的首务。此与本经卷四十一《件古文名书诀》、卷九十一《拘校三古文法》可相参证。

天者好生道①,故为天经。积德者地经,地者好养,故为地经。积和而好施者为人经②,和气者相通往来③,人有财相通,施及往来④,故和为人经也。

【注释】

①生道:谓职在化生的真道。

②和:和睦,融洽。

③和气:指由天地阴阳二气交合而成的中和气。本经乙部《和三气兴帝王法》称:"阴阳者,要在中和。中和气得,万物滋生,人民和调,王治太平。"又卷一百十七《天咎四人辱道诫》谓:"天地之间,其气集多所而畜容,故名为中和。"

④施及往来：意谓施恩布惠，周急救穷。

【译文】

皇天喜好职在施生的真道，所以便成为皇天方面的经典。积聚起真德的，就是大地方面的经典，因为大地喜好养长，所以便成为大地方面的经典。积聚起和睦而喜好施予的，就是人间方面的经典，因为中和气职在彼此通融和往来，人有财物也彼此通融，施予往来，所以和睦便成为人间方面的经典。

古者将学问者，皆正其本。比若种木也，本索善种①，置善地，其生也，本末枝叶悉善。本者是其本师，枝实者是弟子。是故古之学，悉先念思本，乃学其道也。故可为者，得与天心合，故吉也。夫种木，不择得善木，又植恶地，枝叶华实，安得美哉？此者，始以端身正性道意②，止归之元气，还以安身。

【注释】

①善种：即好树苗。

②道（dǎo）：疏导。

【译文】

古代打算求学问道的人，全都端正那根本。这就好比栽种树木，最先一步要选定好树苗，种在土质肥沃的地方，这样它一生长起来，根须和枝叶就都茂盛。根本也就是业师，枝叶和果实也就是弟子。所以古代人求学，都先作考虑，思量那根本，才去学他那真道。所以自己想学的东西，能与皇天的心意相切合，因而就吉利。栽种树木选不到好树苗，又种在土质瘠薄的地方，它那枝叶和花朵果实，又怎么会良好呢？这也就证明，起始要通过端正身心和品性来疏导用意，最终归向元气，返回来让自身安全。

　　念古法，先师所职行①，何以能自治②，计定意极，且自得之。先以安形③，始为之，如婴儿之游④，不用筋力⑤，但用善意。详念先人独寿，其治独意⑥，以何得之。但以至道绳邪去奸⑦，比若神矣。无有奇怪，本正。以是为之，故得天心，不负地意，四时周⑧，五行安⑨，子孙不相承负，各怀至德⑩，不复知为邪恶也。

【注释】

①职行：谓天职必行之事。本经壬部云："明之者师也，谓先知之称师，当主证而明之。自古至今，凡文出皆天地也。故天地先出之，明之者师也。"

②自治：谓自修其身，自养其性。

③安形：安定形体。

④婴儿之游：喻指达到的纯真状态。《老子·十章》谓："专气致柔，能如婴儿乎？"

⑤筋力：体力。指忙于无关紧要的杂务。

⑥独意：指所专一投注的用意。

⑦至道：最高真道，至高无上之道。绳：检束规正之意。

⑧周：谓完成季节交替的正常过程。

⑨安：谓保持五行固有的生克关系。

⑩至德：最高的真德。

【译文】

追思古代的道法，先师所奉为天职必行的事情，凭借什么能够修养好自身，计虑已定，用意达到至高点，眼看自行会捕捉到了。这时先去安定下形体,开始修身便像婴儿戏耍那样,不使用体力,只驱动那良善的用意。仔细琢磨前人偏偏长寿,他那修身所专一投注的用意,究竟是通过什么获取到的。只用最高真道去约束规正并去除那类邪伪奸恶的玩艺,也就如同神灵了。对此不要感到奇怪,只因根本端正罢了。凭仗这一条去修身,因而获取到天心,不辜负地意,使四季完成季节交替的正常过程,五行保持固有的生克关系,子孙不再递相承负,各自怀有最高的真德,不再晓得去干什么邪恶事了。

【说明】

　　下列经文,出自《要修科仪戒律钞》卷一《部秩钞》所征引。主要阐明天经、地经、人经、道经、圣经、贤经、吉经、凶经、生经、死经的各自涵义,并提出了"法由圣显,道寄人弘"的观点。较之《太平经钞》所录,文意尤显明晰,内容亦有增益。

　　真人问曰:"何为天经,何为地经,何为人经,何为道经,何为圣经,何为贤经,何为吉经,何为凶经,何为生经,何为死经?"神人曰[①]:"然。修积真道,道者,天经也。天者好生,道亦好生,故为天经。修积德者,地经也。地者好养,德亦好养,故为地经。修积和而好施与者,为人经。和气者相通往来,人有财亦当相通往来,故和为人经也。修积上古、中古、下古道辞,为道经;修积上古、中古、下古圣文,为圣经;修积上古、中古、下古贤辞,为贤经。其师吉者,为吉经;其师凶者,为凶经;其师生者,为生经;其师死者,为死经也。法由圣显,道寄人弘[②]。"

【注释】

①神人:对传道天师的尊称。

②寄:付托。弘:发扬光大。《论语·卫灵公》载:"子曰:人能弘道,非道弘人。"

【译文】

真人询问说:"什么构成那天经,什么构成那地经,什么构成那人经,什么构成那道经,什么构成那圣经,什么构成那贤经,什么构成那吉经,什么构成那凶经,什么构成那生经,什么构成那死经呢?"神人回答说:"好的。修明并聚积起真道,真道就是天经。因为皇天喜好化生,真道也喜好化生,所以就构成天经。修明并聚积起真德的,就是地经。因为大地喜好养长,真德也喜好养长,所以就构成地经。修明并聚积起和睦而喜好施予的,就是人经。因为中和气职在彼此通融和往来,人有财物也应当彼此通融和往来,所以和睦就构成人经。修明并聚积起上古、中古和下古时期的真道文辞,就构成道经;修明并聚积起上古、中古、下古时期的圣人文辞,就构成圣经;修明并聚积起上古、中古和下古时期贤人的文辞,就构成贤经。他那师长吉利的,就构成吉经;他那师长凶败的,就构成凶经;他那师长长生的,就构成生经;他那师长死灭的,就构成死经。大法经由圣人才得以彰显出来,真道托付给合适的人选才得以发扬光大。"

阙题六

本篇经文和原题已佚,《合校》本据《太平经钞》配补。《敦煌目录》卷七十八,题曰《入室存思图诀》,与本篇内容大略相合。篇中列示随顺四时五行、积气聚神明的存思术;倡导专思天上职事,更下九室成神人;宣明《太平经》"穷竟人志"的独特功能。

入室独居①,思经道之本②,所须出入。贤者先得其意,其次随之,遂俱入道,与邪相去矣。

【注释】

①室:指设在僻静处所、专供修炼之用的秘室。

②经道:指道经及其所演述的真道。

【译文】

进入僻静的秘室独自一人在里面,精思道经及其所演述的真道的根本所在,以及赖以出入的途径。贤明人首先获取到那要意,差一等的人又效仿贤明人跟在后面照样做,于是就共同进入真道,与那邪恶分离开了。

　　入室思存，五官转移①，随阴阳孟仲季为兄弟②，应气而动③，顺四时五行天道变化，以为常矣④。失气则死，有气则生，万物随之，人道为雄⑤，故立五官，随气而兴⑥。

【注释】

①五官：指鼻、目、口、舌、耳五种人体器官。《灵枢·五阅五使》云："黄帝问于岐伯曰：'余闻刺有五官五阅，以观五气。五气者，五藏之使也，五时之副也。愿闻其五使，当安出？'岐伯曰：'五官者，五藏之阅也。'……黄帝曰：'愿闻五官。'岐伯曰：'鼻者，肺之官也；目者，肝之官也；口唇者，脾之官也；舌者，心之官也；耳者，肾之官也。'"《素问·阴阳应象大论》曰，肝主目，心主舌，脾主口，肺主鼻，肾主耳。本经卷八十七《长存符图》称："五官五王为道初，为神祖。"转移：转相推移。指精思所投注的对象。

②阴阳：指四季。本经卷五十六至六十四《阙题》（六）称："春夏，阳也，主生；秋冬，阴也，主养。"孟仲季：谓排列的顺序。即四季之每季三个月。如春季中的孟春、仲春、季春。余可类推。为兄弟：比喻各成类属。本经辛部云："天有六甲、四时、五行刚柔牝牡孟仲季，共为亲属兄弟。"

③气：指时气。

④常：意谓形成规律性的适应状态。

⑤人道：与天道、地道相对而言。即人所施用之道，包括对天道、地道的认识、把握与守行等。为雄：谓起驾驭作用。人为万物之长，故言。

⑥兴：兴奋活动之意。

【译文】

　　进入清静的秘室精思长生，调动起鼻、目、口、舌、耳这五官伴同为其主宰的肺、肝、脾、心、肾转相推移，紧随阴阳四季每季三个月的交替顺序而各成类属,应合时气而动,顺从四时五行天道的变化情形,久而久之就形成那规律性的适应状态了。失去气,人就死亡;有气,人就生存,万物随顺它,而人道能起驾驭作用,所以便设立鼻、目、口、舌、耳这五官,随时气而兴奋活动。

天道因气飞为雄①,真人积气聚神明②,故道终常独行,万民失气故死。丧者为贱,生者为贵。子守道,可长久。随气而化天为常③,无急名利道自行。天道常生无有丧,地道持两主死亡④。

【注释】

①气飞:谓乘气飞转。此据汉代浑天说为言。浑天说认为,天乘气而立,天转如车毂之运,周旋无端。故此处称"天道因气飞为雄"。详见《晋书・天文志上・天体》所引述。本经卷九十《冤流灾求奇方诀》云:"天下扰扰无不有,不若天独神且圣,乘气而飞行乎?"又卷九十三《阳尊阴卑诀》称:"又天者,能乘气而飞。"

②真人:本经所构设的神仙序列中的二等正牌神仙。神明:谓神灵之明。本经佚文谓:"气转为精,精转为神,神转为明。"

③天为常:如天永存常在之意。

④持两:意谓地属阴,具有既好养又好杀的两重属性。本经卷一百十五至一百十六《某诀》云:"地者常养而好德。"卷一百十七《天咎四人辱道诫》复云:"故地者主辱杀,主藏。"

【译文】

天道凭借乘气飞转而主宰宇宙一切,真人积聚成一身元气而聚合起神灵之明,所以真道总能让人永久地独自活动,普通百姓失去气,因而就丧命。丧命的人才是最低贱的,长生的人才是特尊贵的。你们守行那真道,就会活得性命长。随同时气而变化,如同皇天总存在,对名利不去汲汲追求,真道自然就降临在他身上。天道常常化生,没有损丧;地道既好养又好杀,执掌那死亡。

夫上古圣贤者于官①,中士度于山②,下士虫死居民间③。贤者见书,深思此言,先难后易,身亦无患。而守德成大道身④,学已更九室成神人⑤。其念常与凡人殊绝异⑥,朝夕未常念地上⑦,欲闻天事也⑧。意乃念天上职事,乃后可下九室,积精笃竭自化⑨,易其形容⑩,即是上天圣人也,不得复理民间时事明矣。

【注释】

①上古:据下文文义,此二字中"古"当作"士"。上士,即最高明的人。于官:谓由修道而取得官位。

②中士:中等人。度:谓修炼成仙。

③虫死:意为像虫豸一样轻易便死掉。

④大道身:意为大道人的真身。道人属本经所构设的神仙序列中的四等正牌神仙。

⑤九室:指轮流修道的静室。九为阳数之极,故言。神人:本经所构设的神仙序列中的一等正牌神仙。详参本经丙部《九天消先王灾法》、卷五十六至六十四《阙题》(六)所述。

⑥殊绝异:犹言迥然不同。

⑦常:通"尝",曾经。地上:谓人间。

⑧天事:指乘云驾龙、辅正人间等事。

⑨笃竭:诚实至极。

⑩形容:指形体容貌。

【译文】

高明之士圣贤人,由修道而当上大官;中等人在深山修炼成仙;下等人在民间就像虫豸那样轻易便死掉。贤明人看到这篇文书,深深思索这番话,先对它感到畏难,后来又觉得容易办,身躯也没有什么祸患。能够守持仁德,就会成为大道人的真身;修炼已经身历九处静室,更能成为神人。心念总和世俗人迥然不同,从早到晚未曾考虑过人间事体怎么样,只想闻知那天上的事情。心中专念天上该履行的事务,然后才会进入九处静室,精思再精思,诚实至极,自行化度,形变身易,这也就是升入皇天的圣人了,不可能再去料理民间的眼前事务,也明摆在那里了。

　　吾之书,乃使高士遂生而不见①,下士不敢妄为妄言也。吾书为道,所能穷竟人志②,使人贤不肖各尽其才,至死无可复悔者,乃各尽其天命也③,欲寿乐久存者,思正道意④,可往矣;不乐久存者,宜就俗事,但乐止其身而已⑤。

【注释】

①遂生:谓得获长生。

②穷竟:彻底实现之意。

③天命:即天年。天年由上天所注定,故言。

④正道:纯正的真道。

⑤止其身:丧命亡身。以上所云,参见本经卷四十九《急学真法》
　　所述。

【译文】

我这文书,正让高明人获得长生而登仙成神,叫那低劣人不敢胡作非为或胡说八道。我这文书构成那真道,能够彻底实现世人的志向,使贤明的人和不贤明的人都各尽其才,到死也没有再感到后悔的地方,因为正使他们各自尽享了自身的天年,希望长寿、乐意永久生存的人,只要精思纯正真道的要意,就能达到目的了;不愿意永久生存的人,难怪他们陷到俗事里面去,只高兴丧命亡身罢了。

阙题七

【说明】

本篇经文和原题已佚，《合校》本据《太平经钞》配补。《敦煌目录》卷八十二，题曰《自知得失决》，与本篇内容约略相当。篇中强调的是，能否"自寿益命"和"事亲尊君"，方为检验传道之虚实、行为之得失的两把标尺。

验行镜其身、自知可为得失法[1]。贤明智乃包裹天地，积书无极，而不能自寿益命，此名空虚无实道也。术士之师也[2]，久久还自穷之。

【注释】

[1]"验行"句：此为标题文字。镜，谓如照镜般察视。本经壬部有"洞照之式"、癸部《神人真人圣人贤人自占可行是与非法》有"照镜之式"的说法。卷四十二《四行本末诀》则云："是故古圣贤，深观天地岁月日人民万物，视所兴衰浮平进退，以自知行得与不得，与用洞明之镜自照，形容可异。"卷八十六《来善集三道文书诀》又云："以其事对之，比若窥明镜，相对而面语。"

[2]术士：指以低等方术为谋生手段者。

【译文】

　　验行镜其身、自知可为得失法。号称贤明智慧竟能包纳卷裹起天地，积聚书籍多极了，可却不能自身尽享天年，延长性命，这就叫做空洞虚妄没有真效的道法。这类人纯属低等术士那样的师长，时间一长，反过来自己还陷入绝境。

　　学能遍授天文地理，悉解万物之情，众书并合备具①，而不能事亲尊君②，此知无益也。详思此言，吉凶可知矣。此以简行③，即令人自知得失。

【注释】

　　①并合：谓分门别类进行梳理。

　　②事亲：侍奉双亲。

　　③简行：查验行为。

【译文】

　　学问能够全面传授天象和地理，对万物的情性无不知晓，各种书籍都分门别类进行梳理，应有尽有，可他本人却不能侍奉双亲，尊崇君主，这类智识并没有什么益处。仔细思考我这话语，吉凶就能预知了。拿这来查验行为，就会让人自己明白得失。

阙题八

【说明】

本篇经文和原题已佚,《合校》本据《太平经钞》配补。执其内容以验《敦煌目录》,并无标题与之相仿佛者。篇中专论"寿"、"孝"二事的首要地位和君父师如同"性命之门户"的主宰作用,属于早期道教将儒家伦理纲常同道家贵生思想糅为一体的集中表现,而君父师之论,乃系本经以师为弟子之纲取代夫为妻纲而定立的新三纲。

学问何者为急?故陈列二事,分明士意失得之象①。自开辟以来,行有二急,其余欲知之亦可,不知之亦可。天地与圣明所务,当推行而大得者,寿孝为急。寿者,乃与天地同优也②;孝者,与天地同力也。故寿者长生,与天同精③;孝者,下承顺其上,与地同声。此二事者,得天地之意,凶害自去。深思此意,太平之理也,长寿之要也!

【注释】

①士意:士人的意念。指所追求的事物。象:证象。

②同优:意谓优异之处相同。优指永存常在,为他物他事所不及。

③精:指精光。即精气的光华。本经卷一百十一《善仁人自贵年在
　　寿曹诀》谓:"神使往化,成精光耀多。"又卷一百十四《有功天君
　　敕进诀》称:"贪慕生道,去离死部,恋牢精光,贪使在身。"

【译文】

学问要数什么最紧要呢? 特地陈布列示两宗事,来辨明士人意念得
失的证象。自从天地开辟以来,世人的所作所为计有两项最紧要的事
情,其余的想了解它们也可以,即使不知道也没关系。天地和圣明君主
所致力并且应去推行而大见成效的,顶数寿命和孝顺最为紧要。寿命正
与天地的优异之处相同;孝顺正与天地所用的力量相同。因而寿命表现
为长生,与皇天的精光不灭相同;孝顺表现为下面的人要承奉顺从上面
的人,与大地的声气上通相同。这两宗事,获取到了天地的心意,凶殃灾
害自动就会离去。深思这一意旨,正是太平的治绩,长寿的要领啊!

诸欲为善求活者少,故父母者,生之根也;君者,授荣尊
之门也①;师者,智之所出②,不穷之业也③。此三者,道德之
门户也④。父母,乃传天地阴阳祖统也⑤;师者,乃晓知天地
之意,解凡事之结⑥;君者,当承天地,顺阴阳,常务得其意,
以理道为事⑦。故此三者,性命之门户也。深思此言,万害
除矣。

【注释】

①荣尊:指高官显职。本经壬部云:"君者封人以禄食,赐之以
　　衣服。"
②智:智识,智慧。本经卷九十《冤流灾求奇方诀》称:"学而不得明
　　师,知何从得发乎?"
③穷:谓陷入死亡的绝境。本经卷七十一《真道九首得失文诀》谓:

"故凡学者,乃须得明师;不得明师,失路矣。"

④门户:喻入口处。本经卷四十七《上善臣子弟子为君父师得仙方诀》谓:"夫人乃得生于父母,得成道德于师,得荣尊于君。"又卷九十四至九十五《阙题》称:"夫师开矇,为道之端,君父及师,天下命门,能敬事此三人,道乃大陈;不事此三人,室闭无门,福德皆逃,祸乱为怜,详惟其事,无失书言。父母生之,师教其交,居亲仕之,可不慎焉!"

⑤天地阴阳祖统:即一姓家族代代传衍的世系。古以人禀天地阴阳精气而生,故冠之以"天地阴阳"四字。

⑥结:指症结或关键所在。《老子·二十七章》谓:"善结,无绳约而不可解。"本经壬部云:"师者,悉解天下辞悉,乃得称大师者,所谓能解天下天下文也。"

⑦理道:即治国之道。指施行道治方针而言。参见本经卷六十七《六罪十治诀》所述。

【译文】

那些想做善事而希望长久存活的人,却为数很少,所以就该明白,父母是使人降生的根本;君主是向人封授高官显职的来源;师长是人智慧产生的基点,属于让人不陷入死亡绝境的大业。这三者构成了道德的入口处。父母在传续天地阴阳所凝成的自家代代传衍的世系;师长知晓天地的心意,能够解析任何事情的症结;君主应当承奉天地,顺应阴阳,总是务必获取到它们的心意,把以道治国作为惟一该作的事情。所以这三者,恰恰构成了性命的出入口。深思这番话语,一切灾害就都去除了。

寿孝者,神灵所爱好也;不寿孝者,百祸所趋也。此道自然不用力,欲知其效,常随人意善恶所致。心意谋事于内,响应于外,欲知其道,正影响之应也①。心以意②,吉凶之门户。古者太平之君,其理要但用心意善③,即臣善;用意误,得臣亦误。心意,天地枢机也④,不可妄动也,使和气错乱,灾害日生矣。

【注释】

①影响:如影随形、如声回应之意。谓对世人作出的反应极为迅速准确。本经壬部云:"神者居人心阴,精者居人肾阴,鬼者居人肝阴。于人念正善,因教人为善;常居人藏阴,趋人为恶,教人为恶亦趋人为恶。古者贤人圣人,腹中常阴念为善,故得善应。凡人腹中常阴念恶,故得恶应,不能自禁。"

②以:和,与。意:指围绕心所萌生的冀图而展开的意念活动。古代将其列为五神(含神、魄、魂、志)之一,视作土行之气的产物。《灵枢·本神》云:"所以任物者,谓之心;心有所忆,谓之意,意之所存,谓之志。"本经卷九十六《忍辱象天地至诚与神相应大戒》谓:"精明人者,心也;念而不置者,意也,脾也。"

③理要:治理的关键。

④枢机:喻指紧要处和玄妙处。

【译文】

寿命和孝顺,属于神灵所喜爱的对象;不求长寿不孝顺,一切祸殃都向他奔来。这一道法原本就那样,不用花力气去修炼;要想了解那效验,它们总是随同世人的用意善恶而招来。心思和用意在腹内谋划事情,可在外部早已产生反应;要想了解那道法,正像如影随形、如声回应那样作出应合来。心思和用意,构成了吉凶的入口处。古代实现太平的君主,他那治理的关键只在于自己动用心意很良善,手下的臣僚也随之良善;用意谬误,获取的臣僚也谬误。心思和用意,这是天地最紧要的地方啊,决不能胡乱就动用,致使高度协调的太和之气错乱,灾害一天天袭来。

来善集三道文书诀一百二十七

【题解】

《太平经》己部经文，大致保存完整。所缺佚部分，《合校》本据《太平经钞》略补其文，可窥一斑。本篇作为首篇经文，原标序号"一百二十七"，依全经通例，"一"上当有"第"字。其所谓"来善"，亦即使善来至之意；"集"谓集议、集记；"三道文书"则指地方官吏、邑民、来往行人应诏所献呈的意见书而言。对这等"三道文书"，本经编著者乃是将它列为"立致太平之术"来极力予以宣示的。因而此"诀"遂以言逾六千的篇幅，集中论述排除民间上书的阻力问题，严防欺诈诬陷的问题，必须详记一切"灾异变怪"的问题。其间所提具体对策与措施，诸如移于他地举报原地善恶非常之事；大小集议，相互挟制，确保言事真实可靠；民户务在"支日晏早"详记万类灾异而于月底聚议呈报等，固然触击到当时"民间素所病苦"又"结舌杜口为喑"的现实，暴露了各级官府"强长吏"对治下庶民一向威迫并寻衅打击报复、置其于死地的凶恶面目，以及上下勾结、相互倾轧、贿赂公行的吏治颓风；但占主导的，仍然是对天地、帝王形同"命门"的根本地位的强调，对民臣奴婢断绝天谈地语、蒙蔽帝王的"大逆重罪"的斥责，对上书过程中欺君行径细密防范的提醒，对"记事不及民间大小"、不共"集记"、因而造成承负之灾的究诘，对流星示警、余虫食人、万万种灾异"随治而起"的天谴论的播扬。

六方真人俱谨再拜①："前得天师教人集共上书严敕,归各分处②,结胸心,思其意,七日七夜;六真人三集议③,俱有不解。三集露议者④,三睹天流星变光⑤:一者,见流星出天门⑥,入地户⑦;再者,见流星出太阳,入太阴⑧;三者,见列宿流入天狱中⑨。因三并而共策之⑩,恐天师三道行书⑪,为下所断绝,使不得上通,复令天怒重忿忿,上皇气不得来也⑫;令帝王道德之君,固固承负先王余灾不绝,而得愁苦焉。"

【注释】

①六方真人:系对拜随天师学道传道的六名弟子的统称。又名六端真人。据本经丁部《戒六子诀》所述:上为玄真真人,下为顺真人,东为初真人,南为太真人,西为少真人,北为幽真真人。其中一人名纯,另外五人在本经中则均佚其名。

②分处:谓在各自的修炼处所。

③集议:共同评议。指专门聚在一起讨论。

④露议:谓在野地一面观测星空一面进行讨论。露,露天。

⑤流星:即星际空间中一闪而过的发光星体。古代星占家视之为天使。其中自上而降者称流,自下而生者称飞,大者称奔,四方大小纵横、不胜其数者称星陨如雨或星流如织。多为不祥之兆。

⑥天门:指二十八宿中奎宿和壁宿所夹峙的天区,位在西北。于《周易》为乾卦之位。《周易乾坤凿度》称,圣人画乾为天门,万灵朝会众生成,其势高远。又引《万形经》云,天门辟开元气,《易》始于乾。本经卷六十五《断金兵法》云:"西北者,为极阴,阴极生阳,故为天门。"

⑦地户:指角宿和轸宿所夹峙的天区,位在东南。于《周易》为巽卦之位。《素问》卷三十九《五运行大论篇》谓:"奎、璧,角、轸,则天

地之门户也。"本经卷六十五《断金兵法》云:"是故东南,极阳也,极阳而生阴,故东南为地户也。"

⑧出太阳、入太阴:太阳、太阴非谓日月,乃系日月运行路线的所在名称。古以二十八宿中房宿四星为四表,中间为天衢,其中南二星之间叫阳间,最南一星的南边三尺处,叫阳星,再南三尺,叫太阳;反之,北二星之间叫阴间,最北一星的北边三尺处,叫阴星,再北三尺,叫太阴。详见《史记·天官书》及《晋书·天文志上》所述。

⑨列宿:指流星群。天狱:星座名,即贯索九星,正对北斗斗柄,用虚线连接起来,九星形如牢狱,故称天狱,又称贱人之牢,以与贵人之牢即天理四星相区别。按照古代星占家的说法,天狱掌法律,禁绝强暴。若有星入牢中而充盈,则表明人间有自动送死者及在押囚徒过多。

⑩策:谓像占卦那样揣摩。

⑪三道行书:指官吏、邑民、行人应诏献呈意见书。之所以定为三道,乃系取法日月星,日以察阳,月以察阴,星以察中央即阴阳交合处。参见丙部《三合相通诀》及丁部《分别四治法》所述。

⑫上皇气:最盛明的太平之气。

【译文】

六方真人一起恭谨地连拜两次说:"前些时候得到天师教导世人一起讨论、共同向朝廷上书的严切训饬,回去后各在自己的修炼处所牢牢铭记,精思那要意,持续了七天七夜;在此过程中,我们六个真人又曾三次聚在一起研讨,都有闹不清楚的地方。特别是三次聚在野地、观测星空研讨时,三次看到了天上流星的奇异变动情况:第一次是看到流星从天门奔出来,滑进了地户;第二次是看到流星从阳星往南三尺处的太阳区位奔出来,滑进了阴星往北三尺处的太阴区位;第三次是看到流星群滑入了天狱星座中。由此而担心天师让官吏、邑民、来往行人分别应诏向朝廷献呈意见书,会被下面阻止住,致使它们传不到上面去,又让皇天重新感到特愤怒,最盛明的太平气降不下来;叫帝王中具有道德的君主仍旧牢牢地承负先王留下的灾殃而无法断绝,落得个愁苦万分。"

　　"咄咄! 六真人为皇灵共来问事①,益精进②,天焉哉! 吾见诸弟子言,无可复以加诸真人也。今试自说其流星意。""六弟子愚蔽,敢不言? 初始一流星出天门,入地户。天门者,阳也,君也;地户者,阴也,民臣也。今民臣,其行不流而上附,返上施恩于下。夫门户,乃主通事③,今下户不上行,返上门通门而下,知为下辞会见断绝④,不得上行也。"

【注释】

①皇灵:即皇天。皇天有灵,故称。

②精进:意为精思大有长进。精谓精思、专念。本经卷五十《诸乐古文是非诀》云:"故古者名学为往精,精者,乃精念其事象可宜,复思其言也。极思惟此,书策凡事毕矣。"

③通事:通报传达。

④下辞:指民间的意见。

【译文】

　　"哎呀呀! 六位真人共同前来为皇天问事,越发地精思大有长进了,这是天意让你们这样的吧! 我看到众位弟子的陈述,没有什么能对诸位真人再加以补充纠正的了。现下尝试着自行谈一谈那流星的兆象寓意。""我们六个弟子愚昧昏暗,哪敢不说一说呢? 最先有一颗流星从天门奔出来,滑进了地户。据此讲来,天门属于阳,代表着君主;地户属于阴,代表着民众和臣僚。这表明如今民众和臣僚的行动不是往上面归附,返回来却变成上面向下面施布恩惠了。门户的作用是通报传达事情,可如今处在下方的地户不是往上反映,返回来却变成处在上方的天门敞开大门往下作传达了,由此而知道民众的言辞恰恰要被阻止住,没办法反映到上面去。"

"善哉!真人言。吾无以加之也。行虽苦①,复说二事。""唯唯。二事:见太阳星乃流入太阴中。太阳,君也;太阴,民臣也。太阳,明也;太阴,暗昧也。今暗昧当上流入太明中②,此比若民臣暗昧无知,困穷当上自附归明王圣主,求见理冤结③。今反太明下入暗昧中,是象诏书施恩下行者见断绝,暗昧而不明④,下治内独乱而暗蔽其上也⑤。又象比近下民⑥,所属长吏,共蔽匿天地灾变,使不得上通冥冥⑦,与民臣共欺其上,共为奸之证也。"

【注释】

①苦:吃力之意。谓对兆象的寓意作出准确的解说。

②太明:最光明之处。

③冤结:谓聚结而未得宣泄申理的冤气和冤情。

④暗昧而不明:意为君主一无所知而不了解下情。

⑤下治:指地方各级官府的施政状况。

⑥比近:近邻而居之意。

⑦冥冥:昏暗的样子。

【译文】

"真人这番话讲得太好了!我对它没有什么能够再作补充纠正的了。近前来,尽管解说兆象的寓意很吃力,你们还要再谈谈第二桩事。""是是。第二桩事是:看到在太阳区位出现的流星,竟然滑进了太阴区位当中。太阳区位代表着君主;太阴区位代表着民众和臣僚。太阳区位属于光明；太阴区位属于昏暗。如今昏暗本应往上流入最光明的地方，这就好比民众和臣僚暗昧无知，困顿乃至陷入绝境后本应往上归附英明的帝王和神圣的君主，以求聚结的冤气和冤情得到申理。可如今反倒成为光明往下落入昏暗中，这正预示着诏书施布恩惠往下推广的事项将被拦腰切断，君主一无所知而不了解下情，地方各级官府的施政状况陷入内部一片混乱而在蒙蔽上面。也预示着近邻而居的低贱百姓和他们所归从的官吏，共同隐瞒天地降示的灾异现象，使它无法反映到上面去，上面依旧两眼一摸黑，属于民众和臣僚共同欺骗自己的君主，一起干奸恶事的证明。"

　　"善哉善哉！吾无以加六子言也。行虽苦，复说其三事。""唯唯。三事：见列宿星流入天狱中。夫列宿者，善正星也①，乃流入天之狱。狱者，天之治罪名处也。恐列士善人欲为帝王尽力上书②，以通天地之谈③，返为闲野远京师之长吏所共疾恶，后返以他事害之，故列宿乃流入狱中也。"

【注释】

①善正星：古代星占家或将大小流星群看作贵使或庶民归服的证象，故而此处称之为"善正星"。参见《后汉书·天文志上》所述。

②列士：众士。指读书人。

③天地之谈：天地要对世人宣讲的话语。其表现形式则为灾异谴告。详参本经卷四十三《大小谏正法》所述。

【译文】

　　"太好了！太好了！我对你们六个人所讲的这番话，没有什么能够再作补充纠正的了。近前来，尽管解说兆象的寓意很吃力，你们还要再谈谈第三桩事。""是是。第三桩事是：看到流星群滑进了天狱星座中。

流星群正属于纯正的吉善星,可竟然滑进了皇天的牢狱中。牢狱是皇天判定罪名的地方。由此恐怕人间的众位士子和良善的人想为帝王竭尽全力进呈意见书,来沟通天地要对世人讲说的话语,可反过来却遭到远离京师的偏僻地区官吏的一致憎恨,日后再用其他借口陷害他们,所以流星就滑进天狱星座中去了。"

"善哉精哉!吾无以加六子言。今六子问事,乃何一怒也^①!独不懈倦耶?""不敢也。常见天师言,真人为天来问事,今欲止,恐天辞不通。今凡人命属天地,天地不喜,返且害病人,则不得竟吾天年寿矣^②。"

【注释】

①怒:激愤之意。

②寿:意谓增寿。

【译文】

"这太好了!真精妙呀!我对你们六个人所讲的这番话,没有什么能够再作补充纠正的了。如今你们六个人询问事情,为什么竟是那样!偏偏就不感到疲倦而该松弛一下吗?""决不敢这样。总是看到天师讲,说我们几个真人是为皇天前来问事,如今想止息,可却害怕皇天的话语得不到通达。现下只要是人,性命就掌握在天地手中,天地不高兴,反过来会让人遭殃,而我们也就没办法尽享天年并增加寿龄了。"

"善哉!真人之言是也,不失之也。今吾为诸真人说,亦不敢遗懈止也。吾与诸真人等耳,俱命属天地,若闭不说,说而中止也,天地同且害我,故我说亦不敢妄道止也。行,且为六真人具说之。今六真人新出穴^①,为天思可以除天病者,为有德君思可以除解灾安身者。六真人极共说其意,尽心所欲言者,令使不得闭绝。""唯唯。天师所敕,不敢不尽雀鼠之智②,悉言之不也③。""大慊④。"

【注释】

①穴:指于野外辟设的修炼茅室。

②雀鼠:硕鼠的别称,即鼫(shí)鼠。鼫鼠身怀五技,但一无所长,即:能飞却不能超过屋顶,能攀却不能到达树冠,能泅却不能渡过溪谷,能藏却不能掩体,能跑却不能越过人,由此又被称为五技鼠。

③不:下不为例之意。

④大慊(xián):顾虑太多之意。慊,嫌疑,顾虑。

【译文】

"真是太好了! 真人所讲的那番话很正确,并未出现偏差。如今我为真人讲说,也不敢漏掉什么而懈怠止息。我与众位真人是一样的,性命全都掌握在天地那里,如果擅自封锁住而不作讲说,讲说却又半路作罢,天地照样会来殃害我,所以我作讲说不敢胡诌一通和中途截止。近前来,马上为六位真人详尽地讲说这个问题。眼下六位真人刚从修炼的茅室里走出来,专为皇天精思可以去除掉皇天心病的事情,专为具有道德的君主精思那可以解除掉灾殃、使他自身平安的事情。六位真人共同极尽述说的意旨,把内心要讲的东西全都讲出来了,让它们无法被封锁和断绝掉。""是是。天师所命令的,我们不敢不竭尽五技鼠那样的浅陋智慧,把那看法一古脑儿全都端出来,就这一次,下不为例了。""你们这是顾虑太多了。"

"唯唯。今天下所畏,口闭为其不敢妄诞①。今日月星,应亲天之列宿神也,尚相畏②,是故日出,星辄逃匿不敢见,畏其威。夫四境之内,有严帝王,天下惊骇,虽去京师大远者,畏诏书不敢语也;一州界有强长吏③,一州不敢语也;一郡有强长吏④,一郡不敢语也;一县有刚强长吏⑤,一县不敢语也;一间亭有刚强亭长,尚乃一亭部为不敢语。此亭长,尚但吏之最小者也,何况其臣者哉⑥? 皆恐见害焉,各取其解免而已⑦。虽有善心意,不敢自达于上也,使道断绝于此。

【注释】

①妄诞:虚妄不实。此二字中"诞"字《太平经钞》作"谭"。谭,同"谈"。

②尚相畏:此三字中"畏"原作"里",据《太平经钞》改。

③州:汉代所设监察区。除京师外,东汉共置十二州。州设刺史。

④郡:汉代所设一级地方政区。下辖县。东汉顺帝时,京师以外十二州共置七十一郡。郡设太守。

⑤县:汉代所设二级地方政区。下辖乡。汉制,户口达万户以上者设县令,在万户以下者设县长。

⑥其臣者:此三字中"臣"字《太平经钞》作"大"。于义为长。

⑦解免:逃脱,避免。

【译文】

"是是。如今天下被人们所畏惧的对象,人们就紧紧封住自己的嘴巴,对他不敢乱说什么。如今空中的日月星,算是皇天最亲近的列宿神了,可仍彼此畏惧,所以太阳升起,星辰就躲避隐藏起来,不敢出现,这是害怕太阳的威力。在四境之内,有位严厉的帝王,天下人对他既惊恐又畏惧,即便是在距离京师特别远的地方,也畏惧诏书不敢讲什么;在一州的辖区内有个强悍的长官,一州就不敢讲什么;在一郡有个强悍的长官，一郡就不敢讲什么；在一县有个刚强的长官，一县就不敢讲什么；在间隔分布的一个亭有个刚强的长官，一亭尚且都竟然不敢讲什么。这类亭长，还只是官吏中最小的，何况那些大官吏呢？所以全都害怕被陷害，各自只图能逃脱出去就算完事了。尽管怀有良好的心意，但却不敢自行把情况反映到上面去，致使真道在这里被断绝。

"今但一里有刚强之人①，常持一里之正者②，一里尚为其不敢语，后恐恨之得害焉。但一家有刚强武气之人常持政③，尚一家为其不敢语也。一家尚亲，自共血脉，同种类而生，尚乃相厌畏如此④，何况异世乎⑤？

【注释】

①里：汉代基层行政组织。下辖百家，设里魁。里魁隶属于亭长。

②正：通"政"，政事，政务。

③武气：一上来便要动武的气焰。

④厌(yā)：遏制。参见本经卷九十三《方药厌固相治诀》所述。

⑤异世：犹言异姓。

【译文】

"如今只是一个里有个刚强的人，经常把持这个里的政务，全里尚且不敢对他说三道四，唯恐日后遭到他的忌恨而受陷害。只是一户人家有个刚强又带出一上来便要动武的那股气焰的人，经常主持家政，全家尚且不敢对他说三道四。一家还都属亲人，天生就同一条血脉，作为本家族的成员生下来，相互还尚且遏制并畏惧到这般地步，何况异姓人呢？

"今太上中古以来①，多失道德，反多以威武相治，威相迫胁。有不听者，后会大得其害，为伤甚深，流子孙②，故人民虽见天灾怪咎③，骇畏其比近所属，而不敢妄言。为是独积久，更相承负，到下古尤益剧④。小有欲上书言事，自达于帝王者，比近持其命者辄杀之；不即时害伤，后会更相属托而伤害之⑤，故民臣悉结舌杜口为喑⑥，虽见愁冤，睹恶不敢上通，故今帝王聪明绝也⑦，而天变日多，是明证效也！

【注释】

①太上：指上古。即天皇、地皇、人皇所谓三皇时代。中古：指以黄帝为首的五帝时代。

②流：祸及之意。

③怪咎：罕见的祸殃。咎，祸殃。

④下古：指夏商周以下的历史时期。

⑤属托：请托，关说。

⑥喑（yīn）：哑巴。

⑦今：此字《太平经钞》作"令"。聪明：耳聪目明。指对各地情况了解详尽与掌握全面。

【译文】

"如今从上古和中古时代以来，大多失去了道德，反而大多依仗权势相互辖制，拿威力相互胁迫。真有拒不听从的，日后会受到严重的迫害，遭受的伤残很深重，祸及子孙后代，所以民众尽管看到了皇天降示的灾害和奇异的祸殃，却对他们直接归属的上司既惊恐又畏惧，不敢乱说一句话。构成这种状况偏偏又延续得特别长，于是递相承负，到下古时期尤其显得更厉害。稍有打算上书言事、自行把它进呈给帝王的人，他身边直接掌握他性命的上司就杀死他；即使不立即伤害他，日后终归要递相嘱托来伤害他，所以民众和臣僚全都卷起舌头封住嘴，变成哑巴,尽管蒙受到愁苦和冤屈,看到险恶现象,也不敢往上反映,因而致使帝王对各地的情况一点儿也不了解,而皇天的灾异一天比一天增多,这正是明显的证验啊!

　　"今民亲得生,受命于天地,以天地为父母,见其有灾变善恶,是天地之谈语,欲有此言也。人尚皆骇畏且见害于比近所系属者①,不敢语言泄事,乃相敕教共背天地②,与共断绝不通皇天后土所欲言也③。共蔽冤天地,乃使其辞语不通,天地长怀恨悒而不达④。

【注释】

①比近所系属者:即顶头上司。

②敕教:谓长辈对晚辈、上级对下级的嘱告。

③后土:对大地的尊称。

④恨悒(yì):怨恨与忧闷。

【译文】

　　"如今老百姓亲身从天地那里禀受到性命,得以生到世上来,把天地作为父母,看到它们降现灾变,昭示善恶,这正属于天地的话语,要对世人有话讲。世人尚且都对自己的顶头上司感到惊恐又畏惧,担心被他伤害,就不敢讲话和泄露事机,于是从上到下彼此教唆,一起背叛天地,共同断绝而不传达皇天后土所要宣讲的话语。既已合伙蒙蔽并让天地白遭冤屈,竟叫它们的话语得不到沟通,天地就长久怀有怨恨、忧闷而不舒畅。

　　"今帝王虽神圣,一人之源,乃处百重人之内①,万里之外。百重之内,虽欲往通言,迫胁于比近,不得往达也。夫帝王虽有万万人之仁圣，人各迫劫畏事②；天地极最神圣，人乃仰视伏睹③，尚倚之当前，自解而已，帝王安能神圣于天与地乎？愚生六人常逢猛虎于远方闲野，六人俱止足不敢移，口不敢语，头不敢动，目不敢瞑。夫人之所迫胁所畏，如此矣。"

【注释】

①百重人：据下文，此三字中"人"字当系衍文。百重，指规模宏伟、戒备森严的皇宫建筑群。即深宫。

②迫劫：犹胁迫。

③伏睹：低头察看。

【译文】

"如今帝王虽然神圣，作为天下唯此一人的本源正处在皇宫之内，连带到万里以外。可他身在皇宫之内，尽管想要前去传达话语，但被自己的顶头上司迫胁住，根本就没办法前去传达。帝王即使有万万人加在一起的那样的仁慈圣明，但人们还是各自碍于迫胁，害怕言事；天地最为神圣了，可人们往上抬头仰望、朝下低头察看，仍旧身在天地之间，自己能从遭迫害中摆脱出来也就行了，帝王怎么能比天地还要神圣呢？愚生我们六个人曾在远处荒野上遇到过猛虎，结果六个人全都停住脚根不敢进一步，嘴里不敢出声，脑袋不敢动弹，眼皮不敢合上。世人遭受到胁迫，心里感到畏惧，也就像这个样子了。"

"善哉善哉！今见六真人言，承知天独久病苦冤辞语不得通，虽为帝王作万万怪变以为谈，下会闭绝，不得上达，独悒悒积久①。今故风诸真人②，教其丁宁，敕此行书之事，故诸真人悚悚倦倦③，是天使也。诺诺，吾其畏天威，

方为子思惟其要意而具说。今之六真人问此事，常何一最
剧也④?"

【注释】

①悒悒(yì):忧闷不乐。

②风(fěng):通"讽"，暗示。

③悚悚:恐惧的样子。倦倦:烦劳的样子。

④剧:迫切之意。

【译文】

"这太好了! 这太好了! 刚才看到六位真人的述说，紧接着也就知道皇天唯独对自己的话语没办法得到传达而长久地感到忌恨、愁苦和冤枉，尽管向帝王降示了万万种灾异作为谴告的话语，但下面恰恰就把它封锁阻止住，没办法反映到上面去，对此长久感到忧闷不乐了。所以眼下就暗示你们众位真人，对你们千叮咛，万嘱咐，训饬献呈意见书这桩大事，因而众位真人既恐惧，又烦劳，这正是皇天的驱使。好好，我十分畏惧皇天的威灵，马上就为你们只管精思那切要的意旨而详作讲说。如今六位真人询问这宗事，为什么总是那样一个劲儿地特迫切呢?"

"愚生六人，七日七夜，共念此行书事;三集议，三睹流星，以为天告人教救，使人问也。又六人俱食气，俱咽不下通，气逆而更上。当此之时，耳目为之眩瞑无睹，俱怪而相从议之，不知其为何等，大骇惊怖，唯天师为愚生说之。"

【译文】

"愚生我们六个人，七天七夜共同精思献呈意见书这桩大事;三次聚在一起进行研讨又三次看到流星的兆象，认为这是皇天向人传告它

那教令训饬,让人去询问。再有我们六个人全都呼吸吐纳先天元气,可却又都卡在喉咙上,通不到下面去,气反倒逆往上涌。在这时,耳目为它眩乱昏黑,什么也看不到,全都感到奇怪,就一起议论它,但却闹不清这究竟是怎么一回事,万分害怕和惊惧,只请天师为愚生讲解它。"

"善哉!诸真人古变得具意①。见诸真人言,乃知三道书,真人会且复见闭绝。""何乎? 愿闻其意决。""然。夫九窍②,乃象九州之分也③。今诸真人自言,俱食气乃哽不通④,眩瞑无光明,是九州大小相迫胁,下不得上通其言,急事也。夫气者⑤,所以通天地万物之命也;天地者,乃以气风化万物之命也⑥,而气哽不通者,是天道闭,不得通达之明效也。天欲使真人丁宁此事,故以此气动感真人也。子知之耶?""唯唯。"

【注释】

①古变:谓依古传道法体察和判断当前的异常天象。

②九窍:指双目、两耳、二鼻孔、一口,是为阳窍七;另大、小便处,为阴窍二;合之统称九窍。

③九州:古代对中国疆域和政区所作的一种划分方式。具体所指,说法不一。相传禹治洪水,分天下为冀州、豫州、雍州、扬州、兖州、徐州、梁州、青州、荆州。古医经《灵枢·邪客》谓:"地有九州,人有九窍。"《素问·生气通天论》亦持此说。王冰注曰:"外布九州而内应九窍。"

④哽(jié):被呛住。

⑤气:指元气。其分化形态以天气为首。本经卷四十八《三合相通诀》云:"气者,主养以通和也。"

⑥风化：谓八风之化。八风被古人指认为八卦之风，实即八种季候风。《易纬通卦验》称："八节之风，谓之八风。立春条风至，春分明庶风至，立夏清明风至，夏至景风至，立秋凉风至，秋分阊阖风至，立冬不周风至，冬至广莫风至。"《白虎通义·八风》云："风者，何谓也？风之为言萌也。养物成功，所以象八卦，阳生于五，极于九，五九四十五日变，变以为风，阴合阳，以生风。"条风至，地暖；明庶风至，万物产；清明风至，物形干；景风至，棘造实；凉风至，黍禾干；阊阖风至，生荠麦；不周风至，蛰虫匿；广莫风至，则万物伏。《春秋考异邮》则谓："条者，达生也。""明庶者，迎惠也。""清明者，精芒挫收也。""景者，强也，强以成之。""凉风者，寒以闭也。""阊阖者，当寒天收也。""不周者，不交也，阴阳未合化也。""广莫者，精太满也。"

【译文】

"这太好了！众位真人依照古传道法体察和判断当前的异常天象，获取到了那深意。看到众位真人的述说，于是知道从三方面都向朝廷献呈意见书，这宗事到真人这里，恰恰又会遭到封锁和断绝。""这是为什么呢？希望能听到其中含义的剖断。""好的。人体的九窍，正取法九州的划分。刚才众位真人自己说全都呼吸吐纳先天元气，可竟被呛住，通畅不了，又眩乱昏暗，什么也看不到，这正表明九州从大官到小官递相胁迫，下面的人没办法往朝廷表达他们的话语，构成了一宗紧急的大事。元气是用来化通天地万物性命的东西；天地正靠元气而借助八风流转去润化万物的性命，可元气被呛住，通畅不了，这正是天道被封锁，没办法通达的明显验证。皇天想让真人翻来覆去询问这宗事而不罢休，所以就用这元气来牵动感召真人。你们明白这一点了吗？""是是。"

"行，子已知之矣。诺，天告六真人教吾极言耶？六子安坐，为诸弟子悉说之道之。为畏其州郡长吏不敢言者，一州中诸善士贤明相索①，共集议于他州上之；畏其郡，集议于他郡上之；畏其县，集议于他县上之；畏其乡亭②，集议于他乡亭上之；畏其里，集议于他里上之。皆悉在方③，其禁畏人者，以其所上，罪变怪轻重罪之④，复加故罪一等。"

【注释】

①索：牢靠约定之意。意取拧成一股绳。

②乡：汉代地方基层行政组织。由十亭或十里组成，大小不等。一乡辖户达五千者，设立有秩、三老和游徼等职，分掌乡政教化和治安之事。汉桓帝永兴元年（153），全国共有三千六百八十二乡。

③方：指灾变降现的地区。

④罪变怪轻重：此系汉代对地方官吏实行监察的"六考问"内容之一。

【译文】

"近前来，看来你们已经明白这一点了。好的，恐怕是皇天嘱告六位真人而让我讲说到极点吧？你们六个人安稳坐定，我为众位弟子详尽地讲说这宗事。对于畏惧本州本郡的长官而不敢讲话的人，要让一州中的众位良善人士和贤明人彼此约定，共同在别的州进行讨论，奏呈给朝廷；对于畏惧本郡长官的人，让他们在别的郡进行讨论，奏呈给朝廷；对于畏惧本县长官的人，让他们在别的县进行讨论，奏呈给朝廷；对于畏惧本乡、本亭长官的人，让他们在别的乡、别的亭进行讨论，奏呈给朝廷；对于畏惧本里长官的人，让他们在别的里进行讨论，奏呈给朝廷。所有身在灾变降现地区供职而禁阻并使人畏惧的人，根据当地人所奏呈的意见书，按照灾异轻重分别予以惩办的律令，给他定罪，再罪加一等。"

"何其重也?""不应重也,尚恐其轻。今天地爱有德帝王,欲为其具谈。人生于天地,乃背天地,断绝天谈,使天有病,乃畜积不除,悃悃不得通言报其子[1],是一大逆重罪也。夫民臣,乃是帝王之使也,手足也,当主为君王达聪明,使上得安而无忧,共称天心,天喜说则使君延年。今返居下不忠,背反天地,闭绝帝王聪明,使其愁苦,常自责治失正,灾变纷纷,危而不安,皆应不孝、不忠、不信大逆,法不当得与于赦,今何重之有乎? 天谈不得通,天地大怒,贼杀凡物,乃为毁天地,乃为太凶之岁;国断无聪明,乃为大危之国,此罪不可复名[2],故为当死过也! 真人知之耶?""唯唯。"

【注释】

①悃(kǔn)悃:极为忧闷。子:指帝王为皇天之子而言。本经乙部《安乐王者法》称:"帝王,天之子也。……天地常欲使乐,不得愁苦,怜之如此。"

②名:意为叫得出什么名称来。

【译文】

"为什么惩办得竟是这样重呢?""这不单单够得上重罪,恐怕还太轻。如今天地喜爱具有道德的帝王,打算与他详作交谈。而人从天地那里降生下来,竟背叛天地,断绝皇天的话语,使皇天产生病痛,竟蓄积而去除不掉,为此而极度忧闷,不能宣达自己的话语,传告给自己的贵子,这纯属一种大逆重罪。民众和臣僚,正是帝王驱使的对象和手足,本职就应为帝王反映各地的情况,使帝王得以安乐,没有忧虑,共同符合天心,而皇天喜悦,就会让君主延长寿命。如今反而身在下面却不忠诚,背叛天地,封锁断绝帝王对天下情况了解与掌握的途径,使他愁苦,经常自我责备国家治理失去了正道,灾变一个接一个,危险而不安稳。

这正表明全都够得上不孝、不忠、不信大反逆，按照法律不在赦免的范围以内，如今那样惩办他们，又有什么太重的呢？皇天的话语得不到传达，天地随后大怒，伤残戕杀万物，这正属于毁败天地，构成最严重的饥荒年景；国家言论断绝，对天下情况一无所知，便成为万分危急的国家，这种罪过简直不能给它再叫出什么名称来，所以正符合处死的大罪啊！真人明白这一点了吗？""是是。"

"行，子已知之矣。吾所以敢不□□者①，见六子来问事，致承知为天使，诸真人故敢不□□也。子知之耶？""唯唯。""今不□□之，名为误上也。德君见文，皆令赦上书者，使其大□□有功者，德赐之也②。如此，则天下莫不欢喜，乐尽其力，共上书言事也。勿得独有孤一人言也，皆令集议。一人言或妄伪佞欺，名为使上失实不可听，大过也。比连年上书比比有信有大功者③。上士之人众集者④，常病不多；两三人集，固固有有奸伪；多者无奸伪。"

【注释】

①吾所以敢不□□者：此句原缺二字。下文另有三句打有"□□"，例与此同。

②德：感念之意。

③比：考核，查验。比比：接连。

④上士：高明的人。

【译文】

"近前来，看来你们已经明白这一点了。我看到你们六个人前来问事，紧接着就知道这是被皇天所驱使的了。你们清楚事情是这样的吗？""是是。""须知被称作贻误君上。具有道德的君主看到我这篇书文,下诏命令人们全都向朝廷上书。对立有大功的,深加感念而给予赏赐。天下由此就没有谁不欢喜,乐意竭尽自己的力量,共同上书言事。决不许出现纯属孤零零一个人意见的现象,全叫聚在一起进行讨论。孤零零一个人的意见,有的会虚妄邪伪,奸巧欺诈,这被称作致使上面失去实情不可听信,正是一种深重的罪过。还要查验那些连年上书接连属实、立有大功的人。高明人个个都聚集在一起讨论的,往往不多,令人遗憾;而两三个人聚集在一起讨论的,压根就有人存在着奸伪;人多的,就没有奸伪。"

"何也? 愿闻之。""然。多者则其上书者便自传相畏恐。事漏泄见得长短①,反为欺上,为傍人所上②,故尽实核□□③,乃敢言之也。不□□不敢言④,又不敢有可隐,皆畏恐有后事,是故悉信也。比若一里百户共欺也,男女小儿巨人⑤,会有泄之者,旁里会有知之者。其里贤明畏事者,会不敢匿,恐坐其事⑥。何况乃一州一郡、一县一乡一亭! 郡有非常事,阳阳何可隐⑦? 犹为旁人所得长短,故善恶都毕出,天乃大喜,灾除去,与流水无异也。子知之耶?""唯唯。"

【注释】

①长短:谓真相。即符合事实与否。

②傍人:即旁人,他人。上:告发之意。

③故尽实核□□:此句原缺二字。实核,确凿无疑之意。

④不□□不敢言:此句原缺二字。

⑤巨人:指成年人。

⑥坐:获罪。

⑦阳阳:意为暴露在光天化日之下。

【译文】

"这是为什么呢？希望听一听这方面的教诲。""好的。讨论的人数量很多，那些上书的人就自相会说本人都写了些什么，彼此间又担心害怕起来。唯恐所讲的事情泄露后，经查对证明符合事实与否，反而构成欺骗朝廷的大罪，被别人所告发，所以就会全部确凿无疑后，才敢言讲。不确凿无疑就不敢乱说，又不敢有想隐瞒起来不说的，全都害怕日后出现被追究的麻烦事，因而就能全属实。比如一里百户人家一起搞欺骗的勾当，其中男人、女人和小孩子、成年人，肯定会有把这种情况泄露出来的，周围其他里也会有知道的。本里中的贤明而又怕事的人，终归不敢隐匿，害怕因这桩事而获罪。一里尚且如此，何况正是那一州、一郡、一县、一乡、一亭呢！在本郡出现了突发的重大事变，暴露在光天化日之下，又怎能遮盖住呢？仍然会被周围其他郡的人指明真相告发，所以善恶就都显露出来了，于是皇天大喜，灾异消除离去，与那流水没有什么两样。你们明白这一点了吗？""是是。"

"又大集议①，无敢欺者；一两人欲欺，余人会不从之也。有欲欺不信者，即时众共记之上之，其法应为背天地，欺帝王，诈伪大逆不道之人也。天怨之，人恶之，其罪不得与赦也。真人知之耶？""唯唯。"

【注释】

①大集议：谓大范围进行讨论评议。

【译文】

"再者说来，大范围进行讨论评议，就没有敢欺骗的；有一两个人想欺骗，其他人也不会跟着他们走。出现心想欺骗而失实的人，众人马上一起把他记下来上报，按照法律正够得上背逆天地，欺骗帝王，纯粹是奸诈邪伪、大逆不道的人。皇天怨恨他,世人憎恶他,他那罪过根本就不在赦免的范围以内。真人明白这一点了吗?""是是。"

"行,子已觉矣。已行上书,还反其家①。有怨其行上书欲害者,即左方之名为怨章②,罪过不除。如是,则三道行书已通,无敢闭绝者也;如是,则天地已悦矣,帝王承负之灾厄已大除去,天下太平矣,上皇气悉来到,助德君治矣。□□不负六真人也③。""唯唯。""行,六真人精已大进,为天除病矣,为帝王除厄会矣④,功已著于天矣,王者已日强明矣,六真人为善已得其数矣⑤。宜勉力,慎之慎之!"

【注释】

①还反:批转回去之意。反,同"返"。

②左方之名:指文书后面的签名。汉代书写行款,每行则由上至下,转行则由右至左。上书须于结尾处自署本人姓名。故云"左方之名"。怨章:意为报复性的奏章。

③□□不负六真人也:此句原缺二字。

④厄会:劫厄交会之意。

⑤数:指长生的定数。

【译文】

"近前来,看来你们已经觉悟了。各地已经向朝廷上书了,要把它们批转回去。发现有怨恨对方而借上书蓄意进行报复陷害的,就在这通意见书后面所签姓名的旁边批上'怨章'两个大字,属于罪该万死,死有余辜。做到这样,从三条途径向朝廷献呈意见书就已经畅通无阻了,没有敢封锁阻止它的人了;做到这样,天地就已经高兴了,帝王承负的灾殃劫厄就已经全部消除掉了,天下就太平了,最盛明的太平气全都来到,协助具有道德的君主施行治理了。我是不会对六位真人瞎讲一通的。""是是。""近前来,六位真人精思已经大有长进了,为皇天去除病痛了,为帝王解除厄会了,功劳已经显现在天上了,帝王已经一天比一天强盛精明了,六位真人做善事已经获取到长生的定数了。应当勉力去做,慎重再慎重!"

"唯唯。愿问一大诀①,惟天师示之。欲知行书,乃出入究洽于神灵未②,岂可闻乎?""然。自有大验,天道不欺人也。各以其类相求索,令德君数遣信吏③,问民间有疽疠疥者、无有者多少④。有疽疠疥者,行书未究洽于神灵,自苦有余虫食人,虫乃食人,即虫治人也,固固下有余无道德臣民,比若虫矣,反食于人,是使虫治人之效也。无有疽疠疥者,即皆应善人在位,无复虫也,此者万不失一。"

【注释】

①大诀:最主要的定论。

②究洽:极为切合。

③信吏:诚实的官吏。

④疽(jū):囊肿病。疠:麻风病。疥:疥癣病。关于虫治人为余灾之应,详见本经卷九十二《洞极上平气无虫重复字诀》所述。

【译文】

"是是。希望询问一大定论,只请天师予以开示。要想了解通上意见书,是否上下出入已经同神灵极为切合了,对此问题,可以让我们听一听吧?""好的。原本就有最明显的效验,天道决不会欺骗世人。各自按照各自的类属去求索,让具有道德的君主频频派遣诚实的官吏,查问民间染患囊肿病、麻风病、疥癣病的,究竟有多少。反之亦然。仍旧染患这类疾病的,就表明通上意见书还未同神灵极为切合,当地对有剩余的病菌还在吞蚀人依然深感痛苦,病菌竟吞蚀人,也就是害人虫在治理人,正表明下面一如既往地还有剩余的身无道德的臣僚和百姓,这就如同病菌,反而对人进行吞蚀,确属让害人虫在治理人的效验。不患囊肿病、麻风病、疥癣病的地方,也就都与善人在位相应合,不再有害人虫了,拿这一条去验证,是不会出现任何偏差的。"

"善哉善哉!独以此明之耶?复有余耶?""凡天下灾异①,皆随治而起,各有可为②,但精思其事,且自知之也。""何独以疽疠疥言之乎?""其余灾,尚但见于万物;虫反食人,最剧,故以效之也。""善哉善哉!向不力问于天师,无从得知之也。""观诸真人今且说,已自知之矣,但引谦耳。"

【注释】

①灾异:谓自然灾害和奇异反常的自然现象。《白虎通义·灾变》云:"灾之言伤也,随事而诛;异之言怪,先感动之也。"本经卷四十三《大小谏正法》对此述之甚详。

②为:指对人间进行谴告的特定事项。

【译文】

"这太好了!这太好了!只拿这一条去作证明吗?还有其他的吗?""只要是天下的灾异,全都伴随着治理的状况而降现,各有谴告的特定事项,只管去精思那事象,也就会自行体悟到了。""为什么偏偏要拿囊肿病、麻风病和疥癣病作证明呢?""其他的灾害,尚且只在万物身上显现出来;病菌反倒吞蚀人,最为严重,所以拿它作证验。""这太好了!这太好了!刚才不向天师大力询问,就没有任何途径能够了解到。""观察众位真人眼下说的话,已经自行了解到了,只是引以为谦罢了。"

"不敢不敢。愚生六人重得天师严教,各归居便间处,惟思其要意。今天师书文,悉使小大,下及奴婢①,皆集议共上书,道灾异善恶,曾不太繁耶哉? 异生愿闻其意②。""善哉! 子六人为天问事详慎乎,天使诸真人言也。然。所以使下及庶人奴婢者,今天之法界③,万里异天地④,五千里复小异;千里异风气,五百里复小异;百里异阴雨,五十里复小异;一县异变灾怪善恶也。夫皇天有灾怪变,非必常当处帝王之宅,县官之庭⑤,长吏之前也。灾变异之见,常于旷野民间,庶贱反先知之也。

【注释】

①奴婢:指丧失自由、为主人无偿服劳役的人。其来源有罪人、俘虏及其家属,亦有从贫民家购得者。通常男称奴,女称婢。在东汉特别是建国初期,奴婢数量众多,备受虐待和摧残,成为严重的社会问题。中央政府为此采取了释放奴婢和保障奴婢生命安全的某些措施,以求缓解社会矛盾。故而本经于此特将奴婢包括在内。

②异生:此二字中"异"当作"愚"。

③法界:指按常法划定的界域。

④异天地:谓天气、地气不同。

⑤县官:汉称天子为县官。此处泛指各级官府。

【译文】

"不敢不敢。愚生我们六个人重新得到天师的严切训饬,回去后各自置身在清静的修炼处所,只管去精思那要意。如今天师的书文让所有的大小地方官吏,往下扩展到奴婢,全都聚在一起进行讨论,共同向朝廷上书,讲述灾异和善恶现象,竟不过于繁细了吗? 愚生希望听到这方面的用意。""太好了！你们六个人为天问事真详尽审慎呀！这是皇天在驱使众位真人讲此话。好的。往下一直扩展到普通百姓和奴婢，原因在于如今皇天按照常法划定的界域，万里以内天气、地气都不同，五千里以内又有微小的差异；千里以内风土民气都不同，五百里以内又有微小的差异；百里以内阴晴都不同，五十里以内又有微小的差异；在一个县内，各种灾祸和怪异现象以及善恶情况也有不同。皇天降现灾祸和怪异现象，并不总是一定要降现在帝王的宫殿、官府的庭堂和官员们的面前。灾祸和怪异现象的降现，常常在旷野民间，低贱的百姓反而最先知道它们。

"各为其部吏讳①，不敢言；吏复各为其君讳②，而不敢言，反共断绝天地谈。人人欲誉其长吏，使其名善而高功疾迁③，共作无道，互天地之灾异变怪④，令闭塞，不得通达帝王之前，使帝王无故断绝，无聪明，不得天地心意，其治危乱难安，得愁苦焉。

【注释】

①部吏：指本人直接归其管理的单位或部门负责人。

②君：谓长官。在汉代，"君"非帝王专用之称，郡守亦得称君。

③迁：升官晋职。

④互：使之交互发作之意。

【译文】

"百姓各自替他们的直接上司作隐讳，不敢说三道四；这些直接上司又各自替他们的长官作隐讳，不敢说三道四；反而共同拦腰切断天地的话语。人人都想赞誉自己的长官，让他美名远扬而夸大功劳，迅速升迁，共同干那无道的勾当，导致天地的灾祸和怪异现象交互发作，但又把它封锁住,没办法反映到帝王的面前,使帝王无故断绝并根本不了解天下各地的情况,获取不到天地的心意,他那治理危险混乱,难以安定,落得个愁苦在胸中。

"夫帝王,天所父命生,以天为[①],以地为母。帝王为天子,民臣共为无道,乃断人父母谈语,不得通于其子,其罪莫大焉。为共断绝天地之谈,共欺其上,为人民臣不忠信,遇乃如斯[②],罪当轻重,宁可名字耶? 子觉未?""唯唯。"

【注释】

①"天所"二句:此八字中"父"字当置于"以天为"之"为"字后。即乙正为:天所命生,以天为父。

②遇乃如斯:此四字中"遇"当作"过"。形近而讹。

【译文】

"帝王是皇天让他特意降生下来的,因而便将皇天当作父亲,把大地看成母亲。帝王本为皇天的儿子,可臣僚与民众却共同干那无道的勾当,竟断绝人家父母的话语,没办法传达给自己的儿子,这种罪过大到极限了。共同断绝天地的话语,共同欺骗自己的君主,作为人家的臣僚和民众却不忠诚信实,罪过竟达到这种地步,而那罪名该有多重,难道还能叫得出来吗? 你们觉悟没觉悟呢?""是是。"

"又凡民臣奴婢,皆得生于天,长于地,得见养理于帝王,以此三事为命。无此三事,则无缘得生长自养理也。而反下皆共欺其上,共无知天与地[①],使帝王无聪明闭塞,罪皆应万死,尚复有余罪。"

【注释】

①无知天与地：意为天地对人间状况根本不知晓。

【译文】

"再者说来，所有的民众和臣僚以及奴婢，都从皇天那里得以降生下来，从大地那里得以成长起来，从帝王那里得以蒙受到养护和治理，把这三宗事作为存活的根基。没有这三宗事，就没有缘由得以降生、成长和自行得到养护与治理。可却反倒位在下面的人都共同欺骗自己上面的人，共同制造天地对人间状况根本就不知晓的假象，使帝王对天下各地的情况一点儿也不了解，受到封锁和堵塞，罪过全都够得上处死一万次，尚且还有抵不完的罪过。"

"何其重也？""真人其愚暗不解，何哉？人得生于天，长于地，天地愁苦有病，故作怪变以报其子，欲乐见理；愚民反共断绝天辞，天地大怒之。帝王，民臣之父母也，民臣反共欺其父母，使其常用心意愁困，而不能平其治，咎莫大焉①。天地开辟已来，承负之厄会大积，悉起于是，故使民间上书也。今阳明德君治②，天难愁苦之③，故使吾言也。""善哉善哉！"

【注释】

①咎：罪责。

②阳明：阳气盛明之意。指五行中的火行。当时盛行汉为火德说，故出此语。

③难：意谓深感问题严重。

【译文】

"为什么竟是那样深重呢？""真人愚昧昏暗，依旧闹不懂这一点，却是什么原因呢？世人从皇天那里得以降生下来，从大地那里得以成长起来，天地愁苦，存在着忌恨的事情，所以就降现灾祸和怪异现象，告知给自己的儿子，希望能得到治理；愚昧的百姓反而共同断绝皇天的话语，天地对此感到万分恼怒。帝王形同臣僚和民众的父母，民众和臣僚反而共同欺骗自己的父母，使他们常常耗费心思，愁苦困顿，无法使自己的治理变太平，罪责没有比这更大的了。自从天地开辟以来，承负的厄会积聚得异常严重，都是从这上面引发出来的，所以要让民间上书。现今具有道德的火行明君要实现大治，皇天感到问题严重，为他犯愁忧虑，所以让我作讲说。""这太好了！这太好了！"

　　"行，今为真人道之。今天下日蚀①，极天下之大怪也，尚或有睹，或有不睹。天下之灾异怪变万类，皆天地阴阳之变革谈语也②。或国不睹而州睹③，或州不睹而郡睹，或郡不睹而县睹，或县不睹而乡亭睹，或乡亭不睹而民间人睹，或甲里不睹而乙里睹，故古者贤圣之治，下及庶贱者，乐得异闻，以称天心地意，以安其身也。故其治独常安平，与天合同也④。

【注释】

①日蚀：即日食。月球运行到地球和太阳中间时，太阳光被月球挡住，不能照射到地球上，这种天文现象叫日食。太阳全部被月球挡住时叫日全食，部分被挡住时叫日偏食，中央部分被挡住时叫日环食。日食均发生在农历初一。在古代，日蚀历来被视为上天向帝王及臣民发出的最为严重的谴告信号。《尚书大传》谓："君道亏，则日蚀。"《五经通义》云："日蚀者，月往蔽之，君臣反不以道，故蚀。"《春秋运斗枢》称："人主自恣，不循古，逆天暴物，祸

起则日蚀。"本经卷九十二设有专篇《三光蚀诀》。

②变革：意谓矫正人间的危情险态。

③国：指诸侯王国。汉行郡国并行制，皇子封王，其郡为国。

④合同：吻合一致。

【译文】

"近前来，现下再为真人讲说。如今天下出现日蚀，属于天下最严重的灾异，可尚且有的地方看得到，有的地方看不到。天下的灾异和奇怪反常的现象成千上万种，都是天地阴阳要矫正人间危情险态的话语。有的在诸王封国看不到，可在州里却看得到；有的在州里看不到，可在郡里却看得到；有的在郡里看不到，可在县里却看得到；有的在县里看不到，可在乡亭却看得到；有的在乡亭看不到，可在民间居住的人那里却看得到；有的在甲里看不到，可在乙里却看得到，所以古代的圣人贤人治理国家，便往下扩展到低贱的众百姓，希望获取到灾异降现的情况，以便符合天心地意，来使自身平安。所以唯独他们的治理常常安定平和，与皇天协调一致。

"今太平盛气至，有一事不得，辄有不和，即天正气为不至。比若愚民竭水而渔，蛟龙为不见①，此之谓也。今故悉使民间言事，乃不失天心丝发之间，乃治可安也。民间自力集上书，部诸长吏亦且恐后民言事，且力遣吏问民间所睹，疾复上之，则变灾无有失也。如是，皇天后土为其大喜，爱其帝王。"

【注释】

①蛟龙：古代传说中的两种动物。常居深渊之中。蛟能发洪水，龙能兴云雨。《荀子·劝学》谓："积水成渊，蛟龙生焉。"

【译文】

"如今太平盛气眼看来到,有一宗事处理不妥善,就会造成不协和,皇天正气也不随之为它降临。这就好比愚昧的百姓把水淘干,再去捕鱼,蛟龙就不为他们显现,所说的也正是这个意思。因而现下让民间全都反映情况,才能一丝一毫不偏离天心,于是治理便可实现安定。民间自发地大力展开共同评议,向朝廷上书,所在辖区的官吏也唯恐落在百姓后面给朝廷奏报情况,就会尽力派遣属吏去查问民间所看到的现象,再火速奏呈给朝廷,灾变也就没有遗漏掉的了。达到这种程度,皇天后土就为此感到非常高兴,喜爱那帝王了。"

"以何明之乎?""然。有证,乃日月为其大明,列星守度①,不乱错行,是天喜之证也。地喜则百川顺流,不妄动出,万物见养长好善也②,即是地之悦喜之证也。真人知之耶?"

【注释】

①度:指行星的固有运行轨道和恒星在天体中的既定位置。

②好善:谓枝叶茂盛,果实丰硕。

【译文】

"凭借什么证明会是这样呢?""好的。确有实证,那就是太阳和月亮为此而大放光明,所有星辰都守持既定的天体位置和固有的运行轨道,不错乱,不背离,这就属于皇天大喜的确证。大地也喜悦,各条河流就按天然形成的路线奔流,不胡乱泛滥,万物得到养长而枝叶茂盛,果实丰硕,这就属于大地喜悦的确证。真人清楚这一点了吗?"

"唯唯。天师幸哀愚生,得其事者进问,缘见待厚,乃得悉问所疑。今使民间记灾变怪,云何哉?""然。善乎子问事也。然。当见之时,支日晏蚤户记之①,月尽者共集议之,可上而上之;未足上者,复待后月灾异②。如此县邑长吏③,且取晏蚤之时于民间也,则可谓为不失天之灾丝发之间也。

【注释】

①支日:谓与六十甲子相值的具体日期。晏:晚。指傍晚时分。蚤:通"早",指早晨。

②后月:犹言下月。

③邑:指汉代公主收取赋税的私邑。分布于各县之内。

【译文】

"是是。天师对愚生幸予哀怜,遇到事情就可以进前询问,由于受到的恩待深厚,才得以询问一切疑难。如今让民间记下灾祸和奇异现象,应该怎样去做呢?""好的。你们问事真是太好了!好的。在赶上降现的时候,家家户户要按六十甲子排定的具体日期从晚到早记下来,到月底共同聚在一起,进行讨论,值得上报给朝廷的,就把它上报上去;不值得上报给朝廷的,就再等下个月的灾异。照此去做后,县邑的官吏也到民间而在傍晚和早晨进行取录,可以称得上是皇天的灾异未曾遗漏掉一星半点。

"吏亦畏民,民亦畏吏,两相畏恐,所上皆得实,不失铢分之间,则令帝王安坐幽室无忧矣。民臣百姓,大小尽忠信,得达其情实矣,天下莫不欢喜。如有止者,即共记之,皆应奸臣不忠孝之民,无知天地,共欺其上,使上聪明断绝,是大过也,故当共急记之。真人知之耶?""唯唯。""行去,有疑来问之。"

【译文】

"官吏既害怕民众,民众也害怕官吏,两方面你怕我,我怕你,所奏呈的情况就全属实,不差毫厘,致使帝王安稳地坐在静室中没有忧愁了。臣僚和百姓,从上到下个个都忠诚信实,确能反映他们的实情了,天下就没有谁不感到欢喜。如果出现中途变卦的人,就共同记下他,这种人全都够得上奸臣和不忠不孝的百姓,竟然制造天地对人间状况根本就不知晓的假象,共同欺骗自己的君主,使君主无从了解和掌握天下各地的情况,这可属于大罪过,所以应当一起快快记下来。真人明白这一点了吗?""是是。""回去吧,产生疑问再来询问。"

"今六真人俱归慕思,惟天师使长吏民间共记灾异变怪,皆当共记何等者哉?""善乎! 六子问事详善,不失天心,不负德君,是为有功于天地,万物莫不被蒙之也! 所以然者,乃其为天问事□□①,悉究竟详善,故不失铢分。天地阴阳三光、五行四时神祇、万物所欲言②,悉得见,故为大有功也。子知之耶?""唯唯。""行,今为六真人陈之,详自随而记之。""唯唯。"

【注释】

①乃其为天问事□□:此句原缺二字。

②神祇(qí):天神日神,地神日祇。本经癸部《还神邪自消法》云:"太阳,天气,故称神。形者,太阴,主祇,包养万物,故精、神藏于腹中,故地神称祇。"又卷一百十一《善仁人自贵年在寿曹诀》称:"主知人鬼者,有道之家其去者,得封为鬼之尊者,名为地灵祇,亦得带紫艾青黄。"

【译文】

"如今我们六位真人回去后,全都仰慕精思,只是天师让官吏和民间共同记下灾异和奇怪反常的现象,到底都该共同记下哪些方面和什么表现的呢?""真是太好了! 你们六个人问事详尽吉善,不偏离天心,不辜负具有道德的君主,这正是对天地立有功劳,万物也无不蒙受到恩惠了呀! 之所以如此,是因为属于为皇天询问事情,便应问个彻底又详尽吉善,所以就不差分毫。天地阴阳和日月星辰以及五行四时的神灵和万物所要宣讲的话语,全都得以表达出来,因而即为立下大功。你们清楚这一点吗?""是是。""近前来,眼下为真人陈说你们询问的事情,自行跟在后面详细记下来。""是是。"

"然。夫大灾异变怪者,是天地之大谈也;中灾异变怪者,是天地之中谈也;小灾异变怪者,是天地之小谈也①。子欲乐知其大意要,比若人,大事大谈,中事中谈,小事小谈。此大小皆有可言也,不空见也,天地不妄欺人也。见大善瑞应,是其大悦喜也;见中善瑞应,是其中悦喜也;见小善瑞应,是其小悦喜。见大恶凶不祥,是天地之大怒也;见中恶凶不祥,是天地之中怒也;见小恶凶不祥,是天地之小怒也。平平无善变②,亦无恶变,是其平平,亦不喜,亦不怒。子知之耶?""唯唯。"

【注释】

①"夫大灾异"六句:详见本经卷四十三《大小谏正法》所述。
②平平:一切照常之意。

【译文】

"好的。十分严重的灾异和奇怪反常的现象,这正属于天地的重大发话;中等的灾异和奇怪反常的现象,这正属于天地的中等发话;小一些的灾异和奇怪反常的现象,这正属于天地的稍略发话。你们希望了解那大意的要领所在,也就好比世人,大事就认真仔细地谈论,中等事就中等谈论,小事就稍加谈论。这类或大或小的灾异和奇怪反常的现象,都有予以谴告的话语在内,决不凭空就降现,天地决不随意地欺骗世人。呈现出十分罕见的吉祥兆应,这就表明天地非常喜悦;呈现出比较罕见的吉祥兆应,这就表明天地比较喜悦;呈现出并不罕见的吉祥兆应,这就表明天地略微喜悦。与此相反,降现出特别险恶凶败的不祥物,这就表明天地特别愤怒;降现出中等险恶凶败的不祥物,这就表明天地中等愤怒;降现出稍略险恶凶败的不祥物,这就表明天地略微发怒。一切都照常,既没有吉善的异常反应,也没有险恶的异常反应,这就表明天地保持着常态,既不喜悦,也不愤怒。你们明白这一切了吗?"

"是是。"

"灾异怪变,大小记之,勿失铢分也。""何其悉详乎?""真人何其愚也! 过大小,尽当见知;善恶大小,亦悉当见知也。善者当谢其功,以善逾异之^①;过者数让之^②,以称天地之心意。子欲知其效者,天比若人君长也,一小言不见从,则小恨;更中言,中言不见从,则更大恨;更大言,则为害矣。故当大小记之,不当使天地恨怒也。"

【注释】

①逾异:谓破格擢用。

②让:责罚。

【译文】

"对灾异和奇怪反常的现象,无论大小,都要记录下来,不差一丝一毫。""为什么竟是那样地详尽呢?""真人为什么竟是那样地愚昧呢!罪过无论大小,都该加以了解掌握;善恶无论大小,也都该加以了解掌握。对招来吉善效应的人,应当酬报他的功劳,依据吉善效应对他破格予以提拔重用;对出现过失而招来凶殃的人,要多次责罚他,以便符合天地的心意。你们要想知道那效验,皇天也就好比人间的君长,小小一道命令没被执行,就对接受命令的这个人稍有恼恨;进而发布中等命令,中等命令又没被执行,就对接受命令的这个人非常恼恨了;进而发布重大命令,然而接受命令的这个人仍不执行,也就对他处以死刑了。所以就应大小都记录下来,不该让天地怨恨愤怒。"

"善哉善哉!愿闻所记意。""记变怪灾异疾病大小多少,风雨非常,人民万物所病苦大小,皆集议而记之。所以使其共记之者,吏自相知长短,民民自相知长短;迫近山阜而居者①,知山阜变;近市城郭而居者②,知市城郭变;近平土而居者③,知平土变;近水下田而居者④,知水下田变。高下外内,悉得知之,故无失也。是立致太平之术也,而帝王所宜用,不失大心之法也⑤。真人知之耶?""唯唯。"

【注释】

①山阜:山峦丘陵。汉刘熙《释名·释山》云:"山,产也,产生物也。土山曰阜。阜,厚也,言高厚也。大阜曰陵,陵,隆也,体高隆也。"

②市:指市场。城郭:城谓内城,郭谓外城。

③平土:即平原。

④水下田:即水边和低洼地。

⑤大心之法:此四字中"大"当作"天"。

【译文】

"这太好了！这太好了！希望听一听记录方面的要意。""记录下奇怪和灾异反常的现象以及疾病的大小多少，风雨不按时令节气来到，人们和万物感到疾苦的大小事情，全都聚在一起进行讨论，然后记录下来。之所以让人们共同在一起记录下来，原因是官吏们彼此清楚自身这方面所掌握的灾异情形，众百姓彼此清楚本人这方面所掌握的灾异情形；靠近山峦丘陵居住的人，就了解山峦丘陵的灾变；靠近集市和内外城居住的人，就了解集市和内外城的灾变；靠近平原居住的人，就了解平原的灾变；靠近水边和低洼地居住的人，就了解水边和低洼地的灾变。从高处低处到外部内部全都了解到，所以就不存在遗漏的灾异现象了。这是立刻实现太平的道术，也是帝王所该行用而不偏离天心的大法。真人明白这一点了吗？""是是。"

"行，子已知之矣。天地开辟以来，所以多承负之灾者，由其记事不及民间大小，共集记之故也。有变怪，反乃他所长吏来行之①。比近各为其部界长吏讳不言，共匿之，因使天地辞语断绝，不得上通达其帝王，为害甚深，令天悒悒，灾为之复增益，咎在此也。

【注释】

①他所长吏：指监察官员。行：按察督问。

【译文】

"近前来，看来你们已经明白这一点了。自从天地开辟以来，承负的灾殃数量甚多，原因就是记录事变不扩展到民间上下并共同评议而把它们记录下来的缘故。出现了灾变现象，反而责成监察官进行按察督问。周围的人们各自为他们所在辖区的长官设法隐讳而不直接讲出来,共同隐瞒住它,因而使天地的话语被拦腰切断,没办法往上传达给自己的帝王,构成的凶害特别深重,致使皇天忧闷不乐,又给世人增多加重那灾殃,罪责就在这上面。

"他所长吏来考事,安知民间素所苦者乎? 或相与厚善,反复相与共隐匿之;或得素有所不比之家①,反复增加灾,妄增益其事,故之也②。共匿之,则使天地谈断绝;加故,共冤无罪之人;复今下比货财相随③。此三事,皆为大害冤结气,复更增其灾害也,故其治殊不可平也。令夫太阳兴平气盛出④,德君当治,天下太平,莫不各得其所者。是故六真人来,为其具问事,吾为其悉语也。子知之耶?""唯唯。"

【注释】

①不比之家:指与监察官员矛盾很深的人。比,勾结。

②故:陷人于罪之意。

③复今下比货财相随:此八字中"今"当作"令"。形近而讹。下比,意谓下面人竞相攀附勾结。货财相随,犹言贿赂成风。

④令夫太阳兴平气盛出:此九字中"令"当作"今"。形近而讹。太阳,最旺盛的阳气。指火行。

【译文】

"监察官前来按察督问灾变,怎么能够了解民间平素所感到疾苦的事情呢? 当地有的人正与他一向交情深厚,反转来双方又联手隐瞒住灾变;有的监察官恰巧抓住了一向与他矛盾很深的当地某个人的把柄,反过来就夸大灾变的程度,叫他陷入法网。合伙隐瞒,就使天地的话语被拦腰切断;添枝加叶让人陷入法网,就纯属一起冤枉无罪的人;又促使下面人竞相攀附勾结,贿赂成风。这三宗事情,都属于冤情聚结的非常严重的凶害气,反转来越发增多和加剧那些灾害了,所以国家政治就特难实现太平。如今火行最兴旺的太平气盛大地降临,具有道德的君主正该达成大治,天下太平,没有一种事物不各得其所。所以六位真人前来,是为他全面详尽地询问事情,我为他毫无保留地讲说。你们明白这一点了吗?""是是。"

"是故天将兴祐帝王①,皆令自有意。从古到今,将兴祐之,辄为奇文异策②,令可案以治,故所为者,悉大吉也。将不祐利之,悉断之奇文异策,使不得之也;如得之,又使其心愚,不知策而用之也。将兴利之,使其心旷然开通而好嬉用之也③。此者,天之格法也④,不欺人也。故凡人将兴者,多好善;将衰者,多好恶也。将吉者,易开导也;将凶者,好抵冒人也⑤,不可开导也。真人知之耶?""唯唯。"

【注释】

①兴祐:振兴和佑助。

②辄为奇文异策:此六字中《太平经钞》"为"下有"出"字。奇文异策,指奇异隐秘的天书神文。参见本经卷四十七《上善臣子弟子为君父师得仙方诀》、卷一百八《忠孝上异闻诀》所述。

③旷然:形容豁然通晓。好嬉:爱好喜欢。此二字《太平经钞》作"受"字。

④格法:常法,成法。

⑤抵冒:抵触凌犯。

【译文】

"因而皇天打算振兴和佑助帝王,全都让他自觉涌生出天下大治的心念。从古到今,果真打算振兴和佑助他,就降示奇异的天文秘策,让他能够查照遵用而去施行治理,所以一切举措就都万分吉利。打算不佑助他而且不再对他有利,就把奇异的天文秘策全部断绝掉,让他得不到;即使他得到了,也让他内心愚昧,不懂得像占卜那样来揣摩并去行用它。与此相反,打算振兴他并且对他有利,就让他内心豁然开朗,无不通晓,爱好、喜欢并去行用它。这是皇天的常法,决不欺骗世人。所以只要是人,眼看着要兴盛起来的,大多就都喜好吉善;眼看着要衰败下去的,大多就都喜好险恶。眼看着会吉利的,大多就都容易开导;眼看着会凶败的,大多就都喜好抵触凌犯别人,根本没办法开导。真人明白这一切了吗?”“是是。”

　　“是故天者常祐善人,道者思归有德;故天者不肯祐恶人,道者不肯附于愚蔽人也。故常敕真人,以付归有德之君也。所以悉记其灾异变怪大小善恶、外内远近者,欲令上有德之君,与众贤原其灾异所起①。夫天下变怪灾异,皆象其事,法其行,缘类而生。众贤共集议思之,旷然如其意,以其事类考问之,则得之矣,则天地日为其大喜,帝王日为其大安。如此,则德究洽于神祇,莫不飨应②。

【注释】
　①原:推求,究寻。
　②飨(xiǎng)应:谓前来享用祭品并降福。
【译文】
　　“所以皇天总是佑助良善的人,真道只想付归给具有道德的人;所以皇天不乐意佑助邪恶的人,真道不乐意依附于愚昧昏暗的人。因而我经常训饬真人,要把书文付归给具有道德的君主。详尽记下灾异和奇怪反常现象的大小善恶与外内远近等情形,目的是让具有第一等道德的君主与众位贤士推究灾异产生的根源。天下的灾异和奇怪反常的现象，全都标示着具体的事由，依从着世人的行为，按照类属而降现。众位贤士聚在一起共同讨论，加以精思，透辟地切中各自的谴告用意，依照事象的类属进行考索究寻，也就抓住那一切了，天地为此而日益大喜，帝王为此而日益安定太平。达到这般地步，道德就极为切合天神地祇，没有不前来享用祭品并降赐福禄的了。

　　"欲知其大效，天下所疾苦灾异悉尽，民臣悉善，应诏书而行，不失铢分，下不欺其上之明效也。有余多害，自若多欺者①；少害，少欺者；无一余害，无一欺者。常安观下所上，以占民臣大小忠信与不，以其事对之，比若窥明镜，相对而面语。""神哉②！为道如斯。""此乃天祐上德之君，子其治天下之明镜也③。真人知之耶？""唯唯。"

【注释】

①自若：犹言照旧。

②神：神妙、神验之意。

③子：意为像扶助儿子那样去扶助。明镜：比喻洞见一切的道术。本经壬部有"洞照之式"、癸部《神人真人圣人贤人自占可行是与非法》有"照镜之式"的说法。卷四十二《四行本末诀》则云："是故古圣贤，深观天地岁月日人民万物，视所兴衰浮平进退，以自知行得与不得，与用洞明之镜自照，形容可异。"

【译文】

　　"要想了解那最明显的效验，全天下都感到万分痛苦的灾异彻底消除了，众百姓和臣僚个个良善，承奉诏书大力执行，不差毫厘，这就属于下面不再欺骗上面的明显效验。依然留有剩下的许多灾害，这就表明下面仍像老样子,大多还在欺骗;灾害很少了,这就表明下面在欺骗的人也很少了;没有一种剩下的灾害了,这就表明下面没有一个在欺骗的人了。经常平心静气地观阅下面所献呈的意见书,用它去测知民众和臣僚从上到下忠信与否,拿意见书中反映的事情来加以验合,就如同照视明镜,一一对应而面对面地谈话。""行用真道达到这般地步,简直太神验了!""这正是皇天佑助具有第一等道德的君主、像扶助儿子那样去扶助他治理天下的明镜。真人明白这一点了吗?""是是。"

　　"行去,付上德之君急急。一人独上书,名为投书治事①。付一信②,名为大欺,与皇天为重怨,天道为其常乱也。二人共上书,名为太阴合奸共欺③;二猾人固固相敕戒④,或共有可怨恶共上之,共为虚伪也。与地为咎,地道为其大乱也。三人共上书,固固尚不实;三人固固可相敕教,共有所疾共上事,以公报私,固固为共欺其上也。与中和为仇⑤,令和气大乱也。

【注释】

①投书:侥幸上书之意。治事:谓谋取个人权力。

②付一信:意谓付诸施用仅有一事属实而应验。

③太阴:最旺盛的阴气。此处指阴暗的角落。

④相敕戒:意谓订立攻守同盟。

⑤中和:由天之太阳气同地之太阴气交合而成者。实即人间。属于元气分化而成的一种实体形态。本经乙部《和三气兴帝王法》谓:"中和者,主调和万物者也。"

【译文】

"回去吧,火速把它付归给具有第一等道德的君主。仅仅是一个人独自上书,这被称作侥幸上书,谋取权力。拿去施用,只有一桩事同他所讲的相应验,这被称为大欺诈,与皇天构成深重的怨恨,天道由此而被这类人搅得经常错乱。两个人共同上书,这被称作最旺盛的阴气结成奸恶,一起欺诈;因为两个奸猾的人肯定会订立攻守同盟,或者两个人都怨恨同一个人就把他奏报上去,合伙进行诬告陷害。这就与大地构成深切的憎恶,地道由此而被这类人搅得大乱。三个人共同上书,势必还会不真实;因为三个人准保还能订立攻守同盟,都有共同忌恨的人就一起奏报他如何如何,以公报私,压根还是干那合伙欺骗上面的勾当。这就与人间构成仇敌,导致中和气大乱啊!

　　"四人共上书,中辄有畏事不真者,为傍人所得长短,为罪名固固耶①,将似类真也。其不信者,乱四时也。五人共上书,似真未信□□也②。其不信者,辄乱五行也。六人共上书,将真未信也。其不信者,辄乱六合也③。七人共上书似信,八人近真,九人近实,十人而小□□④。"

【注释】

①耶:用同"邪",邪恶。

②似真未信□□也:此句原缺二字。

③六合:上下四方。

④十人而小□□:此句原缺二字。

【译文】

　　"四个人共同上书,其中就有人害怕事情说得不真确,被旁人抓住把柄去告发,落个罪名绝对是邪恶,因而大致上还会近似真实。其中不真实的,就会搅乱春夏秋冬的交替到来。五个人共同上书,近似真实,但还会不确切。其中不确切的,就会搅乱五行的生克顺序。六个人共同上书,就快达到真实了,但还会不确切。其中不确切的,就会搅乱上下四方的位序。七个人共同上书,才近似确切;八个人共同上书,就接近真实了;九个人共同上书,就接近确切了。"

"今天师何其疑之多也?愿闻其要意。""然。所以疑之多者,或五方好猾人①,俱自有私怨咎,以公报私,固固可共相与为大欺。猾奸人乱天地道而误上,故未疾纯敢信之也,但为小□□②。是故使众人老小贤不肖男女③,下及奴婢者,大小集议,不可得以伪。其以公报私也,中会有不安而言之者。或有不肖,或有轻口不能匿④;或有老人,寿在旦暮,不复忌讳;或有妇女小儿行言⑤,不能隐匿,共为奸也。故其事会泄,故无奸悉得真也,得真则天地心调。真人知之耶?""唯唯。"

【注释】

①五方:东西南北中。其中东属木行,西属金行,南属火行,北属水行,中属土行。

②但为小□□:此句原缺二字。

③不肖:子不似父曰不肖。即不贤。

④轻口:指口无遮拦的人。

⑤行言:随口便冒出的话语。

【译文】

"如今天师为什么竟是那样地疑虑众多呢?希望听一听这方面的要意。""好的。疑虑众多的原因在于,五方有那特别奸猾的人,原本上都有他私下怨恨憎恶的人,以公报私,势必会串通在一起,干那大欺诈的勾当。狡猾奸诈的人搅乱天道和地道,给君主造成失误,所以就不敢马上完全相信他们。因而让众人包括男女老少、贤明人和不贤明的人，直至奴婢，从上到下都聚在一起进行讨论，就无法制造出假象。谁要真去以公报私，其中终归有心感不平而把它讲出来的人。或有不贤明的人，或有抄起话就说的人，结果便无法隐匿；或有年老的人，命在旦夕，不再忌讳什么；或有妇女以及小孩子随口就冒出来的话语，结果便无法隐匿，共同去干那奸诈的勾当。所以事情终归会泄露出来，因而也就不存在奸诈而全属实了；全属实，天地的心意也就都顺畅了。真人明白这一点了吗？"是是。"

"本帝王所以连连相承负之过责①，治常失天心，流灾不绝，绝者复起，皇天不安，多害气疾病，不得久大乐，须臾乐者复恶，其大咎正在此猾奸人，共背天地而欺帝王。人乃以天地为命，以帝王为父母，愚人反背其命而共欺其父母，故天地共憎之，帝王恶之。其法恶②，死有余罪，当流后生也。是故灾不绝，害日多，人寿日少，万物常乱也，正咎在是也。岂真人已大觉重知之耶？""唯唯。"

【注释】

①本：追本溯源之意。

②其法恶：意谓依照大恶的惩治律条。汉承秦律，有不道、不敬等重罪罪名，至隋发展成"十恶"。

【译文】

"追究起根源来，帝王摆脱不掉递相承负的过责，治理经常偏离天心，流灾不灭绝，灭绝的又重新发作起来，皇天不安宁，凶害气和疾病非常多，没办法长久得以大乐，刚刚大乐又变得险恶，凡此大祸患正出在这类狡猾奸诈者共同背逆天地而欺骗帝王上。世人正把天地作为性命的依托,把帝王作为父母,愚昧的人反而背逆自己的本命所在,共同欺骗自己的父母,所以天地一起憎恨他,帝王也痛恶他。按照惩治大恶的法律,被判死刑还有抵不完的罪过,尚且殃及子孙后代。所以灾异不灭绝,凶害一天比一天增多,世人的寿命一天比一天缩短,万物总是乱成一团糟,祸患正出在这上面。真人恐怕已经彻底觉悟并进一步明白这一切了吧?""是是。"

　　"子可谓已知之矣。是故吾知皇天深疾恶,是故吾使是文复重,□□为其平①。遗失其一事,一事可起,失之于前,得之于后,此事尤重,天大恶之也。吾知其□□②,以示敕真人,以付归上道德之君,得而行之,与神无异也,乃且太平上皇正气立自来也。吾之文,不敢负天地,不负上德君,不负后生下古之人,不负万物,行之立效。"

【注释】

　　①□□为其平:此句原缺二字。平,衡量裁定之意。

　　②吾知其□□:此句原缺二字。

【译文】

　　"你们可以称得上已经明白这一切了。因而我了解皇天对此深深忌恨憎恶,所以我叫这篇书文重复来重复去,替皇天作出衡量裁定。漏掉一宗事,这宗事就又会发生,在前面出现了偏差,到后面仍能弥补上。此事尤为重大,皇天对它特别痛恨。我用它来向真人作宣示,作训饬,速把这篇书文付归给具有第一等道德的君主,得到它予以行用,就与神灵没有什么两样,而且最盛明的太平正气立刻就会自动降临。我那书文不敢辜负天地,也不辜负具有第一等道德的君主,不辜负后来出生的下古时代的世人,不辜负万物,行用它立刻就大见成效。"

"善哉善哉！愿闻一人上书，何故乱天？二人何故乱地？""然。此者各从其家①。并策相应者，相感动，此自然法。子知之耶？""唯唯。""行，子已知之矣。天下之事，各从其类也！"

【注释】

①家：喻类别、归属。

【译文】

"这太好了！这太好了！希望听一听单独一个人上书，为什么能搅乱皇天呢？两个人共同上书，为什么能搅乱大地呢？""好的。这属于各自归从本身的类别。像占筮那样连带起来揣摩，便彼此应合，相互感召和引动，这是原本就那样的定律。你们明白这一点了吗？""是是。""回去吧，看来你们已经明白这一点了。天下的所有事情，都各自归从本身的类属啊！"

"愿问天师，今应此文言为之，宁能尽实核，天下悉信耶？""然。天下悉信矣。""愿闻其意。""然。且语真人大要说①。今是主者长吏，亦畏民泄其事，而生之六考问②，长得其信也；民亦畏县官得其短，亦复信也；县官长吏居民，亦畏行于他方上书者得其短，亦信也；行上书者，亦畏县长吏居民得其短也，亦信也；更相畏，非敢有妄语者也，亦非有可隐也。是故使三处上书，县官与居民与行者，悉旦三相应③，不失铢分也。"

【注释】

①大要说:特别紧要的解说。

②生:决定生死之意。六考问:指六条问事。汉制规定,州刺史督
　察官吏,以六条问事:一条,强宗豪门,田宅逾制,以强凌弱,以众
　暴寡;二条,二千石(指郡守)不奉诏书,背公向私,侵渔百姓,聚
　敛为奸;三条,二千石轻率处理疑难案件,风厉杀人,滥施刑赏,
　烦扰黎民,导致民怨沸腾,灾异大作;四条,二千石用人不公;五
　条,二千石子弟仗势为非作歹;六条,二千石结党营私,贿赂
　公行。

③旦:旦刻之间。

【译文】

　　“希望再向天师询问一下,如今完全按照这篇书文去做,竟能全部
确凿无疑,天下都会真确可信吗?”“好的。天下绝对都会真确可信了。”
“希望听一听这方面的要意。”“好的。马上告诉真人特别紧要的一种解
说。如今那些身为当权者的官吏,也害怕手下的百姓泄露他们隐匿不
奏报的事情,而被六条问事的朝纲决定着生死,所以朝廷就常常获取到
官吏的真确奏报了;众百姓也畏惧官府抓住他们的把柄,反过来也就奏
报真确了;官府的官吏和居民,又害怕被来往于别处上书的人抓住把柄
告发,也就奏报更真确了;而来往于各地上书的人,同样害怕官府的官
员和自身住地的居民抓住他们的把柄告发,也就奏报真确了;转相畏
惧,就不敢有胡说一通的人,也不存在能被隐瞒起来的事情。所以让三
个方面向朝廷上书,官府的官吏、居民和来往的行人,就在旦刻之间都
能三方面对上号,不差分毫。”

　　“神哉! 为道如此。愿闻到也所集议,人当于何期
乎①?”“善哉! 子之言。悉记于太平来善之宅下②。”“何必于
此?”“然。其有奇方殊文③,可使投于太平来善宅中,因集议

善恶于其下，而四方共上事也为一④。人议中悔而止，或为旁人所止，上书便在方道中止⑤，意以其所匿事罪之⑥。如此，书者天下已得矣，帝王已长游矣。"

【注释】

①期：约聚之意。

②太平来善之宅：此系《太平经》编著者所设计的收纳各地上书的特定处所。详见卷八十八《作来善宅法》所述。

③奇方：如本经丙部《草木方》、《生物方》之类。

④共上事：谓所上性质相同之事。为一：谓形成同一类别和系统。

⑤方道：指各方道路。

⑥罪之：指对参加集议或原想上书又中途作罢者的处置方法。本经卷四十八《三合相通诀》谓："止者坐其事三年。"即判处三年徒刑。

【译文】

"行用真道能够造成这等结果，简直太神验了！希望再听一听前去共同讨论评议，人们该在什么地方约聚呢？""你们这问话太好了！全都在太平来善宅的下面作记录。""为什么一定要在这里呢？""好的。有的人持有奇方异文，可以让他投入太平来善宅里面，随后聚集在宅下，共同讨论善恶，而四方所奏报的性质相同的事体就形成了一大类别。有的人参加讨论却中途后悔不再来了，或者被旁人阻止住了，上书擅自在各方道路的途中便作罢了，要对这些人想隐瞒的事情作出揣测，定罪惩办他们。做到这样，意见书就已在全天下获取到了，帝王已能四处游乐了。"

"善哉善哉！今天师文积备多，当尽何投之①？""其文独为上出者,止于上;悉为天下事出者,悉出之。子知之耶?”
“唯唯。”“行去。夫上德之君,天自使有圣心^②,且缘是自有
善意,自有善令。仪此为天法^③,不失丝发也。事亦不可胜
记,常苦文^④,行去。”“唯唯。”

　右天告六真人、使重知三道行文书诀。

【注释】

①投:投付。指具体的去向。参见本经卷一百二《神人自序出书图
　服色诀》、《位次传文闭绝即病诀》所述。

②圣心:圣明的心境。本经卷六十九《天谶支干相配法》称:“火之
　精为心,心为圣。”又卷一百十九《三者为一家阳火数五诀》云,
　“人心之为神圣”,“天与日与心常明,无不能照察”。

③仪此:谓尊奉《太平经》经文。

④苦文:谓文辞繁冗而令人感到烦苦难掌握。

【译文】

　“这太好了!这太好了!如今天师的书文加在一起既完备又众多,
应当把它们全都投付到哪里去呢?”“书文属于只是为君主降示的,要仅
仅付归给君主;一律是为天下的事体而降示的,就传布到全天下去。你
们清楚这两条了吗?”“是是。”“回去吧。具有第一等道德的君主,皇天
自然会让他具有圣明的心境,由此自然会形成吉善的用意,自然会产生
吉善的政令。尊奉这些书文并把它们当成皇天的道法加以施用,就不
会出现一丝一毫的偏差。事情没办法都记述过来,文辞繁冗常常让人
感到烦苦难掌握,你们就回去吧。”“是是。”

　以上为天告六真人、使重知三道行文书诀。

长存符图第一百二十八

【题解】

本卷经文已佚,《合校》本据《太平经钞》配补,题目则依《敦煌目录》酌加。其所谓"长存符图",乃系早期道教特用红色书写的一种符箓。该符箓惜已失传,非如本经庚部《虚无无为自然图道毕成诚》原"图"犹存,颇可得见本意所在。然则《太平经》但凡有图,则必配以文字说明,冀收图文相得益彰之效。据本篇经文所述,则表明"长存符图"所列示者,乃为一种以吞服符箓作先导、意守体内神精为核心的守一修炼术。对此术之阐发,又是借韵语表而出之的。其与本经卷九十二《洞极上平气无虫重复字诀》所述"丹书吞字"术不无相近相通之处。

　　天符还精以丹书①,书以入腹,当见腹中之文大吉,百邪去矣。

【注释】

①天符:指上天降授的一种导人归入正道的神符。其构形,当如本经卷一百四至一百七所罗列的复文之类。精:指魂神精魄。以丹书:用红色书写之意。

【译文】

皇天的神符用红色书写而成,使魂神精魄返回到世人的体内。把神符吞服到腹中,正巧认得出腹中的字迹,这样就万分吉利,各种大邪鬼物全都离去了。

五官五王为道初①,为神祖②。审能闭之闭门户③,外暗内明,何不洞睹④?

【注释】

①五官:指目为肝之官,舌为心之官,口为脾之官,鼻为肺之官,耳为肾之官。五王:指肝为目之主,心为舌之主,脾为口之主,肺为鼻之主,肾为耳之主。详参《灵枢·五阅五使》及《素问·阴阳应象大论篇》所述。道初:谓修道入道的初基和起点。

②神:指众神灵。祖:主宰、驾驭之意。本经乙部《守一明法》谓:"万神可祖,出光明之门。"

③闭:谓固守并封存住。《老子·十二章》谓:"五色令人目盲,五音令人耳聋,五味令人口爽(糜烂生疮),驰骋田猎令人心发狂,难得之货令人行妨,是以圣人为腹不为目(只求清静,不求声色之娱)。"又《淮南子·本经训》曰:"闭四关(耳目心口),止五遁(五种淫逸之事),则与道沦(一起浮沉)。"

④洞睹:察见一切之意。本经壬部谓:"眩目内视,以心内理,阴明反洞于太阳,内独得道要,犹火令明,照内不照外也,使长存而不乱。"

【译文】

目舌口鼻耳这五官和肝心脾肺肾这五王,正是修道入道的初基和起点,成为众神灵的驾驭者。确能固守并封存住它们,使这出入口不受外界的搅扰,外界显得漆黑一片,腹内却通明洞彻,还有什么神灵不能看得一清二楚?

守之积久^①,天医自下^②,百病悉除,因得老寿。愚者捐去^③,贤者以为重宝^④,此可谓长存之道。

【注释】

①之:指天符。

②天医:天上的神医。本经佚文云:"守一之法,神药自来。"

③捐去:白白抛弃之意。

④重宝:喻指道法道术。《老子·六十二章》谓:"道者,万物之奥,善人之宝。"

【译文】

守护皇天的神符既已时间长久,天上的神医自行就降临,各种疾病全部去除掉,随即获取到长寿。愚蠢的人却把它白白抛掉,贤明的人偏偏把它当成重宝,这才可以称得上是长生真道。

独贵自然^①,形神相守^②,此两者同相抱,其有奇思反为咎^③。子失自然,不可寿也。婴儿五精^④,还自保也。

【注释】

①自然:谓原本固有的情状与态势。

②形:指人的形体。神:指寄居在人体各部位、诸器官内并起主宰作用的人格化的精灵与神灵。精灵为地之太阴气的化身,神灵为天之太阳气的化身。《白虎通义·情性》则云:"精神者,何谓也? 精者,静也,太阴施化之气也,象火之化,须待任生也。神者恍惚,太阳之气也,出入无间。总云支体万化之本也。"

③奇思：谓各种杂念和邪念。

④婴儿：喻指柔和无欲的状态。《老子·十章》谓："专（结聚）气致柔，能如婴儿乎？"本经卷五十二《胞胎阴阳规矩正行消恶图》谓："故反婴儿则无凶，老还反少与道通。"五精：指五脏的精气。参见《素问·宣明五气篇》所述。

【译文】

　　只是看重那本然固有的情状，形体和身中的众神灵彼此守持，这二者一起抱成团，产生任何杂念反而成为祸患。你们失去本然固有的情状，就没办法长寿。达到婴儿五脏精气流转的那种形态，反转来就自我保全了。

卷八十八 己部之三

作来善宅法第一百二十九

【题解】

本篇所谓"作",意谓兴建、营造。"来善宅",则为"求善以致太平、天下一旦合心、上皇大乐之宅"的简称,亦即本经编著者为帝王所设计的收纳四境内外所上三道文书的专用处所。对这一处所应在的方位、建筑样式与功用,篇中作了阴阳五行化的详尽解释与"合三(天地人)为一"的总括说明。关于守宅之人的遴选及官称,也连带述及。尤为强调的是,自下及上、去冗存要,反复处置宅中众文,勒成"洞极之经";而洞极之经,务必以"善字密言、奇文异辞、殊方妙术、秘道善策"为主体,既使帝王"长自安全",又使众贤和万民"乐得久存"。这表明,通上三道文书之议,是将申诉"冤结"放在次要地位的。此篇与卷八十六《来善集三道文书诀》不啻姊妹篇,宜合观并读。

六方真人再拜:"愿有所问一疑。""行言之。""今天师前所敕愚生拘校上古、中古、下古之要文①,及究竟贤明之善辞、口中诀事也②。今四境之界外内,或去帝王万万里,或有善书③,其文少,不足乃远持往到京师。或有奇文殊方妙术④,大儒穴处之士⑤,义不远万里,往诣帝王,炫卖道德⑥。

或有黎庶幼弱老小、田家婴儿妇女⑦,胸心各有所怀善字诀事⑧,各有一两十,数少少,又不足使人远赍持往诣京师。或有四境夷狄隐人、胡貊之属⑨,其善人深知秘道者,虽知中国有大明道德之君⑩,不能远故赍其奇文善策殊方往也⑪。

【注释】

①拘校:汇集校理之意。

②口中诀事:指对符合天心及人情的事象作出概括的口头语。

③善书:吉善的书籍。

④妙术:指守一、食气等修炼方术。

⑤大儒:泛指学问渊博的人。穴处:谓隐居。

⑥炫卖:炫耀兜售之意。

⑦黎庶:黎民。即平民百姓。

⑧善字:指形象化的精辟俗语。参见本经卷四十一《件古文名书诀》所述。

⑨胡貊(mò):古代对边疆少数民族的蔑称。

⑩中国:指华夏中原地区。

⑪故:特意,专程。

【译文】

六方真人连拜两次说:"请求询问一桩闹不太清的事情。""随即讲来。""如今天师在前些时候训饬愚生汇集校理上古、中古和下古时期的重要书文,并且要把贤明人的精妙说法、民间对事象作出精确概括的口头语,全都包纳进来。可如今四境辖区内外,有的地方距离帝王远极了;有人藏有吉善的图书,可字数却不多,不值得专程从很远的地方把它带到京师来。还有身怀奇文、殊方、妙术的大儒和隐居的道士,按照道义也要不远万里,前去拜见帝王,向他炫耀兜售道德。还有众百姓中的老少爷们、农家妇女和儿童,心里分别怀有对事象作出生动概括的口头语,各自有个一两句,十来句,数量太少了,又不值得让人从很远的地方专程带到京师来。还有四周的边区部族中的隐士以及深深了解并掌握秘密真道的吉善人士,尽管知道华夏中原地区具有特别熟悉道德的君主,也不能特意从远处携带他那奇文、殊方、善策专程赶来。

"今天师言,乃都合古今河洛神书善文之属①,及贤明口中诀事,以为洞极之经②,乃后天地开辟以来,灾悉可除也,帝王长游乐,垂拱无忧也③。言一事不足备,辄有余灾,故当都合之。今不知当以何来,致此奇方殊策善字,乃悉得之。"

【注释】

①都合:综括之意。河洛神书:古传黄河曾有龙马出图,伏羲氏据之以创八卦;洛水曾有神龟出书,大禹据之以作《洪范》(《尚书》篇名)。此类灵迹在汉代谶纬中进一步被神秘化,而且越来越多,愈演愈奇。

②洞极之经:意为通透至极的经典。

③垂拱:垂衣拱手。形容天下大治之甚。

【译文】

"现下天师强调,正该综括古今河图、洛书这类神降的吉善书文以及贤明人对事象作出精确概括的口头语,编成通透至极的经典,然后天地开辟以来出现的灾异就完全可以去除掉了,帝王终日游乐,垂衣拱手而天下大治,没有任何忧虑了。还强调只要有一宗事不包括进去,就仍存着消除不净的灾异,所以要把它们综括在一起。如今我们不知道应当通过什么方法去吸引人们,使这些奇文异策和精妙的口头语全都得到,一句不缺地获取到它们。"

"善哉善哉！诸真人思念剧也。天神已下，告诸真人矣，上皇之气来祐助道德之君□□矣①。行，真人今乃为皇灵天具问事，吾职当为天下具谈，何敢有懈焉？诺，诸真人安坐，方为真人悉说之。""唯唯。"

【注释】

①上皇之气来祐助道德之君□□矣：此句原缺二字。

【译文】

"这太好了！这太好了！众位真人精思专念太强烈了。天神已经降下，在幽冥中嘱告众位真人了，最盛明的太平气前来佑助具有道德的君主了。近前来，真人现下正是为皇天询问大事，我按天职本应为天下人详作解说，哪敢出现懈怠呢？好了，众位真人安稳坐定，马上为众位真人详尽解说这桩事情。""是是。"

"以此书付归上皇道德之帝王①，见天文必思其要意②，敕州郡下及四境远方县邑乡部，宜各作一善好宅于都市四达大道之上也③。高三丈，其中广纵亦三丈④；为四方作善疏⑤，使与人面等⑥，其疏间使可容手往来⑦；善庇其户也，勿令人得妄开入也。"

【注释】

①上皇：意为皇天神子。参见本经卷九十六《守一入室知神戒》所述。

②天文：天降神文。

③都市：指通都大邑中的贸易场所。

④中：指内部空间。广纵：即宽度和长度。

⑤疏:指窗口。

⑥使与人面等:此谓窗口的水平高度。

⑦其疏间使可容手往来:此谓窗口的孔度。

【译文】

"把这篇书文付归给皇天神子具有道德的帝王,使他看到天降神文以后必定会精思其中的切要意旨,命令天下各州郡直至四方的偏远县邑和乡区,应当各自在热闹集市通往四方的大道上修建一座整齐的宅室。高三丈,内部长宽也各三丈;四面墙上开设非常适当的窗口,窗口的水平高度正好与人站在外面往里瞧个正着对等,窗口的孔度能容得下手臂伸来伸去,把大门修得坚固牢靠;使人没办法随便就能打开关上它。

"悬书于其外而大明其文,使其□□书其宅四面亦可也①。其文言帝王来索善人奇文殊异之方及善策辞、口中诀事。人胸心常所怀,所能言,各悉书记之,投于此宅中,自记姓字②。已且征索之③,各以其道德能大小,署其职也;所言多少、其能不可征者,且悉敕所属县邑长吏,以职仕之也;其老弱、妇女有善言者,且敕主者赐之④;其有大功而不可仕者⑤,且复之也⑥;四境之外,其有所贡进善奇异策,用之有大效者,且重赏赐之也。

【注释】

①使其□□书其宅四面亦可也:此句原缺二字。

②姓字:犹姓名。

③已:事后。征索:指由皇帝下诏,征召某人到朝廷供职,或由政府机构、地方官府延聘某人前来做属吏。此缘东汉征辟制而为言。

④主者:指乡、里等基层官员。

⑤不可仕:不愿就职之意。

⑥复:谓免除徭役。

【译文】

"在门外张挂诏书,非常明确地公布具体的内容,也可以把诏书张挂在宅室四面墙上。具体内容是讲明,帝王求索吸纳良善人的奇文和与众不同的妙方仙方以及高明对策的陈述文字,对事象作出精确概括的口头语。每个人心中早就怀藏的东西和能够讲论的东西,全都写成文字,投入这宅室里面,自行署好姓名。事后还要由皇帝下诏,征召他到朝廷做官,分别按照本人的道德高低和才能大小,委任职务;对那些言说有限、论才能尚未具备到朝廷供职条件的人,全都责成本人所在县邑的长官,聘请他当官府的属吏;对那些进献精妙口头语的老年人和妇女儿童,责成乡官予以赏赐;对那些立有大功但不愿就职赴任的人,给予免除徭役赋税的优待;对四境以外进献奇异良策、一经行用而效果显著的人,重重予以赏赐。

"如此四境外内,一旦而同计,大兴俱喜,思为帝王尽力,从上到下,从内到外,远方无有余遗策、善字奇殊方也,人皆一旦转乐为善也。隐士穴处人中出①,游于都市,观帝王太平来善之宅,无有自藏匿者也。风雨为其时节②,三光为其大明,是天大喜之效也。

【注释】

①中出:半路出山之意。

②时节:按时令节气而必至必降之意。汉代谶纬有八风三十六雨的说法。详见《春秋说题辞》所述。

【译文】

"做到这样后,四境内外就会在一个早晨全都心往一处使,迅速奋起,个个高兴,想为帝王尽力,从上到下,从内到外,直到最远的地方再也没有遗漏掉的良策、奇异的妙方仙方以及精确的口头语了,人们一下子都变成愿做善事了。隐士和山林道士半路出山,在热闹的集市上游览,看到帝王为实现太平而吸纳吉善文辞的特设处所,就没有再自我遁世隐居的了。风雨为此而按节气准时到来,太阳、月亮和众星辰为此而大放光明,这正构成皇天大喜的证验。"

"四夷八十一域中①,善人贤圣闻中国有大德之君治如此,莫不乐来降服,皆赍其珍奇物来,前后成行。吾之书,万不失一也,岂不大乐哉? 大德之治如此,诸真人宁解晓之耶?""唯唯。"

【注释】

①四夷:古代对东夷、南蛮、西戎、北狄的合称。泛指周边少数民族地区。八十一域:此据大九州说为言。战国阴阳家邹衍认为,中国名为赤县神州,九个像赤县神州那样的州组成一大州,周围有小海环绕;这样的大州又有九个,周围有大海环绕;再往外,才是天地的边际。这种地理假说,史称大九州说。由于赤县神州之内又分九州,九九相乘,则一大州计有八十一域。参见本经卷九十三《国不可胜数诀》所述。

【译文】

"在四方部族分布的八十一处区域中,吉善人士和圣贤听说华夏神州有道德广大的君主施行这样的治理,没有谁不乐意前来归服,都持带他们的珍奇宝物来到,前后排成长队在等待。我那文书,不存在任何差

错,这样还难道不天下大乐吗? 盛大道德的治理会达到这般地步,众位
真人对此到底知晓解悟了吗?""是是。"

"然。子已觉矣。于其宅中文太多者,主者更开其宅
户①,收其中书文,持入与长吏众贤共次②。其中善者,以类
相从;除其恶者,去其复重;因事前后,赍而上付帝王。帝王
复使众贤共次,去其中复重及恶不正者,以类相从,而置一
闲处③;复令须四方书来④,前后次之,复以类相从,复令须后
书至也。

【注释】

①主者:指守宅官吏。更:轮番。

②次:梳理编排。

③闲处:指收藏的秘室。本经卷九十一《拘校三古文法》云:"已者
　藏于君之北,幽室而置之,以是知天下人行知善恶,勿去也。"

④须:等待。

【译文】

"好的。看来你们已经觉悟了。对于宅室中书文太多的,守宅官吏
要轮番打开宅室的大门,收取里面的书文,带入衙署同地方长官和众贤
士共同进行梳理编排。要把其中精善的那部分按照类别编排妥当;将
粗劣和重复的那部分删除掉;再按事象的前后顺序排列整齐,持带它到
朝廷交付给帝王。帝王再责成众贤士共同进行梳理编排,去除掉其中
重复以及粗劣而不纯正的内容,依据类别编排妥当,放置在一间秘室
内;再命令继续等待四方书文第二批呈报上来,仍按前后顺序梳理编
排,并依据类别编排妥当,完毕后再命令继续等待下一批书文呈报
上来。

"其四方来善宅,已出中奇文殊方善策者,复善闭之;于其畜积多者,复出次之,复赉上之,于四方辞旦日少毕竟也①。所上略同②,使众贤明共集次之,编以为洞极之经,因以大觉贤者,乃以下付归民间,百姓万民一旦俱化为善,不复知为恶之数也③。此所谓毕得天地人及四夷之心,大乐日至,并合为一家,共成一治者也。六真人岂知之耶?""唯唯。"

【注释】

①于四方辞旦日少毕竟也:此十字中"旦"当作"且"。毕竟,意谓业已无书可上,方告一段落。

②略同:谓大略整齐划一之后。

③数:指路数。

【译文】

"设在各地的收纳吉善文辞的宅室,已经取出里面的奇文异方和妙策的,就再把它关好;对于积聚数量又很多的,就再取出并编排它们,再持带它们上报到朝廷,直至四方文辞一天比一天减少,没有再能往里面投放的了,才算告一段落。各地所上报的书文大略整齐划一后,责成众位贤明人士共同汇集梳理它们,编定出通透至极的经典,然后拿它去让贤良的人彻底觉悟,随即把它往下付归给民间,百姓万民就会在一个早晨全都接受化导,去做善事去当善人了,不再晓得干坏事的路数了。这正是所讲的完全获取到天地人以及四方部族的心意,天下大乐的景象一天比一天呈现,合并成一个大家庭一般,共同构成完整的太平治理。六位真人恐怕明白这一点了吧?""是是。"

"行,六真人已知之矣。夷狄闻之①,日自却去,中国日以广,不战斗伐而日强也。天地助其除恶,是为天地开辟以来,未常有也。是故天下大喜也,天地神灵共除帝王承负也,灾变已消去,其治与神无异也。天下人且大得道德奇方,皆思善文正字②,不复为邪恶也。所上且岁益善,于其后三岁一小录③,五岁一大录,次之,此以下附归于民间也,使其各好为善,不能自禁止也。取其中大善之事,有益于帝王正治者留之,勿下之也。真人知之耶?""唯唯。"

【注释】

①夷狄:古代对边疆少数民族的蔑称。

②正字:指纯正的记述。

③录:采录。

【译文】

"近前来,看来六位真人已经明白这一点了。边区部族听到这种情况,也就一天比一天自动退走,华夏中原地区则一天比一天扩大辖境,不经过战争就一天比一天强盛。天地协助它去除邪恶,这属于天地开辟以来未曾出现过的事情。所以天下大喜,天地和神灵共同解除帝王的承负过责,灾变已经消亡离去,他那治理和神灵简直没有什么两样。全天下的人眼看着普遍获取到道德奇方,全都精思吉善的书文和纯正的记述,不再干那邪恶的勾当了。所上报的内容全年内眼看着美好的东西在增多,此后每隔三年做一次小规模的采录,每隔五年做一次大规模的采录,予以编排,把它往下发放,附归到民间去,使世人各自都喜好做善事,没办法自行控制住。选取其中特别吉善、对帝王端正治理极为有用的事象,把它们保留下来,不要颁布到民间去。真人清楚这一切了吗?""是是。"

"然。今真人，天使诸弟子问是。今既为天问事，乃为德君作大乐之经①，努力勿懈也！天且报子功，子乃为皇天后土除病，为帝王除灾毒承负之厄会，子明自当增算②。吾言不敢欺真人也，慎之。""唯唯。""行去，归努力精行③，有疑者来。""唯唯。"

【注释】

①大乐之经：对《太平经》的别称。本经卷五十《去邪文飞明古诀》云："吾欲使天地平安，阴阳不乱常顺行，灾害不得妄生，王者但日游冶，为大乐之经。"大乐，谓自然界到人类社会所呈现的一种高度协调和谐的理想状态与欢乐景象。详参本经乙部《以乐却灾法》、卷一百十三《乐怒吉凶诀》所述。

②增算：即增加寿龄。算为上天在人生前为之注定的寿龄。凡人早亡，享寿未尽，其剩余部分则为余算。余算归天掌握，可转赐他人。故而此处乃有"增算"之说。本经以一年为一算，与《抱朴子》百日一算不同。详见辛部第十三条经文所述。

③精行：精思与践行。

【译文】

"好的。现下你们真人，其实正是皇天驱使众位弟子前来向我询问此事。如今既然是为皇天问事，替那具有道德的君主制作天下大乐的经典，就要努力不懈怠啊！皇天将会酬报你们的功劳，你们正是为皇天后土去除掉引为病痛的东西，为帝王消除掉殃流毒递相承负的劫厄，你们对此一清二楚，自然就会增加寿命。从我口中说出的话，那是决不敢欺哄你们众位真人的，你们要慎之又慎。""是是。""回去吧，回去后要努力精思践行，出现疑问再来质询。""是是。"

"真人前。子前问事之时,吾欲去久矣,故中与子断诀之文①,见子惓惓②,知为皇天祐阳精③。所以然者,见真人精,中国当大兴平,八十一域善人当降,来归中国,故吾为子更止留,悉究竟说之也。所以然者,见真人为天问事不止,反恐得大过于子,得谪于天地④,故不敢弃道而中去也。真人知之耶?""唯唯。""行,努力精卒之⑤,勿弃天道问一诀也。""唯唯。愿请诀事。""言之。"

【注释】

①中与:中途授予。断诀之文:临别前的嘱告文辞。盖指本经丁部所载《戒六子诀》而言。

②惓惓(quán):非常恳切的样子。

③阳精:阳气的精粹物。即火行之精,指代当朝天子。此缘汉为火德说为言。本经辛部第十五节经文称:"夫阳精为神,属天,属赤。"

④谪:罪罚。

⑤卒:谓编成洞极大乐之经。

【译文】

"真人你们到前面来。你们从前询问事情的时候,我准备离开这里已经很长时间了,所以在中途便向你们授付了临别前的嘱告文辞。眼下看到你们万分恳切的样子,就清楚这属于皇天在佑助火行天子。之所以如此,是因为看到真人精念事象及其意旨大有长进,华夏中原地区正该轮上大兴盛和太平,八十一处区域的良善人都应顺服,前来归附华夏中原地区,所以我要重新为你们留下来,把事情讲说到底。之所以如此,是因为看到众位真人为天问事不罢休,我反而担心对你们犯下大过错,遭受到天地的惩罚,所以不敢放下真道就半路离去。真人明白这一点吗?""是是。""回去吧,要努力精心编成通透至极的经典,千万不要询问到一大定论却又半途抛弃了天道。""是是。希望再请求天师对一宗事作出裁定来。""只管讲来。"

"天师何睹,正于都市四达道上,为太平作来善文奇策密方之室乎?""善哉! 真人之难问也,得其大要意。天积悒悒,帝王使子难问耶? 其投辞何一工也①! 然。吾居天上观之,有可睹见,不空妄作此皇平之宅于四达道上也②。

【注释】

①投辞:谓就事而发的言辞。工:精妙。

②皇平:即太平。

【译文】

"天师察知到什么,偏偏要在热闹集市通往四方的大道上,为实现太平而修建收纳善文、奇策和密方的室宅呢?""你们这诘难质问太好了! 获取到了其中重大而又切要的意旨。皇天长久忧闷不乐,人间帝王驱使你们来作诘难质问的吧? 就事措辞为什么竟是那样地精妙呢! 好的。我在天上曾经观察过,确有看到和察知的事情,决不凭空就胡乱让人间在通往四方的大道上修建这太平宅室。

"天公问①,天下何故难平安哉? 五行神吏上对言②,今帝王乃居百重之内,去其四境万万余里,大远者多冤结,善恶不得上通达也;奇方殊文异策断绝,不得到其帝王前也;民臣冤结,不得自讼通也③。为此积久,四方蔽塞,贤儒因而伏藏④,久怀道德悒悒而到死亡。帝王不得其奇策异辞,以安天下,大咎在四面八方远界闭不通。

【注释】

①天公：即天。以天而拟人，故称。《太平经钞》"天公"作"天君"。天君为本经所拟设的至高天神的专称。壬部第二十四条经文谓："天君者，则委气，故名天君，尊无上。"

②五行神吏：指东方青帝、南方赤帝、西方白帝、北方黑帝、中央黄帝的下属。参见本经卷九十三《敬事神十五年太平诀》所述。

③讼：控告。

④贤儒：此二字中"儒"字《太平经钞》作"良"。

【译文】

"天公曾经发问道，天下人间究竟是什么原因难以平和安定呢？五行神吏回禀说，如今人间帝王置身在深宫里面，距离辖区四境远极了，而遥远的地区又大多冤情聚结，善恶没办法反映到上面来；奇方殊文和异策被断绝，没办法到达帝王的面前；民众和臣僚冤情聚结，没办法自身控告而得到申理。这种状况延续得时间越来越长，四方被遮蔽阻塞住，贤良的士人因而隐遁不出，长久身怀道德而郁闷不乐，直至死去。帝王获取不到他们的奇策异辞去安定天下，大祸患正出在四面八方遥远地区被封锁住而得不到沟通。

"今故承天心意，为太平道德之君，作来善致上皇良平之气宅于四达道上也。欲乐四方悉知德君有此教令，翕然俱喜①，各持其善物殊方来，付归之于上，无远近悉出也，无复断绝者也。"

【注释】

①翕（xī）然：不约而同的样子。

【译文】

"所以现下承奉皇天的心意,为太平道德明君在通往四方的大道上修建收纳吉善文辞、招来最盛明的太平气的宅室。希望四方都知道仁德的君主有这样的教令,不约而同地都感到高兴,各自持带本人的美好物品和异乎寻常的文辞前来,付归给朝廷,不分远近一律显示出来了,没有再被断绝的了。"

"善哉善哉! 响不及天师力问①,不得知之也。""然。真若真人言也。夫人天性,自知之②,其上也;不能自知之,力问,亦其次也。子知之邪?""唯唯。愿请问一事。""言之。"

【注释】

①响:通"向",适才。

②自知之:意谓生而知之。

【译文】

"这太好了! 这太好了! 刚才不向天师大力询问,就没办法了解到这种情况。""好的。的确像真人所说的那样。世人的天性,能够自行就把事情闹明白的,这属于上等。无法自行闹明白,就大力去询问,也是接下来应该做的事。你们清楚这一点了吗?""是是。希望再请求询问一桩事。""只管讲来。"

"何故必使其广纵三丈,高三丈乎哉?""善乎! 子之言也。一者,数之始也①;天数亦终于十,地数亦终于十,人数亦终于十,故使三丈也。欲乐合天地人,使其俱悦喜也,故象天地人为之也。""今请问三数,何故俱十乎哉?""然。天有五行,亦自有阴阳②;地有五行,亦自有阴阳③;人有五行,亦自有阴阳也④,故皆十。""善哉善哉！今独天地人如此邪哉?""然。""万物悉如此邪哉?""然。万物悉象天地人也,故天地人皆随四时五行为盛衰也。真人知之邪?""善乎善乎！""然。子可谓已知之矣。"

【注释】

①数:指自然基数。

②"天有"二句:此谓日属火行而旭日为阳、落日为阴之类。本经卷一百十七《天乐得善人文付火君诀》称:"天虽上行无极,亦自有阴阳,两两为合。"又辛部云:"天上各异,自有自然元气阴阳。""天上无极之三光各异,自有自然元气阴阳。""天上云气各异,自有自然元气阴阳。""天上音响雷电各异,自有自然元气阴阳。"

③"地有"二句:此谓山属金行而山南为阳、山北为阴之类。本经卷六十九《天谶支干相配法》称:"地者但比于天,为纯阴独居,同自有阴阳耳。"又卷一百十七《天乐得善人文付火君诀》称:"地亦自下行何极,亦自有阴阳,两两为合。"又辛部云:"地上山阜各异,自有自然元气阴阳。""地上川谷水泽各异,自有自然元气阴阳。"

④"人有"二句:此谓耳属水行而左耳为阳、右耳为阴之类。本经《录身正神令人自知法》云:"天之使道生人也,且受一法:一身七纵横,阴阳半阴半阳,乃能相成。故上者象阳,下者法阴;左法阳,右法阴。"本经辛部云:"五行各异,自有自然之(元)气阴阳。"《白虎通义·五行》亦谓:"五行各自有阴阳。"

【译文】

"为什么一定要让宅室长宽各三丈,高三丈呢?""你们这问话简直太好了！'一'是自然基数的起始数目,天数到十就为止了,地数到十也为止了,人数到十也为止了,所以让它们各为三丈。这是希望聚合起天地人,使它们都高兴,因而效法天地人而修建那样的宅室。""如今请求再问一下,这三方面的数目为什么都是十呢?""好的。天有五行,每一行原本上又都具有阴阳;地有五行,每一行原本上也都具有阴阳;人有五行,每一行原本上还都具有阴阳,所以这三方面的数目就全是十了。""这太好了! 这太好了! 如今只是天地人才这样吗?""是的。""万物也都这样吗?""是的。万物全都效法天地人呀,所以天地人全都随顺四时五行构成盛衰。真人明白这一点了吗?""这太好了! 这太好了!""好的。你们可以称得上已经闹明白这一点了。"

"愿请问一事。""言之。""今何故必为其四方作疏,与面齐者?""然。疏者欲使贤儒策之也;疏者,乐四方疏达①,不复闭绝也,欲使贤者各疏记其辞②,投此太平来善之室中也。与面齐者,面者,最人之善者也,太阳之分③,象天道也;乐人各顺天心,思为善,与德君并力,共平天下也,故使与面齐。面者有七正④,耳目口鼻可以通气,神祇往来,乐大贤策之,使四方八极远境聪明⑤,悉来至也。今帝王虽居百重之内,与民相去万万里,光明教令悉畅达也,不失天地之心,以安其身。"

【注释】

①疏达:通畅。

②疏记:分条记录之意。

③太阳:最旺盛的阳气。分:谓所属,所在。古有头圆象天、目法日月等说,详见《灵枢·邪客》、《孝经援神契》及本经丙部《分别贫富法》所述。

④七正:即七窍。指两耳、双目、一口、二鼻孔。汉刘熙《释名·释形体》云:"目,默也,默而内识也。眼,限也,童子限限而出也。"

⑤八极：指八方极远之地。聪明：指对事物观察明细、认识深刻的人。

【译文】

"希望再请求询问一桩事。""只管讲来。""如今为什么一定要在四面墙上开设窗口，窗口的水平高度还要正好与人站在外面往里瞧个正着对等呢？""好的。开设窗口，是想让贤明的儒士像占卜那样作揣摩；开设窗口，又是高兴四方通畅，不再被封锁断绝，想让贤良的人各自逐条写下本人的言辞，投入到这实现太平、收纳吉善文辞的宅室中。水平高度要正好与人站在外面往里瞧个正着对等，是因为面庞属于人体最美好的部位，也是最旺盛的阳气所在的地方，代表着天道；希望人们各自顺从天心，思考做善事，与具有道德的君主一起用力，共同平定天下，所以就使水平高度正好与人站在外面往里瞧个正着相对等。面庞上长有七窍，其中耳目口鼻可以通气，天神地祇经由它们出来进去，高兴特别贤明的人士像占卜那样来做揣摩，使四方八极遥远地区的聪明人全都来到。如今帝王尽管置身在深宫里面，与众百姓彼此距离万万里，可那光明的教令却全都畅达，不偏离天地的心意，来使自身获得安全。"

"善哉善哉！愿请问，当使何吏守此宅哉？""长吏直署①，唱名为太平之宅乐善之吏也②。""善乎！愚生知天已大喜矣，地已大悦慎行也，人已太平理矣，万物已得其所矣。"

【注释】

①直署：意为由正直者担任。

②唱名：点名。此处为喧赫命名之意。

【译文】

"这太好了！这太好了！希望请求再问一下，应当委派什么样的官吏来守护这宅室呢？""宅室的官吏要由正直的人来担任，把它赫赫命名为太平之宅乐善之吏。"“这太好了！愚生清楚皇天已经大喜了,大地已经非常高兴并谨慎按照皇天的意愿去行事了,世人已经太平大治了,万物已经各得其所了。"

"今真人何以知之乎？"“愚生见天师为太平德君制作大乐之宅,以通天地人之谈语。今使下民臣各得奏上其辞于其君,令帝王得奇策异文殊方,可以长自安全者;又天地得通其谈语,百姓下贱得达其善辞,以解天地悒悒,以助其君为聪明。天地与人,为凡物之长也①,乃得悉通达,故大乐也。"“真人说是也。善哉！吾无以加之也。子之言事,大入真道矣。"

【注释】

①凡物之长:此系宣示人在自然界中所占据的固有地位和应起的作用。《老子·二十五章》谓:“域中有四大,人居其一。"伪《古文尚书·泰誓》云:“惟天地,万物父母;惟人,万物之灵。"《素问·宝命全形论篇》曰:“天覆地载,万物悉备,莫贵于人。"《礼记·礼运》称:“人者,五行之秀气也。"《孝经·圣治章》谓:“天地之性人为贵。"《风俗通义》称:“万类之中,唯人为贵。"本经卷五十《生物方诀》云:“故万物芸芸,命系天,根在地,用而安之者在人。……凡物与天地为常,人为其王。"

【译文】

"如今真人凭借什么知道是这样了呢？"“愚生看到天师为太平道德明君制作天下大乐的宅室,用来沟通天地人要说的话语。如今使下面的民众和臣僚分别得以把自己的话语奏报到君主那里,让帝王获取到奇策、异文和殊方,自身能够长久安全了;再者说来,天地得以传达出要对世人宣讲的话语,卑贱的百姓得以献上自己的精妙口头语,用来化解天地的忧闷不乐,去协助自己的君主了解并掌握各地的情况。天地和世人属于万物的主宰,完全实现了沟通和畅达,所以就极为快乐了。"

"真人的说法对极了。这太好了! 我没有什么能够再作补充纠正的了。你们讲论事情,大大进入真道了。"

"愿请问一疑。""言之。""今天乃悒悒欲言,何故返使人谈哉?""善乎! 子之难问,得其意。然。夫天道乃转而相因更相使也①,故兑为天地之口②,人亦然③。故以类相求,故人为天地谈也。真人知之耶?""唯唯。""行,子易开哉! 勉力勉力!""唯唯。""然,辞小竟④,勿复问。令道文难知,反益愦愦也⑤。""唯唯。"

【注释】

①相因:递相承顺之意。更相使:谓人为地所使,地为天所使。参见本经卷四十《分解本末法》所述。

②兑:八卦之一。代表泽。《周易乾坤凿度》云:"月出泽,日入于泽。"又《易传·说卦》谓,兑为口。泽能吞吐日月,吞吐河流,故为天地之口。

③然:指兑卦亦象征世人的口舌。

④小竟:暂且告一段落之意。

⑤愦愦(kuì):昏暗的样子。

【译文】

"希望再请求询问一个疑问。""只管讲来。""如今皇天正忧闷不乐,有话要说,为什么反而让人替它讲呢?""真是太好了,你们这种诘难质问! 获取到其中的意旨所在了。好的。天道恰恰转而递相承顺又递相支配,所以兑卦就成为天地的口舌,人也是如此。因而按照类属彼此求索,所以人要代替天地传达它们的话语。真人明白这一点了吗?""是是。""回去吧,你们很容易加以开启啊! 用力去做呀用力去做!""是是。""好了,言辞到此告一段落,不要再问了。问来问去,使真道变得繁琐芜杂,难以了解掌握,反而让人更加昏乱。""是是。"

"行戒真人一事:为已校书文殊方也,卷投一善方①,始善养性之术于书卷②,下使众贤诵读,此当为洞极之经竟者③。因各集此方以自养,诵此术以自全,令各乐得久存。上贤可以为国辅④,中贤可为国小吏,下小人不能仕者,可长养其亲,而久守其子孙。""善哉善哉! 天下大乐悦也,为善无双,无复恶人也。""子已知之矣,行去,思之念之。既为天问事,勿懈。""唯唯。"

右求善以致太平、令天下一旦合心、上皇大乐之宅文。

【注释】

①卷投:意为每卷均予厝置。
②始善:放在第一位之意。
③竟者:指全经最终务须完成的属于目的之所在的那部分内容。
④国辅:国家的辅政重臣。

【译文】

"回去前告诫真人一宗事:对于已经校定的书文和奇方,每卷都要安排一个妙方,要把炼养心性的道术放在书卷的首位,授付下去,让众贤士诵读,这应成为通透至极的经典最终务须完成的那部分内容。通过各自聚集此类妙方来自己养护自己,诵读这种道术来自己保全自己,让他们分别乐意获取到长生。第一等贤明的人可以成为国家的辅政重臣,中等贤明的人可以成为国家的一般官吏,低贱的普通百姓没能力做官的,可以长久侍养好自己的父母,长久守护好自己的子孙。""这太好了! 这太好了! 天下非常欢乐喜悦了,做善事数第一,不再有邪恶的人了。""你们已经明白这一切了,回去吧,精思它,专念它。既然是为皇天询问事情,就不要懈怠。""是是。"

　　以上为求善以致太平、令天下一旦合心、上皇大乐之宅文。

卷八十九 己部之四

八卦还精念文第一百三十

【题解】

本篇所谓"八卦",即从西北到正西方向依次布列的乾卦、坎卦、艮卦、震卦、巽卦、离卦、坤卦、兑卦,为《周易》所创设的各具象征意义的八种基本图形。"还精念",则谓追还精气,使意念达到高度专注、幻境迭出的地步。为昭示这种睹思八卦字象的内修方术,篇中以韵文形式,描述了四时五行之气在八卦框架内推移流转的过程,张设起左青龙、右白虎、前朱雀、后玄武、中央黄气的"神列",强调"得道元",归自然,并断言循序渐进,适得其宜,便可治病增寿,国昌人顺,去祸招福。此等内修方术,是对道家自然无为论、先秦以降气论、易纬八卦方位说、《黄帝内经》阴阳五行说和医学知识的糅合与改造。通篇内容,宜与本经乙部《守一明法》、庚部《虚无无为自然图道毕成诫》、癸部《以自防却不祥法》和《太平经圣君秘旨》所辑存的本经佚文相参照。

玄明内光①,大幽多气②,与贤同位③,壬癸之居④。亥子共身⑤,周流相抱⑥,极阴生阳,名为初九⑦。一合生物⑧,阴止阳起⑨。受施于亥⑩,怀妊于壬⑪,藩滋于子⑫。子子孙孙⑬,阳入阴中,其生无已。思外洞内⑭,寿命增倍,不可卒致⑮,宜以长久。

【注释】

①玄明内光：意谓深远幽明而内含阳精之光。指冬季和北方的气色而言。在此时空单元内，阴气极盛，但阴中含阳，故曰"玄明内光"。

②大幽：即太阴。太阴为《易》学"四象"之一，象征冬季与北方。气：指化生宇宙万物的元气。

③与贤同位：元气具有化生功能，贤者辅助元气化生，故出此语。

④壬癸：天干第九位与第十位。此处代表五行中的水行。《史记·律书》谓："壬之为言任也，言阳气任养万物于下也。癸之为言揆也，言万物可揆度，故曰癸。"《释名·释天》云："壬，妊也，阴阳交，物怀妊也，至子而萌也。癸，揆也，揆度而生，乃出之也。"

⑤亥：地支第十二位。此处代表西北方和立冬所在的农历十月。其为八卦中乾卦之位。子：地支第一位。此处代表北方和冬至所在的农历十一月。其为八卦中坎卦之位。《史记·律书》谓："亥者，该也，言阳气藏于下，故该也。""子者，滋也。滋者，言万物滋于下也。"《释名·释天》云："亥，核也，收藏百物，核取其好恶真伪也。亦言物成，皆坚核也。""子，孳也，阳气始萌孳生于下也。于《易》为《坎》，坎，险也。"共身：乾卦属金行，坎卦属水行，按照五行相生的关系，金生水，故曰共身。

⑥周流：谓元气在乾、坎二卦的范围内流转。相抱：谓阴阳相持。

⑦初九：乾卦倒数第一阳爻的爻题。象征阳气始生，潜藏地下。其爻辞称："潜龙勿用。"本经丙部《解师策书诀》云："潜龙者，天气还复初九。"又卷六十九《天谶支干相配法》称："故《易》初九子，为潜龙勿用，未可以王持事也，故勿用也。此者，但以元气之端首耳。"

⑧一合：指由元气分化而成的天之阳气与地之阴气初相交合。生物：化生万物。本经丁部《阙题》（四）云："天之法，阳合精为两。

阳之施,乃下入地中。"又卷一百十七《天乐得善人文付火君诀》

谓:"夫天地之生凡物也,两为一合。今是上天与是下地为合,凡

阳之生,必于阴中。"

⑨止:指阴气开始衰弱的态势。

⑩受施:谓天之阳气下施地中而化合万物。汉代《易纬》有"阳始于

亥"的说法。

⑪怀妊:谓阳气孕育万物。壬:此处代表农历十月至十一月之间。

⑫藩滋:谓阳气滋生万物。藩,用同"蕃",生育,繁殖。汉代《易纬》

有"阳生于子"的说法。以上三句,系讲阳气从立冬所在的农历

十月到十一月冬至,在乾、坎二卦的范围内施生万物的环节与过

程。参见本经丙部《分解本末法》、卷九十三《国不可胜数诀》

所述。

⑬子子孙孙:意谓循环往复。

⑭外:指乾、坎二卦所构成的外在字象。洞内:指腹内通明的一种

心理幻觉与幻境。本经佚文云:"守一明法,四方皆暗,腹中洞

照,此太和之明也,大顺之道。"

⑮卒致:猛然达成之意。卒,后多作"猝",一下子,猛地。

【译文】

北方和冬季元气弥漫,深远幽明又内含阳精的光华,与贤德处在同

一个位所,形成天干壬癸所代表的水行所在的地方。乾卦和坎卦连成

一体,元气在二卦之间流转推移,阴阳相持抱得紧,阴气达到极限就生

出阳气,被称为初九。皇天施生的阳气和大地化育的阴气初相交合,化

生那万物,阴气开始衰弱,阳气正在兴起。万物在乾卦所代表的西北方

和立冬时禀受皇天阳气的施化,在壬位所代表的十月至十一月之间得

到孕育,在坎卦所代表的正北方和冬至时获得滋长。如此循环往复,阳

气施注到阴气中,整个化生的过程没有止息的时候。精思乾、坎二卦这

种外在的字象,腹内一片通明,寿命就增加一倍,但不能一下子就达成

此等境地,应当通过长时间的修炼。

少阳有气^①,与肝共位^②,甲乙寅卯^③,青色相类^④。万物之精,前后杂出。仁恩心著^⑤,勇士将发^⑥。念之睹此字^⑦,光若日之始出^⑧,百病除愈,增年三倍。

【注释】

①少阳:《易》学四象之一。象征春季与东方。

②与肝共位:肝为五脏之一,以五脏配五行,肝属木行。以四时、五方配五行,春季与东方亦属木行。故曰共位。

③甲乙:天干第一位与第二位。此处代表木行。《史记·律书》谓:"甲者,言万物剖符甲而出也。乙者,言万物生轧轧也。"《释名·释天》云:"甲,孚也,万物解孚甲而生也。乙,轧也,自抽轧而出也。"寅:地支第三位。此处代表偏东北方向及立春所在的农历正月。卯:地支第四位。此处代表东方与春分所在的农历二月。其为震卦所居之位。《史记·律书》谓:"寅言万物始生蟮然也,故曰寅。""卯之为言茂也,言万物茂也。"《释名·释天》云:"寅,演也,演生物也。卯,冒也,载冒土而出也。于《易》为《震》,二月之时,雷始震也。"

④青色:指木行与震卦所代表的气色。以五色配五行,青属木。

⑤仁:仁爱。属人伦五常之一。以人伦五常配五行,仁属木行。著:彰显。此处与下文"勇士将发"系就肝与胆的关系而为说。《白虎通义·情性》谓:"胆者,肝之府也;肝者,木之精也。主仁,仁者不忍,故以胆断焉。是以仁者必有勇也。"

⑥勇士:身有勇力之人。将发:谓勇力即将迸发之际。古医经《灵枢·论勇》谓:"夫勇士之不忍痛者,见难则前,见痛则止。夫勇士之忍痛者,见难不恐,遇痛不动。勇士者,目深以固,长衡直

扬,三焦理横,其心端直。其肝大以坚,其胆满以傍。怒则气盛而胸张,肝举而胆横,眦裂而目扬,毛起而面苍。此勇士之由然者也。"

⑦此字:指震卦的字象。

⑧光若日之始出:指腹内颇感光明的一种心理幻觉与幻境。本经乙部《守一明法》称:"守一明之法,明有日出之光,日中之明,此第一善得天之寿也。"又本经佚文云:"守一明法,明有正青,青而清明者,少阳之明也。"

【译文】

东方和春季充满生气,与人肝部在同一个位所;天干甲乙和地支寅卯所代表的木行与农历正月二月,属于震卦所在的地方;那团苍青的气色,恰与肝部的颜色相同。万物的精灵,前后交错往外涌。仁爱慈惠在内心里彰显,勇士将要迸发出肝部的功用。精思并察视震卦的字象,腹内那片光明就宛如朝阳从东方升起的情景,各种疾病一律去除而获痊愈,增加寿龄三倍整。

太阳盛气①,与心相类②,丙丁之家③,巳午养位④。睹之,百邪除去,身日以正,宜意柔明⑤,大不可强求。见字而寿⑥,光若日中之明⑦。

【注释】

①太阳:《易》学四象之一。象征夏季与南方。

②与心相类:心为五脏之一,以五脏配五行,心属火行。以四时、五方配五行,夏季与南方亦属火行,故曰"相类"。详参本经卷九十六《忍辱象天地至诚与神相应大戒》所述。

③丙丁:天干第三位与第四位。此处代表火行。《史记·律书》谓:"丙者,言阳道著明,故曰丙。丁者,言万物之丁壮也,故曰丁。"

《释名·释天》云:"丙,炳也,物生炳然,皆著见也。丁,壮也,物体皆丁壮也。"本经卷一百十八《禁烧山林诀》谓:"火王则日更明。丙丁兴,巳午悦。"

④巳:地支第六位。此处代表东南方与立夏所在的农历四月。其为巽卦之位。午:地支第七位。此处代表南方与夏至所在的农历五月。其为离卦之位。《史记·律书》谓:"巳者,言阳气之已尽也。""午者,阴阳交,故曰午。"《释名·释天》云:"巳,已也,阳气毕布已也。于《易》为《巽》,巽,散也,物皆生,布散也。午,仵也,阴气从下上,与阳相仵逆也。于《易》为《离》,离,丽也,物皆附丽阳气以茂也。"养位:巽卦属木行,离卦属火行,按照五行相生的关系,木生火,故曰养位。本经卷五十六至六十四《阙题》(一)称:"生养之道,少阳太阳,木火相荣,各得其愿,是复何争?"

⑤柔明:柔和明彻。

⑥字:指巽、离二卦的字象。

⑦光若日中之明:指腹内甚感光明的一种心理幻觉与幻境。此较上文所云"光若日之始出"更进一层。日中,谓太阳最高时。即运行到天空正中间之际。本经佚文云:"守一明法,明正赤若火光者度世。"

【译文】

南方和夏季的旺盛阳气,与人心是同一类属,既是火行的统治区,又是巽卦和离卦共同养长的位所。精思并察视它们,各种邪物消除而去,自身变得日益纯正,唯独用意要柔和明彻,绝不可硬去求索。察见巽、离二卦的字象,便会长寿,腹内那片光明就如日中天般炽烈。

中和之气①,与脾相连②,四出季乡③,乃返还戊己④。中居辰戌⑤,丑未为根⑥。举顺之而思其意,还以治其病,精若黄龙⑦。而见此字⑧,其病消亡,增年五倍,令人顺孝,臣爱其君,子爱其父。

【注释】

①中和之气:由天之阳气同地之阴气交合而成之气。此气盛于季
夏六月和中央方位。本经卷四十八《三合相通诀》云:"天气悦
下,地气悦上,二气相通,而为中和之气。"

②与脾相连:脾为五脏之一,以五脏配五行,脾属土行。以四时、五
方配五行,季夏六月与中央亦属土行。故曰相连。详参古医经
《素问·太阴阳明论》所述。

③四出:意为交替流转,轮番置换。季乡:指农历季春三月、季夏六
月、季秋九月、季冬十二月的后十八天。其为土气寄旺之时。合
计则七十二日,适与每季各九十日减去十八日的余数相等。即
把全年三百六十日,分成五等份而同五行相配,每一行遂各占统
治地位七十二日。由此而成"土旺四季"之说。《白虎通义·五
行》谓:"土所以王四季何? 木非土不生,火非土不荣,金非土不
成,水无土不高。土扶微助衰,历成其道,故五行更王,亦须土
也。王四季,居中央,不名时。"

④戊己:天干第五位与第六位。此处代表土行中央。汉刘熙《释
名·释天》云:"戊,茂也,物皆茂盛也。己,纪也,皆有定形,可纪
识也。"本经癸部《以自防却不祥法》谓:"季夏六月,盛德合治,王
(旺)气转在西南,回入中宫。"

⑤辰戌:地支第五位与第十一位。此处亦代表土行中央。《史记·
律书》谓:"辰者,言万物之蜄也。""戌者,言万物尽灭,故曰戌。"
汉刘熙《释名·释天》云:"辰,伸也,物皆伸舒而出也。""戌,恤
也,物当收敛,矜恤之也。亦言脱也,落也。"

⑥丑:地支第二位。此处代表东北方及农历十二月。其为艮卦所
居之位。未:地支第八位。此处代表西南方及农历六月。其为

坤卦所居之位。《史记·律书》谓："丑者，纽也。言阳气在上未
降，万物厄纽未敢出也。""未者，言万物皆成有滋味也。"《释名·
释天》云："丑，纽也，寒气自屈纽也。于《易》为艮，艮，限也，时未
可听物生，限止之也。""未，昧也，日中则昃，向幽昧也。"为根：阳
气于艮卦所居之位正式形成，而阴气则于坤卦所居之位正式形
成。即《易纬》所谓阳形于丑，阴形于未。兼以二卦方位相对，俱
属土行，故曰为根。

⑦精：精妙。黄龙：土行之精。参见《淮南子·天文训》所述。

⑧此字：指艮、坤二卦的字象。

【译文】

属于土行的中和气，与人脾部紧相连，在春夏秋冬每季最后十八
天，交替流转为主宰，尤其在季夏六月份，返回到天干戊己所代表的中
央位所来。已在地支辰戌所代表的中央位所留驻，就把位居东北的艮
卦和位居西南的坤卦作为根基。世人行动顺应它，精思其中的要意，反
转来治疗身患的疾病，精妙得宛若黄龙那条土行精在游动。察视艮、坤
二卦的字象，所患疾病便消除离去，增加寿命五倍，使人谨顺孝敬，做臣
僚的，喜爱自己的君主；当儿子的，喜爱自己的父亲。

少阴之旬①，与师精并②，灵扇出气③，位属庚辛④。申酉
义诛⑤，猾邪盗贼不起，邪不得害人。

【注释】

①少阴：《易》学四象之一。象征秋季与西方。旬：十日为旬。此处
　则指日期的排列与转接。

②师精：兵旅的精灵。即下文所称白虎。本经卷七十二《斋戒思神
　救死诀》及《五神所持诀》又谓："西方为弓弩斧。西方者，天弩杀
　象。夫弓弩斧，亦最伤害之长也。故其神来，以此为节。"

③灵扇(shān)：幽灵兴起之意。扇，兴起。气：指刑罚克杀之气。依照月令图式，秋季则趋狱刑，习兵戎。参见《淮南子·时则训》所述。

④庚辛：天干第七位与第八位。此处代表金行。《史记·律书》谓："庚者，言阴气庚万物，故曰庚。辛者，言万物之辛生，故曰辛。"《释名·释天》云："庚，犹更也。庚，坚强貌也。辛，新也，物初新者，皆收成也。"

⑤申：地支第九位。此处代表偏东南方和立秋所在的农历七月。酉：地支第十位。此处代表西方和秋分所在的农历八月。其为兑卦所居之位。《史记·律书》谓："申者，言阴用事，申贼万物，故曰申。""酉者，万物之老也，故曰酉。"《释名·释天》云："申，身也，物皆成其身体，各申束之，使备成也。酉，秀也，秀者，物皆成也。于《易》为兑，兑，说也，物得备足，皆喜说也。"义诛：以义诛杀之意。义指正义、大义或道义之所在。为人伦五常之一。以八卦和人伦五常配五行，兑卦与义俱属金行，而金行掌杀伐，故曰义诛。

【译文】

西方和秋季的时日，便与兵旅的精灵会合，幽灵兴起并散发刑杀之气，位序属于庚辛所代表的金行。申酉作为兑卦的位所，按道义来诛杀，奸徒恶棍和盗贼不敢作乱，邪物没办法祸害人。

肾盛之气①，增年百倍。极阴生阳，其国大昌。常而思之②，不知死亡。阴上阳起③，故玄武为初始④；龙德生北⑤，位在东方，故随其后；朱雀治病⑥，黄气正中⑦。君而行之⑧，寿命无穷。升执其平⑨，百邪灭亡。八卦在内⑩，神成列行⑪，白虎在后⑫，诛祸灭殃，正道日到，邪气消亡。思精而不止，延年之纪⑬。身而服之，何忧之有？

【注释】

①肾:五脏之一。以五脏配五行,肾属水行,与坎卦同位。

②而:能。

③阴上阳起:此四字中"上"当作"止"。形近而讹。

④玄武:即龟蛇。其为水行之精。位在北方,故曰玄;身有鳞甲,故曰武。本经卷六十九《天谶支干相配法》谓:"夫水者,北方玄武之行也。"又卷一百一十八《烧下田草诀》云:"故玄武居北极阴中,阴极反生阳。"又佚文称:"太阴之精为龟,匿于渊源之中。"

⑤龙:即青龙。其为木行之精。《春秋元命苞》谓:"龙之为言萌也,阴中之阳。"本经卷三十九《解师策书诀》云:"龙者,乃东方少阳、木之精神也。"又卷七十三至八十五《阙题》(三)称:"王气为青龙。"德:指化生之德。生北:意谓始生于坎卦之位。本经卷三十九《解师策书诀》云:"潜龙勿用坎为纪。"

⑥朱雀:又称朱鸟。其为火行之精。本经壬部云:"故火盛乃雷鸣,朱雀在其中。"

⑦黄气:由黄龙喷吐而成的精气。以上所云,参见《淮南子·天文训》、《地形训》及《白虎通义·五行》所述。

⑧君:尊奉之意。

⑨升:谓循序渐进。平:适度之意。

⑩内:指内侧。本经卷七十二《斋戒思神救死诀》称:"八卦乾坤,天地之体也。"

⑪神成列行:此谓左青龙,右白虎,前朱雀,后玄武,中央黄龙。

⑫白虎:金行之精。后:指右方。本经卷六十七《六罪十治诀》云:"故物起于太玄,中于太阳,终死于白虎。故元气于北,而白虎居西,此之谓也。"又卷一百二《经文部数所应诀》后附佚文云:"阳止阴起,方立秋,秋者白气,白虎持事。"

⑬纪:纲纪,主宰。

【译文】

使人肾部强健的水行气，能让人增加寿命一百倍。阴气达到了极限，就生出阳气，导致国家空前昌盛。总去精思它，就不晓得死亡。阴气衰弱，阳气兴起，所以龟蛇作为水行的精灵便在北方成为开端；而苍龙作为木行的精灵，它那化生的大德最先在北方萌生，正位则处在东方，因而便跟随在龟蛇的后面；朱雀作为南方火行的精灵治疗疾病，而土行黄龙的精气散布在中央区位。尊奉它们并去修炼，寿命就没有到达尽头的时候。循序渐进又各适其度，一切邪物就都灭绝消亡。八卦设布在里层，精灵形成外围的固定行列，白虎作为金行的精灵位于后方，诛除祸害，灭绝凶殃，纯正的真道一天比一天来到，邪气消逝而灭亡。思悟精详不罢休，便成为延长寿命的总纲。身体力行又顺服它，还会有什么忧虑呢？

　　下承其上，名为顺道，无有谪过^①，万病自愈。念字睹形容^②，爱若父子，令人常喜，洞照无已。审而用者，其效立可待。长与书俱^③，日与神游。

【注释】

①谪过：罪罚。

②形容：指青龙诸神的形象。

③书：指本篇经文。

【译文】

下面的人承顺上面的人，这被称作顺从真道，不出现罪罚，所有疾病就自行痊愈。精思八卦的字象，看到那些神灵的形状，互相喜爱便如同父子，让人经常喜悦，腹内通明而察照一切，没有断命的时候。确实去行用的人，这种效验立刻就能看得到。永久与这篇文书相伴随，就每天与那神灵相往来。

　　道以自然，为洞虚无①，一旦自来。其道仁良，子为之孝，臣为其忠信。知则令人爱其身，不敢妄言，守而不止，命无穷焉。书不空出与道连，思深知其意，神自来焉。初端形念字，反得道元②，精得神明③，因无自然④。

【注释】

　　①洞：意谓全身上下白如积气。虚无：谓内实外虚，"有"若"无"。参见《老子·首章》和本经卷七十一《真道九首得失文诀》及卷一百三《虚无无为自然图道毕成诫》所述。

　　②道元：真道的本原。即元气。

　　③神明：神灵之明。

　　④因：依从。无：指本原。

【译文】

　　真道凭借清静自然而修成，构成那通身洞白如积气而又内实外虚的状态，有朝一日便自动到来。这种真道仁惠美好，做儿子的由此而孝顺，当臣僚的由此而忠信。了解并掌握它就让人爱惜自己的身躯，不敢随便说话，守行而不止息，寿命就永无尽头。这篇书文决不是毫无根据地亮给世人看，而是与真道紧紧相连，加以精思，深深明了那要意，神灵就自动会前来。从一开始就端正自身的形体，念识八卦的字象，反过来就获取到真道的本原，再精思就获取到神灵之明，依从那本原，就进入自然而然的境地了。

　　天道万端，在人可为。道成其事，□□不为非①。患人不力为，正气何从得来？行而不上②，日吉远危。大人为之③，其国太平；小人为之，去祸招福。形思之幽处④，趣具成⑤。子而守道，乱何从得生？思念而不止自太平。心中不乱无邪倾⑥,守之不止日自生⑦。道不妄出,付有德,归其人。

右升平八卦六甲、追道还精念文⑧。

【注释】

①□□不为非:此句原缺二字。

②行而不上:此四字中"上"当作"止"。形近而讹。

③大人:圣人在位者。指以帝王为首的最高统治集团的核心成员。

④形:指八卦字象及诸神的形状。幽处:指清静幽暗的修炼处所。

⑤趣(qū):趋向,归向。具成:完全修炼成功之意。

⑥邪倾:指邪僻不正的意念。

⑦自生:意谓自行获得长生。

⑧升平:此系前文"升执其平"的略语。六甲:指六十甲子中的甲子、甲戌、甲申、甲午、甲辰、甲寅,各为六旬之首。追:追顺。

【译文】

皇天的道法多极了,全在世人乐意去修炼。要想把真道修炼成,决不能去干坏事。只是忧虑世人不大力去修炼,这样正气会从哪里能降临呢?守行而不止息,就一天比一天吉利,远远避开那危亡。统治者修炼它,国家就太平;平民百姓修炼它,就免去祸殃,招来福庆。在清静的修炼处所精思八卦字象和诸神的形状,就归于真道完全修炼成功了。你能守行那真道,祸乱会从哪里降临?精思念识不止息,自行就太平。心中不混乱,也就没有邪僻不正的意念,守行而不罢休,也就一天比一天自行获得长生。真道决不会轻易就降示,它只授付给具有道德的君主,归属于合适的人选。

以上为升平八卦六甲、追道还精念文。

冤流灾求奇方诀第一百三十一

【题解】

本篇所谓"冤",意为以其为冤。"流灾"则属"冤"之对象,即累世相积的罪过给后人造成的灾祸,或者说承负之厄。"奇方"指能化解流灾冤结、使人长寿大吉、乃至度世成仙的真道妙术和异闻殊方。篇中判明:只有年少夭折者、修道行善却死于非命者、孜孜求道却未遇明师而竟其天年者、空怀真道善德而至死未得施用者,才确实值得深切同情;那些耻笑真道而欺上作恶的"愚人",早亡活该,咎由自取。为向世人包括帝王传达欲生畏死的"天谈地语",篇中强调,对像《太平经》这样的"真道奇方自然术",必须倾尽家财国帑,"至诚涕出"来求索;对像天师这样胜过"金城九重"的"明师",非顶礼膜拜不可。

　　"真人前。子学是①,凡事积之,当知天下大诀分理②,后乃言事□□③,无复有疑也。今见凡人死,当大冤之④,叩胸心而呼天、自投擗而告地邪⑤?不当邪?宜自精道之,令使可万世诵读,以为常法,而不可复忘也。"

【注释】

①是:指代《太平经》经文及其所演述的太平真道。

②大诀分理:重要定论的归属范畴。诀,通"决"。

③后乃言事□□:此句原缺二字。

④大冤:意谓抱以深切同情。

⑤投擗(pǐ):跺脚捶胸。

【译文】

"真人你到前面来。你学习我那书文及其所演述的真道,各种事象要作积累,应当了解掌握住天下重要定论的归属范畴,然后再去讲论事体,就不存在感到怀疑的地方了。如今看到有人死去,应该为他感到太冤枉,禁不住拍心击胸喊叫苍天,跺脚捶胸呼告大地吗?还是不该这样做呢?你应自行精思,讲一讲这宗事情,致使万世可以诵读,把它作为常法,不会再忘掉。"

"今天师有严教,愚生敢不强一言也?""平行,勿疑也。""然。人死者,大剧事①,当大冤之。叩胸心自投擗也,力尽长悲哀而已,此亦无伤生也②。""当冤何等人哉?""皆当冤之。"

【注释】

①大剧事:最为严重的事情。

②无伤:不妨碍。生:指活着的人。

【译文】

"眼下天师有这严切的命令,愚生哪敢不硬挺着也要说一下呢?""慢慢讲,不要有什么疑虑的。""好的。人死掉,这是最严重的事情,应当为他感到太冤枉。禁不住拍心击胸、跺脚捶胸呼天喊地,也只是使出一切力气,表示非常悲哀罢了,这样做并不妨害仍然活着的人。""应当替什么样的人感到太冤枉呢?""应当替所有人感到太冤枉。"

"何也?""夫人死者,乃尽灭,尽成灰土,将不复见。今人居天地之间,从天地开辟以来,人人各一生,不得再生也。自有名字为人,人者乃中和凡物之长也^①,而尊且贵,与天地相似。今一死,乃终古穷天毕地^②,不得复见,自名为人也,不复起行也^③,故悲之、大冤之也。""噫! 子说与俗人同,又实非也!""愚生甚不睹其意,人死当奈何哉? 愿闻之,唯天师。"

【注释】

①中和凡物:犹言人间万物。

②终古:永久。

③起行:指日常活动。

【译文】

"这是为什么呢?""因为死去的人就完全消失了,全都化成一团泥土了,将不会重新出现了。如今世人置身在天地之间,自从天地开辟以来,每个人都只能活一回,不能死而复生。从有专称叫做人,人就是世间万物的主宰,而人的尊贵地位正和天地相类似。如今一经死去,就永远和天地分离开了,不能重新出现,再把自己叫做人,不再有那日常一切活动了,所以就为他感到悲哀,替他感到太冤枉了。""噫! 你这种说法和世俗人没有什么两样,可实际却不对呀!""愚生怎么也察知不出那意旨,人死去究竟应该怎么看呢? 希望听一听这方面的定论,只请天师加以教导。"

"然。夫物生者,皆有终尽,人生亦有死,天地之格法也。天为其中时时且有自冤死者,或自少年不寿者^①,天地乃为万物父母,恐其中有自冤,哭泪仰呼天,俯叩地,而自悲冤得年少，故天为其生真道奇方，可以自防而得小寿者^②。

【注释】

①少（shǎo）年：犹言命短。

②小寿：指六十岁。六十岁为本经所定的下寿。详参本经乙部《解
　承负诀》所述。

【译文】

"好的。万物只要是生长出来的，就全有死去的时候。人既生下来，也有死去的时候，这是天地的常规定律。皇天鉴于世人中常常存在天生就含冤死去的人，天生就命短不长寿的人，又因天地是万物的父母，恐怕其中有人感到自己太冤枉，泪流满面地仰头呼叫苍天，俯身叩击大地，专为自己获享天年太少而悲哀鸣冤，所以皇天就为他们生出真道奇方，可以自行防备，起码活到六十岁。

"物生皆自有老终，而愚人不肯力学真道善方，何以小增其年，不死迟老者？反各自轻忽，不求奇方，而共笑贱真道^①，反曰共作邪伪^②，以乱天道，共欺其上。争置死地名为冢^③，修之治之以待死，预作死约及凶服^④。求死得死，有何可冤哉？年竟算尽^⑤，此比若日出自有入也。真人何故反冤之乎？真人投辞，多与俗人同，正似无一知人，何也？"

【注释】

①笑贱：讥笑贬低。《老子·四十一章》谓："下士闻道，大笑之。"本
　经卷四十九《急学真法》谓："而下士大愚，常共笑道，不知守道，
　早避凶害，传传为愚，更相承负。"

②反曰共作邪伪：此六字中"曰"当作"日"。形近而讹。

③冢：坟墓。汉刘熙《释名·释丧制》云："冢，肿也，象山顶之高肿
　　起也。"

④死约：犹言遗嘱。凶服：丧服。"服"原作"复"，据《太平经钞》改。

⑤算：由天庭在人生前为之注定的寿龄。本经以一年为一算，与
　　《抱朴子》所称百日一算不同。详见卷一百二《经文部数所应诀》
　　后附遗文及辛部第十三条经文所述。

【译文】

"万物生长出来，全都自行存在着衰老和死亡，而愚昧的人不乐意
大力学用真道善方，这可仰仗什么能略微增加寿命，延缓衰老而长生不
死呢？反而各自拿性命当玩笑，不求索奇方，却共同嘲笑和贬低真道，
反而天天一起干那邪伪的勾当，去搅乱天道，共同欺骗上面的人。争着
设置葬身地把它叫做坟墓，修建它又营造它，专等死掉，预先订下遗嘱
和丧服。求死就该落个死，还有什么能让人感到冤枉的呢？年寿已到
尽头，也就好比太阳升起来，自行又落入西山。真人为什么反而替他们
感到太冤枉呢？真人就事提出看法，大多和世俗人相同，正像一个什么
都不懂的人，这可是为什么呢？"

"当冤其何等者？愿闻之。""当冤其年少未有所知而死
者也。未知学问，求可自防御者，故当冤之也。又复当冤其
常谨良①，畏不寿年少，常自苦行，求真道善德奇方，为行常
善，不为阴贼②，或逢流灾而中死③；或到老力尽，而讫不得遭
逢明师，可得须臾④，竟其天年者。是者大冤，可悲伤也。

【注释】

①谨良：谨慎善良。

②阴贼：暗中害人之意。

③流灾:指由前代作恶而殃及后人的祸灾。中死:半路突亡。

④可得须臾:意为能多存活一些时日。

【译文】

　　"究竟应替什么样的人感到冤枉呢? 希望能听到这方面的教导。"

　　"应替那些年龄很小还不懂事就死去的人感到冤枉。这类人还不懂得去学习拜问,求索可以自行防御的真道,所以应替他们感到冤枉。还应替他们感到冤枉的是,有的人总那样谨慎善良,害怕不长寿,天年少,经常自行历尽千辛万苦去求索真道善德和奇方,行为保持良善,不干暗中害人的勾当,可却遭受到前代作恶而殃及后代的灾祸,半路突然就死去了;还有的人到年老已经精疲力竭了,但却一直没有遇到明师,以求延长一些寿命,尽享天年。像这两类人确属太冤枉,值得让人为他们感到悲伤。

　　"若无故冤悲不求奇方真道而死者,反搥胸哭泣,呼天叩地。汝身自得之,反过天地①,是为反民,天甚怨恶之。真人怨是,不若早自悲伤学不得真道,不知天地阴阳大分部诀也;久苦无明师,而长怀悒悒,而天年将竟也。是诚可悲伤。子知之乎?"

【注释】

　　①过:责备,怪罪。

【译文】

　　"至于像那些无故感到冤枉和悲伤、不求奇方真道而死去的人,反而捶胸嚎啕大哭,泣不成声,呼叫苍天,叩击大地。你本人既然自行落个这样的下场,反而怪罪天地,纯属反叛的刁民,皇天万分怨恨憎恶他。真人如果也像刁民那样抱怨,还不如及早为自己未能学成真道、不了解

天地阴阳主要类别的特定结论而深感悲伤；有的人因为长久未遇明师
而苦恼，心里一直忧闷不乐，可天年却眼看就到尽头了。这类人确实值
得让人替他感到悲伤。你清楚这一点了吗？"

"唯唯。愚生甚恐骇，命在天师。""吾同乞真道与子，欲
使子努力不懈。天下何不有？但求之不力，至诚泪出感动
天①，故天不与之耳。若不道懈止②，亦将得之不久也。子知
之耶？""唯唯。"

【注释】

①至诚：指极其真挚诚恳的心意和行动。本经卷九十六《忍辱象天
地至诚与神相应大戒》云："夫至诚者名为至诚，乃言其上视天而
行，象天道可为；俯视地而行，象地德而移。念天地使父母生长
我，不欲乐我为恶也，还孝之于心乃行。"

②道：中途。

【译文】

"是是。愚生感到万分恐惧和惊骇，性命全在天师了。""我和你共
同在乞求真道，只想让你努力不懈怠。天下哪有不具备的东西呢？只
是求索它不用力，做不到至诚泪出感动皇天，所以皇天就不授付给他罢
了。如果中途不松懈不罢休，也将很快就获取到它了。你明白这一点
了吗？""是是。"

"夫愚人不自重爱，力求奇殊方可得须臾，反预置死器
死处①，求得死。天之为法，若慈父母、贤明君，不夺人可求
也。是自然常求之，名为得其所求之；名为得其所求，亦可
毋大冤之也。是以古者圣人帝王，时时有大自重爱而畏死

者,且夕思行求异闻殊方,敬事道人②,力尽财空而已。至诚涕出,感动皇天,天乃为出瑞应,道术之士悉往祐之,故多得老寿,或得度世③。其中时时有求而不得者,但未至诚,固固好俗事,轻忽其身,言可再得也。今天地乃以人为子,帝王乃最天之所贵子也,不惜真道奇方焉! 子知之耶?""唯唯。"

【注释】

①死器:指丧葬物品。

②道人:指身怀道术的人。本经卷一百十七《天咎四人辱道诫》称:"天上亦尊贵善道人,言其可与和风气,顺四时,承五行,调风雨,助日月星宿为光明也,而使万物兴也。"

③度世:谓超凡成仙。指黄帝铸鼎荆山、乘龙上天之类。详参《史记·封禅书》、《论衡·道虚篇》所述。

【译文】

"愚昧的人不自己看重和爱护自己,不去大力求索奇异的道术,以便能够多活一些时日,反而预先设置丧葬物品和坟墓,自己去求取死掉的下场。皇天形成法则,就像慈祥的父母和贤明的君主,决不违背每个人的求取意愿。这正是自然而然去求取它,就被称作获得到所求取的东西;既然被称作获得到所求取的东西,也就可以不必为他们感到太冤枉了。所以古代的圣人帝王,其中时时出现自己非常看重和爱护自己而害怕死去的人,从早到晚考虑迅即求索到异闻殊方,恭敬地对待身怀道术的人,力量用尽,财物用光才算作罢。至诚得泪流满面,感动皇天,皇天于是为他显现吉祥的兆应,身怀道术的人全都前去佑助他,所以大多都获享长寿,有的还得以超凡成仙。但其中也经常出现求索却无收效的人,这也只因还没达到至诚,仍旧一如既往地喜好声色犬马那一套,不看重性命,声称能把性命重新获取到。如今天地正把世人当成儿子,而帝王正是皇天所最看重的儿子,对他并不吝惜真道奇方啊! 你明白这一点了吗?""是是。"

"是故古者圣人,深计远虑,知天下之财物,会非久是其有也。身在,财物固固属人身;身亡,财物他人有也。故无可爱惜,极以财物自辅,求索真道异闻也。故其身反得长存,财则在,常属于人也。是故当极力,财空尽而已。财者,但过求①,须臾得之耳;失财②,乃天下人之有也,会不久吾有也。此名为贤圣明智养身以道,知用财法,故多得老寿也。子知之乎?""唯唯。"

【注释】

①过求:随地求取之意。

②失财:意为使用财物的方法不恰当。

【译文】

"所以古代的圣人深谋远虑,很清楚天下的财物终归不会永久归自己掌握。自己活着,财物准保会归自己掌握;一旦死去,财物就归别人掌握了。所以便没有什么舍不得的,极力拿财物给自己做辅助,用它去求索真道异闻。因而他那身家性命反而得以长存,财物仍然放在那里,长久归自己掌握。所以便应极尽力量,直至财物用光才算罢休。财物只要随地去求取,转眼间就会得到;可对使用财物的方法处理不当,也就恰恰转归天下人所拥有了,终究不会永久归自己掌握了。这被称为圣贤明智地专用真道来养护自身,懂得使用财物的方法,所以大多就获取到长寿了。你明白这一点了吗?""是是。"

"行,为人师者,多难訾①。真人悒悒,为子更复分别悉道其意。夫天道,乃有格法,不以故人也②。子欲乐知其审,比若冬至之后③,天当大寒杀人,乃以五月④,初始见阴气于井中,为其清⑤,日日益剧;到冬至后,乃大寒伤杀人,不可无衣也。贤者预防也,则独得大乐,不伤于寒而无忧;其懈惰不力,不预备之,则独饥寒而穷矣,此之谓也。天无过也,人自得之。子宁重晓不哉?""唯唯。""行,子已觉矣。夫天之为法,不以卒故人也,愚人自故触冒之耳。"

【注释】

①难訾(zǐ):谓对弟子多所责难和非议。参见《吕氏春秋·诬徒篇》所述。

②不以故人:犹言势在必行。以,因为。故人,老熟人。

③冬至:八节即八个主要节气之一。在农历十一月,在阳历十二月二十二日前后。此日太阳经过冬至点,北半球白天最短,夜间最长;南半球则相反。古谓冬至之"至"含有三义:一为阴极之至,二为阳气始至,三为日行南至。

④五月:实指夏至而言。夏至为八节即八个主要节气之一。在农历五月,在阳历六月二十一日或二十二日。此日北半球白天最长,夜间最短;南半球则相反。古谓夏至之"至"含有三义:一为阳极之至,二为阴气始至,三为日行北至。

⑤清:谓井水清澈凛冽。以上系讲阴阳二气的替换更生。即阴极生阳,阳生于子(农历十一月冬至);阳极生阴,阴生于午(农历五月夏至)。《易纬稽览图》卷上云:"冬至之后三十日极寒。""夏至日之后三十日极温。"

【译文】

"近前来,身为世人师长的人,对弟子往往多有责难和非议。真人总显得忧闷不乐,再为你重新细作区分,详尽解说那意旨。天道正具有常规定律,势在必行。你乐意了解那端详,也就好比到冬至以后,天气会异常寒冷冻死人,这正是从农历五月夏至开始在井里显现出阴气,给井水带来一股清澈凛冽劲儿,一天比一天更厉害;到冬至以后,就变得异常寒冷,会冻伤人或冻死人,此时不能没有衣服穿。贤明的人预先就作好防备,得以独自万分欢乐,不被严寒所伤害,没有忧愁;那些懈怠懒惰不花气力的人,不预先作好防备,就独自挨饿受冻去见阎王了。如今所说的也正是这个意思。皇天并无过错,纯属世人自行落得个那样的下场。你对此到底知晓不知晓呢?""是是。""回去吧,看来你已经觉悟了。皇天形成法则,势在必行,只不过是愚昧的人自己故意抵触凌犯它罢了。"

"愿请问不及,复当冤何等者哉?""复当冤大贤少而学善,顺良有真道德,当为帝王辅,助其理阴阳;帝王得之,抱腹因心①,垂拱而无忧;或反蔽塞不通,怀真道德到老死亡,是可冤悲伤。而帝王治不得大贤明,反与愚者共治,阴阳乱,万变起,常旦夕自苦,得大愁焉。是复大冤,可悲伤之甚。是故古者圣人,聪明大达,众贤悉出,上集为辅,故两无冤者也。天地亦为其理,无病而不冤,何况于人乎哉!真人知之耶?""唯唯。善哉!天师之言也。"

【注释】

①抱腹因心:意谓大小政事均交其处理。即极度信任。

【译文】

"希望再请求询问闹不清楚的问题,也就是还应替什么人感到太冤枉呢?""还应替下面这样的人感到太冤枉,有那极其贤明的人从小时候就学习吉善,既谨顺良善,又有真道真德,本应成为帝王的辅政大臣,帮助他调理阴阳;帝王获取到他,无论什么政事都交给他去处理,自己垂衣拱手而无忧虑;可像这等人却有的反倒被遮蔽阻塞,得不到识拔重用,身怀真道真德一直到衰老死去,这种人太值得让人替他感到冤枉和悲伤了。而帝王治理得不到极其贤明的人,反而同愚昧的人一起施行治理,结果阴阳被搅乱,各种灾异降现下来,总是从早到晚自己在那里忧苦,落得个非常愁闷。这更属于冤枉了,值得让人替他悲伤到极点。因而古代的圣人了解天下各地的情况,众位大贤士全都挺身站出来,聚集到朝廷,成为辅政大臣,所以上下两方面就都没有让人感到太冤枉的人了。天地也为他们保持正常的状态,没有对人间引为病痛的事情,也不从上头蒙受冤枉,更何况在世人这方面呢! 真人明白这一点了吗?""是是。天师所讲论的,简直太好了!"

"以何为善乎?""然。此乃天得之,以解病苦;帝王得之,以垂拱无忧;贤者亦得尽其忠信之心,上辅其君为治,亦得尽其能,力勉勉使共解天地大忧①;百姓万物,亦复得之而兴也,故言善哉也。""善乎真人之言! 吾无以加之也。是故凡人可求作者,皆不为冤结也,自行得之也。所求不得,反为大冤。今人求死得死,求恶得恶,求善得善,天顺其心,是为大吉,可求者得。若人预争置死地,作死约,得死是也;日求凶,得凶恶而死,复是也。名伪凡事所求者得②。天与地,无可大负于此人也。真人宁亦大觉未?""唯唯。"

【注释】

①勉勉:力行不倦的样子。

②伪凡事:意为做任何事。伪,人为之意。《荀子·性恶》篇云:"可
　　学而能、可事而成之在人者,谓之伪。"

【译文】

"你根据什么认为这太好了呢?""是的。这正属于皇天获取到了要
获取的人,去解除引为病痛的事情;帝王获取到了要获取的人,去垂衣
拱手实现大治而无忧虑;贤明的人也得以竭尽他们忠诚信实的心念,在
上面辅助自己的君主进行治理,又得以施展出他们的全部才干,力行不
倦,以致共同化解掉天地的大忧患;百姓万物,也同时因为获取到这些
人而兴旺了,所以说天师讲得太好了。""真人这番话,也说得太好了!
我没有什么能够再加以补充纠正的了。所以只要是人甘愿去求取实施
的,都不属于冤情聚结,这是自行落下的结果。所求取的东西最后没得
到,那才反而构成大冤枉。如今世人求死落个死,求恶落个恶,求善落
个善,皇天是绝对依从他们的心愿的,这表明大吉福也是乐意去求取的
人可以获得到的。至于像有人预先争着设置葬身地,订下遗嘱,结果落
个死去,也是理所当然的了;还有人天天去求取凶败,结果落个凶败而
死去,同样是理所当然的了。这被叫做任何人为的事情,只要是所求取
的,就会获得到。皇天和大地,没必要重重地辜负这个人。真人到底完
全觉悟没觉悟呢?""是是。"

"行,子已觉矣。行,今欲为子悉说之益文,今已为子举
其大纲,自思其意,以付上道德之君,以示众贤,各加努力在
所求,求而不得,未一至诚也①。夫天地比若影响②,不欺人,
乃愁愚人各自欺、自轻、自忽,大咎在此。夫群愚乃共乱天
与地,不独自愁也,其过乃如此也,天乃得大愁于是也。愚
人自身求而得之,穷则反啼呼天与地,为是积久,天地大疾
之悁悁,故遣吾下具语,分解天下人意,使众贤明共策吾辞,

吾辞则天谈地语也。

【注释】

①一：完全彻底之意。

②影响：意为如影随形，如声回应。谓对世人作出的反应极为迅速准确。

【译文】

"回去吧，看来你已经觉悟了。回去吧，现下打算为你毫无遗漏地讲说它，只会显得更繁冗而难掌握；如今已经为你列举出大纲了，自行去精思那要意，把这书文付归给具有第一等道德的君主，亮给众贤人观看，各自在所求取的东西上多努力，求取而未获得，是还没有完全达到至诚。天地就像如影随形、如声回应那样不欺哄世人，正在为愚昧的人个个自己欺骗自己、自己轻视自己、自己忽略自己而犯愁，大祸害就在这上面。那群愚昧的人竟然共同搅乱天和地，不单单自行感到愁苦，他们犯下的罪过竟达到这种程度，皇天于是对此很犯愁。愚昧的人亲身自行去求取而落个那样的下场，陷入绝境反而啼哭喊叫天和地，这种情况为时太久了，天地对此非常痛恨又忧闷不乐，所以派遣我来到人间详尽作陈说，逐项解开天下人的心结，让众位贤明人共同像占卜那样来揣摩我那言辞，我那言辞正是天地要对世人宣讲的话语。

"吾不空乙二与真人道事也①，乃天示教敕，吾下言之也，使一各自知过所由来，勿复更相罪责也。故吾悉言之，吾不敢妄语。吾所以究竟尽言者，独知天地心意，故见遣，下与真人共议天下，分别其曲直，使德君与贤者俱思惟之，使可万万世传，后生者歌诵以为常法，而不复忘也。故吾每见真人问事，常喜为天诀②，诀得一解其忧。故睹天言者，辄承天心地意,分别道说之也,不敢有懈也。子有疑者,为复来共议之,既见信而见遣下语,实畏天威③,无可惜也。子重明知之邪?""唯唯。"

【注释】

①乙二:意为把"二"转到前面去。即调换手法。乙,勾转。

②为天诀:意为替上天作出决断。

③天威:上天的威怒。

【译文】

"我决不是毫无根据地只与真人调换个手法来讲说事情,这是皇天出示教令,由我来到人间作讲说,使世人各自都彻底明了罪过产生的根由,不再轮番归罪于对方。所以我就详尽地讲明它,我决不敢乱说一通。我把一切都说到底,原因是唯独我了解天地的心意,所以就被派遣下来,同真人一起讨论天下的事情,区分它们的是非曲直,使具有道德的君主和贤明的人士全都只管去精思它,让它能够万万世传布,后来出生的人也都歌咏吟诵它,把它作为不可更改的法则而不再忘记。所以我每次看到真人前来询问事情,总高兴替皇天作出决断;决断作出后,彻底化解掉它的忧愁。因而得见皇天话语的人,也就承奉天心地意,条分缕析地去讲说它们,不敢出现懈怠。你遇到闹不太清的问题,就再来一起讨论它。我既然得到皇天的信任,被派遣到人间作讲说,我实际上非常畏惧皇天的威灵,没有什么舍不得传授的。你进一步明白这一点了吗?""是是。"

"行,子已得天地之意,应晓事生哉①!夫人积愚,不知早学真道善德殊方,以为小事,不知其过积大,乃乱天地而共愁其帝王,身尚得天死②,不得竟其天年而亡也。真人熟思吾书言，天下过，宁复有大于是死者邪?""善哉善哉! 愚生已大觉矣。"

【注释】

①晓事生：意为明白事理的徒弟。

②身尚得夭死：此五字中"夭"当作"夭"。形近而讹。夭死，早亡。汉刘熙《释名·释丧制》云："少壮而死曰夭，如取物，中夭折也。"

【译文】

"回去吧，你已经获取到天地的心意了，够得上明白事理的徒弟了! 世人长期愚昧，不懂得及早学用真道善德和奇方，认为这纯属小事一桩，不清楚这种罪过加起来特别大，竟然搅乱天地而共同让自己的帝王犯愁，自身尚且会早亡，还没尽享天年就已经死掉了。真人反复精思我这文书所讲的事情，天下的罪过，难道还有比在这上面死掉更大的吗?""这太好了! 这太好了! 愚生已经彻底觉悟了。"

"子知早觉，可谓为晓事之生，远凶而近吉乎? 觉而不止也，真道毕乎? 一旦得王侯，不若得仙人乎? 今行逢千斤之金，万双之璧①，不若得明师乎? 帝王有愚臣亿万，不若得一大贤明乎? 父母生百子而不肖，不若生一子而贤乎? 一里百户不好学，不若近一大德乎? 万目偻偻②，不若一大纲乎? 天下扰扰无不有③，不若天独神且圣，乘气而飞行乎⑤? 凡物虽众多，不若一气独活人乎⑤? 故今敕真人学者，疾弃浮华⑥，能务核事，求真道乎? 欲太吉者，真若称天乎? 天地无病而长悦喜，真道奇殊方出祐人乎?

【注释】

①璧:玉器名。扁平、圆形、中心有孔。边阔大于孔径。古代贵族用作朝聘、祭祀、丧葬时的礼器,亦作为佩带的装饰品。

②目:细目,条目。偻偻(lóu):严整明晰的样子。

③扰扰:纷纭杂乱的样子。

④乘气而飞行:此据汉代浑天说为言。浑天说认为,天乘气而立,天转如车毂之运,周旋无端。故此处称天"乘气而飞行"。详见《晋书·天文志上·天体》所引述。本经卷七十三至八十五《阙题》(六)云:"天道因气飞为雄。"又卷九十三《阳尊阴卑诀》称:"又天者,能乘气而飞。"

⑤一气:指元气。

⑥浮华:指虚浮不实的理论和行为。本经丙部卷五十列有专篇《去浮华诀》。又癸部《神人真人圣人贤人自占可行是与非法》云:"浮者,表也;华者,末也。"

【译文】

"你知道及早觉悟,可以称得上是明白事理的徒弟,远离凶殃而靠近吉福了吧?觉悟后仍不罢休,真道就完全修成了吧?一旦成为王侯,比不上成为仙人吧?如今在路上遇到了千斤黄金、万对玉璧,比不上遇到明师吧?帝王手下拥有亿万个愚昧的臣僚,比不上获取到一名极其贤明的人士吧?父母生有一百个儿子都不贤明,比不上就生一个儿子却贤明吧?一里百户人家不喜好学习,比不上同那具有大德的一名高士比邻而居吧?所有的细目都严整明晰,比不上一个大纲要吧?天下纷纭杂乱的事物无不存在,比不上唯独皇天神妙又圣明,乘气而飞行吧?万物尽管众多,比不上唯独元气能让人存活吧?所以眼下训饬真人来学习,就应火速抛弃浮华那一套,确能验核实事而去求取真道吧?希望大吉大利的人,真该顺从并切合皇天的心意吧?天地没有引为病痛的事情而永远喜悦,真道奇方降示出来,保佑世人了吧?

"是以古者圣人常称天①,不敢懈也,故常独吉也;贤儒集策,天道毕也;各言一善而阴阳理,神灵悦也;灾害悉伏,不复发也:所谓治得天心而讠夭臣绝也②。神哉为道,自然术也。"

【注释】

①称(chèn)天:意谓切合天心。称,切合,符合。

②讠夭臣:谓邪恶的臣僚。

【译文】

"所以古代的圣人总要切合皇天的心意,不敢松懈,因而也总是独自吉庆;贤明的儒士汇集在一起进行仔细揣摩,天道也就全都搞清楚了;各自陈说一种美好的主张而阴阳得到调理,神灵也就高兴了;灾害祸殃全都藏伏起来,也就不再发作了:这正是人们所说的治理获取到天心而奸臣就绝灭了。构成道法如此神验,纯属原本就那样的定律。"

"善哉善哉! 愚生向不力问,复无缘得知是也。""然。子言是也。学而不力问,何从得日进乎? 行而不数移其足,道何从得达乎? 学而不得明师,知何从得发乎①? 治国欲乐安之,不得大贤事之,何从得一旦而理乎?"

【注释】

①知:指天赋的认识能力。

【译文】

"这可太好了! 这可太好了! 愚生刚才要是不大力询问,也就没有任何途径得以了解到这一切。""好的。你讲得很对。学道却不大力去询问,又从哪里会一天比一天有长进呢? 走路却不一个劲儿地移动那脚步,又从哪里能抵达目的地呢？学道却未遇上明师,又从哪里能把那天赋挥发出来呢？治理国家打算让它安定,却没获取到大贤人士事奉他,又从哪里能一个早晨就实现大治呢？"

"善哉！天师之言也。""然。子已睹其微意矣①。故金城九重②,不如事一大贤也。是故古者圣贤皆事明师③,以解忧患也,故圣贤悉有师法也④。真人宜戒,凡事自爱,吉凶门户可睹乎？""唯唯。"

【注释】

①微意：精微的意旨。

②金城：坚固的城池。

③古者圣贤皆事明师：古传神农氏以悉诸为师,黄帝以风后为师,颛顼以绿图为师,帝喾以赤松子为师,尧以务成子为师,舜以尹寿为师,禹以国先生为师,汤以伊尹为师,文王、武王以太公吕望为师,孔子以老子为师。详参《吕氏春秋·尊师》、《白虎通义·辟雍》、《潜夫论·赞学》及《新序·杂事第五》、《韩诗外传》等。诸书所述师名,互有异同。

④师法：指自创立而递相传承且必遵用的一师传授之法。

【译文】

"天师讲得太好了！""好的。你已经察知到那精微的意旨了。所以拥有九层坚固的城池,也比不上事奉一位大贤士。因而古代的圣贤全都事奉明师,靠他们去化解忧患,所以圣贤都有相承必遵的一家法度。真人应当引以为戒,任何事情都要考虑自己爱惜自己,这样就能看出吉凶的出入口了吧？""是是。"

"戒真人一言。""唯唯。""人所求而得者，天以顺其所求，不负焉也，勿复临死而哭天泣地也，是名为自求而得之，反以罪天地，是名为大逆之人也。天不好也，地不嬉也①，鬼神会不祐也。所冤者，独当冤求而不得者耳。夫万物各得其所求，何故自冤哉？

【注释】

①嬉：喜欢。

【译文】

"再告诚真人一句话。""是是。""世人所求取而要获得的东西，皇天出自顺从他那意愿而决不辜负他，所以不要再到临死前痛哭叫皇天，悲泣喊大地，这被称作自己去求取也就落个相应的结果，反过来却去怪罪天地，这被称为大逆之人。皇天不喜爱这种人，大地也不喜爱这种人，鬼神终归不去佑助他们。真正让人感到冤枉的地方，只是应该为他去求取却未获得到而感到冤枉罢了。万物各自获得到自身所要求取的东西，为什么还要自己感到冤枉呢？

"真人熟思吾言，是实非也，吾之文不误也！大□□①，万不失一也。今天乃恶之疾之，故吾反覆道之。虽上已言，复戒真人于下也。吾乃故使其复重，乐下古之人深思之，美之念之，传之写之，以相示勿匿之也。天之戒书，乐见发扬②，不欲见藏也。""唯唯。""行去。"

右集难人死当见冤与不、所求得与不、合国安危、学逢明师与不肖师③。

【注释】

①大□□:此句原缺二字。

②发扬:宣扬传布。

③集难:集议辩难。不:同"否"。不肖师:低劣鄙陋的师长。

【译文】

"真人反复精思我这番话语,验定它究竟是对还是错,我这书文决不谬误啊!任何差错都不会出现。如今皇天正痛恨憎恶这类事,所以我才反反复复作讲说。虽然皇天在上已经发话了,又要在人间告诫真人。我竟特意让它重复来重复去,是希望下古时代的人们深深思考它,认为它确实精妙,进而专一念识它,传布它,誊录它,互相亮给对方看,不要把它藏匿起来。皇天的告诫神书,高兴被宣扬传播开来,不想被藏匿起来。""是是。""回去。"

以上为集难人死当见冤与否、所求得与否、合国安危、学逢明师与不肖师。

拘校三古文法第一百三十二

【题解】

本篇所谓"拘校",意为汇集校理。"三古文"则指上古、中古、下古的神文、圣文、贤文以及口耳相传的百姓文等。对时空如此广泛、类别如此繁复的文书语辞进行拘校,旨在编成一部解除万万世"承负厄会"的"洞极之经"——"皇天洞极政事之文"。为此,篇中以灾异频现和消亡为准绳,痛斥邪言、邪辞、邪文为天之大怨,地之大咎,国家之大贼,百姓之烈鬼;盛称正言、正辞、正文为天地根,国家宝器,凡人万物命之所系。相形之下,提出了择要考实、以类相从、古今互补、定于一尊的整饬方法。对作为整饬重要来源的天下所上三道行书,则按五方及人伦五常同五行的配属关系,设计了校核程序,以防营私舞弊;又按天地人合三为一的理论,定立了处理原则及对失职者的惩罚条例,以免"天怒、地怒、中和战怒"复发再起。进而宣明,《太平经》经道以"守本、戒中、弃末"为宗旨,全部经文乃与天地同身、同心、同意、同分、同理、同好、同恶、同道、同路,足以使获得其上诀者老寿长生,获得其中诀者为国家辅臣,获得其下诀者常自平安。同时贬抑以儒家为首的"众圣"充其量仅仅"长于一事",无力也无法"悉除"天地对人间乱象所蓄积的"剧病"。通篇长达五千余言,尚被编著者谓之为"语辞小竟"。但对究寻《太平经》的思想来源暨编著方法则大有裨益。本篇同卷八十六《来善集三道文书诀》、卷八十八《作来善宅法》在内容上递相联接，形同三部曲；亦与卷四十一《件古文名书诀》、卷五十《去浮华诀》、卷五十一《校文邪正法》前后呼应，宜参稽互察。

　　"请问天师之书，乃拘校天地开辟以来前后贤圣之文、河洛图书神文之属①，下及凡民之辞语；下及奴婢，远及夷狄，皆受其奇辞殊策，合以为一语②，以明天道。曾不烦乎哉不也？"

【注释】

　　①河洛图书：古传黄河曾有龙马出图，伏羲氏据之以创八卦；洛水曾有神龟出书，大禹据之以作《洪范》（《尚书》篇名）。此类灵迹在汉代谶纬中进一步被神秘化，而且越来越多，愈演愈奇。神文：如周文王时，有赤鸟衔丹书至丰镐，预示灭商。此类瑞应之谈，在汉代谶纬中五花八门，奇而又奇。

　　②合以为一语：意谓综括成统一的经典。

【译文】

　　"请问天师的道书，竟要求汇集校理天地开辟以来由前到后的圣贤文辞、河图洛书等神降天文，往下还要扩展到普通百姓的口头语；低贱到奴婢，遥远到边区的少数部族，全都吸纳他们的奇辞异策，综括成一部统一的经典，用来宣明天道。这样做，是不是竟太烦劳了呢？"

　　"为其远烦而不通，故各就其为作求善太平之宅①，于其所属邑乡；主备其远，不能自致，故为其立宅道上，使其投异辞、善奇策殊方于其中也；因取中事，傅持往付于上有德之君②，令其群臣臣共定案之③，以类相求，上第一善者④，去其邪辞,以为洞极之经,名为天洞极政事。乃后天地之病,且悉除去也;帝王之治,且一大安也;承负万万世之灾厄会,且一都去也。然后万物群神,且无一可言,而不复上白人恶于上天也⑤。故敕使其拘校之者,乃天使吾下言也。虽烦,安得不力为之乎?

【注释】

①作:兴造。求善太平之宅:本经所设计的收纳各地上书的专用处所。详参卷八十六《作来善宅法》所述。

②傅持:亲身携带之意。

③令其群臣臣共定案之:此九字中"臣臣"二字《太平经钞》作"贤"字。

④上第一善者:此五字中"上"字之前《太平经钞》有"取"字。

⑤白:禀告。

【译文】

"正因为距离太远,让人感到烦劳而不来献呈,所以便从每种人确能做到的实际情况出发,特在各自所隶属的城邑县乡建造求善太平之宅;意在防止路程太远,人们没办法亲身送来,所以又专在道路上设置此等室宅,叫人把那奇策殊方和异辞投到里面;随后择取其中的事体,由人亲身携带,专程前去交付给具有第一等道德的君主,君主再责成群臣共同查考验定它们,按照类别交互求证,选出最吉善的内容,去除邪伪的文辞,编成一部通透至极的经典,命名为'天洞极政事'。然后天地对世人的憎恶,也就眼看着全部消除了;帝王的治理,也就眼看着安定了;承负万万世的灾殃劫厄,也就眼看着彻底离去了。然后万物群神,也就眼看着无事可说,不再到皇天那里去禀告世人的罪恶了。因而这才严加训饬,要对所有书文进行汇集校理,这是皇天派我来到人间特作讲论,尽管烦劳,怎能不去大力落实呢?

"天下文书及人各言一①，或言十数，而天下之疑事悉自解，亦无大烦也，但各居其处而言之，傅持付上耳。是名为天下集久集言而共语②，以通达天地之意，以通达天地之炁③，以除帝王灾害，以利凡民及万物，莫不各得处其所者。乃后天地一旦大悦喜，病一除。喜则祐帝王也，今使无事而长游也④。"

【注释】

①天下文书：此四字中"文"原作"久"。据《太平经钞》改。

②集久集言而共语：此六字中"共"字据《太平经钞》补。集久，意为汇集起长期流传的书文。久，指三古而言。

③炁(qì)：同"气"，气体，气态。指阳气和阴气。

④今使无事：此四字中"今使"二字《太平经钞》作"令"字。

【译文】

"天下文书以及世人各自讲明一宗事体，或者讲明十几宗事体，而天下使人疑惑的事体也就自行全都解开了，并不存在着特别烦劳的地方。只是各自在居住地来讲明，然后亲身携带，送交给帝王罢了。这被称作全天下汇集起长久流传的书文，汇集起该讲明的话语，共同进行评议，用来沟通传导天地的心意，用来沟通传导天气和地气，用来去除帝王承受的灾害，用来使众百姓和万物得到利益，无不分别获取到本身所该享有的东西。然后天地眼看着就变得满心喜悦，对世人的憎恶也都消除了。天地喜悦，就会佑助帝王，让他太平无事而长久游乐。"

"愿问天地何故一时使天下人，共集辞策及古今神圣之文，以为洞极经乎？""善哉！子之问。然。天地有剧病①，乱未尝得善理也，故教示人使集议，而共集出正语奇策②，以除其病也，故使其大共集言事也。"

【注释】

①剧病：谓对人间甚感痛恨。病，意为引作病痛。

②集出：汇集起、列示出之意。

【译文】

"希望再问一下，天地为什么一时间要让全天下人共同汇集言辞书策以及古今的神圣书文，编成通透至极的经典呢？""你们这提问太好了！是的。天地对人间甚感痛恨，那些被人间搅成的乱象未曾得到恰当的治理，所以便教导并开示世人，让他们聚在一起进行评议，共同汇集起、列示出纯正的言论和奇妙的计策，用来去除天地的病痛，因而就让世人大范围聚集在一起，专门讲论各种事体。"

"愿请问天地乱而有剧病，何不更生善圣人乎？""力复生后圣人，乃无益。""何也？""噫，真人愚哉！吾闻前已有言矣①。""下贱暗之生积愚，固固不能察察知之。""真人尚乃言如此，俗人何以可晓乎？必且互置吾文②，而更大忿天，灾害反且更大起，而不可救。故天使子反覆问是也，欲使吾更□□具言耶③？诺诺，吾亲见遣，为是事下，吾不敢有所匿而忿天也。行，真人明听，为子条诀解之④，更以上下悉说道之，但安坐。""唯唯。"

【注释】

①吾闻：意为从我这里所听到的。本经卷四十一《件古文名书诀》云："是故天上算计之，今为文书，上下极毕备足，乃复生圣人，无可复作，无可复益，无可复容言，无可复益于天地大德之君。若

　　天复生圣人,其言会复长于一业,犹且复有余流灾毒常不尽,与
　先圣贤无异也。"

②互置:颠倒处理之意。

③欲使吾更□□具言耶:此句原缺二字。

④条诀:意为逐项裁断。诀,通"决"。

【译文】

　　"希望再问一下,天地被搅乱而对人间甚感痛恨,为什么不再重新
降生下吉善的大圣人来呢?""天地是在极力降生下后世的大圣人来,但
起不到作用。""这是为什么呢?""噫!真人简直太愚昧了!你们从我这
里所听到的论断中,已经对其原因作过讲说了。""低劣卑贱又昏暗的弟
子们愚昧到家了,依旧不能十分明晰地弄清这个问题。""真人尚且还讲
这种话,世俗人可凭借什么能去开导好他们呢?眼看着必定会对我那
书文颠倒作处理,致使皇天更加愤恨,灾害祸殃反而重新四处降现,根
本没办法挽救了。所以皇天就驱使真人对这个问题反复质问,打算责
成我再详尽地作一番讲说吧?好好,我亲身接受皇天的派遣,为这宗事
来到人间,我可不敢有所隐匿而让皇天愤恨。真人近前来,竖起耳朵仔
细听,为你们逐项作裁断,彻底弄清它,同时从上到下详尽作讲说,你们
只管稳稳坐定听我讲。""是是。"

　　"行,古今圣人有优劣,各长于一事,俱为天谈地语,而
所作殊异①,是故众圣前后出者,所为各异也。俱乐得天心
地意,去恶而致善,而辞不尽同,一合一不②,大类相似。故
众圣不能悉知天地意,故天地常有剧病而不悉除。复欲生
圣人,会复如斯。天久悒悒,于是故遣吾下,具为其语,以告
真人。所以告真人者,天上诸神言,天下有乐善欲称天心
者,独有真人耳,故吾以辞情告于真人也。吾不同空语耳,

真人自知之耶?""唯唯。"

【注释】

①作:指立言宣教。本经卷四十一《件古文名书诀》称:"夫大贤圣
　异世而出,各作一事,亦复不同辞。是故各有不及,各有短
　长也。"

②一合一不:意为或相吻合,或相出入。不,同"否"。

【译文】

"注意听我说。古今圣人存在着长处和短处,分别在某个方面精
通,都是代替天地传达话语,但立言宣教并不相同。所以众位大圣人先
后降生到世上的,具体活动却各自不同。尽管全都高兴获取到天地的
心意,除掉邪恶,招来吉善,但言辞并不完全一样,或相吻合,或相出入,
可宗旨又都接近。所以众位大圣人不能够完全了解天地的心意,因而
天地总对人间甚感痛恨,无法全部化除掉。再想降生下圣人来,恰恰还
是一如既往。皇天由此而长期忧闷不乐,所以就在这时派遣我到人间
来,详尽完整地代替它们作讲说,特地告知给真人。之所以告知给真
人,是因为天上的众位神灵说,天底下确有喜好吉善并想竭力符合天心
的人,那也只属真人罢了,所以我把言辞情实就告知给真人。我与空泛
讲论的那类人根本不一样,真人自行就清楚这一点了吗?""是是。"

　　"行,子已自知矣。行,所以拘校上古神文、中古神文、
下古神文者①,或上古神文未及言之,中古神文言之②;中古
神文未及言之③,下古神文言之也。因以类相从相补,共成
一善辞,故使集之也,乃后神书天地意可睹矣。真人知之
耶?""唯唯。"

【注释】

①上古：指天皇、地皇、人皇所谓三皇时代。中古：指以黄帝为首的
　五帝时代。下古：指夏商周以下的历史时期。

②中古神文言之：此六字据《太平经钞》补。

③中古神文未及言之：此八字据《太平经钞》补。

【译文】

　　"近前来，看来你们已经清楚这一点了。再注意听我说，汇集校理上古时期的神降天文、中古时期的神降天文和下古时期的神降天文，原因正在于，上古时期的神降天文还没来得及讲述的事体，到中古时期的神降天文却讲到它们了；而中古时期的神降天文还没来得及讲述的事体，到下古时期的神降天文却讲到它们了。依据这些神降天文，按照类属进行编排，彼此补充，也就形成一整部吉善的文辞了，因而要让人加以汇集，然后神降天书所包含的天地心意就能完全看出来了。真人明白这一点了吗？""是是。"

　　"行，子已解矣。行，上古圣人失之，中古圣人得之；中古圣人失之，下古圣人得之；下古圣人失之，上古圣人得之。以类相从，因以相补，共成一善圣辞矣。真人知之耶？""唯唯。"

【译文】

　　"近前来，看来你们已经解悟这一点了。再注意听我说，上古圣人遗漏的事体，中古圣人却弥补了它们；中古圣人遗漏的事体，下古圣人却弥补了它们；下古圣人遗漏的事体，上古圣人却弥补了它们。按照类属进行编排，随即拿来互作补充，也就形成一整部吉善的圣人文辞了。真人明白这一点了吗？""是是。"

"行,子可谓大解已。行,大圣或有短失之,中圣得之;中圣失之,小圣得之。因复以类相从,因而相补,共成一善圣辞矣。真人知之耶?""唯唯。"

【译文】

"近前来,你们可以称得上已经彻底解悟了。再注意听我说,大圣人出现偏差的地方,中等圣人却给它纠正过来了;中等圣人出现偏差的地方,三等圣人却给它纠正过来了。据此按照类属进行编排,随即拿来互作补充,也就形成一整部吉善的圣人文辞了。真人明白这一点了吗?""是是。"

"行,子已解矣。行,大贤以短失之,中贤得之;中贤失之,小贤得之。以类相从,因以相补,共成一善贤辞矣。真人知耶?""唯唯。"

【译文】

"近前来,看来你们已经解悟了。再注意听我说,大贤人出现偏差的地方,中等贤人却给它纠正过来了;中等贤人出现偏差的地方,三等贤人却给它纠正过来了。按照类属进行编排,随即拿来互作补充,也就形成一整部吉善的贤人文辞了。真人明白这一点了吗?""是是。"

"行,子已大解矣。行,帝王失之,臣子得之;臣子失之,庶民得之。以类相从,因以相补,共成一善辞矣。真人知之耶?""唯唯。"

【译文】

"近前来,看来你们已经彻底解悟了。再注意听我说,帝王遗漏的事体,臣僚却弥补了它们;臣僚遗漏的事体,众百姓却弥补了它们。按照类属进行编排,随即拿来互作补充,也就形成一整部吉善的文辞了。真人明白这一点了吗?""是是。"

"行,子已大解矣。行,上老失之[①],丁壮得之[②];丁壮失之,少者得之[②]。以类相从,因以相补,共成一善辞矣。真人知之耶?""唯唯。"

【注释】

①上老:指老年人。

②丁壮:指青年人和壮年人。

③少者:指儿童。

【译文】

"近前来,看来你们已经彻底解悟了。再注意听我说,老年人遗漏的事体,青年人和壮年人却弥补了它们;青年人和壮年人遗漏的事体,小孩子却弥补了它们。按照类属进行编排,随即拿来互作补充,也就形成一整部吉善的文辞了。真人明白这一点了吗?""是是。"

"行,子已解矣。行,男子失之,女子得之;女子失之,奴婢夷狄得之。以类相从,因以相补,共成一善辞矣。真人知之耶?""唯唯。"

【译文】

"近前来,看来你们已经解悟了。再注意听我说,男子遗漏的事体,女子却弥补了它们；女子遗漏的事体，奴婢和边区少数部族中的人却弥补了它们。按照类属进行编排，随即拿来互作补充，也就形成一整部吉善的文辞了。真人明白这一点了吗？""是是。"

"行，子已知之矣。行，或上古文失之，中古文得之；或中古文失之，下古文得之。以类相从，因以相补，共成一善辞矣。真人知之耶？""唯唯。"

【译文】

"近前来，看来你们已经明白这一点了。再注意听我说，有些属于上古时代的书文遗漏的事体，中古时代的书文却弥补了它们；有些属于中古时代的书文遗漏的事体，下古时代的书文却弥补了它们。按照类属进行编排，随即拿来互作补充，也就形成一整部吉善的文辞了。真人明白这一点了吗？""是是。"

"行，子以大解矣。行，或上古人失之，中古人得之；中古人失之，下古人得之。以类相从，因以相补，共成一善辞矣。真人知之乎？""唯唯。"

【译文】

"近前来，看来你们已经彻底解悟了。再注意听我说，有些属于上古时代的人们遗漏的事体，中古时代的人们却弥补了它们；有些属于中古时代的人们遗漏的事体，下古时代的人们却弥补了它们。按照类属进行编排，随即拿来互作补充，也就形成一整部吉善的文辞了。真人明白这一点了吗？""是是。"

　　"行,子已解矣。行,或上失之,而下得之;或下失之,而上得之;或上下失之,而中得之;或中失之,而上下得之。或天神文失之,反圣文得之;或圣文失之,反贤者文得之;或贤者文失之,而百姓文得之;或百姓文失之,而夷狄得之。或内失之,反外得之;或外失之,反内得之。会有失之者,会有得之也,故上下外内,尊卑远近,俱收其文与要语,而集其长短,以类相补,则俱矣^①,然后文书及辞言,一都通具也^②。真人知之耶?""唯唯。"

【注释】

①俱:齐全,齐备。

②一都:犹言统统。

【译文】

　　"近前来,看来你们已经解悟这一点了。再注意听我说,有些是上面人所遗漏的事体,下面人却弥补了它们;有些是下面人所遗漏的事体,上面人却弥补了它们;有些是上面人和下面人都遗漏的事体,中间的人却弥补了它们;有些是中间的人所遗漏的事体,上面人和下面人却弥补了它们。有些是天降神文所遗漏的事体,反而由圣人的书文给弥补上了;有些是圣人的书文所遗漏的事体,反而由贤人的书文给弥补上了;有些是贤人的书文所遗漏的事体,反而由百姓的书文给弥补上了;有些是百姓的书文所遗漏的事体,反而由边区少数部族中的人给弥补上了。有些在内部所遗漏的事体,反而从外部给弥补上了;有些在外部所遗漏的事体,反而从内部给弥补上了。总之出现遗漏的事体,终归会有弥补上它们的地方,所以要由上到下,由外到内,从尊贵的人到低贱的人,从远处到近处,一律收纳他们的书文和切要的口头语,汇集起正确和荒谬的内容,按照类属互作补充,也就一切都齐全了,然后文书和口头语,统统完整地具备了。真人明白这一点了吗?""是是。"

"行之,子已知之矣。天地出生凡事,人民圣贤跂行万物之属①,各有短长,各有所不及,各有所失,故所为所作,各异不同。其大率要俱欲乐得天地之心②,而自安也。当时各自言所为是也,孔孔以为真真也③,而俱反失天地之心,故常有余灾毒,或大或小,相流而不绝,是其明效也。故生承负之责,后生者病之日剧。真人知之耶?""唯唯。"

【注释】

①跂(qí)行:泛指用脚行走的动物。跂,通"蚑"。

②大率:大抵。要:总之。

③孔孔:犹言深深。

【译文】

"近前来,看来你们已经明白这一点了。天地创制出任何事物来,包括人民、圣贤和所有的动植物之类,都各自具有长处和短处,都各自具有根本做不到的地方,都各自具有偏失所在,因而所作所为就各有区别,互不相同。可那目的,总之都是大致上希望获取到天地的心意而自身得以平安。在当时,各自都宣称自己的所作所为正确无比,深深认为真切至极,可却反而全都偏离了天地的心意,所以总有去除不净的灾殃毒气,有时严重,有时轻微,递相流衍而不断绝,这正构成了最为明显的证验。所以就产生出承负的罪责,后来出生的人受此殃害一天比一天更厉害。真人明白这一点了吗?""是是。"

"行,子已解矣。故今天遣吾下,为上德道君更考文①,教吾都合之,从神文圣贤辞,下及庶人奴婢夷狄,以类相从,合其辞语善者,以为洞极之经,名为皇天洞极政事之文也^②,乃后天地病一悉除去也。真人知之耶?""唯唯。可恘哉^③!可恘哉!"

【注释】

①考文:考订文辞。此与议礼、制度合称三重。《礼记·中庸》云:"非天子,不议礼,不制度,不考文。"则可见《太平经》编著者志意之高。

②皇天洞极政事之文:此系《太平经》的一种较正规的别称。其含义则如本经卷四十一《件古文名书诀》所云:"何故正名为大洞极天之政事乎?""然。大者,大也,行此者,其治最优,大无上。洞者,其道德善恶,洞洽天地阴阳表里,六方莫不响应也,皆为慎善,凡物莫不各得其所者。其为道,乃拘校天地开辟以来天文、地文、人文、神文,皆撰简,得其善者,以为洞极之经。帝王案用之,使众贤共乃力行之,四海四境之内,灾害都扫地除去,其治洞清明,状与天地神灵相似,故名为大洞极天之政事也。"

③恘(hài):愁苦。

【译文】

"近前来,看来你们已经解悟了。因此皇天现今派遣我来到人间,特为具有第一等道德的君主重新考定书文,让我对它们进行综括整合,从神降天文和圣人、贤人的文辞,一直往下扩展到普通众百姓和奴婢以及边区的少数部族,按照类属进行编排,聚合起他们当中的吉善言辞口头语,编定成通透至极的经典,命名为'皇天洞极政事之文',然后天地对世人的一切憎恶就都顿时去除了。真人明白这一点了吗?""是是。这太让人愁苦了!这太让人愁苦了!"

"行，真人已应晓事生，已知之矣。天已使子寿矣，及上真人矣。""不敢不敢。""子自行得之，非吾力也。子为善，天下无双，故天爱之也。""不敢不敢。今愚生但无忿天而已，无敢可望也。""不嗛也①。""唯唯。请问合是众类以相从，愿闻其诀意。""然。善哉子难问！天使之□□乎哉②？诺，安坐，为子分别道之也。""唯唯。"

【注释】

①嗛（qiān）：通"谦"，谦虚，谦逊。

②天使之□□乎哉：此句原缺二字。

【译文】

"近前来，真人已经够得上明白事理的徒弟了，已经清楚这一切了。皇天已经让你们长生了，进入第一等真人的行列了。""弟子可担当不起，弟子可担当不起。""这是你们自己通过行动获取到的天报，不是我那力量造成的。你们做善事，天下数第一，所以皇天才喜爱你们。""弟子可担当不起，弟子可担当不起。如今愚生只求不使皇天愤恨而已，不敢再有什么奢望。""不必再这样谦恭了。""是是。请问综括整合这么多的书文口头语，需要按照类属进行编排，希望能听到这一做法的定论。""好的。你们这种诘难质问真是太好了！这是皇天在驱使你们发问吧？好好，你们稳稳坐定，我为你们条分缕析地讲说它。""是是。"

"行，假令正①，共说一'甲'字也②，是一事也正。投众贤明前，是宜天下文书③，众人之辞，各有言说；此一且无訾之文④，无訾之言，取中善者、合众人心第一解者集之，以相征明而起⑤，合于人心者，即合于天地心矣。"

【注释】

①正：厘正。

②共说一"甲"字：本经卷五十《去浮华诀》云："欲得知凡道文书经
　意，正取一字如一竟。比若甲子者何等也，投于前，使一人主言
　其本，众贤共违而说之。且有专长于天文意者，说而上行，究竟
　于天道；或有长于地理者，说而下行，洽究于地道；或复有长于外
　傍行，究竟四方；或有坐说，究于中央；或有原事，长于万物之精，
　究于万物；或有究于内，或有究于外。本末根基华叶皆已见，悉
　以类象名之，书凡事之至意，天地阴阳之文，略可见矣。"

③是宜：作出恰切裁断之意。

④无訾(cī)：无可非议。訾，通"疵"，挑剔，非议。

⑤起：意为付诸行动。

【译文】

　"注意听我说，假设共同对一个'甲'字作论说，使它得到厘正，这就
属于一宗事体归于纯正了。像这样把它摆在众位贤明人士的面前，对
天下的文书、众人的言辞作出恰切的裁断，各自提出看法来；这就形成
了大致无可非议的书文，大致无可非议的口头语，再择取其中精善并切
合众人心意的最高明的说法，进行汇集，互作证明而付诸行动，但凡切
合人心的，也就切合天心、地心了。"

　"以何明之？愿闻其诀。""然。凡人之行也，考之于心，
及众贤圣心而合，而俱言善是也，其应即合于天心矣；考之
于心自疑者①，考之于众贤圣心，下及小人心，而言非者，即
凶，天竟应之以凶也，是即其明证也。故集此说以为经②，都
合人心者是，不合人心者非也。子知之耶？""唯唯。"

【注释】

①自疑：自感疑虑之意。

②此说：意为诸如此类的说法。

【译文】

"根据什么来证明这一点呢？希望听到其中的定论。""好的。只要是世人的行动，从本人心愿考察，恰与众位圣贤的心愿相切合，都说很好，这就属于正确的了，它那应象也是切合天心的了；从本人心愿考察却自感疑虑，再向众位圣贤的心愿考察，直至往下推及到普通百姓的心愿，却都说不对，这就属于凶险的了，皇天到最后也用凶险作出回应来，这便构成那最为明显的证验了。所以汇集诸如此类的说法编成经典，完全切合人心的，就属于正确的，不切合人心的，就属于荒谬的。你们了解这一点了吗？""是是。"

"行，凡书文凡事，各自有本。按本共以众文人辞叶①，共因而说之如此矣。俱合人心意者，即合神祇；不合人心意者，不合神祇。""善哉善哉！闻命矣②。""今真人何故言闻命乎？""然。行善正，则得天心而生；行恶失天心，则凶死。此死生，即命所属也，故言闻命也。""善哉！真人言是也，吾无以加之也。是故天正其言与文，则吉；不正其言与文，则凶。是以吾教真人拘校之也。""唯唯。"

【注释】

①以：与，和。叶（xié）：同"协"，相吻合，相一致。

②闻命：非谓接受命令或承受教导。乃谓闻知性命之事。

【译文】

"注意听我说，全部书文和一切事体，各自都有本源。查照本源都与众书文、世人口头语相一致,据此再共同作讲论,必须全像这样进行校理。校理后无不切合世人心意的,也就切合天神地祇了;不切合世人心意的,就不切合天神地祇。""这太好了! 这太好了! 弟子听到有关性命的大事了。""眼下真人为什么说是听到有关性命的大事了呢?""是的。行为良善纯正,就赢得天心而存活;行为邪恶,就失去天心而凶败死亡。这一死一生,也就是性命的归属,所以弟子说听到有关性命的大事了。""真是太好了! 真人这番话对极了! 我没有什么能够再作补充纠正的了。因而皇天叫那言辞和书文变纯正,就吉庆;不叫那言辞和书文变纯正,就凶败。所以我教导真人去汇集校理它们。""是是。"

"然后太平上皇之气立出,延年立来。天文圣人之辞,尚乃有短长,故上皇之气见圄于邪辞误言①,未尝得来也。故天地后开辟以来,未尝有上皇之气来助帝王治也。今天欲都开出之,故拘校文书也。有余一邪言,辄余一病;余一邪说误文,辄有余一病;余十,十病;余百,百病;余千,千病;余万,万病。随此余邪言、邪文误辞为病。天地病之,故使人亦病之;人无病,即天无病也;人半病之,即天半病之;人悉大小有病,即天悉病之矣。故使人病者,乃乐觉之也;而不觉,故死无数也②。"

【注释】

①见圄(yǔ):意为被禁锢。圄,囚禁。

②数:指既定的寿龄。

【译文】

"这样做以后,最盛明的太平气就会立刻降临,延长寿命就会迅速实现。天降神文和圣人的言辞尚且有短处，所以最盛明的太平气被那邪辞和荒谬的说法所禁锢，未曾得以降临。因而从天地开辟以来，未曾出现过最盛明的太平气前来协助帝王施行治理。如今皇天打算把它全部释放出来，所以便要汇集校理文书。仍然剩存一句邪言，就会给世人留下一种疾病；仍然剩存一种邪说和荒谬的书文，就会给世人留下一种疾病；剩存十句，就留下十种疾病；剩存一百句，就留下一百种疾病；剩存一千句，就留下一千种疾病；剩存一万句，就留下一万种疾病。总之随同这剩存的邪言、邪文和荒谬的说法而造成疾病。天地对它们引为病痛，所以也就让世人由此而患病；世人没有疾病，也就标志着皇天没有引为病痛的东西了；世人有一半人身患疾病，也就标志着皇天仍有一半引为病痛的东西；世人无论大小老少全都身患疾病，也就标志着皇天具有全部引为病痛的东西了。因而皇天让人患病这种事，也正希望世人由此觉悟；偏不觉悟，所以便死掉，没有那固定的寿龄了。"

请问合众类以相从①。然。善正其言则吉，不善正其言则凶，然后太平上皇之气立来矣。夫人有病，皆愿速较为善②；天地之病，亦愿速较为善矣。

【注释】

①"请问"句：自此句以下整段文字乃系《合校》本附存的以资参考的《太平经钞》钞文。

②较：确诊之意。

【译文】

请问综括整合这么多的书文，需要按照类属进行编排。好的。使那些言辞变得吉善纯正就吉庆，不叫那些言辞变得吉善纯正就凶败，这样做以后，最盛明的太平气立刻就会降临了。世人身患疾病，全都乐意尽快确诊才好；天地引为病痛的东西，也乐意尽快确诊才好。

　　"愿闻:以何以天病邪言、邪辞、邪文而有病乎?""噫!子反更冥冥暗愚,何哉? 行安坐,为真人说之。夫邪言、邪文以说经道也①,则乱道经书;道经乱,则天文地理乱矣;天文地理乱,则天地病矣。故使三光风雨、四时五行战斗无常②,岁为其凶年,帝王为其愁苦,县官乱治,民愁恚饥寒③。此非邪文、邪言所病邪? 如大用之,乃到于大乱不治也。子知耶?""唯唯。"

【注释】

　　①经道:指经典及其所演述的真道。

　　②战斗:指四季错乱无序,五行违背正常的生克关系。

　　③恚(huì):怨愤。

【译文】

　　"希望再听一下:根据什么便说皇天把邪言、邪辞和邪文引为病痛,世人就身患疾病了呢?""嘿嘿! 你们反倒越发昏昧愚暗了,这可是什么原因呢? 近前来稳稳坐定,我为真人讲说这个问题。邪言、邪文用来讲说经典和大道,就搅乱大道和经典;大道和经典被搅乱,天象和地理就陷入混乱了;天象和地理陷入混乱了,天地就引为病痛了。因而导致日月星和风雨以及春夏秋冬与五行都颠倒错乱,失去正常的状态,每年都造成灾荒年,帝王为此而愁苦,各级官府的政务弄得一团糟,老百姓为挨饿受冻而愁怨愤恨。这还不是邪文、邪言给人造成的病痛吗? 如果大力采用它们,就会一直恶化到天下大乱,根本没办法收拾了。你们清楚这种情况了吗?""是是。"

　　"夫邪文、邪言、误辞以治国也,日日得乱于是。邪言、邪辞、误文为耳所共欺①,则国为之乱危,臣为之枉法而妄为,民为之困穷,共污天地之治,乱天官^②,大怒日教不绝也。人哭泣呼冤,亦不绝也。子知之耶?""唯唯。"

【注释】

①耳:指代听到的人。

②天官:古代天文学把空中繁星分为五大区域,其下又分三垣、二十八宿,并认为各星座存在尊卑隶属关系,如人间官署职位一般,故称天官。反转来则有"官制象天论"。《史记》述天文,便以《天官书》名篇。董仲舒《春秋繁露》卷七即列有以天数为理据的《官制象天》专篇。

【译文】

"用邪文、邪言和荒谬的说法来治理国家,就天天在这上面落个败乱。邪言、邪辞和荒谬的书文成为听到的人所共同受骗上当的玩艺,国家就由此而混乱危急,臣僚就由此而破坏法律,胡作非为,老百姓就由此而困顿匮乏,陷入绝境,共同玷污天地的治理,搅乱天区星宿的职官系统,致使皇天万分愤怒,每天都降灾谴告不停息。世人痛哭啜泣,大喊冤枉,也跟在后面不停息。你们清楚这种情况了吗?""是是。"

"邪言、邪文、误辞以治家也,则父子夫妇乱。更相憎恶,而常斗辩不绝,遂为凶家^①。子知之耶?""唯唯。可恢哉! 见天师言,诚怖惶。愚生不深计,不知是恶致此也。"

【注释】

①凶家:凶败的人家。

【译文】

"用邪言、邪文和荒谬的说法来治理家庭,父子和夫妇就乱套了。

你憎恶我，我憎恶你，经常斗嘴吵闹而不停息，于是变成凶败的人家。你们清楚这种情况了吗？”“是是。简直太让人愁苦了！听到天师的讲说，确实感到恐怖极了。愚生不深加思忖，真不清楚这种恶果竟然达到了这般地步。”

“真人独愚日久矣。夫俗人以为小事，而不去之，乃不知此邪言、邪辞、邪文，乃与天地为大怨也。是乃国家之大贼也①，百姓之烈鬼也②，宁可不一都投而力去之耶？是故天爱上德之君，恐其不觉悟，复彼是大灾，故遣吾下，具言之。真人疾以文付之，使其疾思天意，可以自安；不者，天怒会不绝也。故天不复使圣人语，会不能悉都除其病，故使天下人共一言，俱一集古文考之也。

【注释】

①大贼：犹言大祸害。

②烈鬼：凶暴狞猛的恶鬼。本经卷七十二《斋戒思神救死诀》称：
“夫天地之间，时时有是暴鬼邪物凶殃尸咎杀客。当其来著人时，比如刀兵弓弩之矢毒，著人身矣。所著疾痛不可忍，其大暴剧者，嘘不及噏，倚不及立，身为暴狂。”

【译文】

“真人偏偏愚昧得也时间太长了。世俗人认为这是小事却不抛弃它们，竟不清楚这类邪言、邪辞和邪文，正与天地结下大怨。这套玩艺正是国家的大奸贼，众百姓的凶暴恶鬼，难道可以不全部扔到一边、极力去除掉它们吗？因而皇天爱护具有第一等道德的君主，唯恐他不觉悟，再招来那么严重的灾殃，所以就派遣我来到人间，详尽讲说这宗事体。真人火速把本篇书文传付给他，使他极力精思天意，可以自身获得平安;否则的话,皇天的恨怒终归不停息。所以皇天不再降生下圣人让他去讲论了,他终归无法一下子去除掉皇天引为病痛的东西,因而就让天底下的人共同把话全都倾吐出来,一起把古代的书文汇集起来,考订它们。

"今天忿忿,积恚于是邪言、邪文、单言、孤佞辞也^①。今考是,真人欲知之,比若帝王愁恚夷狄数来害人也,故发兵士万万往击之,病不怒也^②。怒者功赐多,不怒者帝王复考之^③。今考邪文,如此矣。真人知之耶?""唯唯。可畏乎!天下已正矣。"

【注释】

①单言:指一家之说。孤佞辞:谓纯属一个人的奸巧说法。

②不怒:谓不奋勇杀敌。

③考:审问定罪。

【译文】

"现下皇天万分愤怒,对这类邪言、邪文、孤单单的一家之说和纯属一个人的奸巧说法长久怨恨。如今考订它们,真人要想了解怎样做,也就好比帝王忧虑愤恨边区少数部族频繁地前来烧杀劫掠,所以就调发兵士万万人前去痛击它们,但最嫉恨兵士不奋勇杀敌。对奋勇杀敌的人,就论功行赏很优厚;对不奋勇杀敌的人,帝王事后就严加审讯和判罪。如今考订邪文,也就像这个样子。真人明白这一条了吗?""是是。这太让人感到畏惧了! 天下已经端正过来了。"

"真人可谓已知之矣。今急是孤辞一人、邪言邪文邪辞,天地今以是为大怨,是帝王大贼也。本治不安,悉乱于是也。故今断之，皆使集言、集说，集上书安定事，乃天气旦一悉得其所①，邪言邪辞乃旦一悉绝也，灭亡也。天从今以往②，且使人亦考之③，神亦且行考之④，但有日急，非有懈时也！真人知之耶？""唯唯。愚生甚恔。"

【注释】

①天气：犹言时气。旦一：一个早上。极言其速。

②从今以往：自今而后。

③旦使人亦考之：此六字中"旦"当作"且"。涉上文而讹。

④行考：巡查问罪。详见本经卷一百十八《天神考过拘校三合诀》所述。

【译文】

"真人可以称得上已经明白这一条了。如今要迅速铲除这些纯属一个人的孤单单的说法以及邪言、邪文和邪辞，是因为天地现下正把它们当成最怨恨的对象，它们纯属帝王的大祸害。从根本上施行治理却不安平，这全是让它们给搅乱了。所以现下要断绝掉它们，让世人都汇集言辞，汇集说法，汇集上书关于安定天下的事项，于是时气就在一个早晨全都归于本位了，邪言邪辞就在一个早晨全都断绝并消失了。皇天从今以后，要让世人审判那些宣扬邪说的家伙，神灵也要对他们巡查问罪，只有日益加紧的时候，没有松懈的时候啊！真人清楚这种情况了吗？""是是。愚生感到万分愁苦。"

"子知恔，可无并见考。""唯唯。愚生事事不及，有重谪过于天地，为天师忧念。谨已见此邪文、邪辞、一人之言戒，今愿更见敕戒丁宁，是正文之所到至戒①。""善哉！书文已比言矣。子自若问之，何也？""暗昧之人，固固心结，聪明犹不达，不重反覆见晓敕者，犹矇矇冥冥^②，复乱天师道，故敢不反复问之也！"

【注释】

①是：判定之意。所到至：指范围与重点。

②矇矇：糊涂的样子。

【译文】

"你们感到愁苦，就不会一起遭到审讯了。""是是。愚生事事闹不懂，对天地犯下了深重的罪过，给天师带来了忧虑。已经恭谨地看到了有关邪文、邪辞和纯属一个人说法的重戒，眼下希望再看到反复加以训饬的有关判定纯正书文所包括的范围和重点的道戒。""这太好了！然而我那书文已经接连谈过了。你们仍旧询问，这是为什么呢？""弟子作为昏昧愚暗的人，仍旧牢牢地心里不开窍，观察和认识问题还摸不着边，不重新反反复复地受到晓谕和训饬，依旧糊涂昏暗，又会败乱天师的真道，所以哪敢不反复询问了！"

"善哉子言也！诺，安坐，为诸群真人具说之。夫正言、正文、正辞，乃是正天地之根而安国家之宝器、父母也^①，而天下凡人万物所受命也^②，故当力正之也。"

【注释】

①宝器：比喻贵重性、灵验性。

②受命：禀受本命之意。本经卷三十六《守三实法》云，人类本生受命之时，乃与天地分身，抱元气于自然，呼吸阴阳气而存活。又同卷《三急吉凶法》谓，动植物俱受天地阴阳统而生。

【译文】

"你们这番话说得太好了！好好，只管稳稳坐定，我为众位真人详尽解说这个问题。正言、正文和正辞，属于端正天地的根基又使国家安定的宝器和父母，也是天下世人和万物禀受本命之所在，所以应当大力使它们变得更纯正。"

"唯唯。愿闻正言、正文、正辞为天地根、国家宝器、凡民万物所受命决意。""噫！真人已比比受此语①，吾文书中，悉病疾浮华邪言，子乃复重问之，何也？""愚生而随俗为愚积久，不知邪止所在，故不重见丁宁解之，殊不解也。"

【注释】

①比比：接连。

【译文】

"是是。希望能听到正言、正文和正辞属于天地根基、国家宝器、世人与万物禀受本命之所在这一结论的要意。""嘿嘿！真人已经接连领受过这种说法，我那文书中没有一处不痛斥虚浮华美的邪言，你们竟又重新询问这类问题，究竟原因何在呢？""愚生随顺世俗陷入愚昧，时间经历得太长了，不知道邪伪表现在什么地方，所以不重新蒙受到反反复复的解释晓谕，还是一味地闹不明白。"

"然。子欲知其审实也，俗人俱言善善而共力行之①，而灾殊不除去者，即不善之文、不善之言之乱也；俗人言此可耳，不能善也，而按行之，反与天相应，灾日除去者，即正文、正言、正辞也，内独与天相应，得天地心意之明征也。是故正言、正文乃见是正，天地之心也。故言悉正，文悉正，辞悉正，而帝王按而行之，下及小民，莫不俱好行正，天地乃为大正，四时、五行、万物一旦皆各得其正，日月三光守度②，各得正也。国家大安无忧，乃到于神负不老之方赐之③，奇物善应悉出④，奸猾妖恶悉灭绝；凡民各得保其家，而竟其天年⑤；万物悉得长老终，各以时也⑥。是即正言、正文、正辞之为天地根，而国家宝器父母、民万物之命大明效也。真人知之耶？""唯唯。可恔哉！可恔哉！天地之根，国家宝器、命，反在此。"

【注释】

①善善：意为美好至极。

②度：指行星的固有运行轨道和恒星在天体中的既定位置。

③不老之方：犹言仙方。

④善应：犹言瑞应。即吉祥的兆应。

⑤天年：指皇天为世人在其生前所注定的寿龄。本经分人寿为三类，即：乙部《解承负诀》、癸部《盛身却灾法》所云上寿一百二十岁，中寿八十岁，下寿六十岁；辛部经文所云头等寿命一百三十岁，二等寿命一百二十岁，三等寿命一百岁；己部《经文部数所应诀》后附遗文所云天寿一百二十岁，地寿一百岁，人寿八十岁，霸寿六十岁，仟寿五十岁。

⑥以时：谓春生、夏长、秋获、冬藏。本经卷一百十六《阙题》（二）云："四时顺行，春乐生，夏乐长，秋乐收，冬乐藏。"

【译文】

"好的。你们要了解那详实情况，也就是世俗人都说这套讲法美好极了，共同去大力照着做，可灾殃怎么也去除不掉，这就是不吉善的书文和不吉善的言辞给败乱的；世俗人都说这套讲法还凑合，却不认为它美好，但照它去做，反而与皇天相应合，灾殃一天比一天消除离去，这也就是那正文、正言和正辞，属于内心唯独与皇天相应合并且获取到天地心意的明证。所以正言、正文得到校正，便是天地的心意所在。因而讲法全都纯正，书文全都纯正，言辞全都纯正，帝王照着去做，往下扩及到普通老百姓，没有谁不共同喜好行为纯正，天地就为他们变得十分正常，春夏秋冬和五行以及万物在一个早晨就各自恢复本身的正常状态，太阳和月亮以及众星辰都不脱离固有的运行轨道和既定的空中位置，各自恢复本身的正常状态。国家十分安平，不存在忧虑事，直至神灵持带长生仙方赐给帝王，奇异的物品和吉祥的兆应全部显现出来，奸诈狡猾和邪僻凶恶的东西一律灭绝掉；平民百姓得以保住各自的家庭，并且尽享天年；万物都得以生长、结果和枯萎、败死，分别跟随节气时令来变化。这就是正言、正文和正辞纯属天地的根基、国家的宝器与父母、世人和万物之命根的明显效验。真人闹清这一点了吗？""是是。简直太让人愁苦了！简直太让人愁苦了！天地的根基，国家的宝器、世人和万物之命根，反倒在这里。"

"行，子可谓晓事之生，知之矣。是故天遣吾下，悉考正之也。天地开辟以来，行正言、正文者，天地常为其大喜说，故常善；行邪言、邪文者，天地常为其大怒不悦喜，故常凶不安，而多危亡也。俗人不知是为天地大病，而乱帝王治也；而下愚之士反共巧工①，下作篇记②，习邪言、邪文，以相高下③，以欺其上，而污天正法，乱天正仪④，是乃天之大怨，地之大咎也，而国家之大贼也！今乃得天怨、地咎、国家贼，而日共行之，其治安得平哉？"

【注释】

①巧工:善于取巧。

②下作篇记:意谓炮制劣等书文。

③相高下:互争高低之意。

④仪:轨仪。

【译文】

"近前来,你们可以称得上是明白事理的徒弟,闹清这一点了。因此皇天派遣我来到人间,全部对它们进行考辨订正。自从天地开辟以来,行用正言和正文的人,天地经常为他们感到特别高兴,所以就总是吉善;而行用邪言和邪文的人,天地经常为他们感到愤怒,非常不高兴,所以就总是凶险不安平,大多都危败灭亡。世俗人不知道这正构成了天地引为极度病痛的玩艺,而在搅乱帝王的治理。那些低劣愚蠢的士人,反而共同投机取巧,炮制劣等书文,弄熟邪言、邪文来互争高低,欺骗上面的人,玷污皇天的纯正法度,败乱皇天的纯正轨仪,这正是皇天最怨恨的对象,大地最憎恶的那号人,国家的大祸害啊! 如今竟得个天怨地咎的死目标和国家的大祸害,每日都去行用它们,国家的治理可怎么会实现太平呢?"

"今天师责此邪言、邪文罪之①,何一重也?""噫,真人其愚耶? 今人而共以邪言、邪文共乱天地,天地乃为其常有病,是非天之怨咎耶? 比若人常行病人害人,人亦怨咎之不耶?""唯唯。"

【注释】

①罪:定立罪名之意。

【译文】

"如今天师痛斥这类邪言、邪文并给它们定立罪名,为什么竟是那样深重呢?""嘿嘿!真人还仍旧愚昧吗?如今世人共同拿邪言、邪文去一起搅乱天地,天地竟为他们总产生病痛,这还不是皇天怨恨与憎恶的对象吗?这是否就像某些人经常去干糟踏人、伤害人的勾当,人们也就对他们怨恨憎恶呢?""是是。"

"是故为天怨地咎明白矣。今邪言、邪文、邪辞乃已共欺其上,危国家,其治常失天心,其年命不增,为之绝者,前后非一人坐之①,是非国家之大贱耶②?诸真人知之不?""唯唯。"

【注释】

①坐:意为陷入,摊上。此就东汉中后期幼主大多夭亡而发。《后汉书·皇后纪》载:"东京皇统屡绝,权归女主,外立者四帝,临朝者六后。"

②国家之大贱:此五字中"贱"当作"贼"。形近而讹。

【译文】

"所以这构成天怨地咎也就显而易见了。如今邪言、邪文和邪辞竟已共同欺骗帝王,危害国家,他那治理经常偏离天心,而年寿不增加却由此早早死去的君主,前后不止一个人给摊上了,这还不是国家的大祸害吗?众位真人明白没明白这一点呢?""是是。"

"下古人多愚,或有见天文①,反言不若此言,是纯复国贼之长也②,天地之大怨咎也,民之大害,万物之烈鬼物也。德君慎毋用其言也③,用其言者,天怨不正,当为身深计远虑,思其患害,以长自安。天乃与德君独厚④,故为其制作可以自安而保国者也。真人知之耶?""唯唯。""行,子已大觉矣。自慎自慎,天威不可犯也!""唯唯。"

【注释】

①天文:天降神文。指《太平经》这等大道经。

②长:罪魁祸首之意。

③慎毋:切莫。

④厚:谓感情深。此就帝王为天之贵子而发。本经卷七十三至八十五《阙题》(三)谓:"帝王尸(位居)上皇天之第一贵子也。"又卷九十《冤流灾求奇方诀》称:"帝王乃最天之所贵子也。"

【译文】

"下古时代的人们大多太愚昧,有人看到了天降神文,反而宣称其中所讲的并不是那么一回事,这纯粹又是国家大祸害的罪魁祸首,天地最怨恨憎恶的对象,众百姓的大凶害,万物的凶暴恶鬼。具有道德的君主切莫采用这号人的说法,如果采用这号人的说法,皇天就怨恨他不纯正,应当为自身深谋远虑,考虑那害处,长久来使自身安全。皇天正与具有道德的君主感情最深厚,所以便为他制作可以使他自身安全又保有国家的道法。真人明白这一点了吗?""是是。""回去吧,你们已经彻底觉悟了。自己要多加小心,自己要多加小心,皇天的威怒决不可触犯啊!""是是。"

"戒真人一言:自是之后,德君详察思天教天文,为得下吏民三道所共集上书文①,到八月拘校之②,分处为三部:始校书者,于君之东;已一通,传校于君之南;已再通,传校于君之西;已三通,传校者弃去于君之北。校者各异处,不得相时也③。"

【注释】

①三道所共集上书文：指由地方官吏、邑民、来往行人应诏通上的意见书。之所以定为三道，系效法日以察阳，月以察阴，星以察阴阳交会处。详见本经卷五十三《分别四治法》所述。

②八月拘校：八月为仲秋，天之阳气已近终结，万物已可分辨其果实，故须择定此月开视，进行拘校。详见本经丙部《三合相通诀》所述。

③相时：犹言同时。

【译文】

"告诫真人一句话：从此以后，具有道德的君主要详察精思皇天为施行教导而降示的神文，对已收到的下面官吏和平民从三条途径所共同集议献呈的书文，要到八月份进行汇集校理，分别安排在三处：负责第一遍校理的人，应在君主宝座的东边处所；第一遍校理完毕后，再转到君主宝座的南边处所进行第二遍校理；第二遍校理完毕后，再转到君主宝座的西边处所进行第三遍校理；第三遍校理完毕后，要把轮番校理好的书文抛掷到君主宝座的北边处所。校理的人各在各的处所，也不能同时进行。"

"何乎？愿闻之。""然。相睹复有奸，有可弊不实①，复为欺。如是复忿天地，为怨咎，为国之大贼。天地恶人使帝王治乱，故异其处，使三校之，当共实核之也②。以解天心，以安王者治也。"

【注释】

①弊:谓舞弊。

②实核:意谓予以审核验定,得出结论。

【译文】

"这是为什么呢? 希望听一听这方面的教诲。""好的。彼此见到面,就还会出现奸伪,产生舞弊现象而不属实,又构成欺骗。像这样又使天地感到愤怒,再度成为怨恨憎恶的对象,再度成为国家的大祸害。天地厌恶世人使帝王的治理陷入混乱,所以要安排在不同的处所,分成三遍来校理,共同予以审核验定,得出结论。用来舒解天心,安定帝王的治理。"

"何必始校于君之东?""东者,天气有心而仁也①。校源事者②,当用心详,务力仁,以称天地,而念欲安帝王也,故于东也;仁者以行,当明察之,故传于君之阳也③;已明察,当以义断除之④,有功者因记有功,无功者使记无功,以为行状⑤;已者藏于君之北⑥,幽室而置之⑦,以是知天下人行知善恶,勿去也。故德君案行,是名为大神人悉坐知天下之心⑧,凡变异之动静也。真人知耶?"

【注释】

①天气:指职在化生的阳气。仁:仁爱。为人伦五常之一。以五方和人伦五常配五行,东方与仁俱属木行,木行主生。故出此语。本经乙部《阙题》(二)云:"木性仁,思仁故致东方,东方主仁。"又卷六十九《天谶支干相配法》称:"故东方者,木仁有心。""木之精为仁,故象在东也。"

②校源:意为从根本上考校推求。

③君之阳:阳指南方。以五方配五行,南方属火行,于此象征君位之朝向及君心之圣明,故曰君之阳。本经卷六十九《天谶支干相配法》称:"南方者,火明也。""南方为太阳,君之盛明也。""火之精为心,心为圣。明者象火。"

④以义断除:义指正义、大义或道义之所在。为人伦五常之一。以人伦五常和五方配五行,义与西方俱属金行,而金行掌杀伐,故曰以义断除。此系指明上文"传教于君之西"的理据。

⑤行状:对人品行和业绩的考察记录。略如今世鉴定书。

⑥已者藏于君之北:其理据为五方、人伦五常同五行相配,北方与五常之"信"俱属水行,而水行则主闭藏。

⑦幽室:内无光亮的密室。

⑧大神人:《太平经》所拟设的神仙等级序列中一等正牌神仙的专称。职在理天。此处转指帝王。详参本经丙部《九天消先王灾法》所述。

【译文】

"为什么一定要在君主宝座的东边处所进行第一遍校理呢?""东方属于职在化生的阳气,具有赤心而仁爱,因此从根本上对事体作考校推求的人,应当用心详慎,务必在仁爱上花气力,来切合天地,只想使帝王安平,所以就安置在东边的处所;仁爱已经施行,接下来应当进行明察,因而就在君主宝座的南边处所进行第二遍校理;已经明察,接下来应当用正义作出决断和去除,对立有功劳的人随即记下他有功,对没立功劳的人,让校理者记下他无功,把这作为鉴定书;已经校理完毕的文书便收藏在君主宝座的北边处所,专设密室存放它们,凭借这些文书来了解掌握天下人的行为,了解掌握社会的善恶表现,而不偏离它们。所以具有道德的君主据此查照行用,就被特称为大神人端坐不动却完全了解掌握天下的人心以及一切灾变的动静。真人明白这一点了吗?"

"可恢哉！可恢哉！""子知恢，畏天谈，子长活矣。""唯唯。""是故自是之后，长吏不复言行状，行状见于是，因以此为行状，故德君乃安枕而卧，无忧也。予知之耶①？""唯唯。"

【注释】

①予知之耶：此四字中"予"当作"子"。形近而讹。

【译文】

"这太让人愁苦了！这太让人愁苦了！""你们知道愁苦，对皇天的话语感到畏惧，你们就长久存活下去了。""是是。""所以从此以后，对地方官吏不用再讲什么考察记录，考察记录就在这文书上明摆着，随即把它作为考察记录，所以具有道德的君主就安枕而卧，没有任何忧虑了。你们明白这一点了吗？""是是。"

"天戒校书，脱一事者①，笞三十②；十事者，笞三百；百事者，笞三千。德君使退之，勿复仕也。此人乃轻忽事，是天怨地咎，国之大贼。夫怨咎与贼，不可与久共事，必且忿天地，故当疾去之。""善哉！善哉！"

【注释】

①脱：遗漏。

②笞：肉刑之一。即打板子。

【译文】

"皇天对校理文书设有戒条，遗漏一宗事体的，责打三十大板；遗漏十宗事体的，责打三百大板；遗漏一百宗事体的，责打三千大板。具有道德的君主让这类人滚出朝廷，不许他们再做官。这类人竟草率行事，正属于皇天怨恨的对象，大地憎恶的那号人和国家的大祸害。被天地怨恨憎恶的这帮人和大祸害,决不能同他们长久共事,必定会使天地愤怒,所以应把他们迅速赶出朝廷去。""这太好了! 这太好了!"

　　"戒真人一大要:吾书文道,所以从上到下无穷也,悉爱正言、正辞、正文者,吾乃深受天敕而下也,诚知天爱是正言、正文、正辞;所以大疾是邪言、邪辞、邪文者,正知天地大怨咎之,以是敕吾,使吾下校,去是怨咎与贼,以安有道德之国,以长解天地开辟已来承负之谪①,使害一悉去得休,使正气悉得前治也,然后六方极八远皇天平气②,悉一旦自来。子知之耶?""唯唯。"

【注释】

①长解:永久解除之意。

②六方极:上下四方。八远:八方极远之地。

【译文】

　　"告诫真人一大要领:我那书文所演述的真道,从上到下永无止境,没有一处不喜爱正言、正辞和正文,原因在于我深深领受皇天的训示来到人间,确实了解皇天喜爱这正言、正文和正辞;反过来又万分忌恨那些邪言、邪辞和邪文,原因也在于我恰恰知道天地特别怨恨憎恶它们,正拿这一条命令我,让我下凡进行校正,去除掉这天地怨恨憎恶的玩艺和大祸害,来安定具有道德的国家,永远解除掉天地开辟以来的承负罪责,使灾害彻底离去而休止,让正气全部得以涌向前来,施行治理。然后六极八远皇天太平气在一个早晨就都自行降临了。你们明白这一点了吗?""是是。"

　　"是故吾文者,纯天语,不失殊分也①。天疾是邪文,故吾疾之也；天爱是正文，故吾爱之也。故吾之为道，悉守本而戒中而弃末②。天守本，故吾守本也；天戒中，故吾戒中也；天弃末，故吾弃末也。

【注释】

①不失殊分：此四字中"殊"当作"铢"。铢，半两的十二分之一。

②本：根本，本源。中：指中间状态。末：末稍。本经卷六十七《六罪十治诀》云："天之性也生凡物，本者常理，到中而成，至终而乱。失乱者不可复理，故当以上始也。故天常守本，地守其中一转，人者守其下三转，故数乱道也。"又癸部《神人真人圣人贤人自占可行是与非法》谓："守本者，治若神矣；守中者，少乱而烦矣；守末者，昏矣。故贤者守本戒中，不敢从末也。夫能守之不止，方方善来者，无拒逆，撰为宝器，万世不复易也。"

【译文】

"所以我那书文，纯粹都是皇天要宣讲的话语，丝毫也不差。皇天痛恨这些邪文，因而我也痛恨它们；皇天喜爱这些正文，因而我也喜爱它们。所以我构成我那真道，全都执守根本，警戒那中间状态，抛弃末梢之类的玩艺。皇天执守根本，因而我也执守根本；皇天警戒那中间状态，因而我也警戒那中间状态；皇天抛弃末梢之类的玩艺，因而我也抛弃末梢之类的玩艺。

"吾之为文也，乃与天地同身、同心、同意，同分同理①，同好同恶，同道同路，故令德君案用之，无一误也，万万岁不可去。但有日章明②，无有冥冥时也；但有日理，无有乱时也；但有日善，无有恶时也；但有日吉，无有凶时也，故号为天之洞极正道。乃与天地心相抱，故得其上诀者，可老寿；

得其中诀者,为国辅;得其下诀者,可以常自安。行,吾语辞小竟,疑者乃复来问之。"

【注释】

①同分同理:意为划定的治理范围相同。分、理,指划定的治理范围或界限。本经卷五十六至六十四《阙题》(一)称:"春夏秋冬,各有分理。"又《阙题》(三)谓:"明天地部界分理,万物使各得其所。"

②章明:昭示,显扬。

【译文】

"我形成我那书文,正与天地的身躯连在一起,心念相同又用意相同,划定的治理范围也相同,喜爱和憎恨的东西还相同,道路仍相同,所以让那具有道德的君主查照行用它,就没有一处失误的,永远也放弃不了。只会有那一天比一天更彰明的时候,没有昏暗的时候;只会有那一天比一天更大治的时候,没有混乱的时候;只会有那一天比一天更美好的时候,没有险恶的时候;只会有那一天比一天吉庆的时候,没有凶败的时候,所以称为皇天洞极正道。它正和天心地心紧紧相抱持,所以获取到它那第一等论断的人,就能够高寿长生;获取到它那中等论断的人,就可以成为国家的辅政大臣;获取到它那第三等论断的人,就会自身总平安。你们回去吧,我要讲的话暂且告一段落,出现闹不太懂的问题,再前来询问。"

"唯唯。请问无故脱误事一,正笞三十乎?""善哉子问也,天使子言耶? 然。夫数者,起于一,十而终,是误脱一事,即其问一之本也。脱误不实,复为欺,则复为天怨地咎,国家之大贼也。笞十者以谢于地①,笞十者以谢于帝王。天地人各十,合这为三十也。笞此以谢过,以解天怨地咎、帝王之贼也,乃天地喜悦。神祇战怒也②,本天地所以常乱;而战怒者,本由考实文书人言,不详多误,故生此流灾承负之厄也。今复不详,旦复如此③,故当笞之也,不以故人也,乃以正事也④。

【注释】

①笞十者以谢于地:据上下文意,此七字中"笞"字之前当另有七字:"笞十者,以谢于天。"

②神祇:天神日神,地神日祇。本经癸部《还神邪自消法》云:"太阳,天气,故称神。形者,太阴,主祇,包养万物,故精、神藏于腹中,故地神称祇。"又卷一百十一《善仁人自贵年在寿曹诀》称:"主知人鬼者,有道之家其去者,得封为鬼之尊者,名为地灵祇,亦得带紫艾青黄。"

③旦复如此:此四字中"旦"当作"且"。形近而讹。

④正事:端正事体之意。

【译文】

"是是。请求再问一下,校理中无故遗漏或弄错一宗事体,恰恰就该责打三十大板吗?""你们这提问太好了!这是皇天在驱使你们说出这番话吧?好的。自然基数从一开始,到十为止,这正是遗漏或弄错一宗事体就追究他一桩罪过的依据。遗漏或弄错一宗事体便造成失实,就又构成了欺骗,又成为皇天怨恨的对象,大地憎恶的那号人和国家的大祸害。责打十大板,来向皇天谢罪;再责打十大板,来向大地谢罪;再责打十大板,来向帝王谢罪。面对天地人,各为十大板,合起来正是三十大板。责打三十大板来谢罪,化解皇天的怨恨、大地的憎恶和帝王的祸害,于是天地就喜悦了。天神地祇愤怒战斗,这来源于天地总被世人所搅乱;而愤怒战斗,病根就出在考定核实文书与口头语却不仔细,出现许多错误,因而就造成这流灾承负的劫厄。现今仍然不仔细,还是老样子,所以就该对他们打板子,这并不因为是熟人就讲什么情面,而是用来端正事体。

"今已集议,实核□□①,乃右上之②;尚复集③,实核□□,乃右下之,则名为上下已俱实矣。如独下□□,上不实,固固无益也;如独上□□,下不实,亦无益也。上下俱为实,乃天气平也。下实上不实,为上冤下,下复自冤,力为善无益,天怒复发矣。如上实下不实,为下冤上,地怒复发矣。上下尽已实,帝王不以意平理之,则四时五行、六亲之神吏④,六宗之气⑤,中和战怒,凶气复发矣。虽力使三道行文书,正天下之言及文,而自不力平之,无益也。

【注释】

①实核□□:此句原缺二字。下文另有三句打有"□□",例与此同。

②右上之:古以右为凶,而所集议者多为灾异之事,故须"右上之"。本经庚部《某诀》(《音声僻曲吉凶》)云:"吉事尚左,凶事尚右,左者阳,右者阴,言各从其类也。"

③尚复集:此三字中"集"下当有"议"字。

④六亲之神吏:指与六宗关系密切的神灵。《汉书·郊祀志下》载《议定六宗奏》称:"日、月、雷、风、山、泽,《易》卦六子之尊气,所谓六宗也。星辰、水火、沟渎,皆六宗之属也。"对六亲所包括的具体对象,历来说法歧异。《老子·十八章》谓:"六亲不和有孝慈。"晋王弼注:"六亲,父、子、兄、弟、夫、妇。"

⑤六宗：古代所尊祀的六神。其具体所指，说法不一。《尚书帝命验》则称："天宗，日、月、北辰；地宗，岱、河、海也。日、月为阴阳宗，北辰为星宗，河为水宗，海为泽宗，岱为山宗。"

【译文】

"如今已经共同评议，验定出结论了，就从右方奏呈上去；还要继续共同评议，验定出结论，就从右方批转下去，这被称作上下已经完全属实了。如果奏呈上来的不真实，就依旧得不到任何益处；批转下去的不真实，也同样得不到任何益处。奏呈的和批转的全都真实，时气也就变正常了。下面奏呈的很真实，而上面批转的却不真实，这属于上面冤枉下面，下面又会自感冤枉，大力做善事却得不到任何益处，皇天的愤怒就又重新发作了。倘若上面批转得很真实，这属于下面欺蒙上面，大地的愤怒就重新发作了。奏呈上来的和批转下去的都已属实了，帝王却不用心予以恰当实施，四时五行和世人体内的神吏，天地六宗的气流乃至整个人间，就都愤怒战斗，凶害气又发作起来了。尽管大力让人们从三条途径献呈文书，校正天下的言辞和书文，但帝王却不大力予以恰当实施，照样得不到任何益处。

"故吾乃承天心，为上皇德君作化①，不敢失天心也。故悉拘天法②，以天地象为经③，随阳为正，顺四时五行为令，万世不易也。子知之耶？""唯唯。愚生谨以觉矣，甚畏天法。"

【注释】

①作化：意谓兴行教化。
②拘：恪守之意。
③天地象：即天文地理。

【译文】

"所以我正秉承天心，为皇天神子具有道德的君主兴行教化，决不敢偏离天心。因而完全恪守皇天的大法,把天文地理作为准则,把跟随阳气作为正路,把顺从四时五行作为训令,永远不可更改。你们清楚这一点了吗?""是是。愚生恭谨地已经觉悟了,特别畏惧皇天的大法。"

"子知畏之,已长吉矣。戒真人一大要言也:夫拘校文书法,毋但言其神文如其书文言,如此以为真也,是名为聋文也①。言事独无本柄耶②?何以言如此哉?不禁其有也,但问其言之意,当得其意,乃事可明也。如不说其意,以何能得知之乎哉?故当问其解决意③。不者不可用也,名为聋治。

【注释】

①聋文:意谓对文书纯粹是个聋子。即无所察知。

②本柄:指根本与要领。

③解决意:指所作结论的涵义。

【译文】

"你们懂得畏惧它,已经永久吉利了。再告诫真人一大要言:在汇集校理文书的方法上,不要只是说那些天降神文与他那书文讲的一样,随即认为他那书文便属真确的了,如此简单地作判断,就被称作对文书纯粹是个聋子。讲论事体就唯独没有根本与要领存在吗?他为什么偏要如此作讲论呢?不能禁止他有那番讲论,只应去探究他所讲论的意旨,只有抓住了他所讲论的意旨,事体才能够辨明。如果不指明他所讲论的意旨,依据什么能够判明他究竟怎么样呢?所以应当探究他所作出的结论的涵义。对未曾如此作过探究的书文,决不可采用;采用就被称作对治理一窍不通。

"子欲乐知其意,比若人语必有本,当有可由而起;不可但言东公言①,以立事也②。夫人证立事者悉有本,安得但空设伪空言乎？故赤凡事者③,皆当以其实有据,乃可立事也。

【注释】

①东公：疑指传说居于东荒山大石室中的仙人东王公或东方朔。东方朔为汉武帝侍从官,世称其外有仕宦之名,内乃度世之人。参见《论衡·道虚篇》所述。

②立事：定立事体。

③赤：使其披露无遗之意。

【译文】

"你们要想弄明白这种处置方法的要意,就好比人们开口讲话必定会有既定的目的,会有一定的缘由才说出来;因而决不能光说东公曾经这样讲过,就来定立事体。人们验证并定立起事体,全都有那根基在,哪能只是毫无根据地编造一套虚假空洞的说法呢？所以使任何事体都披露无遗的做法是,都应当凭仗它真确有据,才能定立起事体。

"子欲得知其大效明征,比若吾为德君化法,皆以试立应为效言也。行之而不应,即伪言也;行之而不应,即为天也①。夫实说文与言矣,比若此矣。安得空立征而言,其文言而无说乎？愚人或反有拘②,何各神文言如是也？但可以解难拒穷之辞耳③。夫神文何雄④,或独有意？但传言其文不居一卷也。独自传,遥相说,人不深得其诀意,反但以拒难救穷！言东久言⑤,以是自明,实非也,皆为失说意。令至道德辞不得通达者⑥,悉坐是⑦。子知之乎？""唯唯。愚生谨已觉矣。"

【注释】

①为天：意谓假借皇天名义搞欺骗。为，通"伪"，假装，欺骗。

②拘：拘泥。

③解难拒穷：意为应付他人的诘难，掩饰自身的穷窘。

④雄：非同寻常之意。

⑤言东久言：据上文，此四字中"久"当作"公"。

⑥至道德：最高的真道与真德。

⑦坐：牵累于。

【译文】

"你们要想了解掌握那最显著的效验和明证，就好比我为具有道德的君主制定教化的大法，都依仗试用试行立刻就得到皇天的回应来构成那真确有效的说法。行用却得不到皇天的回应，就属于邪伪的说法；行用却得不到皇天的回应，就纯属打着皇天的旗号在行骗。核实并指明书文和言辞怎么样，也就像这个样子了。哪里能够空泛地罗列证据而去大讲特讲一通呢？他那书文和言辞竟没有一种说法吗？愚昧的人反倒拘泥于字面上的东西，宣称各篇神降天文怎么全是这套话呢？这套话也只是应付别人的诘难、掩饰自己穷窘的一套话罢了。神降天文又有什么异乎寻常的地方，偏偏蕴含着稀奇古怪的意旨呢？只是众人都盛传天降神文不止一卷罢了。其实天降神文正独自传布，长久得到各种解说，世人不能深深探求到这方面结论的涵义，反而认为它们只是应付别人的诘难、掩饰自己穷窘的言辞！一开口就说东公曾经这样讲过，拿这来给自己作证明，实际上却很荒谬，均属丧失了作解说的固有本意。致使最高道德的文辞得不到播扬传布，原因都是被它们牵累住了。你们清楚这一点了吗？""是是。愚生已经恭谨地觉悟了。"

"然。子如此而不觉，则遂迷矣。是故案吾书考文及人辞者，皆竟问其意①，何以得其说者，以类聚之，乃后天下之文及辞言,且一穷竟,天道法可睹矣,善恶之辞得通矣。""善哉善哉!"

【注释】

①竟问:探究到底之意。

【译文】

"好的。你们到我讲到这种地步还不觉悟,那就纯属执迷不悟了。所以遵照我这篇文书去考订天下的著述和世人的口头语,都要把它们的意旨探究到底,弄清它那说法提出的根据,按照类属进行汇聚,然后天下的书文以及口头语,一律梳理完毕,而天道的法则就可以看出来了,是善是恶的言辞就能贯通起来了。""这太好了! 这太好了!"

"行,吾之道见于此。真人自上下思之,思之悉更相征明,则无不解矣。天下之事,无不毕矣;大道得矣,天地悦矣,德君长安矣;天下俱同口皆曰'善哉',无复言天①。治乃复得天地心意,故曰安②;举事得凡人之心,故天下无复言。真人知之耶?""唯唯。""行,辞小异有疑,复来问。""唯唯。"

右天怨地咎国之害、征立洞极经文③。

【注释】

①言天:意谓责怪皇天。

②故曰安:此四字中"曰"当作"日"。形近而讹。

③征立:互证并确立之意。

【译文】

"回去吧,我那真道在这上面显示出来了。真人从上到下精思它,精思它再递相互作印证和阐明,就没有不解悟的了。天下的所有事体,没有不敲定的了；大道已经掌握了，天地高兴起来了，具有道德的君主永久安平了；天下人都齐声赞叹'好极了'，不再责怪皇天了。治理又重新获取到天地的心意，所以就一天比一天安定；推出任何举措都切合世人的心愿，所以天下就无可言说了。真人明白这种情况了吗?""是是。""回去吧，文辞出现略有出入的地方，对此产生疑问，就再来询问。""是是。"

以上为天怨地咎国之害、征立洞极经文。

卷九十二　己部之七

三光蚀诀第一百三十三

【题解】

本篇所谓"三光蚀"，系指日蚀、月蚀以及星辰隐没错位等奇异天象而言。此类天象，历来被政治人物和专职官员以及星占家视为上天向人间特别是帝王发出的严重谴告信号而力加解说，借以威慑唯朕独尊而尽可肆意妄为的当朝天子的行动，抑制至高无上而不受任何制约的皇权。对在封建时代惟一可行的这种借皇天压帝王、借天象斥弊政的公开化、合理化、合法化的做法与观点，篇中力加继承，径予发挥，既对先秦以来日月"同处相蚀"的近乎科学的认识进行驳斥，又对蚀有常数、无关政治良瘝的思想予以否定。进而强调，三光之蚀，属于阴阳相互凌犯、迭争胜负的结果和人间道德未行的"天证"。帝王要想不乱"命门"，必须顺应阴阳五行转相生成的"天性"，按照《太平经》兴道布德的主张去做。并断言，只要如此行事，便可止息诸种奇异天象的再度降现。

　　"请问天之三光，何故时蚀邪①？""善哉！子之所问。是天地之大怨，天地战斗，不知其验，见效于日月星辰。然亦可蚀，亦可不蚀，咎在阴阳气战斗②。"

【注释】

①时蚀：即周期性交食。依照天文规律，日食发生在朔日（初一），月食发生在望日（十五）。就整个地球而言，日食多于月食；就一个地区而言，月食多于日食。每年见食次数平均为四次，最少两次，均系日食；最多则七次，包括日食五次，月食二次，或日食四次，月食三次。此外还有罕见的行星掩恒星和常见的行星掩其卫星等。

②咎：祸患。

【译文】

"请问天上的日月星辰，为什么经常交食呢？""你们这提问简直太好了！这是天地对人间非常怨愤，因而天地在相互争斗，而世人却对这一证象茫然不知，所以就借助日月星辰来显现那兆象。然而能出现交食，也可以不出现交食，祸患就出自阴阳二气在彼此争斗。"

"何故战斗乎？""阴阳相奸①，递诤胜负②。夫阴与阳，本当更相利祐，共为和气③，而反战斗，悉过在此不和调。"

【注释】

①奸（gān）：凌犯。

②诤：通"争"，争夺，争竞。

③和气：指由天地阴阳二气交合而成的中和气。本经乙部《和三气兴帝王法》称："阴阳者，要在中和。中和气得，万物滋生，人民和调，王治太平。"又卷一百十七《天咎四人辱道诫》谓："天地之间，其气集多所而畜容，故名为中和。"又卷一百一十九《三者为一家阳火数五诀》云："二者好成，名为和。"

【译文】

"为什么彼此争斗呢？""因为阴阳相互凌犯，接连在争胜负。阴与阳本应轮流有利并佑助对方,一起形成协调的气流,可却反而彼此争斗,过责就出在这不和谐上面。"

"如使和调不蚀,亦当不蚀邪?""然。大洞上古最善之时①,常不蚀;后生弥弥共失天地意②,遂使阴阳稍稍不相爱③,故至于战斗。子以吾言不然也,子使德君案行吾文,尽得其意,战斗且止;小得其意,小止;半得其意,半止;如不力行,固困耳。"

【注释】

①大洞:明彻至极之意。上古:指天皇、地皇、人皇所谓三皇时代。

②弥弥:愈益,越发。

③稍稍:逐渐。

【译文】

"如果使双方谐和而不交食,也就应当不再交食了吧?""是的。在明彻到极点的上古最吉善的时代,就总不交食;后来出生的人愈益偏离天地的心意,于是导致阴阳逐渐不相互喜爱,所以就发展到彼此争斗。你们如果认为我讲得并不确切,你们就让具有道德的君主查考行用我这书文,彻底了解并掌握了其中的要意,阴阳彼此争斗眼看着就会停息;稍略了解并掌握了其中的要意,就会稍略停息;在一半范围内了解并掌握了其要意,就会在一半范围内停息;若不大力行用,那就陷入困顿了。"

"请问夫日月蚀,以何时运相逢邪①?""噫,子其愚哉!真人正复更发天怒。今真人以何知为时运邪?""愚生见其同处也②。""冥冥哉!子之心也,其暗冥何剧也?审若子言,运相逢也,何故于一年之间日月蚀无解矣③,或连岁不蚀,运何以然? 帝王多行道德,日月为之不蚀,星辰不乱,其运何以然哉? 又天性,阴阳同处,本当相爱,何反相害耶? 又阴阳本当转相生,转相成功,何反相贼害哉? 是子之愚也。

【注释】

①时运:时势运会。

②同处:指日食发生在朔(初一),月食发生在望(十五),日月同度。

③无解:连连出现之意。

【译文】

"请再问一下,日食和月食,依凭哪些时势运会就碰到一块了呢?""嘿嘿! 你们还是愚昧啊! 真人恰恰又重新让皇天发怒呀! 眼下真人根据什么知道这属于时势运会呢?""愚生看到日食发生在初一,月食发生在十五。""这可显得太昏昧了呀! 你们内心为什么昏暗得那么厉害呢? 确如你们所说的那样,这是时势运会碰到一块了,可又为什么有的地区在一年以内日食和月食接连出现,有的地区却好几年都不发生呢? 时势运会靠什么能造成这种情况呢? 帝王下大气力行用道德,日月就不为他交食,星辰也不错乱,时势运会又靠什么能造成这种情况呢? 再者说来,皇天的本性便是阴阳处在一起,原本应当相互喜爱,为什么反而又彼此伤害呢? 阴阳原本还应转相化生,转相成功,为什么反而又彼此伤残戕害呢? 这表明你们太愚昧呀!

"子欲知其实,比若人矣。人常相厚,久不相睹,一相得逢遇大喜,则更相祐利,相誉相明。及其素相与不比也①,卒相逢便战斗②;大不比,斗死而已;小不比,小斗。"

【注释】

①不比：不亲近，不和睦。

②卒：后多作"猝"，突然，猛然。

【译文】

"你们打算了解那实情，也就好比人与人之间的关系了。两个人平素交情很深，长时间没见面，一下子又碰到一起，就特别高兴，相互有利并佑助对方，相互赞扬并宣传对方。至于一向关系紧张的人，双方猛一相遇就厮打起来；关系特别紧张的，一直厮打到对方死去才罢手；关系多少有些紧张的，就厮打一阵才算完事。"

"可骇哉！可骇哉！愚生已解矣。请问今日乃太阳①，火之精神也②；月乃太阴③，水之精神也④。今水火不同处，自相遭逢则相灭⑤，何谓也？不比邪？""善哉！子言得其意。然。水火各以其道守其行，皆相得，乃立功成事。比若五行，不可无一也，皆转相生成。子欲知其实也，比若五藏⑦，居人腹中，同一处，心乃火也，肾乃水也，岂可为同处而日相与战斗相蚀邪？子宁解知不乎？""唯唯。愚生已觉矣。"

【注释】

①太阳：最旺盛的阳气。

②火：指火行。精神：即精灵。《范子计然》曰："日者，火精也。火者外景主昼，居昼为明，处照而有光。"《淮南子·天文训》谓："积阳之热气生火，火气之精者为日。"

③太阴：最旺盛的阴气。

④水：指水行。《淮南子·天文训》谓："积阴之寒气为水，水气之精者为月。"《春秋元命苞》称："太阴水精为月。"

⑤相灭：谓水将火浇灭、火把水烧干之类。

【译文】

"这太可怕了！这太可怕了！愚生已经解悟了。请再问一下，如今太阳正属于最旺盛的阳气，是火行的精灵；月亮正属于最旺盛的阴气，是水行的精灵。如今水和火并不处在一起，彼此自行遇到一块就浇灭或烧干对方，这正说明什么问题呢？也是说明关系紧张吗？""太好了！你们这番话获取到其中的意旨了。好的。水行和火行各自按照它们的定律守持本身的活动，彼此都很协调，就发挥功用，成就事体。这也就如同五行，不能缺少其中的任何一行，它们都转相化生和成就。你们打算了解那实情，也就好比五脏，长在世人的腹内，处在同一个部位，可心却属于火行，肾则属于水行，哪能让它们处在同一个部位而每天都相互争斗，像日月那样交食呢？你们到底对此解悟没解悟呢？""是是。愚生已经觉悟了。"

"是故和平气至，三光不复战斗蚀也；三光不相蚀，乃后始可言得天地之心矣。以是为证，故欲自知优劣，行道德未，俱观此天证。而聚众文，言同处相蚀，是者但记同爱之文①，未深得之意也。正使有神文言天，乃未深见其情实也。子知之耶？""唯唯。"

【注释】

①同爱：意为与自家私意相一致。即见解相同。

【译文】

"所以和谐安平的那股气到来，日月星辰就不再相互争斗而交食了；日月星辰不再交食，然后才可以宣称获取到天地的心意了。把这作为证验，所以要想自我明了优劣，行用道德与否，都要察视皇天的这一证象。而把各种书文聚到一起,都说日月同度而相互交食,这只属于专门记述与自家私意相一致的文辞,并未深深获取到那意旨。恰恰造成已有神降天文在讲说天象,可人们竟尚未深深看出那情实来。你们明白这一点了吗?""是是。"

"行,子已觉矣。吾文出之后,帝王德君思此天意,勿忘此言,此言所以致得天心之文也。如得天意,命乃长全也①;不得天意,乱命门也②;行而不称天心,亦大患也。初上古以来,众圣帝王以此为戒。深记吾言,结于胸心,乃微言可见③,道可得也。以付上德之君,以救三光之斗蚀也。""唯唯。""行去,辞小竟,疑复来问之。""唯唯。"

【注释】

①命:此处既指个人生命,又指上天授予的统治权,二者兼而言之。

②命门:性命之门。或谓下丹田(即人体脐下一寸三分处),或谓脐,或谓肾。因其均属性命攸关处,故称命门。此处喻指关键处。本经以君父师三者为天下命门,详参己部卷九十四至九十五《阙题》所述。

③微言:深远精微之言。

【译文】

"回去吧,你们已经觉悟了。我这书文出示以后,帝王和具有道德的国君应精思这天意,切莫忘掉这种讲法,这种讲法是用来获取到天心的文辞的。如果获取到天意,性命才能长久保全住;获取不到天意,那就搅乱了性命攸关之处;行用这篇书文却不符合天心,也是大祸患。从最初的上古时代以来,众位圣贤和帝王都把这作为重戒。牢牢记住我的讲法,铭刻在心胸上,于是深远精微的言辞就可以看出来,真道就能获取到了。把这书文付归给具有第一等道德的君主,来挽救日月星辰的争斗交食。""是是。""回去吧,讲说到此,暂且告一段落,出现闹不太清的问题,再前来询问。""是是。"

万二千国始火始气诀第一百三十四

【题解】

本篇所谓"万二千国",乃系仿照战国阴阳家邹衍的大九州说,参取儒家理想化的分封制度,利用术数推导出来的一个世界性的政区概念。"始"为周而复始之意;"火"指五行中对木、金、土、水四行具有兼化和主宰作用的火行;"气"指以施生为其本性的天之阳气。篇中断定:日月星蚀等奇异天象,纯属其所出现地区和国家邪气上行、遮蔽皇天三光的结果;水旱、疫病、兵燹使人"烈死"悉灭,俱系承负之厄所致,由此反对时运际会的宿命观,力倡善恶报应的承负说以及"天伐、地伐、人伐"的三伐论。承负说在篇中,不仅被赋予一种殃及良善的偶然性,而且被赋予一种毁天败地、使天地人三统俱绝、久不复生的必然性。为消除承负的"冤毒灾剧"和"乱毁"凶路,篇中强调万二千国亟待明达占验,应合神符,共奉火行,兴道布德,守一通神,使上皇太平阳气随而周流,达到三统"相须而立"、"迭相生成"的原始协调状态。

"请问天下共日月,共斗极①,一大部乃万二千国②,中部八十一域③,分为小部,各一国。德优者,张地万二千里④,其次张地广从万里⑤,其次九千里,其次八千里,其次七千里,其次六千里,其次五千里,其次四千里,其次三千里,其次二千里,其次千里,其次五百里,其次百里⑥。此乃平平之土⑦,德优劣之所张保也。德劣者,乃或无一平之土,悉有病变⑧。令一国日月战蚀⑨,万二千国中,宁尽蚀不?斗极不明,万二千国宁尽不明不乎?"

【注释】

①斗极:指北斗星和北极星。北极星居天中央,故谓之极。北斗拱极,故称斗极。桓谭《新论》云:"天亦转周匝,斗极常在,知为天之中也。"

②一大部:指大九州。战国阴阳家邹衍认为,中国名为赤县神州,九个像赤县神州那样的州组成一大州,周围有小海环绕;这样的大州又有九个,周围有大海环绕;再往外,才是天地的边际。这种地理假说,史称大九州说。其为此处"一大部"所本。万二千国:由《太平经》编著者利用术数推导出来的世界政区总数目。实则于史无征。卷九十三《国不可胜数诀》谓:"中部有八十一域,次其外,复一周,天下有万国,乃远出到洞虚无表,合三部为万二千国。"又称:"何故乃有万二千国乎?""天数始起于一,终于十,十而相乘,天道到于五而反,故适万国也。其二千国者,应阴阳更数,比若数十而终也,岁月数独十二也,尚五岁再闰在其中也。此应天地之更起在天,天洞虚之表里,应为天地并数,故十二月反并为一岁,尚从闰其中。"

③八十一域:指一大州。即赤县神州。赤县神州又内分九州,九九相乘,则一大州计有八十一域。

④张地:谓扩展辖区,拓展领地。

⑤广从:指面积。东西为广,南北为从(纵)。

⑥百里:西周以来所定立的诸侯封地范围。以上所云,系对《礼记·王制》关于京畿内外九州建国制度的改造。

⑦平平：平静安宁之意。

⑧病变：指疾疫和各种灾异现象。详见本经卷四十三《大小谏正法》所述。

⑨日月战蚀：意为日月战斗而形成日蚀、月蚀。日蚀即日食。月球运行到地球和太阳中间时，太阳光被月球挡住，不能照射到地球上，这种天文现象叫日食。太阳全部被月球挡住时叫日全食，部分被挡住时叫日偏食，中央部分被挡住时叫日环食。日食均发生在农历初一。在古代，日蚀历来被视为上天向帝王及臣民发出的最为严重的谴告信号。月蚀即月食。在月望日，地球运行到太阳与月球之间，月球因受地球阻隔，照射不到太阳光，月面变黑，这种天文现象叫月食。太阳光全部被地球挡住时，便发生月全食；部分被挡住时，便发生月偏食。在古代，月蚀被视为仅次于日蚀的谴告信号。

【译文】

"请问天下都被同一个太阳和月亮来照耀，都由同一个北极星和北斗星来指示方向和季节变化，整个地域部界竟有一万二千个国家，处于正中的地域部界又包括八十一处，再划成小部界，每一部界就形成一个国家。其中道德数第一的国家，拓展辖区一万二千里；其次拓展辖区，面积达一万里，第三等为九千里，第四等为八千里，第五等为七千里，第六等为六千里，第七等为五千里，第八等为四千里，第九等为三千里，第十等为两千里，第十一等为一千里，第十二等为五百里，最末等为一百里。这正构成了同属一片平静安宁的土地，而由道德优劣所决定的国土辖领与保有的状况。那些道德很差的国家，有的竟然没有一块平静安宁的地方，都存在疾疫和灾异。假如太阳和月亮在一个国家内战斗而发生了日食和月食，一万二千个国家是否也都发生呢？北斗星和北极星在一个国家内暗淡无光，一万二千个国家是否也都暗淡无光呢？"

"善哉！深邪远邪眇邪^①！子所问也。何故正问此变？"
"今怪一国有变，万二千国何誉^②？当复有变者邪？怪之，不
及天师问，恐终古无以知之^③，故问之也。"

【注释】

①眇（miào）：通"妙"，精妙。

②誉：通"豫"，欢愉，安乐。

③终古：永久。

【译文】

"你们这提问简直太好了！真是深远又精妙啊！为什么恰恰就询
问这种天象变异呢？""如今感到奇怪的是，一国发生天象变异，一万二
千国怎能还那般安乐呢？该有其他国家出现天象变异吧？对此深感奇
怪，若不向天师询问，恐怕永久也无法闹清它，所以就问这桩事。"

"善哉！子之所疑，可谓入道矣。一国有变，独一国日
不明，名为蚀；比近之国，亦遥睹之；其四远之国^①，固不蚀
也。斗极凡星不明^②，独失其天意者不明，其四远固不蚀。"

【注释】

①四远：四方极远之处。

②凡星：众星辰。

【译文】

"你们所怀疑的事情太好了！可以称得上进入真道了！一国发生
天象变异，只是这一国太阳不明亮了，这被称为日食；而周围的邻国也
从远处会看到这种现象；可四方遥远的那些国家，压根就不会看到会有
日食。北斗星和北极星以及众星辰暗淡无光，只有违背天意的国家才

境内暗淡无光,四方遥远的那些国家压根就不暗淡无光。"

　　"今请问:于何障隐而独不明邪?""噫,子固童蒙未开也^①,类俗人哉! 今是天与地,相去积远,是其失道无德之国,下邪气共上蔽隐天三光^②,各以其类上行,使其不明。比若雾中之处,其三光独不明;无雾之处,固大明也。子欲重知之,阴处独不见月蚀,阳处独见日蚀。

【注释】

①童蒙:幼稚愚昧。语出《周易·蒙》卦。

②邪气:邪恶的气流。《易纬通卦验》卷上称:"是故邪炁数至,度数不得,日月薄食,列星失其次。"本经卷一百十二《不忘诫长得福诀》云:"无德之国,阴气蔽日,令使无光,人民恐惧。"

【译文】

　　"如今请求再问一下:这是从哪里给遮蔽住,偏偏就暗淡无光了呢?""嘿嘿! 你们依旧幼稚愚昧,尚未开通,仍和世俗人差不多呀! 如今皇天与大地照样距离远极了,而这正是那些失去真道、没有恩德的国家,它们下面的邪气一齐往上遮蔽住日月星辰,按照各自的类属向上窜,造成日月或星辰暗淡无光。这也就好比在雾气笼罩的地方,日月星辰就显不出光辉来;而在没有雾气的地方,依然非常明亮。你们想要再了解这种情状,那也就是在阴处偏偏看不到月食,在阳处偏偏看得到日食。

　　"子欲重知其审实,比若今年太岁在子,有德之国独乐岁^①,无德之国独凶年。今是俱共一国一岁共一年,而其吉凶异。比若人俱共一天一地,其安危处异,俗不同^②。子知之邪?""唯唯。善哉! 善哉!"

【注释】

①乐岁:犹言丰年。

②俗:指道德教化的程度。

【译文】

"你们想再了解那详实的情况,也就好比今年太岁在子位坐标上,可具有道德的国家偏偏是丰收年,而没有道德的国家却偏偏是灾荒年。如今同是一个国家、一个太岁、一个年份,但它们的吉凶结果却完全不同。又好比世人都生存在同一个苍天下和同一个大地上,可他们的安危处境却两样,这是由道德教化的程度不同而造成的。你们明白这一点了吗?""是是。这太好了!这太好了!"

"今是日月运照,万二千国俱共之,而其明与不明者,处异也。有道德之国,其治清白①,静而无邪,故其三光独大明也,乃下邪阴气不得上蔽之也。不明者,咎在下共欺上,邪气俱上蔽其上也。无道之国,其治污浊,多奸邪,自蔽隐,故其三光不明矣。子欲重知其审,比若翕目视日②,与张目视日;比若善张目视日,与蒙薄帛视日③,正此也。宁解不邪?""唯唯。可骇哉!可骇哉!""子知骇是,则得长生矣。""唯唯。"

【注释】

①清白:清明纯正。

②翕(xī)目:合目,闭目。翕,合。

③薄帛:质地薄细的白色丝织品。

【译文】

"如今太阳和月亮运行照耀,一万二千个国家都处在它们的照耀之下,而境内大放光辉和境内暗淡无光的国家,却处境不同。具有道德的国家,它那政治清明纯正,宁静而无邪恶,所以在它境内的日月星辰就偏偏大放光辉,这是因为在它下面的邪气没办法往上遮蔽住日月星辰。而境内日月星辰暗淡无光的国家,祸患就出在下面的人共同欺骗上面的人,邪气全都往上遮蔽住日月星辰。没有道德的国家,它那治理乌七八糟,奸邪多,自己就给自己遮蔽住,所以在它境内的日月星辰就暗淡无光了。你们想要重新了解那实情,也就好比合上眼睛看太阳与张开眼睛看太阳。又好比很会张开眼睛看太阳与蒙上薄层丝帛看太阳,正和以上情况相同。你们到底解悟没解悟呢?""是是。这太可怕了!这太可怕了!""你们知道这很可怕,也就获取到长生了。""是是。"

"其且凶衰之国①,三光尽不明,比若盲人而独不睹三光明,三光自若,以其人盲,独不见之矣。比若年盛者独睹三光明,年老者独不睹三光明。是其盛衰之效也。悉宁解邪?""唯唯。""行去矣。"

【注释】

①凶衰:凶险衰败。

【译文】

"那些眼看着凶险衰败的国家,日月星辰全都暗淡无光,这就好比瞎子唯独看不到日月星辰的光辉,可日月星辰照样放光辉,只是因为他是瞎子,也就唯独他看不到罢了。又好比年轻力壮的人唯独能看清日月星辰的光辉,而年纪已老的人却唯独看不清日月星辰的光辉。这正是国家盛衰的效验。你们到底完全解悟了吗?""是是。""那就回去吧。"

"请问一绝诀说①。""何等也?""今不审知一者何等也②。""噫!真人守文极多,何故为疑此邪?""今眩冥也③。"

"子知守一④,万事毕。子何问眇哉⑤? 宜思其言。""唯唯。"

【注释】

①绝诀说:意为坚确不移的裁断说明。诀,通"决"。

②一:指意守精思的根本对象和目标。

③眩冥:迷乱昏昧。

④守一:此为《太平经》所极力阐扬的一套精神修炼方术,即高度集中和控制意念力的一套功夫。本经述及守一多处,具体所指非一。此处则为存思体内神灵。见下文所述。《庄子·天地》云:"通于一而万事毕。"

⑤眇(miǎo):谓双目失明。此处为茫然无知之意。

【译文】

"请求再问一项坚确不移的裁断说明。""究竟是什么呢?""现下仍未确切知道需要意守的那个'一'到底是什么。""嘿嘿! 真人掌握的经文特别多,为什么对此提出疑问呢?""如今还是感到迷乱昏暗。""你们懂得守一,各种事情就都大功告成了。你们提问怎么竟是那样茫然无知呢? 应当精思那些论述。""是是。"

"一者,心也,意也,志也,念此一身中之神也①。凡天下之事,尽是所成也。自古到今,贤圣之化②,尽以是成器名③,以其早知学,其心、意、志、念善也,守善业也④。愚者尽凶是也,以其守学之以恶业也⑤。

【注释】

①一身中之神:指寄居在人体各部位、诸器官内并起主宰作用的人格化的精灵与神灵。详参本经乙部《阙题》(二)所述。

②化：化就。

③成器名：意谓成为杰出人物而名闻四方。

④善业：行善积善的德业。

⑤恶业：行恶积恶的孽障事。

【译文】

"那个'一'，也就是心念、用意和志向，也就是精思这整副身躯中的神灵。天下所有的事情都是由这种道术造就而成的。从古到今，圣贤的化就，全都通过这种道术成为杰出的人物而名闻天下，因为他们很早就懂得学用它，心念、用意、志向和精思的对象都吉善，守持那行善积善的德业。愚昧的人没有一个不凶败的，因为他们拿那行恶积恶的孽障事来学用并且抱住不放。

"天地之性，蚑行万物悉然[1]。故在师学之，寿可得也；在学何道，天地可按也。聚众人亿万，不若事一贤也；众愚亿万，但可疾凶败耳。审能守一贤，身何害？有身者不能还自镜照[2]，见念反还镜身，志念远，即身疾，衰枯落；务志念近，则身有泽[3]。凡志念所成众多，不豫记之。天下之事，悉是也。子知之邪？"

【注释】

①蚑（qí）行：泛指用脚行走的动物。

②自镜照：意为像以镜照面般观照自身。本经壬部有"洞照之式"、癸部《神人真人圣人贤人自占可行是与非法》有"照镜之式"的说法。卷四十二《四行本末诀》则云："是故古圣贤，深观天地岁月日人民万物，视所兴衰浮平进退，以自知行得与不得，与用洞明之镜自照，形容可异。"卷八十六《来善集三道文书诀》又云："以

其事对之,比若窥明镜,相对而面语。"

③泽:指面生光泽。

【译文】

"天地的本性,决定了人和一切动植物无不如此。所以全在于拜从明师去学习,便能获取到长寿;还在于学习哪种道法,能够查照出天地的心意来。聚集起众人亿万,比不上侍奉一位大贤士;辖有亿万各类愚昧的人,只会使凶败加速到来。真能仰赖一位大贤士,自家性命还有什么凶害呢?身躯还在的人做不到反转来像以镜照面般观照本人,志念一闪现就掉转来察视自身,一旦志念往远处想入非非,立刻就会身患疾病,衰弱枯竭下去;务必使志念朝自身近处凝聚,就会面生光泽特强健。属于志念所成就的事情非常多,多得预先作记述都记述不过来。天下一切事情,都是这个样。你们清楚这一点了吗?"

"唯唯。请问旱冻尽死,民困饥寒烈而死①,何杀也?""此者,皇天太阳之杀也。六阳俱恨②,因能为害也。""何谓邪? 愿闻之。""然。六方洞极③,其中大刚④,俱恨人久为乱,恶之故杀也⑤。"

【注释】

①烈:惨烈。据下文所言,指疫病大面积流行。

②六阳:指乾卦六爻所代表的渐次升腾的阳气。于时为农历十一月至来年农历四月,即建子之月至建巳之月。

③六方洞极:此四字中"方"原作"万"。据《太平经钞》改。洞极,通透至极。指弥漫和充盈的范围。

④大刚:最刚健之物。《易乾·文言》谓:"大哉乾乎! 刚健中正,纯粹精也。"

⑤恶之故杀也：此五字中"也"原作"其"。据《太平经钞》改。

【译文】

"是是。请求再问一下，大旱灾和大冻灾一到，万物就全死掉；老百姓被饥寒困住而疫病流行，大多死去，这是由什么给戕杀的呢？""这正属于皇天最旺盛的阳气在戕杀。从十一月到来年四月渐次升腾的阳气都深感愤恨，因而就能造成凶害。""这话讲的是什么意思呢？希望能听到这方面的教诲。""好的。上下四方通透到极点，全被怒气所笼罩，其中最刚健的阳物，无不痛恨世人长久干那败乱它们的勾当，对此憎恶至极，所以就进行戕杀。"

"其害于人何哉？""无有名字也①。但逢其承负之极，天怒发，不道人善与恶也②。遭逢者，即大凶矣。子欲知其实，比若人矣。人大忿忿怒，乃忿甲，善人不避之，反贼害乙丙丁。今乙丙丁何过邪？而逢人怒发。天之怒发，亦如此矣。故承负之责最剧，故使人死，善恶不复分别也。大咎在此，故吾书应天教，今欲一断绝承负责也。天其为过深重，多害无罪人，天甚忧之。故教吾敕真人，以书付上德之君，令恶邪佞伪人断绝，而天道理③。子知之邪？"

【注释】

①无有名字：意为无法用何种名目能作出概括性的表述来。极言其害之烈。名字，名目，名称。

②道：讲论，分辨。

③理：顺畅之意。

【译文】

"它们对世人的戕害是怎样一种情形呢？""这简直没办法能用哪句

话作出概括来。只要是赶上承负积累到极限,天怒大发,就不管世人好与坏了。遇上这劫厄的,就都万分凶险了。你们要想了解那实情,也就好比世人的表现了。一个人恨怒到极点,正由恨怒某甲而起,可良善的人却不躲避开,反而就虐杀伤害到某乙、某丙、某丁了。眼前这某乙、某丙、某丁可有什么过错呢? 但却偏偏碰上了一个人怒伤无辜。皇天怒不可遏,也像这个样子了。所以承负的罪责最严重,因而让人死去就连善人恶人也不作区分了。大祸患出在这上面,所以我那书文承奉皇天的教令,在当前要彻底断绝承负的罪责。皇天这样造成的过错也太重,戕害了许多无罪的人,皇天对此也万分忧愁。所以就命令我责成真人,把这书文付归给具有第一等道德的君主,使邪恶、奸巧、虚伪的人断绝掉,而天道也就变得顺畅了。你们了解这种情况了吗?"

"唯唯。愿请问天地开辟以来,人或烈病而死尽①,或水而死尽②,或兵而死尽③,愿闻其意,何所犯坐哉④? 将悉天地之际会邪⑤? 承负之厄耶?""然。古今之文,多说为天地阴阳之会⑥,非也,是皆承负厄也。天气中和气怒⑦,神灵战斗,烈病而死者,天伐除之⑧;水而死者,地伐除之;兵而死者,人伐除也。"

【注释】

①烈病:指四处蔓延的急性传染病,如瘟疫之类。

②水而死尽:指历阳(古县名)城一宿沉而为湖之类。详见《淮南子·俶真训》所述。

③兵:指战争。如战国长平之战,秦国坑杀赵国降卒四十万之类。

④坐:获谴之意。

⑤际会:意谓吉凶之事相交际而会合。即该有劫难的时候。

⑥天地阴阳之会:指阳九百六说。汉代《易纬》以四千六百一十七年为一元,初入元一百零六年,简称百六。其中有旱灾之年九,谓为阳九。一元终始,共有九厄,即阳厄五,阴厄四,阳为旱灾,阴为水灾。其水旱灾年份合计五十七个,而一元常岁为四千五百六十年,则每平均八十年,即有一灾年。

⑦天气中和气怒:此六字中"天气"之"气"当做"地"字。涉下而讹。

⑧天伐:上天的致命惩罚。下文"地伐"、"人伐",意均仿此而定。

【译文】

"是是。希望请求再问一下,自从天地开辟以来,世人有的赶上疫病流行便死光了,有的赶上水灾突发便死光了,有的赶上战争便死光了。希望听一听其中的意旨,这是触犯到什么而遭到惩罚了呢? 真都属于天地到了该有劫难的时候吗? 或者属于承负的灾厄吗?""好的。古今的书文大多把这说成是天地阴阳的厄会,其实全不对,这都属于承负的灾厄。天气、地气与中和气一起大怒,神灵彼此争斗,碰上疫病流行而死去的人,这是皇天的致命惩罚而把他们断送掉;碰上水灾突发而死去的人,这是大地的致命惩罚而把他们断送掉;碰上战争而死去的人,这是人间的致命惩罚而把他们断送掉。"

"愿闻烈病而死者,何故为天杀?""天者为神主①,神灵之长也,故使精神鬼杀人②。地者,阴之卑;水者,阴之剧者也,属地。阴者,主怀妊凡物③;怀妊而伤者,必为血。血者,水之类也;怀妊而伤者,必怒不悦,更以其血行污伤人。水者,乃地之血脉也,地之阴也,阴者卑,怒必以其身行战斗杀人。比若臣往捕贼,必以其身行捕取之也,不得若君,但居其处而言也。中和者④,人主之,四时五行共治焉。人当调和而行之,人失道不能顺,忿之,故四时逆气,五行战斗⑤,故使人自相攻击也。此者，皆天地中和忿忿不悦，积久有病悒悒⑥，故致此！"

【注释】

①神主：意为神圣的主宰。

②精神鬼：指群精、诸神和百鬼。本经乙部《调神灵法》称："百神自言为天吏，为天使；群精为地吏，为地使；百鬼为中和使。此三者，阴阳中和之使也。"又卷一百十八《天神考过拘校三合诀》谓："神应天气而作，精物应地气而起，鬼应人治而斗。"又辛部云："心神，乃天之神也；精者，地之精也；鬼者，人之鬼也。"又壬部云："神者居人心阴，精者居人肾阴，鬼者居人肝阴。"又壬部称："神者居人心阴，精者居人肾阴，鬼者居人肝阴。"

③怀妊：孕育。

④中和：犹言人间。人间由天地交合而成，故称。

⑤战斗：谓违背正常的生克关系。参见《春秋繁露》卷十四《治乱五行篇》所述。

⑥悒悒（yì）：忧闷不舒畅。

【译文】

"希望听一听，赶上疫病流行而死去的人，为什么属于天杀呢？"

"皇天是神圣的主宰，是神灵的君长，所以就命令群精、诸神和百鬼去戕杀人。大地是阴物中最低的地方；水是阴物中最厉害的东西，归属于大地。阴物职在孕育万物；而孕育万物的阴物受到伤害，必定会流出血来。血正属于水一类的东西；孕育万物的阴物受到伤害，必定会发怒而不高兴，转而用它流出的血去喷人伤人。水是大地的血脉，属于大地的阴物，阴物卑下，发起怒来必定会凭仗自身挑起争斗而去杀人。这也就好比做臣僚的，前去捕捉盗贼，必定要凭仗亲身出动去捕捉，而没资格像君主那样只在朝廷发布命令。整个人间由人来掌控，与四时五行共同施行治理。人应当使它们协调和谐地来运行,而人偏离真道不能够顺从,致使它们发怒,所以春夏秋冬就颠倒顺序,五行就错乱争斗,因而导致人去自相攻击。这都是天气、地气、中和气愤怒不高兴,时间一长就形成病痛而忧闷不解,所以就造成天伐、地伐和人伐啊!"

"善哉! 向不力问,无从知之也。愿闻此悉承负之厄,乃忿三气①。其不承负之时,人死云何哉?""然。人生有终,上下中各竟其天年②,或有得真道,因能得度世去者③,是人乃无承负之过,自然之术也。子知之耶?""唯唯。"

【注释】

①三气:即天气、地气、中和气。

②上下中:指享寿一百二十岁、六十岁、八十岁。详参本经乙部《解承负诀》、癸部《盛身却灾法》所述。

③度世:谓登仙成神。

【译文】

"这太好了! 刚才要是不大力询问,就没有途径了解到。希望再听一听,既然这都属于承负的灾厄,竟使天气、地气、中和气愤怒。但在承负产生以前的时代,人也会死去,这该怎样作解释呢?""好的。人从生下来,就有死去的时候,但属于上寿、下寿、中寿的人却都尽享各自的天年,有的人获取到真道,随即便能超凡登仙,这也正是世人没有承负罪过时的状况,它属于原本就那样的定律。你们明白这一点了吗?""是是。"

"行,子晓哉! 乃一旦而相随死者①,皆非命也②。是乃天地中和、四时五行战怒伏杀效也。""善哉! 善哉! 向不及

天师问，无缘知是也。""故天地开辟以来，常有此厄也，人皆
不得知之。今甚病之忧之，人多无罪而死，上感天，天故遣
吾下，为其具言。已行吾天文之后，人民万物且各以其寿命
死，无复并死之会也。""善哉！善哉！""后生各得其命矣，真
人知之邪？"

【注释】

①一旦：一个早晨。相随死者：指逢遇灾厄而无一幸免、俱罹其难
　　的人。

②命：指上天为世人注定的本命或命运。汉代盛行正命、随命、遭
　　命所谓三命论。正命又称寿命或受命，亦即无论怎样也都美好
　　平安、获享天年；随命则指寿命久暂与其德行优劣相对应；遭命
　　乃谓正行积善却遭凶遇暴而丧命身亡。此处即就遭命而言。
　　《春秋元命苞》谓："命者，天之命也，所受于帝。行正不过，得寿
　　命。寿命，正命也，起九九八十一。有随命，随命者，随行为命
　　也。有遭命，遭命者，行正不误，逢世残贼，君上逆乱，弃谷下流，
　　灾谴并发，阴阳散迕，暴气雷至，灭日动地，绝人命。"《孝经援神
　　契》云："命有三科：有受命以保庆，有遭命以谪暴，有随命以督
　　行。"《论衡·命义》篇谓："说命有三：一曰正命，二曰随命，三曰
　　遭命。正命谓本禀之，自得吉也。性然骨善，故不假操行以求
　　福，而吉自至，故曰正命。随命者，戮力操行而吉福至，纵情施欲
　　而凶祸到，故曰随命。遭命者，行善得恶，非所冀望，逢遭于外，
　　而得凶祸，故曰遭命。"《白虎通义·寿命》称："命者，何谓也？人
　　之寿也，天命已使生者也。命有三科以记验。有寿命以保度，有
　　遭命以遇暴，有随命以应行。"

【译文】

"回去吧,你们已经晓悟了。竟在一个早晨逢遇灾厄而随同死去的人,都不是命该如此。而这恰恰构成了天地人间、四时五行愤怒争斗、降伏克杀的效验。""这太好了!这太好了!刚才不跟天师作询问,就没办法了解到这一点。""所以自从天地开辟以来,总有这类灾厄出现,可世人对此却都无从了解到。现今皇天为此而深感忧虑与病痛,世人大多无罪死掉,往上感动皇天,皇天因而派遣我来到人间,向世人详尽作讲说。已经行用我这天降神文以后,人民和万物就会各自依照本身的既定寿命而死去,不再有混在一起全死去的厄会了。""这太好了!这太好了!""后来出生的人各自都尽享天年了。真人清楚这一点了吗?"

"唯唯。请问即非天道时运周而死①,何故常以天地际会而乱哉?五行际会而战邪?五帝之神历竟而穷困邪②?""噫,善哉!真人之难也。今天且使子问邪?其投辞乃入天心谶③,其何一要诀哉?吾甚嬉之④。今是真若子言,今为子具条解之。今诸真人远来为天地具问事,乃为天地开辟以来帝王问疑,宜安坐,听吾辞。""唯唯。"

【注释】

① 周:指循环的全过程及其交会点。

② 五帝之神:五方天帝所属的神官。《淮南子·天文训》称东方之帝太皞的辅佐即木神勾芒,执持圆规管理春天;南方之帝炎帝的辅佐即火神祝融,执持水平器具管理夏天;中央之帝黄帝的辅佐即土神后土,执持绳墨管理四季季末各十八日;西方之帝少皞的辅佐即金神蓐收,执持方矩管理秋天;北方之帝颛顼的辅佐即水神玄冥,执持秤锤管理冬天。若将"五帝之神"理解为五方天帝

的神气,则如本经卷九十三《敬事神十五年太平诀》所称之"天五帝神",乃谓春季主木行的东方青帝,夏季主火行的南方赤帝,六月主土行的中央黄帝,秋季主金行的西方白帝,冬季主水行的北方黑帝。历竟:各司其职满一轮便告终结或递次循环满一周即被阻断之意。竟,终结,完毕。

③投辞:谓就事而发的言辞。谶(chèn):灵验的预言。此处指先验的格法。

④嬉:喜欢。

【译文】

"是是。请求再问一下,这既然并不属于天道时运循环到该有劫难、叫人死去的时候了,可又为什么常因天地吉凶交会而人间大乱呢?五行吉凶交会而彼此争斗呢?难道五方天帝的神官各司其职满一轮便告终结,随后就陷入穷困境地了吗?""嘿嘿! 真人的诘难简直太好了! 现下恐怕是皇天在驱使你们询问吧? 你们就事而发的言辞进入了天心的灵验常法,为什么竟是那样地形成了切要的裁断呢? 我对此感到特别喜悦。如今的确就像你们所讲的那样,眼下再为你们条分缕析地详作解说。如今众位真人从远方前来特为皇天询问事情,竟为天地开辟以来的帝王询问疑难,应当稳稳地坐定,聆听我那讲说。""是是。"

"然。夫天之为法,人民万物之为数也①,比若四时之气,但当更相生成,相传而去;比若人生,少者后当老长,更迭相传而去。不当乃道斗战②,因绝灭世类也③。所以道战、水旱疫病死尽者④,人主由先王先人独积稍失道心意,积久至是际会,即自不而自度⑤,因而灭尽矣。既灭尽,无余种类。

【注释】

①数:定数。指存活的期限。

②道:中途,半路。

③世类:指代代传衍的家族世系。

④疠病:即疫病。

⑤而:能。

【译文】

"好的。皇天构成它那道法,规定人们和万物的存活期限,也就如同春夏秋冬的时气,只应递相化生与成就,轮番传衍,随后自身再消逝;又好比人们活在世上,年轻的到后来会变衰老,一辈传一辈,随后本人再死去。不该在中途便争斗,因而灭绝掉代代传衍的家族世系。中途便争斗而逢遇水灾、旱灾和疫病就全部死去,原因正在于君主由先王前辈偏偏逐渐丧失了真道的心意,时间越积越长,到此时碰上吉凶交会,也就自身不能自行摆脱出来,因而就死光了。既然已经死光了,也就没有剩存的种属世系了。

"夫天地人三统^①,相须而立,相形而成,比若人有头足腹身;一统凶灭,三统反俱毁败,若人无头足腹,有一亡者,便三凶矣^②。故人大道^③,大毁败天地,三统灭亡,更冥冥愦愦^④,万物因而亡矣。夫物尽,又不能卒生也,由是失几何,灭绝几何;更起或即复,或大久大败,久乃能复也,故小毁则疾复也。

【注释】

①三统:指职在施生的天统,职在养长的地统,职在成就的人统。

②三凶:谓三方面俱变凶险。指整体连锁反应而言。本经卷九十

　　三《国不可胜数诀》谓:"故天主生,地主养,人主成,一事失正,俱
　　三邪。"
③大道:意谓致使中途的斗战扩大。
④愦愦(kuì):昏暗的样子。

【译文】

　　"天地人这三统,彼此依赖才能确立起来,相互对峙才能构成一个
整体,这也就好比人有头部、足部、腹部才构成一副身躯;其中有一统灭
绝掉,三统反而全都毁败了,这也就好比人没有头部或足部、腹部了,其
中有一个部位丧失了,而三个部位就都凶险了。所以世人如果让中途
的争斗扩大起来,就彻底毁败了天和地;三统灭亡掉,转而黑暗昏乱,万
物随即也灭绝了。万物一样不剩之后,又不能猛然再生长出来,由此三
统出现多少次缺失,万物也就灭绝多少次;有的会重新兴起,立即得到
恢复,但有的却是积累时间长,毁败特严重,需要再经历很长的时间才
能恢复过来;所以毁败的程度轻,恢复的也就快。

　　"子欲重知其审实,令后世德君察察知天地冤不之大
效①,比若家人治生②。有畜积多者,虽邂逅逢承负凶年不收
也③,固固而自存;大多畜积之家,虽连年遭恶岁,犹常活;小
有畜积之家,遭连年不收,饿而死尽;常贫之家,遭一年凶,
便尽死,不而自度出也,困而无世④。

【注释】

①察察:分辨得万分明晰的样子。
②治生:谋划生计,经营家业。
③邂逅:突然。
④无世:谓灭绝后代。

【译文】

"你们想再了解那详实的情况，让后世具有道德的君主万分明晰地知道天地是否冤枉他和他手下百姓的最明显的效验，也就好比各家各户谋划生计。积攒财物很多的人家，尽管突然遇上了承负造成的灾荒年，庄稼绝收，可这家人却仍旧能牢靠地自身存活下来；积攒财物特别丰厚的人家，尽管连年遇上灾荒年，仍能常久地存活下来；而积攒财物不多的人家，遇上连年绝收，就挨饿死光了；经常贫困的人家，遇到一个灾荒年，就全死光了，根本没办法自行摆脱出来，困穷而灭绝后代了。

"天道有格法①，运非际会也，比若夏秋当力收，冬春当坐食。成事②，夏秋不善力收，冬春当饿死灭尽。古者圣人天书，因此共记为际会也。真人欲知之，如此矣。今太平气至，当常平，不当复道际会死亡者也。夫天命帝王治，故觉德君凡民，为其道事，要使一睹觉知如此矣③。向使先生凡民人，常守要道与要德④，虽遭际会，不死亡也。

【注释】

①格法：常法，成法。

②成事：汉代惯用语，即旧有事例之意。

③要：总之。

④要道：指近在胸心、散满四海的真道。详见本经卷六十八《戒六子诀》所述。

【译文】

"天道具有成法，时运绝对不是吉凶交会的那个节点，这就好比夏天和秋天应当下力气多打粮食，冬天和春天应当只管吃那几顿饭。旧有的事例表明，夏天和秋天不下力气好好打粮食，冬天和春天就只会饿死,一个人也剩不下。古代的圣人和天降神书,只不过是根据这一条才把它共同记述成吉凶交会的那个节点。真人要想了解这个问题,充其量不过如此罢了。如今太平气降临了,应当永久太平,不该仍去讲论吉凶交会、叫人死去这套玩艺了。皇天要让帝王实现大治,所以便叫具有道德的君主和平民百姓幡然觉悟,为他们讲明事体,总之要使他们完全看清楚、彻底觉悟到,也就像我讲的这个样子了。假设从前生到世间的平民百姓,总能守行切要的真道和切要的真德,即使遇上吉凶交会的时候,也不会死去。

"夫天命帝王治国之法,以有道德为大富,无道德为大贫困,名为无道无德者,恐不能安天地而失之也。先生稍稍共废绝道德,积久复久,乃至于更相承负,后生者被其冤毒灾剧^①,悉应无道而治,至于运会,灭绝不能自出,大咎在此。子知之邪?""唯唯。可骇哉! 可骇哉!"

【注释】

①冤毒灾:意为冤气聚结又极为凶毒的灾祸。

【译文】

"皇天规定帝王治国的法则,要把具有道德当成最富有,要把没有道德当成最贫困,而被称作无道无德的帝王,恐怕就不能安定住天地而丧失宝位。前代出生的人逐渐废弃断绝道与德,时间长了,于是恶化成递相承负,后来出生的人遭受那冤气聚结又极为凶毒的灾祸特别厉害,全都够得上无道而治,以至于吉凶交会,便陷入灭绝,没办法自行摆脱出来,大祸患正出在这上面。你们明白这一点了吗?""是是。这太可怕了! 这太可怕了。"

"行,复更晓真人一语。夫道德与人,正天之心也,比若人有心矣。人心善守道,则常与吉;人心恶不守道,则常衰凶矣;心神去①,则死亡矣。是故要道与德绝,人死亡,天地亦乱毁矣。故道使天地人本同忧同事,故能迭相生成也;如不得同忧同事,不肯迭相生成也,相忧相利也。故道德连之,使同命。是故天地睹人有道德为善,则大喜;见人为恶,则大怒忿忿。真人岂解邪?""唯唯。可骇哉! 愚生甚畏之。""子知畏之,则可长生无凶矣;不知畏之,则天已易去子矣②。宜重慎之!""唯唯。"

【注释】

①心神:指寄居在人体心室且起支配作用的人格化的神灵。本经辛部称:"凡人腹中,各有天子。……其一气主行为王者,主执正凡事,居人腹中,自名为心。心则五藏之王,神之本根,一身之至也。"

②易去:夺命之意。

【译文】

"回去吧,再重新告知真人一句话。道德和世人,这正是皇天的心意所在,也就好比世人有那颗心。人心善良而守执真道,就经常得到吉福;人心邪恶而不守执真道,就总是衰落凶败;心神离去,也就死亡了。所以切要的真道与真德被断绝,人就死亡,天地也混乱毁败了。因而真道让天地人原本就该忧虑对象相同,所做事体相同,所以便能迭相化生与成就;如果做不到忧虑对象相同,所做事体相同,那就不肯迭相化生与成就、彼此忧虑和相互有利。所以道德把三者连结在一起,让它们命运是同一个命运。因而天地看到世人怀有道德做善事,就非常高兴;看到世人干那邪恶的勾当,就大怒不止。真人恐怕解悟了吧?""是是。这太可怕了！愚生对此非常畏惧。""你们知道畏惧，也就可以长生无凶害了；不知道畏惧，皇天已经夺去你们的性命了。应当多加小心！""是是。"

"行，复重晓真人一解。今是吉凶之行，比若道德礼义与刑罚矣。人而守其道德礼义，则刑罚不起矣；失其道德礼义，则刑罚兴起矣。故守善道者，凶路自绝，不教其去而自去；守凶道者，言路自绝①。此犹若日出而星逃，星出而日入，不失铢分。""善哉！善哉！"

【注释】

① 言路自绝：据上下文意，此四字中"言"当作"吉"。

【译文】

"回去吧，再告知真人一桩应该明了的事情。如今吉凶的降临，也就好比道德礼义和刑罚了。人能守执那道德礼义，刑罚就不会兴起了；丧失掉他那道德礼义，刑罚就兴起了。所以守执吉善真道的人，凶败的绝路自行就不存在了，不叫它离去，它也自动就离去；守执凶险邪道的人，吉善的正路也就被他自行断绝了。这就好比太阳升起来，星辰就躲避开；星辰闪出来，太阳就落下山，一丝一毫都不差。""这太好了！这太好了！"

"今晓真人一大诀言也。今世人积愚暗甚剧，传相告语，言时运周，有吉凶。如此言，为善复何益邪？为恶何伤乎哉？乃时运自然，力行善，复何功邪而吉者？圣人常承天心，教人为善，正是也。言时运而反共乱天道者，是辞也使天地常不悦喜。实人行致之，反言天时运自恶；不肯自言恶，反意天地为恶。比若人家不孝恶子，不肯自言恶，反言父母恶,此之谓也。故天常苦忿忿悒悒,因是运会者杀之斗之,乐易其世类也。向不但当相随①,老者去,少者长,各以其年命穷变化,比若天地开辟以来,人形变化不同是也②。"

"善哉！愚生以一大解于是。"

【注释】

①向:往昔。指远古圣明清平的时代。

②人形变化不同:指身材、容貌、寿龄等方面的显著差异。《素问·上古天真论》云:"上古之人,其知道者法于阴阳,和于术数,食饮有节,起居有常,不妄作劳,故能形与神俱,而尽终其天年,度百岁乃去。今时之人不然也,以酒为浆,以妄为常,醉以入房,以欲竭其精,以耗散其真,不知持满,不时御神,务快其心,逆于生乐,起居无节,故半百而衰也。"《大戴礼记·千乘》云:"太古之民秀长以寿者,食也;在今之民羸丑以峧者,事也。"《论衡·齐世篇》谓:"语称上世之人,侗长佼好,坚强老寿,百岁左右。下世之人短小陋丑,夭折早死。何则? 上世和气纯渥,婚姻以时,人民禀善气而生,生又不伤,骨节坚定,故长大老寿,状貌美好;下世反此,故短小夭折,形面丑恶。"

【译文】

"如今告知真人一句早有定论的话。现下世人长期愚昧昏暗得很厉害,你告诉我,我告诉你,都说时运满一轮,该有吉凶劫难了。真像这种话所说的那样,做善事还有什么好处可言呢? 干坏事又有什么损伤呢? 果真时运本来如此,那么大力做善事,还有什么功德而让他吉利的呢? 圣人时时承奉天心,教导世人做善事,当善人,正是出自这个原因。强调时运反而共同搅乱天道的人,他们那套说法致使天地总不高兴。实际上是由世人的行为招来的,反倒说什么皇天时运本来就凶恶;不肯自己承认自己邪恶,反倒认为是天地作的恶。这也就如同某户人家不孝顺的坏小子,不肯自己承认自己邪恶,反而声称是父母作的恶;讲的也正是这个意思。所以皇天经常为自己处于愤怒忧闷的状态而感到苦恼,就趁吉凶交会的时候叫他们争斗,杀死他们,很高兴把他们代代传衍的家族世系来个一锅端。可在往昔,不只是应当一辈接一辈,老年人去世,年轻人变老,而且各自还按本人注定应享的年寿极力变易形体、登仙成神,这也就如同天地开辟以来,世人的身形外观变得前后两个样。""这太好了!愚生已经对这个问题彻底解悟了。"

"古今人形虽异,而气同。子欲重知其审,比若四时气,五行位①,虽不同受②,内同气③,转相生成。犹若人头足不相似,内反合成一人也。""善哉!善哉!"

【注释】

①五行位:指木行居东,火行居南,土行居中央,金行居西,水行居北。

②受:禀受,承受。《春秋繁露·五行之义》谓,木受水,水受木,土受火,金受土,水受金。五行方位,相受而布。

③内同气:指木主春之少阳气,火主夏之太阳气,金主秋之少阴气,水主冬之太阴气,土主四季季末十八天之中和气。五气均为元气的具体分化形态,故曰"内同气"。

【译文】

"古今世人的形体尽管不同,但那内气却是一样的。你们想再了解那实情,也就好比春夏秋冬的时气,五行的方位分布,尽管承受方式各自不同,但内部却都气态相同,转相化生与成就。又好比世人的头部和足部,形状并不相像,可在内部却反而聚合成一个人。""这太好了!这太好了!"

"今复重晓真人一言。天积疾人为恶反常言时运凶。上皇气至①，当助德君治，恐时人行不改易，为恶行以乱正气，毁天宝②，故遣吾下，为德君出文，以晓众人，使共常按吾文为行，不复共愁天地而不犯天禁③。自是之后，行吾天文，使神助德君治，犯者诛之，人不诛之，神且诛之。子知邪?""唯唯。不敢犯也。"

【注释】

①上皇气：最盛明的太平气。

②天宝：上天的宝器。喻指真道。《老子·六十二章》谓："道者，万物之奥，善人之宝。"

③天禁：上天的禁忌。

【译文】

"现下再重新告知真人一句话。皇天对世人干坏事却反倒总说时运凶险而深感愤恨。如今最盛明的太平气降临了，应当协助具有道德的君主施行治理，唯恐当代人仍不改变行为，继续干坏事来搅乱正气，毁败真道，所以特地派我下凡，为具有道德的君主出示天文，用它去晓谕众人，让众人总是共同查照我这书文来决定自己的行为，不再共同让天地犯愁，不再触犯皇天的禁忌。从此以后，行用我这天降神文，神灵就受驱使，前来协助具有道德的君主施行治理，谁触犯就诛杀他，即使人不诛杀他，神灵也会诛杀他。你们清楚这种情况了吗?""是是。弟子决不敢触犯。"

"行，辞小小竟①。凡书自思其要。""唯唯。请问天师，万二千国之策符各异意②，皆当于何置之③?""各随其国俗④。""宜以何为始?""以斗极东、南⑤，火气起⑥。"

【注释】

①小小竟：暂且告一段落之意。

②策：谓像占卦那样作揣摩。符：指本卷第四篇所称之"重复字"，即用红色写成的一种符箓。本经卷一百一十八《天神考过拘校三合诀》又有"赤初受符更始文"的提法，或亦与此相关。

③置：处置。指传授地点、对象等方面的问题。

④国俗：一国的风俗。实指道德教化的状况。本经卷一百十七《天乐得善人文付火君诀》谓："人含阴阳气之施，必生于土泉，故皆象其土而生也。故五方异俗，天下小小而不同。"又辛部云："地上之人各异，自有自然元气阴阳，与吾文相似，各从其俗，记吾书辞而行之，即太平矣。"

⑤斗极东、南：谓北斗星斗柄指向东、南方位之际。本经卷六十九《天谶支干相配法》称："又天谶格法，东、南为天斗纲斗所指向，推四时，皆王受命。"

⑥火气：火行之气。本经卷六十九《天谶支干相配法》称："天常谶格法，以南方固为君也。故日在南方为君也，火在南方为君，太阳在南方为君。"

【译文】

"回去吧，讲说至此，稍略告一段落。对书文所讲的事体，要自行精思其中的要领所在。""是是。请求再向天师询问一下，一万二千个国家对神符作揣摩，各有各的理解，应当从哪里作出处置呢？""分别随顺每个国家的风俗习惯。""应当从哪里开始做起呢？""从北斗星斗柄指向东、南方位，火行盛气所在的地方开始做起。"

"愿闻其意诀，何也？""火者，阳也，其符今主天心。和者主施①，开者主通②，明者主理凡事。火者为心，心者主神③，和者可为化首④，万事将兴，从心起。心者主正事⑤，倚仁而明⑥，复有神光。万二千国殊策一通⑦，以为文书上章⑧，天气且自随而流行⑨。

【注释】

①和者：指由阴阳交合而成的处所。即西北、正北和东北方。于时则为冬季，即阴历十月至十二月。本经卷六十六《三五优劣诀》称："天生凡物者，阳气因元气，从太阴合萌生。"又卷一百十七《天乐得善人文付火君诀》谓："夫天地之生凡物也，两为一合。今是上天与是下地为合，凡阳之生，必于阴中。"主施：职在施生之意。

②开者：指东南开明之地。详参本经卷三十九《解师策书诀》所述。

③主神：谓主宰世人体内众神灵。

④化首：化导的开端。

⑤正事：端正事体。

⑥倚仁而明：仁即仁爱。属人伦五常之一。以人伦五常配五行，仁属木，而木居东，火处南，故曰"倚仁而明"。本经卷六十九《天谶支干相配法》称："故东方者，木仁有心，南方者，火明也。"

⑦一通：意为划一贯通。

⑧上章：指上奏天庭的祈请之文。本经卷一百十一有《大圣上章诀》。《隋书·经籍志》谓："奏上天曹，请为除厄，谓之上章。"

⑨天气：指阳气。《太平经钞》"天气"二字作"元气"。

【译文】

"希望听到这样做的意旨裁断是什么？""火行属于阳，它那神符现今正支撑着天心。由阴阳交合而成的西北、正北和东北方职在施予，而东南开明之地职在开通门户，正南最光明的处所职在处断一切事体。火行铸成人心，人心主宰着体内众神灵，阴阳交合而成的处所可以成为化导的开端，万事将要兴行，从人心开始。人心职在端正事体，依托仁爱而明彻,还有神明的光华。一万二千个国家所作揣摩各不相同,正可将它划一贯通,组成文书和向皇天祈告的奏章,阳气就会自行跟在后面流转施布。

"真人自励兴之,子勿逆之,子丧。乃天乐出书,故使吾言,子乃不信吾言也,求信于子之身也。子行之而灾日除,是天乐行之喜也,故灾除也;子不行而多疾灾,是天忿忿悒悒;子留难其道也①,火凶勿问于人②。取效于此,明于日月。天意所欲为,子不可不慎也;不行不顺,令使人心乱也。真人慎之。""唯唯。"

【注释】

①留难:谓扣压阻挠。

②火凶:意谓火可将人烧成灰烬。《白虎通义·五行》云:"火水所以杀人何?水盛气也,故入而杀人。火阴在内,故杀人壮于水也。"

【译文】

"真人要自我勉励,兴起它们,你们千万不要违逆它们,否则你们就没命了。正是皇天乐意出示天书,所以叫我作讲说,你们竟不信从我那讲说,便从你们自身来检验其结果。你们传布它,灾殃一天比一天消除掉,这正表明皇天高兴它得到传布而内心喜悦,所以灾殃就消除掉了;你们不去传布而疾病灾殃在增多,这正表明皇天非常愤恨又特别忧闷;你们扣压阻挠它那真道,火可凶猛,不管他是谁。从自身这里择取效验,应比太阳和月亮还要鲜明。对天意所要兴行的事体,你们不能不多加小心;不顺从天意,不去传布,会使人心神大乱。真人对此要多加小心。""是是。"

"行,复诫真人一言。天不欲行,子独行之,且病之。吾文以此为信,自是之后,亦皆然。文已复重,不复多言,益文使道难知①。""唯唯。"

【注释】

①益文:徒增繁冗之意。

【译文】

"回去吧,再告诫真人一句话。皇天不打算传布,你们偏去传布它,那就会叫你们身患绝症。我那书文把这作为确证,从此以后也莫不如此。文辞已经重复得很多了,不再多讲了,使它徒增繁冗,反而叫真道难以让人了解掌握住。""是是。"

"行,重复诫子一言。此灾病,非一世人过也,其所从来久远,勿反卒害之①。但当行天道,以消亡之耳。如是者,所谓得天心意矣。不如吾文言,复枉急其刑罚②,灾日多,天不悦喜。真人知之邪?""唯唯。"

【注释】

①害:损害,伤害。指人为的救灾除害的对策与举措。如遇日食,则张弓射月而救日;遇月食,必以矢射日而救月之类。《易纬稽览图》卷上谓:"凡异所生,灾所起,各以其政,变之则除。"

②枉:白白,徒然。

【译文】

"回去吧,再重新告诫真人一句话。这些灾害疾病,并不是一代人的罪过造成的,它那由来也相当久远了,所以不要反过来一下子就去损毁它。只应守行天道,让它自行离去罢了。照这样去做了,也就是平常所说的获取到皇天的心意了。不按我这书文所讲的去做,又徒然加重那刑罚,灾害就会一天比一天增多,皇天更不高兴。真人明白这一点了吗?""是是。"

火气正神道诀第一百三十五

【题解】

　　本篇所谓"火气"，系指五行中最盛明的火行之气而言。"正"乃端正、矫正之意。"神道"则谓神灵所奉守行用的皇天道法。篇中强调，神灵亦有正神、邪神之分，邪神常常暗自大乱神道，而火为天心，统领并察照群神，故而必对邪神力加禁遏，如此方可保证火气流布播扬。由天界转向人间，篇中又对东汉中后期奸邪当政进行了指斥。

　　"请问古者火行，同尝太平而不正神道[1]。今天师独使令火行正神道，何也？""善哉！子之问也。是故百人百意[2]，千人千意，万人万意，用策不同各殊异[3]，故多不得天心意。真人言是也。今乃火气最盛，上皇气至，乃凡陪古者火行太平之气后，天地开辟以来未尝有也。夫火气盛者，必正神道。"

【注释】

　　①"请问"二句：此处所问，乃就五德终始说而发。此说创自战国阴
　　　阳家邹衍，原以五行相胜的方式，推定朝代的兴替。至王莽以禅

让即和平政变的手段代汉建新,遂改为五行相生。依此顺序推导,自三皇之神农、五帝之唐尧以迄西汉,则递为火德。火德之说到东汉,被官方正式认可并大力加以播扬。故有此问。尝,通"常",时常。

②意:谓想法、看法。

③策:指考虑揣测的方式。

【译文】

"请问古代德应火行的朝代出现过好几个,同样都是天下常得太平,不去端正神灵所奉守行用的皇天大道。如今天师偏偏让火行去端正神灵所奉守行用的皇天大道,这可出自什么原因呢?""你们这提问太好了!故而一百个人有一百种想法,一千个人有一千种想法,一万个人有一万种想法,都因考虑方式不同,得出的结论就不一样,所以大多获取不到皇天的心意。真人刚才所讲的,就属于这种情况。现今正值火行气最为旺盛的阶段,极其盛明的太平气已经降临,这正是伴随在古代火行太平气后面的所有朝代,从天地开辟以来都未曾遇过的局面。在这火气兴盛的朝代,一定要去端正神灵所奉守行用的皇天大道。"

"何也? 愿闻其意。""然。夫火者,乃是天之心也①。心主神,心正则神当明。故天使吾下,理神道也。""夫神道已自神②,何必当理之邪?""善哉! 子之言。夫神,乃天之正吏也③。今邪神多,则正神不得其处。天神道,内独大乱,俱失其居④。今天气不调⑤,帝王为之愁苦,而人又不得知其要意。子欲乐知其□□也⑥,此比若人矣。今邪人多居位,共乱帝王之治。今使正人不得其处,天地为其邪气失正。夫邪多则共害正,正多则共禁止邪,此二者,天地自然之术也。子知之邪?

【注释】

①天之心：心为人体五脏之一。以五脏配五行，心属火行。用人心
　　比附天心，故出此语。

②自神：意为自身便神妙莫测。

③正吏：正规的官吏。本经以人间政体拟构天庭建制，故有"正吏"
　　之谓。详见庚部卷一百十至一百十二诸文所述。

④居：指既定的本位和环节。

⑤天气：犹言时气。

⑥子欲乐知其□□也：此句原缺二字。

【译文】

"这是什么原因呢？希望听到其中的意旨所在。""好的。火行正是
那天心。心能统领众神灵，心纯正，众神灵就该区分清。所以皇天派遣
我来到人间，整治神灵所奉守行用的皇天大道。""神灵所奉守行用的皇
天大道，自身就已经神妙莫测了，为什么一定还要去整治它呢？""你们
这问话太好了！神灵属于皇天的正规官吏，可如今邪神却很多，致使正
神无法履行好自身的职责。皇天定立的神灵所奉守行用的大道，偏偏
在内部被搅得乱成一团了，全都失去了既定的本位和环节。如今时气
不顺畅，帝王为这种状况感到愁苦，而世人又无从知道其中的要意。你
们想要了解那端详，也就如同人间的情况了。现今邪恶的人大多占据
着朝廷的职位，共同搅乱帝王的治理。现今纯正的人无法履行好自身
的职责，天地被那邪气搅扰而失去正常的位序。邪恶多，就共同伤害纯
正的东西；纯正多，就共同遏制住邪恶的玩艺，这两方面的消长进退，属
于天地原本就那样的定律。你们明白这一点了吗？

"故令太阳最盛，未尝有也！阳者称神，故天为神；阴者
称邪，故奸气常以阴中往来，不敢正昼行①。奸而正昼行，为
名阴乘阳路②；病而昼作③，名为阴盛兴，为阳失其道。君衰

间为是久矣^④，故天道吾^⑤，正神道也，令使不敢复为也。子知之耶？""唯唯。善哉善哉！"

【注释】

①正昼：大白天。

②乘：侵凌。

③病而昼作：意为在光天化日之下肆意殃害世人。指奸邪鬼物之所为。详见本经卷三十六《事死不得过生法》所述。

④间(jiàn)：被阻隔之意。

⑤道：晓谕，告知。

【译文】

"所以现今就让最旺盛的阳气极为盛明，前所未有啊！属于阳性的事物才称得上神妙，所以皇天就最神妙；属于阴性的事物就称为邪僻，所以奸邪气总在暗中往来，不敢在大白天公开显现。奸邪却在大白天公开显现，这被称作阴物侵凌阳物的通道；奸邪鬼物在大白天肆意殃害人，这被称作阴物盛兴，阳物本身失去了自家的通道。君主被这阴占上风的情势隔绝起来并衰落下去，已经时间很久了，所以皇天晓谕我，前去端正神灵所奉守行用的皇天大道，致使邪神奸人不敢再那样干。你们明白这一点了吗？""是是。这太好了！这太好了！"

洞极上平气无虫重复字诀第一百三十六

【题解】

本篇所谓"洞极上平气"，其含义为通透到宇宙极限又前所未有的第一等太平盛气。"虫"指使人染患皮肤或内脏顽症的各种寄生虫与微生物而言。"重复字"亦即形状同本经庚部所列"复文"相似的一种特制符篆，该符篆用两个以上隶书合并而成，且用红色绘制。其功效，则突出表现为"无虫"。由于医疗条件和医药水平的限制，古人对烈性传染病和难治之症充满厌恶与畏惧心理。根据这种心理，篇中把"虫"之有无及其危害程度之轻重，列作灾异的突出表现和奸猾吏民隐伏作恶的证象、太平气与逆气相进退的兆应，加以宣示。与此相承，篇中详述"丹书吞字"这一方术的传授方法和多种效能，诸如驱虫除病，还精养形，定性去邪，导人入正，开人神明等。并在卷一百八，将它标揭为"要诀"十九条之一。

"请问洞极上平气至，无不治，故天师乃考疽疥虫食人也①。今独以此验之邪？其余虫云何哉？""善哉！真人今旦问事也。天疾是，教子问此邪？天甚疾人为恶，猾吏民背天逆地，共欺其上，独阴伏为奸积久，如虫食人也。天毒恶之②，故使子反覆问之。然虫食人，所谓虫而治人也，其为灾最甚剧,逆气乱正者也。今皇平气至,不宜有此应③。真人付德君,欲知道洞洽未④,令民间悉移虫主名⑤,大小为害之属何也。谓疽疬伤疥尽,从腹中三虫之属⑥,皆移主名。其移大多者,固固下多虫治人;此虫无者,下无虫治人;此少者,少虫治人。"

【注释】

①疽(jū):囊肿病菌。疥:疥癣病菌。食人:意为侵蚀人的肌体。详参本部首篇《来善集三道文书诀》所述。

②毒恶(wù):极其憎恶之意。毒,形容程度。

③应:指应象、证象。

④洞洽未:意为透彻周遍与否。指传道的广度与深度。

⑤移:公文种类之一。此处为呈报之意。虫主名:指病虫毒菌的类别和名称。

⑥从:同"纵",纵使,即便。腹中三虫:指肠内寄生虫。或即蛲虫、蛔虫、绦虫。《论衡·商虫篇》云:"三虫食肠。"又《后汉书·华佗传》谓:"去三虫,利五脏。"

【译文】

"请问通透至极的第一等太平气降临了,没有得不到治理的,所以天师就去考察囊肿病菌和疥癣病菌吞蚀世人肌体的情状。如今唯独拿这两样去作验核吗? 对其他剩下的病虫毒菌又该怎么办呢?""真人今朝询问事体真是太好了! 皇天对此特别忌恨,特意让你们来询问这宗事体吧? 皇天十分憎恶世人干坏事,奸猾的官吏和百姓背逆天地,共同欺骗自己的帝王,暗中在下面干那奸恶的勾当,偏偏时间太长了,这就如同病虫毒菌吞蚀世人的肌体。皇天特别痛恨这种情况,所以驱使你们反复询问这宗事体。然而病虫毒菌吞蚀世人的肌体,也就是通常所说的病虫毒菌竟能整治活人，它所构成的灾殃最厉害，纯属违逆时气、败乱正道的大祸患。如今最盛明的太平气降临了，不应依旧存在这种证象。真人把我那书文付归给具有道德的君主，要想了解真道是否已经透彻周遍地得到传布，就命令民间把病虫毒菌的类别名称和构成大小灾殃的具体病菌究竟都是什么，一律呈报上来。哪怕都呈报说囊肿病菌、疥癣病菌、疫病病毒已经不存在了，但即便是腹中三虫这类寄生虫，也都呈报上它们的类别名称来。呈报中各类病虫毒菌仍然很多又严重的，就表明下面还一如既往地有大量病虫毒菌在整治活人；各类病虫毒菌都不复存在的，就表明下面没有病虫毒菌在整治活人；各类病虫毒菌还少量存在的，就表明下面还有少量病虫毒菌在整治活人。"

"善哉！小生愚暗①，睹此以为天性也，故反应治邪②？""子其愚，何一剧痛也！夫天地之性人为贵③，虫为至贱，反乃俱食人，是为反正，象贱人无道。以虫食人，故天深见其象，故使贤圣策之，改其正也。

【注释】

①小生：此系学道真人的自谦之称。

②故：原本。应治：意为与政治相应合。

③天地之性人为贵：语出《孝经·圣治章》。《老子·二十五章》亦称："道大，天大，地大，人亦大。域中有四大，而人居其一。"伪《古文尚书·泰誓》云："惟天地，万物父母；惟人，万物之灵。"《素问·宝命全形论篇》曰："天覆地载，万物悉备，莫贵于人。"《礼记·礼运》谓：人者，"五行之秀气也"。《风俗通义》称："万类之中，唯人为贵。"本经癸部《利尊上延命法》则曰：元气分成三处，"一气为天，一气为地，一气为人，余气散备万物，是故尊天重地

贵人也"。

【译文】

"这太好了！小生愚昧昏暗，看到病虫毒菌吞蚀世人的肌体，只以为它们天性就这样，可反而却同国家政治原本就应合吗？""你们愚昧昏暗，为什么竟是那样厉害！天地的本性，历来把人看得最贵重。病虫毒菌属于最低贱的东西，反而竟都吞蚀活人，这可正是把正道给颠倒过来了，象征着低贱的人在暗中大干坏事。鉴于病虫毒菌在吞蚀活人，所以皇天深切显现这种证象，因而让圣贤像占卜那样来作揣摩，恢复正道。

"凡灾异，各以类见。故古者圣贤得知之。若不以类目①，不可思策也。所以逃匿于内者，象下共为奸，而不敢见于外。外者，阳也，阳者，天也，君也。天正帝王也，故虫逃于内而窃食人，象无功之臣逃于内而窃蚕食人也②。""可骇哉！愚生甚畏之。""子知畏天，固是也；若不畏天，早已死矣。真人慎之。""唯唯。"

【注释】

①目：观察、考索之意。

②蚕食：蚕食桑叶。比喻逐渐侵蚀。

【译文】

"只要是灾异，各自都按照本身的类属来降现。所以古代的圣贤得以了解它们。如果不按类属观察，就无法思忖揣摩它们。凡属逃避隐藏在内里深层的东西，都是因为它们象征着下面人共同在干奸恶的勾当，不敢在外边露出面来。外边属于阳，阳又代表着皇天，皇天又象征着君主。皇天正是那帝王，所以病虫毒菌逃避隐藏到人体皮肤里暗自吞蚀人，恰恰象征着没有功劳的臣僚逃避隐藏到人们看不到的地方，而像蚕吃桑叶那样暗地里祸害人。""这太可怕了！愚生对此感到十分畏惧。""你们知道畏惧皇天，本来便该如此；如果不畏惧皇天，已经早就死掉了。真人对此要多加小心。""是是。"

"是故古者为治，神者致真神为治①，鬼者致鬼为治②，物者致物为治③，虫者治虫为治④。""何畏也⑤！愿闻之。""然。神者动作⑥，与天合心，与神同意，故神者，天之使也，天爱之。鬼者动作，避逃人所⑦，鬼倚阴中，窃隐语似鬼，故致鬼。物者动作，共欺其上，猾若物，故致物。虫者动作，价利人⑧，共价利其上⑨，其用意杂若⑩，故致虫天⑪。天变相应，悉如此矣。太平德君得天下上书文⑫，悉源其灾异意⑬，以报之⑭，其正如神哉！""善哉善哉！灾气已究洽矣⑮。""子何以知之？""见天师之正，以知无复逃虫食人⑯，故洽矣。""子可谓知道意邪⑰！"

【注释】

①神者：谓思忖效仿神灵的人。

②鬼者：谓思忖效仿鬼魅的人。

③物者：谓思忖效仿邪物的人。

④虫者：谓思忖效仿虫毒病菌的人。治虫为治：依上下文例，此四字中"治虫"之"治"当作"致"。以上所云，参见本经乙部《阙题》（二）所述。

⑤何畏：犹言太可怕。"何"为副词，表示程度。相当于"甚"、"多么"。

⑥动作：指各种举动与行为。

⑦人所：指秘密处所。

⑧价利人：意谓向对方讨价索利。因虫毒病菌寄生在人体之内，吸人血，蚀人肉，故作此喻。

⑨共价利其上：意谓共同从官家那里捞取好处。

⑩其用意杂若：依上下文例，此五字中"若"下当有"虫"字。

⑪虫天：意谓病虫毒菌得以放纵自然的天性。此系化自《庄子·庚桑楚》："唯虫能虫，唯虫能天。"

⑫天下上书文：指地方官吏、邑民、行人应诏所上意见书。即下文所称的"三道行书"。

⑬源：谓从根本上推求。

⑭报：谓批转回去。

⑮究治：最终解除之意。

⑯逃虫：指遗漏的病虫毒菌。

⑰道意：真道的奥义妙旨。

【译文】

"所以古代施行治理，整天思忖效仿神灵的人就招来真神与他施行治理，整天思忖效仿鬼魅的人就招来鬼魅与他施行治理，整天思忖效仿邪物的人就招来邪物与他施行治理，整天思忖效仿病虫毒菌的人就招来病虫毒菌与他施行治理。""这太可怕了！希望听到这方面的教诲。""好的。整天思忖效仿神灵的人一有举动，就与皇天的心意相吻合，与真神的意愿相一致，所以整天思忖效仿神灵的人，就成为皇天的代理人，皇天就喜爱他。整天思忖效仿鬼魅的人一有举动，就躲藏在秘密的地方，而鬼魅也正倚靠在幽暗处，他们私下悄悄作谋划，完全跟鬼魅一个样，所以就招来鬼魅。整天思忖效仿邪物的人一有举动，就共同欺骗他们的上司，奸猾得跟邪物一个样，所以就招来邪物。整天思忖效仿病虫毒菌的人一有举动，就光想向对方讨价索利，都要从官家那里捞取到好处，这类人的用意污杂得跟病虫毒菌一个样，所以就招来放纵那自然天性的病虫毒菌。上天的灾变彼此应合，全像这个样子了。具有道德的太平君主得到天下各地献呈的书文，一律从根本上考求那些灾异的谴告本意，再批转回去，恢复正道也就如同神灵了。""这太好了！这太好了！灾气已经最终去除掉了。""你们根据什么知道是这样呢？""看到天师的矫正方法，已经知道不再有遗漏的病虫毒菌吞蚀人了，所以灾气就最终去除了。""你们可以称得上体悟到真道的奥义妙旨了！"

　　"请问重复之字何所主^①？""主导正^②。导正开神为思之也^③，端及入室^④，以为保券^⑤。""其为之云何？岂可闻邪？""然。易知而微密^⑥，此辞轻而重，不可妄传也。精者吞之^⑦，谓之神也^⑧；不精者吞之，谓之不神也；不精吞之，谓之妄言也。故道者，传其人乃行；凡事者，得其人乃明；非其人，谓之为妄行，过还反入其人身^⑨。真人知之邪？""唯唯。不敢妄行，诚归付其人。"

【注释】

①重复之字：指用两个以上隶书合并而成的符箓。本经卷八十七《长存符图》又谓之为天符。主：谓所发挥的作用。

②导正：引入正道之意。

③开神：开通神明之意。

④端及：谓从一开始。室：指修炼的专用场所。

⑤保券：保身的秘券。券，契据。道教有左契、右契之说，参见《老子想尔注》所述。

⑥微密：精微隐密。

⑦精者：指精思事象及其义理的人。

⑧神：神验之意。

⑨过：罪过。

【译文】

"请问天降神符发挥着什么样的作用呢?""作用是把世人引入正道。引入正道,开通神明,对它进行精思,从一开始进入修炼的静室,就把它作为保身的秘券。""对它应该怎样修炼呢? 恐怕可以听一听吧?""好的。既容易掌握又精微隐秘,这文辞看似寻常,实际上却很贵重,不能随意就传授。确能精思的人吞服下它,就会说它神验;不能精思的人吞服下它,就会说它不神验;不能精思的人吞服下它,还会说它纯属瞎吹一通。所以真道传授给合适的人选,才会得到施用;任何事情获取到合适的人选,才会得到彰明;不是那合适的人选,就被称作胡乱传授,罪过反转来恰恰还会落到他本人的身上。真人清楚这一点了吗?""是是。弟子决不敢胡乱传授,确实把它付归给合适的人选。"

"如是者,为子言之。以丹为字①,以上第一②,次下行③。将告人,必使沐浴端精④,北面、西面、南面、东面告之⑤,使其严⑥。以善酒如清水已饮,随思其字,终古以为事,身且日向正平⑦,善气至,病为其除去,面目益润泽。或见其字,随病所居而思之,名为还精养形。或无病人为之,日益安静。或身有强邪鬼物⑧,反且变争⑨,虽忿争,自若力思,勿惑也,久久且服去矣。自是之后,天乐人为正直,以他文为之⑩,天神亦助下之,随人意往来。上士见人吞字⑪,归思亦然。当一吞字,皆能教,故曰天道一旦而行。吾之为道,不效辞语,效立与天道响相应和⑫,以是为神。真人慎之。既开天神⑬,道归于德君,付于贤良,人立自正,有益于上政明矣⑭。德君明师告之,以威为严⑮,所告悉愈⑯。为有所睹见神灵,慎勿道之。上士因是乃至度世,中士至于无为⑰,下士至于平平⑱。人所得，各有厚薄，天神随符书而命之，故言勿传。其所思不可得不同也，不同，故不可相语也。

【注释】

①丹：谓用红色绘制成。字：字象。

②上：指字象的上一部分。

③下：指字象的下一部分。此就吞服顺序而言。

④沐浴：濯发洗身。指斋戒。端精：端正意念之意。

⑤告：谓默默祷告。

⑥严：严肃，郑重。

⑦正平：纯正平和。

⑧强邪鬼物：谓殊难制服的大邪鬼物。

⑨变争：改变和抗争。

⑩他文：指此诀之外的《太平经》其他策文符图。

⑪上士：最高明的人。

⑫响：意谓如声回应。

⑬天神：谓皇天所赋之神明。

⑭上政：最清平的政治。

⑮以威为严：意为将上面原有的威慑变成了人们目前自觉性的虔诚郑重。

⑯愈：获得治理之意。

⑰中士：中等人。指一般官吏。无为：意为取得无为而治的政绩。

⑱下士：低劣的人。指平民百姓。平平：谓身无祸灾，得保平安。

【译文】

"像这样，就为你们讲一讲它。用红色绘制成那字象，把字象的上面那部分放在最前边，下面的那部分放在后边依次吞服下去。在向人传授之前，一定要让他沐浴清身，端正意念，依次朝北、朝西、朝南、朝东作祷告,使他态度显得特别虔诚郑重。用清水般的好酒喝下去以后,紧跟着就精思那字象,永久把这当成大事来做,身体就眼看着一天比一天归向纯正平和,善气来到,疾病就为他去除掉了,面容越来越变得红润有光泽了。有的人看到了那腹中的字象,随从疾病所在的部位精思它,这被称作还精养形。身体没病的人修炼它,就会一天比一天更加安宁沉静。有的人被难制服的大邪鬼物附了身,反而形成双方的争斗,搅得人暴躁不安,尽管如此,仍旧极力精思,不产生疑惑,时间一长,大邪鬼物也就被制服而离去了。从此以后,皇天高兴世人变得正直,按照我那道书其他策文符图所讲的去做,天神也会下来佑助他,随同人的意念而往来。高明人看到别人吞服神符,回去精思,也会收到同样的效果。一旦吞服下这神符,就都能接受教化,所以说天道在一个早晨便得到奉用了。我构成我那真道,不看讲的怎么样,而是看立刻就与天道像回音应和原声那样相应合,把这视为神验。真人要慎重对待这一条。已经开通了皇天赋予给世人的神明,真道付归给具有道德的君主,授付给贤良的人士,世人立刻就自行变纯正了,对最清平的政治大有益处,也就明摆在那里了。具有道德的君主和贤明的师长吩咐下面的人,便将原有的威慑变成了眼下的虔诚郑重,而所吩咐的事情就都得到整治了。对所看到的神灵,切莫泄露出去。高明人凭借这种吞服字象的道术,直至超凡成仙;中等人会在朝廷供职而取得无为而治的政绩;下等人能身无灾殃保平安。世人所得到的修炼结果,注定各有厚薄,天神随同神符字象赐给他们,所以就强调不能泄露看到的那些神灵。每个人精思的对象决不许和神符不一样,不一样的话,就无法同神灵来交结了。

　　"信哉易哉[①]! 其为道也;要哉约哉[②]! 其为志寿也[③]。因而学之,其人将自顺也将自善,有神明转其心意,使其悦也。或今日吞吾字,后皆能以他文教,教十十百百而相应。其为道须臾之间,乃周流八方六合之间[④],精神随而行治病。

故自是之后，天下人毕早正，易其行，皆乐真文，不复为邪伪也。真人欲乐安天地道，使疾正，最以三道行书为前⑤。"

【注释】

①信：信实。易：容易。

②要：切要。约：简约。

③志寿：志在长寿之意。

④六合：天地四方。

⑤三道行书：指地方官吏、邑民、来往行人应诏通上的意见书。系仿日以察阳、月以察阴、星以察中央即阴阳交会处而定。详见本经卷四十八《三合相通诀》、卷五十三《分别四治法》、卷八十六《来善集三道文书诀》、卷八十八《作来善宅法》所述。为前：占据首位之意。

【译文】

"这种道术的构成，既真确又易行啊！人们立志要长寿，它可既紧切又简要啊！因而学用它，那个人就会自行变谨顺又自行变良善，因为正有神明在扭转他那心意，使他特高兴。有人在今天吞服下我这神符，到后来都能用我那道书的其他经文施行教化，教化会百分之百相应从。它施布真道就在须臾之间，却会周流八方六合以内，精灵和神灵紧紧跟在后面，眼看着就治疗疾病。所以从今以后，天下人全都早早归向纯正，改变行为，一律喜爱真文，不再从事邪伪那一套了。真人乐意使天道地道安稳下来，让它们迅速归于正常，顶数世人从三条途径向朝廷献呈意见书占首位了。"

"愿闻为前言。""善哉！子之问事。愚者难正，自若乱人治，令德君愁，故投行书于前，令使上下大小自相拾正①，其俗人无孤言辨士之害②。"

【注释】

①拾正：收敛矫正之意。

②孤言辨士：指一家之说和极力鼓吹其学说的人。

【译文】

"希望听一听占首位这种讲法的意思。""你们问事真是太好了！愚昧的人很难使他们变纯正，仍旧败乱人间的治理，让具有道德的君主犯愁，所以要把献呈的意见书摆在人们面前，致使上下大小都自相收敛矫正，而俗人也就没有那孤单单一个人的说法和诡辩者的毒害了。"

"善哉善哉！愿闻三道行书文，何但使一通集行书而上①，必使有前后文书众多？""善哉善哉！子之言，中天心意。所以使有前后难问者②，欲使俗人深自知过也，独言之大病也③。不见孤辞单文之恶④，则无以见集行书之善。不传其误，分别其大失，皆解人心，乃后且可救也。心不解，不如其所⑤，行久大误也。人心觉，则易正。凡吾为文，皆如此矣，非独是也。子知之邪？""唯唯。"

【注释】

①一通集行书：谓对三道行书轮番进行整齐划一的工作。上：谓上奏朝廷。详见本经卷八十八《作来善宅法》所述。

②难问：指朝廷的诘难质问。

③独言：即上文所称之"孤言"。大病：大祸害。

④孤辞：意犹独言。单文：谓仅持自家之说的书文。详参本经卷九十一《拘校三古文法》所述。

⑤如：归向之意。

【译文】

"这太好了！这太好了！希望再听一听从三条途径献呈意见书，为什么要对它们只管轮番予以整齐划一，再上报给朝廷，务必要使报上去、批回来的文书特别多呢？""真是太好了！太好了！你们这问话符合皇天的心意。之所以要让报上去，批回来，进行诘难质问，是想叫俗人深深明白自己的罪过和孤单单一个人的说法的大祸害。看不出孤单单一个人的文辞的害处，就没办法看出汇集梳理所上意见书的好处来。不传布它那谬论，区分出它那严重的弊害，都使人们心里弄得一清二楚，然后才能挽救。心里没闹明白，不归向正确的地方，行用的时间一长，就准出大乱子了。人心觉悟了，就容易加以矫正了。我只要构成我那书文，就全照这样来处理，并不仅仅是这一篇。你们明白这一点了吗？""是是。"

"行，子已晓矣。真人慎事，书文已足，无轻数句问①。欲不为子说之，恐恨子意；欲复为子道之，今道大文②。又天道不可句极③，得其意，天大喜；不得其意，逆天道，反与天为咎，不敢复数言也。行去。"

右大集难问天地毁起、日月星蚀人烈死、万二千国策符字开神诀④。

【注释】

①轻数句问：意谓几句话闹不懂便轻率发问。

②今道大文：此四字中"今"当作"令"。大文，徒增繁冗之意。

③句（gòu）极：意为达到极点或饱和状态。句，通"彀"，张满弓。

《老子·七十七章》云："天之道，其犹张弓与？高者抑之，下者举之,有余者损之,不足者补之。"

④"右大集难问"句:此句系对本卷共计四"诀"之内容主旨所作的
　总体概括与揭示。大集难问,大范围集议辩难。符字,即符箓及
　其字象。

【译文】

"回去吧,你们已经闹明白了。真人要慎重去践行,书文已经都讲
得很充分了,不要几句话闹不懂就轻易发问。打算不给你们作讲说吧,
又恐怕你们心里不满意;想为你们再作讲说吧,又会使真道徒增繁冗难
掌握。再者说来,天道根本就没办法达到极点,获取到了它那意旨,皇
天就非常高兴;获取不到它那意旨,就与天道相违背,反而成为皇天憎
恶的对象,所以我不敢翻过来又掉过去地作讲说。你们回去吧。"

以上为大集难问天地毁起、日月星蚀人烈死、万二千国策符字开
神诀。

方药厌固相治诀第一百三十七

【题解】

本篇所谓"方药",系指医方和动物性及植物性药物而言。"厌固",意为压服禁遏住天然受制之物。"相治"则谓递相治服。就此关涉医理和药理的问题,篇中大力加以引申发挥,以医观政,拟构出一个天地日月、星辰山川、飞禽走兽、草木万物和人类全都各有归属和主宰的制衡格局,强调人以帝王为君长,既对"盗贼"的反抗口诛笔伐,又指明远方四境"下极蝼蚁恶人"亦不可无故遭虐杀,进而借用"天法"、"象格"告诫统治者慎用刑罚。通篇把古代"论病以及国,原诊以知政"的观点(《汉书·艺文志·方技略》语),进一步神学化了,同时也表现出对生物交互作用的直观认识和动物保护的思想。

"今愚生得天师文书,拘校诸文及方书①,归居闲处②,分别惟思其要意,有疑不能解,愿请问一事。""言之。""今天师拘校诸方言:十十治愈者方,使天神治之也;十九治愈者方,使地神治之;十八治愈者方,使人精神治之③;过此以下者,不可用也。愚生以为,但得其厌固可畏者④,能相治也;不得其厌固者,不能相治也。"

【注释】

①拘校:汇集校理。方书:方技之书。主要指医书药典而言。

②闲处:指清静的修道处所。

③人精神:指寄居在人体各部位、诸器官内并起主宰作用的人格化的精灵与神灵。以上所云,参见本经丙部《草木方诀》、《生物方诀》所述。《白虎通义·情性》则云:"精神者,何谓也?精者,静也,太阴施化之气也,象火之化,须待任生也。神者恍惚,太阳之气也,出入无间。总云支体万化之本也。"

④厌:通"压",遏制。固:指天然即被某物所挟制之物。如猫吃老鼠、羊怕狼一类。

【译文】

"如今愚生得到天师的文书,文书指示汇集校理各种文辞以及方技医书,回来后置身在清静的修炼场所,分别只管精思其中的切要意旨,随之产生了疑问,可怎么也闹不明白,希望请求询问一宗事情。""只管讲来。""如今天师对汇集校理各种方技医书着意指出:百分之百能治愈的药方,那是驱使天神来施治的;百分之九十能治愈的药方,那是驱使地神来施治的;百分之八十能治愈的药方,那是驱使人体体内的精灵与神灵来施治的;治愈率在此比例以下的药方,不可以施用。但愚生认为,只有择取到天然就能遏制住对方致使对方畏惧的动植物,才能够递相治服;择取不到天然就能遏制住对方的动植物,就无法递相治服。"

"善哉!真人言也。得其难意。然。夫凡洞无极之表里①,目所见、耳所闻、蠕动之属②,悉天所生也。天不生之,无此也,因而各自有神长③,命各属焉。比若六畜④,命属人也,死生但在人耳,人即是六畜之司命神也⑤。是万二千物悉皆受天地统而行⑥,一物不具,即天统有不足者,因使其更相治服也,因复各使有尊卑君长,故天道悉能相治制也。得其所畏,而十十者治愈者,即是其命所属天也。真人知之邪?""唯唯。""行,子已知之矣。"

【注释】

①凡洞无极之表里:犹言整个宇宙世界。洞,通透。

②蠕动之属:泛指爬行动物。

③神长:指分别管辖各类神灵的某一特定神灵。如人体五脏神,则心神为其神长。本经极力阐扬万事万物有神论,遂又衍生出神灵的等级序列和领属系统。本经卷五十六至六十四《阙题》(四)谓:"夫万二千物,各自存精神,自有君长。"

④六畜:马牛羊犬豕鸡。

⑤司命神:掌管世人生死寿夭的神官。本经卷一百十二《写书不用徒自苦诫》称:"故令司命,近在胸心。"又本经佚文称:"常有六司命神,共议人过失。"

⑥万二千物:此系《太平经》编著者用术数推导出来的世界物种总数目。其中有二千物属于嘉瑞善物。其理据与"万二千国"相同,即一年为十二个月,扩大千倍即得此数。参见本经卷三十五《分别贫富法》、丁部《阙题》(四)、卷九十三《国不可胜数诀》所述。天地统:即天统、地统。前者职在施生,后者职在养长。统,统系。

【译文】

"真人这番话说得太好了! 获取到了那诘难的本意。好的。在整个宇宙世界内,眼睛能看见、耳朵会听到、躯体会爬行蠕动的一切生物,全是皇天降生下来的。皇天不降生它们,就根本不存在这些生物,因而各自都有统领它们的神灵主宰,它们的性命分别归属在神灵主宰那里。这就好比牛羊等六畜,性命由人来掌握,是死是生只在于人对它们作出怎样的处置罢了,而人也成了牛羊等六畜的司命神。这表明一万二千种生物全都承受天地的统系而生存活动,如果缺少了一种生物,天统就出现不齐备的情况了,因而要叫它们递相辖制和服从,因而又让它们各自具有尊卑等级和君长,所以天道都能递相辖制。择取到病魔所畏惧而百分之百能治愈的生物,这些生物的性命也就归属于皇天。真人明白这一点了吗?""是是。""回去吧,你们已经明白这一点了。"

"请问一疑,甚不谦顺,岂不言哉?""平行,勿讳。""今若盗贼劫人者,同服人耳,岂可以为天命君长邪?""善哉!子之难也。夫盗贼劫人者,但以无义,妄于枉服人耳①,不得长服久也。一过服人②,即有重罪,长吏遂之不止也③。子何以言是为天命乎?今若王者治服人,岂当见逐索邪?凡人生以王者为君长,为命也。真人亦宁解不?""今已大解,善哉善哉!"

【注释】

①枉服人:使人被迫屈从。

②一过服人:谓有一次犯下罪过叫人屈从。

③遂:缉捕归案之意。

【译文】

"请求再问一个闹不清的问题,这样做太不谦恭谨顺了,可哪里能不讲出来呢?""慢慢讲来,不要有什么忌讳。""如今像那些杀人越货的盗贼,同样能叫人顺服,难道可以成为皇天既定的君长吗?""你们这诘难太好了!可那些杀人越货的盗贼,只是凭仗不讲道义,胡乱叫人被迫屈从罢了,并无法叫人长久顺服。有一次犯下罪过叫人屈从,官府的官吏就一直要把他缉捕归案。你们为什么竟把这种人说成是皇天既定的君长呢？如今像帝王惩治人，让人顺服，难道他还应被追捕捉拿吗？人们只要降生到世上，就把帝王作为君长，作为性命的依托。真人对此到底解悟没解悟呢？""眼下已经完全解悟了。这太好了！这太好了！"

"行，学者精之，亦无妄难问也，天且非人也①。""唯唯。有过有过，不也。""敬慎之，勿但若俗夫之人，欲言便语也。""唯唯。今愚生每语有剧过，不言又无缘得知之。今欲复有可问，不敢卒言。""平行。""今独万物各有君长，天地亦有君长邪？""噫！子难问，何一深妙远剧也②！""今自知所问不谦，不及天师问之，会遂不得知之也。"

【注释】

①非：怪罪。

②剧：尖锐之意。

【译文】

"回去吧，学习道法的人要精念事象及其意旨，也不要随意就诘难质问，皇天将会怪罪人的。""是是。弟子犯下了罪过，犯下了罪过，绝对下不为例了。""在这方面要恭敬谨慎，不能只像个凡夫俗子，想说什么就张嘴说什么。""是是。如今愚生一发话就犯下深重的罪过，可不说却又没办法弄明白。眼下还有想问的事情，但却不敢唐突地就讲出来。""只管慢慢讲来。""如今唯独万物各自具有君长吗？天地是否也有君长呢？""嘿嘿！你们这诘难质问，为什么竟是那样深切精妙又广远尖锐呢！""如今我们自己很清楚询问的事情太不谦恭了，可不向天师询问它，终归就没办法闹明白。"

"然。天者以中极最高者为君长①，地以昆仑墟为君

长②,日以王日为君长③,月以大月为君长④,星以中极一星
为君长⑤,众山以五岳为君长⑥,五岳以中极下泰山为君
长⑦,百川以江海为君长⑧。

【注释】

①中极最高者:指北极星座所在的天区。即紫微垣。又称中宫或
　　紫宫。属于至高天神的居所。《春秋演孔图》谓:"天皇大帝,北
　　辰星也。含元秉阳,舒精吐光,其星有五,居紫宫中,制驭四方,
　　冠有五采。"本经乙部《和三气兴帝王法》称:"天有三名:日、月、
　　星,北极为中也。"

②昆仑墟:即昆仑山。其被视为仙府治所和天皇大帝在地上的都
　　邑,处于地中心,适与紫宫相对应。《河图括地象》谓:"昆仑之山
　　为地首,上为握契,满为四渎,横为地轴,止为天镇,立为八柱。"
　　"其高入天,即所谓天柱也,围三千里,圆如削。下有仙人九府
　　治,与天地同休息。"本经卷一百十二《不忘诚长得福诀》称:"神
　　仙之录(名册)在北极,相连昆仑。昆仑之墟有真人,上下有常。"

③王日:指运行到南方天空正中的太阳。王,占据统治地位之意。
　　参见本经卷六十九《天谶支干相配法》所述。

④大月:指满月,即十五的月亮。本经壬部云:"月始生于西,长而
　　东行,至十五日,名为阳。"

⑤中极一星:指北极星座五颗星中最亮的那颗星。古人将其视为
　　最高天神,称之为太一或中宫大帝。《春秋文耀钩》谓:"中宫大
　　帝,其精北极星。含元出气,流精生物也。"本经卷五十六至六十
　　四《阙题》(六)称:上神人"乃与皇天同形","含于北极紫宫中",
　　"与天上帝同象,名天心神"。

⑥五岳:指东岳泰山,南岳衡山,西岳华山,北岳恒山,中岳嵩山。
　　《风俗通义·五岳》谓:"南方衡山,一名霍山。霍者,万物盛长,

垂枝布叶，霍然而大。'"西方华山。华者，华也，万物滋熟，变华于西方也。'""北方恒山。恒者，常也，万物伏藏于北方有常也。'"中央日嵩高。嵩者，高也。《诗》云：'嵩高惟岳，峻极于天。'"

⑦中极下泰山：泰山坐落在东方，东方为万物始生处，故为五岳之长，又称岱宗。刘向《五经通义》谓："泰山，五岳之长，群神之主。故独封泰山，告平于天，报神功也。"《风俗通义·五岳》谓："东方泰山。《诗》云：'泰山岩岩，鲁邦所瞻。'尊曰岱宗。岱者，长也，万物之始，阴阳交代，云触石而出，肤寸而合，不崇朝而遍雨，天下其惟泰山乎！故为五岳之长。"此处所言"中极下泰山"，与通常认为昆仑山乃同天之中极相对应不同，盖本《尔雅·释地》以泰山为九府中央之美者及《淮南子·地形训》为说。

⑧百川以江海为君长：意本《老子·六十六章》："江海之所以能为百谷（川）王者，以其善下之，故能为百谷王。"《初学记·地部中》引《风俗通义》谓："海曰百谷王。海神曰海若。海一云朝夕池，一云天池，亦云大壑、巨壑。"本经卷六十九《天谶支干相配法》称："是故江海，亦水之王、长也。"

【译文】

"好的。皇天把北极星座所在的天区作为君长，大地把昆仑山作为君长，太阳把位居天空正中的午日作为君长，月亮把十五的满月作为君长，星辰把北极星座中最明亮的那颗星作为君长，众山峦把五岳作为君长，五岳把皇天紫宫下的泰山作为君长，各条河流把江海作为君长。

"有甲者以神龟为君长①，有鳞之属以龙为君长②，飞有翼之属以凤凰为君长③，兽有毛者以麒麟为君长④，裸虫者以人为君长⑤，人以帝王为君长。天下若此者，积众多，不可胜记。才为真人举其纲，见其始。子岂解邪？""唯唯。"

【注释】

①神龟:古代所称"四灵"之一。《洛书灵准听》谓:"灵龟者,玄文五色,神灵之精也。上员法天,下方法地,能见存亡,明于吉凶。"《春秋说题辞》称:"龟之为言久也,千岁知吉凶也。"

②龙:古代所称"四灵"之一。《春秋元命苞》谓:"龙之言萌也。阴中之阳,故言龙举而云兴。"《论衡·龙虚篇》云:"世俗画龙之象,马首蛇尾。"《说文解字》:"龙。鳞虫之长。能幽能明,能细能巨,能短能长,春分而登天,秋分而潜渊。"

③凤凰:古代所称"四灵"之一。《鹖冠子·度万》云:"凤凰者,鹑火之禽,阳之精也。"《春秋演孔图》谓:"凤,火之精也。"《论语摘衰圣》称:"凤有六象:一曰头象天,二曰目象日,三曰背象月,四曰翼象风,五曰足象地,六曰尾像纬。"《论衡·讲瑞篇》云:"夫凤皇,鸟之圣者也。""宣帝之时,所见凤皇高五尺,文章五色。"

④麒麟:古代所称"四灵"之一。《鹖冠子·度万》云:"麒麟者,玄枵之兽,阴之精也。"《说苑·辨物》谓:"麒麟麕身牛尾,圆顶一角。含仁怀义,音中律吕,行步中规,折旋中矩。择土而践,位平然后处,不群居,不旅行,纷兮其有质文也。幽闲则循循如也,动则有容仪。"《春秋演孔图》谓:"麟,木之精也。"《论衡·讲瑞篇》云:"麒麟,兽之圣者也。""武帝之时,西巡狩,得白麟,一角而五趾。孝宣之时,九真贡献麟,状如鹿而两角者。"

⑤裸虫:亦作"倮虫"。指无毛羽鳞甲蔽体的动物。人为君长:人乃万物之灵,故出此语。《论衡·辨祟篇》谓:"夫倮虫三百六十,人为之长。人,物也,万物之中有知慧者也。"以上所云,系本《大戴礼记·易本命》和《乐纬稽耀嘉》为说。古以龟、龙、凤凰、麒麟皆有神灵,异于其他动物,故合称四灵。《礼记·礼运》云:"何谓四灵? 麟、凤、龟、龙谓之四灵。故龙以为畜,故鱼鲔不淰;凤以为畜,故鸟不獝;麟以为畜,故兽不狘;龟以为畜,故人情不失。"

【译文】

"身上长有甲壳的动物,把神龟作为君长;身上长有鳞片的动物,把龙作为君长;身上长有翅膀会飞翔的动物,把凤凰作为君长;身上长有茸毛的动物,把麒麟作为君长;身上不带甲壳鳞毛的动物,把人作为君长;人把帝王作为君长。天下像这类情况多极了,简直记述不过来。只是为真人列举那纲要,看出那端倪罢了。你们恐怕都解悟了吧?"

"是是。"

"宜自深思其意,亦不可尽记也,难为财用①。""唯唯。今故言蚑行有知之属②,方在其身者,不待而成事者③,无妄杀伤,何乎?""主恐忿其君长也。今天太平气至,当与有德君并力治,无妄伤害,则乱太平之气,令治愦愦。"

【注释】

①财用:裁断施用。财,通"裁"。

②故言:特加强调之意。

③成事:指动物发育成熟。

【译文】

"应当自行深思那要意,也不可能全都记述出来,这样很难让人作出裁断施用来。""是。如今天师的书文中特意强调对活生生的动物身带入药部位,虽等急用但它尚未发育成熟的,不可随意就进行杀伤,这是出自什么原因呢?""这主要是担心它们的君长由此而发怒。如今太平气降临了,应当与具有道德的君主合力施行治理,因而不能随意就对它们进行伤害;伤害的话,就会搅乱太平气,造成治理昏乱。"

"今小物,安能感动天,使其治乱愦愦乎?""噫!子自若愚蒙,未大解也。今是各自有君长,若远方四境之下贱小人,极最帝王之下极蝼蚁恶人也,无可比数①。人无故共贼伤此百数十人,其家自冤枉,上书帝王,帝王闻之即大怒,下令以章考问之②,纷纷州郡县以为大事③。因而坐之危亡者④,非一人也。子知之邪?”“可骇哉! 可骇哉!”“行,子知大骇,乃且长生矣。”“唯唯。”

【注释】

①比数:相与并列之意。

②章:指法律规定的条款。考问:审讯判罪。

③州:汉代监察区名。除京师而外,共设十二州,州置刺史。京师则设司隶校尉。郡:汉代所设一级地方政区。下辖县。东汉顺帝时,京师以外十二州共置七十一郡。郡设太守。县:汉代所设二级地方政区。下辖乡。汉制,户口达万户以上者设县令,在万户以下者设县长。

④坐:获罪。

【译文】

“如今这些小小动物,怎能感召引动起皇天,让那治理昏暗呢?”“嘿嘿! 你们仍旧愚蠢蒙昧,还没彻底解悟。如今它们各自都有君长,就好像四方边境遥远地区的低下卑贱的居民,纯属帝王的蝼蚁般的最下等的歹恶人,简直没有能同他们相提并论的。然而世人无故联手虐杀伤残了他们当中数十上百号人,这些人的家属感到自身太冤枉,上书给帝王,帝王得知后立刻勃然大怒,下令按照法律规定的条款进行查办,于是从州郡到县都把这当成大事,忙个不休。随即获罪而被处死判刑的,就不仅仅是一个人了。你们清楚这种情况了吗?”“这太可怕了! 这太可怕了!”“回去吧,你们知道非常可怕,也就将会长生了。”“是是。”

"是故古者圣王,知天法象格明①,故不敢妄用刑也,乃深思远虑之极也。故其治常平,不用筋力而得天心者②,以其重慎之也。今先王小小失之,承负之后,各有得失,故治难平也。子知之邪?""唯唯。""今太平气至,天爱有德之君,故具为陈戒也,难其犯之也③。以吾文归上德之君,自使思其恶意④。""唯唯。"

右集难方药命所属、物各自有君长。

【注释】

①象格:谓象刑。即让罪犯穿上与其罪行相应的特制服装,以此示辱。《慎子》云:"有虞之诛,以幪巾当墨,以草缨当劓,以菲履当刖,以艾鞸当宫,布衣无领当大辟。"《尚书大传》曰:"古之用刑者,画象而不犯。盖上刑赭衣不纯,中刑杂屦,下刑墨幪,以居州里而人耻之。"《白虎通义·五刑》称:"刑所以五何? 法五行也。五帝画象者,其服象五刑也。犯墨者蒙巾,犯劓者以赭著其衣,犯膑者以墨幪其膑处而画之,犯宫者履杂屝,犯大辟者布衣无领。"《晋书·刑法志》谓:"犯黥者皂其巾,犯劓者丹其服,犯膑者黑其体,犯宫者杂其屦,大辟之罪,殊刑之极布其衣裾而无领缘,投之于市,与众弃之。"《孝经钩命诀》云:"三皇无文,五帝画象,三王肉刑。"

②筋力:体力。指人为采取的各类举措。

③难:阻止之意。

④恶意:指犯天戒、妄用刑的危害性。

【译文】

"所以古代的圣明帝王,对皇天的大法和采用象刑方式惩治罪犯了解得非常清楚,因而不敢胡乱就施用刑罚,正表明他们深思远虑到极点了。所以他们的治理总保持太平,不人为采取措施就获取到天心,正靠他们对刑罚很慎重。如今处在前代帝王逐渐出现偏失、给人造成承负之后,各有失误,所以治理就很难太平。你们明白这一点了吗?""是是。""如今太平气降临了,皇天爱护具有道德的君主,所以就详尽地为他陈示戒条,阻止他去触犯。把我这篇书文付归给具有第一等道德的君主,让他自行思索妄用刑、犯天戒的危害所在。""是是。"

以上为集难方药命所属、物各自有君长。

阳尊阴卑诀第一百三十八

【题解】

本篇所谓"阳尊阴卑",不啻"天尊地卑"、"君尊臣卑"、"官尊民卑"、"男尊女卑"的同义语和概括语,属于自殷周之际以迄嬴秦两汉根深蒂固的社会观念与政治观念之一。对此,本篇则以男女生殖器官及其功能为据,复予申说而成其"诀"。尽管颇不雅训,但惟其如此,恰恰显现出早期道教将生命作为一大理论支柱的特色。至于贯穿其间的阳施阴养、阳生阴成之论,涉及到对立面相互依存的关系问题;而阳实核、阴虚空之说,则袭用西汉董仲舒《春秋繁露》的观点予以再发挥。基于阳尊阴卑,篇中又倡行"重本守始"、"反本守元"、象天为治的治国之道。通过对"仁贤明儒、道术圣智"六类人终可"乘气而飞"的称许,遂将道教修炼术同治国之道糅为一体;而对"聚财货小人不肖"的抨击,则反映了东汉中后期贫富悬殊、朝政日非的客观现实。

"愿问阳何从独得尊而贵,阴独名卑而贱哉?""善乎!子之难也,几睹道德意。阳所以独名尊而贵者①,守本常盈满而有实也;阴所以独名卑且贱者,以其虚空而无实也,故见恶见贱也②。"

【注释】

①名：意为被称作。

②恶（wù）：厌恶。以上所云，参见《春秋繁露》卷十一《阳尊阴卑》、《王道通三》及卷十二《阴阳义》所述。

【译文】

"希望问一下，阳性的事物依凭什么偏偏就尊贵，阴性的事物偏偏就被称为卑贱呢？""你们这诘难太好了！差不多察见道德的意旨了。阳性的事物偏偏被称为尊贵，原因是它们守执根本，常常充盈饱满而有实体存在；阴性的事物偏偏被称为卑贱，原因是它们虚泛空洞而没有实体存在，所以就遭到厌恶受轻视了。"

"愚生受天命①，劣少无知，蔽暗难开，愿天师具为分解其意。""子学何不具睹天道意，何哉？真人尚乃不解，俗人冥冥固是也。然。夫天名阴阳男女者，本元气之所始起②，阴阳之门户也③。人所受命生处④，是其本也。故男所以受命者，盈满而有余⑤，其下左右，尚各有一实⑥。上者盈满而有余⑦，尚常施与下阴⑧，有余积聚而常有实。上施者，应太阳天行也⑨，无不能生，无不能成。下有积聚，应太阴，应地，而有文理应阡陌⑩。左实者应人，右实者应万物。实者，核实也，则仁好施⑪，又有核实也，故阳得称尊而贵也。子知之耶？""唯唯。"

【注释】

①受天命：谓身获降生。

②元气：化生宇宙万物的无形实体。本经卷五十六至六十四《阙题》（六）称："元气，阳也，主生。"又卷九十八《核文寿长诀》谓：

"天道广从,无复穷极,不若一元气与天持其命纲也。"

③门户:喻开端、起点。《易传·系辞下》谓:"天地絪缊(气盛交融),
万物化醇。男女构精,万物化生。"盖即此处所云之本。

④受命生处:指人的生殖器官。

⑤有余:谓须泻出的精液。

⑥实:指睾丸。

⑦上者:指阴囊。

⑧下阴:指阴茎。

⑨天行:谓化生的职能。

⑩文理:纹理,指阴囊表层的微细血管部分。阡陌:指纵横交织的
田土分布形状。古以南北为阡,东西为陌。

⑪仁好施:《春秋繁露·王道通三》谓:天仁,"人之受命于天,取仁
于天而仁"。本经壬部云:"施者象仁。"

【译文】

"愚生由皇天给生到世上来,从小就低劣而什么都不懂,蒙昧昏暗
很难开启,希望天师详细地为弟子逐一讲解那意旨。""你们学道为什么
不能深切地看出天道的意旨来呢?这可是什么原因呢?真人尚且解悟
不了,世俗人一点儿也不开窍,固然就只能是那个样子了。好的。皇天
把它们叫做阴阳男女的那些事物,来自元气最初的化生,构成了阴阳并
存的起点。人体的生殖器官,是那根本所在。所以男子的生殖器官,充
盈饱满而有多余的精液,在下面左右两侧,还各有一个睾丸。阴囊充盈
饱满,总有多余的精液,尚且时常从阴茎排泄出来,而多余的精液积聚
在一起,总能化生出新的生命来。能从阴囊排出精液,这与最旺盛的阳
气和皇天的化生功能相应合,没有化生不了的,也没有成就不了的。阴
茎有积聚在一起的精液,这与最旺盛的阴气相应合,阴茎也与大地相应
合,它上面分布的毛细血管,正与纵横交织的田土分布形状相应合。而
左侧的那个睾丸,与人相应合;右侧的那个睾丸,同万物相应合。而所

谓实,也就是能使新生命化生出来,于是仁爱便喜好施生,又有化生出来的新生命,所以阳性的事物就得以称作尊贵了。你们明白这一点了吗?"是是。"

"阴为女,所以卑而贱者,其所受命处,户空而虚①,无盈余,又无实,故见卑且贱也。本名为阴阳男女者,此二事也②。其一身上下,既尽无名者也③,本名阴阳,以此二事分别之也。念女之头目、面耳、支体④,俱与男等耳;其好善尚乃或好于男子⑤,而反卑贱者,此也。男子之头面肢体,其好善不及女也,而名尊且贵者,正以此也。""善哉善哉!"

【注释】

①户:指阴户。

②二事:指生殖器官构造和功能的不同。

③无名者:意为无法另外命名而再加以区别的。如男女之手足,俱称手足等。

④支体:即躯体。支,同"肢",四肢。

⑤好善:指美观漂亮的程度。

【译文】

"阴性的事物衍生出女子,女子卑贱,原因就出在她们的生殖器官上,阴户空张而虚待,没有充盈多余的东西,也没有能使新生命化生出来的东西,所以就被看得很卑贱。之所以命名为阴阳男女,压根就依据生殖器官的构造和功能截然不同。在男女整副身躯上下,有许多没办法再命名而加以区分的部位和器官;压根就把他们统称为一阴一阳,正是凭借生殖器官的不同来作出的区分。想那女子的头部和眼睛、面庞与双耳,乃至整副躯体,都和男子是对等的;但那美观漂亮的程度有的尚且超过男子,可却反倒卑贱,原因就在生殖器官上。男子的头部和面庞,乃至整副躯体,比不上女子的美观漂亮,可却被称为尊贵,原因也正在生殖器官上。""这可讲得太好了！这可讲得太好了！"

"然。子可谓已觉知之矣。是故天道重本守始①,是以圣人睹天法象明②,故当反本守元③,正字考文④,以解迷惑也,故能使天地长安国家乐也。故守本而有实,好施与者为善人;本空虚无实核,常不足而反好求者为恶人,为贱人,此之谓也。"

【注释】

①始:初始。

②法象:法则与证象。

③元:基元。

④正字考文:意谓对传世书文进行溯源归真的工作。正字,校正文字。考文,考订文辞。此与议礼、制度合称三重。《礼记·中庸》云:"非天子,不议礼,不制度,不考文。"则可见《太平经》编著者志意之高。

【译文】

"好的。你们可以称得上已经觉悟知晓了。所以天道看重根本,守持基始,因此圣人察看皇天的法则与证象特别清楚,所以就应返归根本,守持基元,校正经典的原文,考订其他著述的说法,用来破解迷惑,所以就能使天地长久安宁、国家欢乐。因而守持根本而有实际内核并且喜爱施予的人,就是善人;根基空洞虚泛而没有实际内核,经常不充裕反而喜好向别人求助的人,就是恶人,就是下贱人,说的也就正是这个意思。"

"今愿诀问一疑。""行言之。""令女见怀妊①,实如天师言,无实何也?""噫! 子内空虚,略类似无道之人,但天见子勉勉一心②,故使子来问事耳。今女之妊子,阴本空虚,但阳往施化,实于阴中,而阴卑贱畏阳,顺而养之,不敢去也。阳乃天也,君也,阴乃地也,臣也,故重尊敬阳之施,因而养之,而不敢去也。

【注释】

①怀妊:即怀孕。

②勉勉:力行不倦的样子。

【译文】

"如今希望再询问一个确能作出裁断的疑难问题。""随即讲来。""假使女子受孕怀胎了,真像天师所说的那样,还断定她们空虚无实,这该怎样作解释呢?""嘿嘿! 你们肚子里什么学问都没有,基本还像个身无真道的人,皇天看你们一心要力行不倦,所以才驱使你们前来问事罢了。如今女子有孕在身,可阴原本就空虚,只是阳去施化,把那实际内核注入在阴里面,而阴卑贱,畏惧阳,就只有顺从,进行养育,不敢把它抛弃。阳正代表皇天和君主,阴正象征大地和臣僚,所以就看重并尊敬阳的施化,随即加以养育,不敢把它抛弃。

"子欲知其实,比若君王有客①,托于小家②,小家养之,不敢去也,客亦遂得肥巨成人,□□正此也③。今俗者言,阳生阴成,但阴随而养,成阳实也。吾书中同多以养说之如此矣。吾见真人欲乐得知真道之核,天之至要意,故为子要言之耳。子知之邪?""唯唯。""行,子已觉矣。"

【注释】

①客：指非由后妃生育的皇子。

②托：寄养之意。小家：百姓家。

③□□正此也：此句原缺二字。

【译文】

"你们要想了解那实情，也就好比君主有个不是由后妃生下的儿子，寄养在一户百姓家，这户人家就得好好给养育，不敢把他抛弃掉，于是这个寄养的孩子得以身强体壮而成人。如今世俗人都说阳化生，阴成就，其实也只是在讲阴顺随而加以养育，成就阳的那个实际内核。我那道书中有多处也同样用顺养来照此作解说了。我看到真人乐意得知真道的实际内核以及皇天的最为切要的意旨，所以就为你们择要讲说它罢了。你们清楚这一点了吗？""是是。""回去吧，看来你们已经觉悟了。"

"今愿问独人有男女，可以分别阴阳实邪？天地万物尽然邪？""噫！子自若痴迷不解①。善哉，真人之难问也。然。天地之性，万物尽然。吾为子说一事，已上洞下达。子自若言不□□②，行更开两耳听，勿失铢分也。""唯唯。"

【注释】

①痴迷：沉迷不悟。

②子自若言不□□：此句原缺二字。

【译文】

"如今希望再问一下，唯独人有男女可以区分阴阳的实体吗？天地万物也都像这个样吗？""嘿嘿！你们仍旧沉迷不悟。可真人这诘难质问却太好了。是的。天地的本性，决定了万物都像这个样。我为你们讲说每宗事体,都已经上下透彻明晰了。可你们总还是老样子,近前来竖起两耳仔细听,不要漏掉一丝一毫。”“是是。”

“行,然。阳在外之时①,凡物尽上,怀妊于上枝叶之间。时天阳气在外,未还反下根也,故皆实于表也;蚑行众生、人民积聚亦于外。及阳气还反内,在地中也②,万物之属,上悉空无实,尽下怀妊,实于下地中,养根叶;蚑行人民亦入,实积聚于内。此即皇天证明阳实核之大明效也③。是故执阳道者④,有实核;守阴道者⑤,天实核⑥。故古者圣人,治常象天,不敢象地也。”

【注释】

①阳在外之时:即春分至秋分的时段之内。

②“及阳气”二句:指秋分至春分的时段之内。

③大明效:最为明显的效验。以上所云,参见《春秋繁露》卷十一《天辨在人》及《阴阳位》、本经卷四十四《案书明刑德法》所述。

④阳道:谓施生之道。

⑤阴道:谓养育之道。

⑥天实核:此三字中“天”字疑为“无”或“失”字之误。

【译文】

“注意听我说。好的。阳气散布在外面的时候,植物就都在地表朝上生长,在枝叶的顶端开花结果。这个阶段内皇天的施生阳气处在外面,尚未返归到植物的根部,所以就都在表层开花结果;而各种动物和人们也都积聚在外面活动。等到阳气返归到里面,处在地底下,这个阶段内各种植物在地表就空空荡荡,没有实体存在,全部进入地底下重新胚胎,在地底下酿造实体,滋养根须和嫩芽;动物和人们也从外面进入洞穴和宅室,实体都积聚在内部。这也正是皇天证明阳有实际内核的最为明显的效验。所以执守阳道的人,就有实际的内核;执守阴道的人,就没有实际的内核。因而古代的圣人,他那治理总是取法皇天,不敢效仿大地。"

　　"愿闻之,何谓为象天乎?""象天者,聚仁贤明儒、道术圣智,此者名为象天也;聚财货小人不肖、无知文章①,名为象地也。""善哉善哉! 愿闻此仁贤明儒、道术圣智,何以象天?""天者,仁贤明儒、道术圣智也;又天者,能乘气而飞②,此六人,其上才而志真道不懈者③,亦乃至于能乘气而飞,故属天,象天也。是以古者圣人独深知皇天意,故不敢失之也。"

【注释】

①财货:指代聚财又吝啬的人。小人:邪僻卑劣的人。不肖:子不似父曰不肖。即不贤。无知文章:指代不明事理而炮制浮华言论的人。

②乘气而飞:此据汉代浑天说为言。浑天说认为,天乘气而立,天转如车毂之运,周旋无端。故此处称天"乘气而飞"。详见《晋书·天文志上·天体》所引述。本经卷七十三至八十五《阙题》(六)云:"天道因气飞为雄。"又卷九十《冤流灾求奇方诀》谓:"天下扰扰无不有,不若天独神且圣,乘气而飞行乎?"

③上才:谓上等的天赋。

【译文】

　　"希望能听到,怎样才叫取法皇天了呢?""取法皇天的人,就聚集起仁德的人士、贤良的人士、精明的儒士、身怀道术的人士、圣明的人士和睿智的人士,这就被称作取法皇天;至于聚集起敛财又吝啬的人,邪僻卑劣的人,不贤良的人,不明事理而炮制浮华言论的人,就被称作效仿大地。”“这太好了! 这太好了! 希望再听一听,仁德的人士、贤良的人士、精明的儒士、身怀道术的人士、圣明的人士和睿智的人士,为什么就代表皇天呢?”“皇天正具有仁、贤、明、儒、道术、圣、智这些人士的品性;皇天还能乘气飞转,而这六类人,其中天赋最高并且锐志于真道而永不懈怠的人,也能炼养到乘气飞行,所以就归属皇天又代表皇天。因此古代的圣人唯独深深了解皇天的心意,所以不敢偏离它。”

“愿闻此聚财货小人不肖,何以象地乎?”“然。夫财者会,下财成涂^①,涂化成粪,粪化成土。夫小人愚不肖者会,聋暗不知道术,入凶门户,会当早居地下;若令不葬,久则为天地之害甚深,与之为治,则共乱天文地理,五行日战乎! 四时失纪^②,三光少明,天地恶之,百神不爱之矣。无益于分理^③,当早终死,如此财矣。真人知之邪?”

【注释】

①下财:谓将财物埋藏在地下。即悭吝而不施舍之意。涂:泥。

②纪:纲纪。指推移交替的次序。

③分理:指划定的治理范畴。

【译文】

“希望再听一听,聚集起敛财又吝啬的人,邪僻卑劣的人,不贤良的人,不明事理而炮制浮华言论的人,为什么就属于效仿大地呢?”“好的。财货聚集到一起,吝啬它而把它埋藏到地下,也就化成泥;化成泥就又化成粪,化成粪就又化成土。邪僻卑劣的人和愚蠢不贤良的人聚集到一起,就像聋子和瞎子那样掌握不了道术,跌入凶败的门口里面,终归要早早去见阎王和小鬼；如果让他们不赶快葬身地下，时间一长，对天地造成的祸害就特别深重；和这类人共同施行治理，就会搅乱天文地理，使五行每天都错乱争斗！春夏秋冬失去推移交替的正常次序，日月星辰暗淡无光，天地憎恶他们，所有的神灵也不喜爱他们。既然对天地阴阳划定的治理范畴没有任何益处，就该早早死去，也就像那埋在地里的财物了。真人清楚这种情况了吗？"

　　"唯唯。可骇哉！可骇哉！""子知骇者，可谓将长存矣。不知早骇，与天地为重咎①。""愚生甚畏之。""子知畏此天法，天且活子；如不敬畏之，与生同理。夫吉凶，本非天也，过也，人自求得之耳。子知之邪？""唯唯。""行去，去戒之。""唯唯。"

　　右集难男女本、所以得尊卑、阴阳实核、君子小人诀。

【注释】

①重咎：意为深重的憎恶对象。

【译文】

　　"是是。这太可怕了！这太可怕了！""你们知道可怕，可以称得上将会长生久存了。不知道早早就害怕，也就和天地结成深重的憎恶对象了。""愚生对此万分畏惧。""你们知道畏惧这皇天大法，皇天就会让你们存活了；如果不尊敬也不畏惧它，便和获得长生的道理一样，只有死亡了。吉凶原本不是皇天降给的，属于罪过造成的结果，由人自行求取而招来的罢了。你们清楚这一点了吗？""是是。""回去吧，回去后要把这当成大戒。""是是。"

　　以上为集难男女本、所以得尊卑、阴阳实核、君子小人诀。

国不可胜数诀第一百三十九

【题解】

本篇所谓“国”，系指在“太极”范围内、由天地分划的“万二千国”而言。“不可胜数”，则谓似此之“一大部界”分布极多，难以计算。在本篇中，一方面通过对汉代“宣夜说”的宗教改造，凸显宇宙的无限性，进而强调天道无极，惟适所用；另一方面凭借天地人“三合为一”的理据，运用术数，既变战国阴阳家邹衍“大九州说”为“太极、中极、小极”三部地理构成论，又推导出这一相对空间内由万二千国组成的政区图式和“百国有德”的政治定式；既宣示授经百国、随俗施教、从而辐射涵盖万二千国的传道方略，又昭明天地人三相得、共为善属于“天下万国之纲”的独特地位。在痛斥“小师强怒喜狂说”给思想界和帝王带来“辨难何恟恟”、“令灾害横行，不可禁防”的同时，盛言“大化”已出，辗转在“万二千国历运周”的情势下播布《太平经》这等“无极之经、洞竟之政”，便与主持“异界”上下六方“无极之国”之安危善恶者相配合，足以“为有德帝王除天地立事以来流灾厄会”，“遍治天地之表里绝洞虚洞、远无极之天地病”。其间非独把安定诸国的道功同必获长生的天报因果式联为一体，更为突出的乃是，轩豁呈露出早期道教欲使自身世界化的意向。这在全经中，仅此一见。本篇与《万二千国始火始气诀》前后相隔一卷，但主旨迥异，惟区域之划分、传道布道之起点和随其国俗之方式，可相互补充。此外,本篇之数论,竟使学道真人"未得其意"且感"眩冥",其晦涩程度也足可窥见一斑。

"请问一事。""平道之。""愿闻天下凡有几国?""深哉妙哉! 子所问也。然。中部有八十一域①,次其外,复一周,天下有万国,乃远出到洞虚无表②,合三部为万二千国③。"

【注释】

①中部有八十一域:指战国阴阳家邹衍所称大九州中的一大州,即赤县神州。赤县神州内分九州,九九相乘,则一大州计有八十一域。

②洞虚:虚廓至极。表:最外端。

③合三部为万二千国:此八字之下,《太平经钞》尚有"皆禀受太平之教"七字。部,指部界。三部据下文所言,则谓太极、中极、小极。本经卷九十二《万二千国始火始气诀》又称之为大部、中部、小部。

【译文】

"请求询问一宗事。""慢慢讲来。""希望能听一听,整个天下总共有多少个国家呢?""你们这提问真是深远精妙啊! 好的。正中的地域部界包括八十一处,再往外组成一大圈,天下共有一万个国家,再往远处延伸到虚廓至极、没有边际的地方,这三大地域部界合起来总共有一万二千个国家。"

"何故乃有万二千国乎?""天数始起于一①,终于十,十而相乘,天道到于五而反②,故适万国也。其二千国者,应阴阳更数③,比若数十而终也,岁月数独十二也,尚五岁再闰在其中也④。此应天地之更起在天⑤,天洞虚之表里,应为天地并数⑥,故十二月反并为一岁,尚从闰其中。

【注释】

①天数:指自然基数。

②五:指阴阳五行递次流转变化之数。上文既云"十而相乘",则"五"于此处乃谓"十"的五次自乘积。用算式表示,即 $1 \times 10 \times 10 \times 10 \times 10$。故下文遂称适万国。后文复云:"一乘十,十也;各乘十,而至百;百乘十,至于千;千乘十,至于万",恰为此处"五"之注脚。反:后多作"返",返归。即周而复始之意。

③更数:谓交替循环之数。

④五岁再闰在其中:此谓置闰法。古人以三年置一个闰月,五年置两个闰月,十九年置七个闰月,用来调整阴历和阳历之间所定一回归年的时间差数。参见《淮南子·天文训》所述。

⑤更起:谓再度循环。

⑥并数:合并连带之数。即全年十二个月,其中"十"为天数,"二"即并数。将"二"再扩大千倍,便成"适万国"这一正数所连带包括的"其二千国者"。合计遂为"万二千国"。

【译文】

"为什么恰恰就有一万二千个国家呢?""因为天数从'一'开始计起,到十满数,十再自乘,而天道历经五轮运转便周而复始,所以十的五次自乘积,也恰恰组成一万个国家了。多出的那两千个国家,则与阴阳交替循环的数目相应合,也就如同自然基数到十就满数了,而每年的月份数是十二,尚且每隔五年还有两个闰月需要加在里面。这正应合天地再度开始循环取决于天,天从外端到里层虚廓至极,正与那天地合并连带的数目相应合,所以十二个月反而合并成一整年,尚且把闰月还要加在里面。

"此十二月者,乃元气幽冥①,阴阳更建始之数也②。比若万物终死于亥③,乾因建初④,立位于天门⑤,始凝核于亥⑥,怀妊于壬成形⑦。初九于子⑧,日始还⑨;九二于丑⑩,而阴阳运⑪;九三于寅⑫,天地人万物俱欲背阴向阳,窥于寅⑬。"

【注释】

① 幽冥:玄远幽深。

② 阴阳更建始:指阳生于子(农历十一月冬至),阴生于午(农历五月夏至)。本经卷一百十九《三者为一家阳火数五诀》云:"十一月地下温,五月地下寒。"

③ 亥:地支第十二位。此处代表农历十月。

④ 乾:指乾卦。建初:汉代《易纬》认为,阳始于亥,乾居其位,则祖微据始,象征阳气处于开始萌生的地位。详见《周易乾凿度》所述。

⑤ 天门:指二十八宿中奎宿和壁宿所夹峙的天区。位在西北,为乾卦之位。《周易乾坤凿度》称:"圣人画乾为天门,万灵朝会众生成,其势高远。"《素问》卷三十九《五运行大论篇》谓:"奎、璧、角、轸,则天地之门户也。"《河图括地象》曰:"西北为天门。""天门无上。"本经卷六十五《断金兵法》称:"西北者,为极阴,阴极生阳,故为天门。"又卷八十六《来善集三道文书诀》曰:"天门者,阳也。"

⑥ 凝核:谓万物随阳气入藏地下开始重新胚胎。

⑦ 怀妊:谓万物借阳气滋育和化就胚胎。壬:天干第九位。此处代表十月至十一月之间。

⑧ 初九:乾卦倒数第一阳爻的爻题。此处象征阳气初生。本经卷八十九《八卦还精念文》云:"亥子共身,周流相抱,极阴生阳,名为初九。"子:地支第一位。此处代表正北方和冬至之时。

⑨日始还：意谓日南至，还归本位，白昼渐长。

⑩九二：乾卦倒数第二阳爻的爻题。此处象征阳气形成。丑：地支第二位。此处代表东北方与农历十二月。

⑪阴阳运：阳气形成，阴气则由极盛而衰歇，故曰阴阳运。

⑫九三：乾卦倒数第三爻的爻题。此处象征阳气跃动。寅：地支第三位。此处代表偏东北和农历正月。

⑬窥：观望。以上所云，参见本经卷四十四《案书明刑德法》所述。

【译文】

"这全年十二个月，正属于元气玄远幽深、阴阳交相建立初起本位的数目。也就如同万物在亥位所在的十月而枯死，乾卦随即建立起阳气开始萌生的本位，把这本位定立在西北天门，而万物开始于十月随阳气在地下重新胚胎，到壬位所在的十至十一月间，胚胎得到滋育而成形。在子位所在的北方与冬至那天，阳气初生，太阳开始南至，归返本位；到丑位所在的东北方和十二月，阳气形成，阴气衰歇；再到寅位所在的偏东北和正月，阳气就跃动了，这时天地人和万物全都渴望背朝阴气，面向阳气，在正月把身子探到外面去。

"故万物始布根于东北①，见头于寅②。物之大者，以木为长也③，故寅为始生木④。甲最为木之初也⑤，故万物见于甲寅⑥，终死于癸亥⑦。故木也，乃受命生于元气太阴水中⑧，故以甲子为初始⑨。天道变数⑩，因五相乘而周⑪，故五千加十二支字⑫，适六十⑬，癸亥为数终也。真人知之邪？"

"唯唯。未得其意也，今眩冥⑭。"

【注释】

①东北：八方之一。其与十二月相对应，属丑位。

②见头：露出地面之意。

③木：即树木。长：统率者。本经卷一百十八《禁烧山林诀》云："布根之类，木是其长也，亦是君也，是其阳也。"

④始生木：意谓树木开始返青。

⑤甲：天干第一位。此处代表孟春。即农历正月。

⑥甲寅：此系天干与地支相配，用以纪月。指农历正月。下文"癸亥"，例与此同。

⑦癸：天干第十位。此处代表孟冬。即农历十月。从上文"甲寅"至此"癸亥"，则属六十甲子的最后十位，系言万物由农历正月到十月的生长枯落的过程。

⑧太阴：最旺盛的阴气。此处指北方。北方属五行中的水行，按照五行相生的关系，则水生木。

⑨甲子：六十甲子的起首。此处代表农历十一月冬至所在的天地相合的纲纪。本经卷三十九《解师策书诀》谓："凡物生者，皆以甲为首，子为本。"

⑩变数：犹前文所言"更数"，即交替循环之数。

⑪因五相乘：意谓十二乘五。

⑫五千：此二字中"千"当作"干"。形近而讹。五干即十天干。十天干分阳干甲、丙、戊、庚、壬，阴干乙、丁、己、辛、癸，数各为五，故称五干。十天干乃系古代为表示时间或方位等而创制的序列化专用符号，常与地支配合使用。干之取义，源自树干，或称其为日之精。加：组配之意。即干支单数、双数各自相配。十二支：通称十二地支，又称十二子、十二辰。乃系古代为表示时间或方位等而创制的序列化专用符号，常与天干配合使用。支之取义，源自树枝，或称其为月之灵。

⑬六十：即六十甲子。

⑭眩冥：迷乱昏昧。

【译文】

"所以万物在东北开始扎布下根须,在寅位正月露出地面。植物中属于形体粗大的那部分,把树木作为君长,因而在寅位正月树木开始返青。天干首位那个甲,顶数它是树木返青的原始标记了,所以万物在甲寅正月冒出地面,到癸亥十月而枯死。因而树木正从元气凝结在北方的水行里面秉受本命,得以返青,所以便将甲子作为周而复始的开端。天道交替循环的数目,正依据十二乘五而满一整轮,所以十天干与十二地支单、双数各自相配,恰恰就构成了六十甲子,而其中的癸亥,也正属于最末位。真人明白这一数理了吗?""是是。尚未获取到其中的意旨,现下迷乱昏昧得很。"

"行,子思之久久,自得其意。行,子思之。今真人恒何故问天下有几国哉?""愚生受天师书言,可以报天地重功,疗天地病,而为有德帝王除天地立事以来流灾厄会①,今以天师文书道,一付一有德之国②。今一国之原③,虽其君有德万万人者④,安能乃并解阴阳无极天地之灾乎?乃周流遍治天地之表里绝洞虚洞、远无极之天地病乎⑤?"

【注释】

①厄会:劫厄交会之意。

②一付:全部授付之意。

③原:指本来的状况。

④有德万万人:意谓集万万人之德于一身。

⑤绝洞虚洞:意为通透虚廓到极限。

【译文】

"注意听我说,你们精思它时间一长,也就自行获取到其中的意旨了。再注意听我说，你们要精思它。如今真人为什么一上来就询问整个天下共有多少个国家呢？""愚生领受天师书文的教诲，能够靠它报答皇天的重大功德，医治天地对世人产生的病痛，而为具有道德的君主解除天地确立事体以来的流灾厄会，要在当今把天师的文书和它们演述的真道全部授付给一个具有道德的国家。可专就现下一个国家的固有状况来看，即使它那君主具有万万人的道德加在一起那样的道德，竟又怎能全部去除掉阴阳无极天地的灾殃呢？以至于走遍所有的各个国家，一样不少地医治那表里通彻、广远得没有边际的天地对世人产生的病痛呢？"

"噫！善哉！天乃使子问是邪？咄咄①，可骇哉！咄咄，可骇哉！吾欲不言也，今恐得大適死过②，不除于子也。真人何以乃知问是乎？""愚生得天师教救者，归别处③，思惟其意，各有不解者，故问之也。""今子解一国有德之君而已，何故为问之乎？""今以天师文，但解一有德之君国之灾，名为但疗治一国耳，安能乃疗治天地病，而报皇天重功乎哉？"

【注释】

①咄咄：感叹声。表示感慨。

②適：通"谪"，罪罚。

③别处：指各自的修炼处所。

【译文】

"嘿嘿！真是太好了！这属于皇天在驱使你们询问这个问题吧？哎呀呀，多么让人感到惊惧啊！哎呀呀，多么让人感到惊惧呀！我想不作讲说，可眼下唯恐落个被处死的大罪过，面对你们仍然死有余辜。真人通过什么竟然知道询问这个问题呢？""愚生得到天师教诲训饬的事情,回去后分别在本人的修炼处所只管精思那要意,各自都有闹不清楚的地方,所以就询问它。""如今你们明白对一个国家的具有道德的君主该去怎样做也就行了,为什么还要问一共有多少个国家呢?""如今依照天师书文的说法,只是解除掉一个具有道德的君主所辖国家的灾殃,这被称作仅仅医治好一个国家罢了,哪能医治好天地对世人产生的病痛,特来报答皇天的重大功德呢?"

"善哉!子之言也。吾无以加子言也,真人试说其意。""然。今天师乃言天地洞虚有万二千国,今一有德之国受道,安能乃解是万二千国之灾,而都安天地者乎?""善哉!子之言。子果见使①,主问是邪?诺。今为真人具分别说之,使其昭然,可以毕除天下病灾。吾畏天威②,义不敢有可匿也③,子力随记吾言。""唯唯。"

【注释】

①见使:谓受上天驱使。

②天威:上天的威怒。

③义:宜,按道义。

【译文】

"你们这番话说得太好了!我对你们这番话没有什么能够再作补充纠正的了,真人尝试着讲一讲那要意。""好的。如今天师讲论天地虚廓至极,共有一万二千个国家,可现下只是让一个具有道德的国家承奉真道,哪能去解除掉这一万二千个国家的灾殃,而使天地一并安平下来呢?""你们这番话说得太好了!你们确实是受到皇天的驱使,负责询问这宗事吧?好的。眼下为真人细作区分地来详尽解说它,使它显而易见,可以完全去除掉整个天下的疾病和灾殃。我畏惧皇天的威怒,按道义决不敢有什么舍不得传授的,你们努力跟在后面,记下我所讲说的一切。""是是。"

"行。天数本起于一,十而终。一乘十,十也;各乘十,而至百;百乘十,至于千;千乘十,至于万。一者,其数之始也;十者,其数之终也;百者,其有德之国乡。子但持吾书,往授教其一有大德之国,传记吾书者持本去①,无尽以与也,周流以授百有德之乡。一国得吾书者国善,人并归向之,其德乃并洽四方②,百国皆被其化而为善,天地乃俱为其安,灾害为其除。以授百有德之国,而万国无害,天地病悉除去矣。"

【注释】

①本:指经文写卷。

②洽:周遍。《鹖冠子·王铁》云:"若能正一,万国同极德至,四海又奚足阖也?"

【译文】

"注意听我说。天数原本从'一'算起,到十满数。一乘十得十,十再乘十就到一百,一百再乘十就到一千,一千再乘十就到一万。'一'是天数的首位数;十是天数的满数;那个一百是具有道德的国家所在。你们只管持带我那道书,前去授给并教化其中的一个具有盛大道德的国家,让这个国家中抄写下我那道书的人再持带经文写卷散布开去,但要注意不能把全部经文都传授给他们,这样绕个遍,去授给并教化那一百个具有道德的国家。一个国家获取到我那道书,会使这个国家变吉善,人们都归向它,它那道德遍及四方,一百个国家就全都蒙受它的染化,变得吉善,于是天地一起为它们而安平下来,灾殃祸害也为它们消失掉了。已经授给并教化了一百个国家,而一万个国家也都不存在灾殃祸害了,天地对世人产生的病痛就全部去除掉了。"

"善哉善哉! 愿闻何故不教愚生比以教授之。""然。所以不可比以教者^①,无道德之国,天所衰,会不能行真道,故但归有德之国也。今无德之国并归有道德之国,亦自理矣。""善哉善哉! 愿闻何故正以是百国有德为法乎^②?""善哉! 子之难也。得其意。然。天地人之数也,天数起于一,终于十,天下布施于地而生^③,数成乃后出^④,适合为百。天地人备,天地人三合同心,乃成德也。一事有不和,辄不成道德也。"

【注释】

①比:依次。

②法:指布道之法。

③天下:皇天降下之意。

④数成乃后出:指人在母体内孕育十个月方可降生于世。详下文所述。

【译文】

"这太好了! 这太好了! 希望再请教一下,为什么不让愚生一国挨一国地去授给并教化它们。""好的。不能够一国挨一国地去施布教化,原因在于没有道德的国家,正属于皇天要让它衰败的对象,终归不会行用真道,所以只把真道付归给具有道德的国家。如今没有道德的国家都归向具有道德的国家,它们也就自行得到治理了。""这太好了! 这太好了! 希望再请教一下,为什么正把这一百个国家具有道德作为传布真道的方式方法呢?""你们这诘难太好了! 获取到了那意旨所在。好的。天地人的数目，其中天数从'一'开始，到十满数，天往下布施到地，地让万物完成生命的周期，人在母体内满月数以后才降生下来，加到一起恰恰是一百。天地人一样不缺，天地人三个方面聚合起来，心往一处使，这才形成道德。若有一个方面的事体出现不和谐的情况，那就形成不了道德。"

"愿闻天数何故正一乎?""一者，其元气纯纯之时也①。元气合无理②，若风无理也③，故都合名为一也。一凝成天④，天有上下八方，故为十也。又有五方⑤，各自有阴阳⑥，故数十也，下因地也⑦。一下因地者⑧，数俱于十乃生⑨，故人象天数，至十月乃生也⑩。一者，正是其施和洞洞之时也⑪。已爱施者⑫，反当象天数，十月乃出⑬，故数终于十。故一者乘十，地道者母也，当禹⑭，故与和并连人⑮。天地人三相得，乃成道德，故适百国有德也。

【注释】

①纯纯：溟濛一整片、混沌一整团的样子。本经壬部云："天地未分之时，积气都合为一。"

②合：聚合。理：指划定的范围界限。

③风无理：指风漫卷遍至的状态。

④一凝成天：本经卷七十三至八十五《阙题》（三）谓，元气共凝成天，名为一；分而生阴而成地，名为二。

⑤五方：东西南北中。其中东属木行，西属金行，南属火行，北属水行，中属土行。

⑥自有阴阳：此谓中央方位，其上为阳而其下为阴、其左为阳而其右为阴之类。本经卷六十九《天谶支干相配法》谓："地者但比于

　　天,为纯阴独居,同自有阴阳耳。"

⑦因:凭依。

⑧一:指天之阳气。

⑨数俱于十:谓阳气自农历十月始入于地,至来年八月使万物得以
　　化育、生长和成熟,共计十个月。生:谓万物随阳气生长。

⑩"故人象"二句:《春秋繁露·阳尊阴卑》称:"阳气以正月始出于
　　地,生育养长于上,至其功必成也,而积十月。人亦十月而生,合
　　于天数也。是故十月而成,人亦十月而成,合于天道也。"《文
　　子·九守》云:人在母体内"受天地变化而生,一月而膏(呈黏稠
　　状),二月血脉,三月而胚(胚),四月而胎,五月而筋,六月而骨,
　　七月而成形,八月而动(抽动),九月而躁(躁动即产前预兆),十
　　月而生"。《淮南子·精神训》则谓:"二月而胅(跌落于胎盘上);
　　四月而肌。"

⑪施和:即阴阳交合。洞洞:形容幽深迷蒙的状态。本经卷一百十
　　九《三者为一家阳火数五诀》谓:"阴阳相持始共生,其施洞洞,亦
　　不分别,已生出,然后头足具何知。阴阳之初生之始,如是矣。"

⑫已爱施者:此四字中"爱"当作"受"。

⑬出:谓结成果实。

⑭禺:"偶"的古字。此处谓双数,即两个"十",或者说第二个"十"。

⑮连:连结。人:指人所"象"的那个天数"十",或者说第三个"十"。
　　以上所云,转来绕去,实谓"十"的三次自乘积。用算式表示,即 1
　　×10×10。据此而推导出"百国"来。

【译文】

　　"希望再请教一下,天数为什么恰恰就要顶数那个'一'呢?""所谓
一,正是元气处于溟濛一整片的时候。元气聚合成一整片,没有划定的
范围界限,这就像风,漫卷遍至,所以整体聚合的那种形态,就被称作
'一'。这个'一'凝结成天,天有上下八方,所以天数就为十了。还有木

行东方、火行南方、金行西方、水行北方和土行中央,它们各自又都有阴阳,所以地数就为十了,这是由皇天阳气往下凭依那大地而形成的。皇天阳气往下凭依那大地,数满十个月,万物才实现它们的生长过程,所以人就效法天数,历经十个月才从母体里降生下来。天数那个‘一’,正是元气造成阴阳交合最幽深迷蒙的时候。已经蒙受阴阳交合的万物,反过来正该取法天数,历经十个月结成果实,所以自然基数到十就满数了。因而一乘十,而地道形同母亲,正该构成双数第二个‘十’,所以便同天数再合并,连结起第三个取法天数的人来。天地人三方面协调一致才形成道德,因而就恰恰是一百个国家具有道德。

"故天主生,地主养,人主成①,一事失正,俱三邪②。是故天为恶亦凶,地为恶亦凶,人为恶亦凶。三共为恶,天地人灭尽更数也。三共为善,德洞虚合同③,故至于三合而成德,适百国。""善哉善哉!"

【注释】

①成:成就。

②三邪:谓三方面俱变邪恶。指整体连锁反应而言。本经卷九十二《万二千国始火始气诀》谓:"夫天地人三统,相须而立,相形而成,比若人有头足腹身;一统凶灭,三统反俱毁败,若人无头足腹,有一亡者,便三凶矣。"

③合同:吻合一致。

【译文】

"所以皇天职在施生,大地职在养长,人类职在成就,其中一个方面的事体失去正道,三个方面便都邪恶了。因而皇天兴行灾殃,也就结果都凶败;大地掀起祸害,也就结果都凶败;世人专干坏事,也就结果都凶败。三个方面共同制造邪恶，天地人就把交替再循环的数目给灭光了。三个方面一起做那吉善的事情，道德就通透到任何一个地方而吻合一致，所以实现三个方面的聚合，就形成道德，恰恰是一百个国家。""这太好了！这太好了！"

"是者，天下万国之纲①，天地人合德之乡也②。子知之邪？""唯唯。""故真人今既为天地除病，为德君除承负，虽苦，持吾文往授百有德国，而阴阳病悉消亡，帝王之灾皆已除矣。""善哉善哉！愚生向不力问，无缘得知是也。""子言是也。学而不力问，与不学者等耳。是故古圣贤之学，且夕问于师，不敢懈也，故遂得知天之道也。""唯唯。诚得力问，不敢有懈也。""如是者，子已知道矣。"

【注释】

①纲：总纲，纲领。

②乡：喻指归宿、目标。

【译文】

"这种状态，正是天下万国的大纲所在，是天地人道德聚合的归宿所在。你们清楚这一点了吗？""是是。""所以真人现下既然是为天地去除病痛，又为具有道德的君主解除承负，尽管很辛苦，可是持带我那书文前去一百个具有道德的国家进行传授，阴阳天地的病痛也就全部消失掉了，帝王的灾殃也就一律去除掉了。""这太好了！这太好了！愚生刚才不大力询问，就没办法得以了解到这秘诀。""你们说得很对。学习却不大力询问，就与根本不学习的人完全一样。所以古代的圣贤学习起来，从早到晚向师长询问，不敢懈怠，因此就得以了解掌握住天道了。""是是。弟子确实该去大力询问，不敢出现懈怠。""能做到这样，你们也就已经了解掌握住真道了。"

"愿闻今天下乃习俗不同，以一道往教救之，曾不疑乎?""噫！子于是言者，更愚略冥冥无知，何哉？今是习俗礼义者，但伪行耳，非其真也①。天下人乃俱受天地之性，五行为藏②，四时为气③，亦合阴阳，以传其类④，俱乐生而恶死，悉皆饮食以养其体，好善而恶恶，无有异也。

【注释】

①"今是"三句：句意化自《老子·十八章》所云："大道废，有仁义；智慧出，有大伪；六亲不和，有孝慈；国家昏乱，有忠臣。"

②五行为藏(zàng)：意为木、火、土、金、水分别构成人之肝、心、脾、肺、肾。《素问·藏气法时论》谓："五行者，金木水火土也，更贵更贱，以知死生，以决成败而定五藏之气。"

③四时为气：谓肝行春之少阳气，心行夏之太阳气，脾行每季季末后十八日特别是季夏六月后十八日之中和气，肺行秋之少阴气，肾行冬之太阴气。参见本经卷八十九《八卦还精念文》、癸部《以自防却不祥法》所述。《素问·藏气法时论》云，肝主春，心主夏，脾主长夏(六月)，肺主秋，肾主冬。

④类：指家族世系。

【译文】

"希望再请教一下，如今天下各国习俗并不相同，拿一种真道前去教导训饬他们，做起来竟不让人感到怀疑吗?""嘿嘿！你们在所提出的这个问题上，反倒显得愚昧，几乎昏暗得什么都不懂，这可是什么原因呢？如今那些习俗礼义，只是邪伪的一套做法罢了，并不属于人的本真所在。天底下的人全都秉受天地的本性，用五行构成五脏，用四季构成气息,也阴阳交合,来传衍家族世系,全都高兴存活,厌恶死亡,全都通过喝水吃东西来养护各自的身体,全都喜好良善,憎恶邪恶,所有这一切,并没有什么不同。

　　"于其有不晓真人文而不达者,当授教之时,真人宜以其俗语习教其言①,随其俗使人自力记之。如是者,天下悉知用之,无有疑也。吾之道,比若日月,周流运行照天下,各自言昭昭②,大明而足。子欲重知其审实,比若万物蚑行之属,共一天地,六甲五行四时以是为大足③,故皆以天地阴阳格法教示之也。子知之邪?""唯唯。""行去,难不止,则说无穷,今道大文④,反但难得意。"

【注释】

①俗语:即方言。

②昭昭:明白之意。实乃化自《老子·二十章》:"俗人昭昭,我独昏昏。"

③六甲:指六十甲子中的甲子、甲戌、甲申、甲午、甲辰、甲寅,各为六旬之首。

④今道大文:此四字中"今"当作"令"。形近而讹。

【译文】

　　"对于那些不认识真人的书文字迹而闹不懂真道的人们,真人在传授和教导的时候,应当用当地的方言土语很熟练地把真道秘言教给他们,随顺当地的风俗习惯让他们自行大力地记下它。像这样去做了,全天下便都懂得行用它了,这一点是毫无疑义的。我那真道就如同太阳和月亮,运行到一切地方,照耀整个天下,各地的人们都会自动说这回可心里明白了,非常显著而要啥有啥。你们想要重新了解那详实的情况,也就好比所有的动植物,都在同一个天地下面生存,六甲五行四时把这当作完整齐全的生命群体进行灌输,所以一律要用天地阴阳的常规定律去教导开启他们,你们清楚这一点了吗?""是是。""你们回去吧,诘难不休,讲说也就没有止境,导致真道徒增繁冗,反而难以获取到它那要意。"

"唯唯。愿复问一事而止。""行言之。""今其万二千国,当云何哉?""然。此者并于数中①,与闰同。子欲知其审,比若数十而终,一岁反十二月乃终,尚闰并其中,时有十三月②,此之谓也。但百国行道德,乃万国无灾,天地病已尽也,此亦并除。""善哉善哉!"

【注释】

①数:指百国。

②十三月:此谓岁末置闰法。

【译文】

"是是。请求再询问一桩事,就不再问了。""随即讲来。""如今对那一万二千个国家,应当怎么办呢?""好的。这些国家要把它们归并到一百个具有道德的国家中来,这就和置闰法一个样。你们打算了解那端详,也就好比天数到十就满数,而一整年反而要到十二个月才满数,尚且要把闰月加在里面,当年就有十三个月,说的也就正是这个意思。只要一百个国家行用道德,就会一万个国家没有灾殃,天地的病痛已经消失,这也跟着一并去除了。""这太好了! 这太好了!"

"子能自力,以吾文周流百有德之国,使其各随俗说吾书者,即万二千国悉安,天地病大除,子已增年,亦无极矣。

子安之少也，则得少年①；安之半，则得半年②；尽安之，则得无极之年。真人既有善意，天使子具问是，宜具安之，子亦无大自苦劳也。

【注释】

①少年：指另外所增的短寿。

②半年：指另外所增的半寿。

【译文】

"你们确能自己下大力气，把我那书文传遍一百个具有道德的国家，使它们各自按照当地的风俗习惯讲说我那书文，也就一万二千个国家都安平了，天地的病痛也彻底去除掉了，你们就已经增加寿命，同时获得长生了。你们让那些国家安平下来的很少，你们就得到另外所增的短寿；你们让那些国家安平下来的达到了一半，你们就得到另外所增的半寿；你们让那些国家全都安平下来了，你们就得到永无尽头的长寿了。真人既然具有良善的心意，皇天驱使你们详尽询问这宗事体，就应当让它们全部安平下来，你们也不要自我感觉这太劳苦了。

"夫天，极自神且明，而无上也，尚常行道自苦，日一周行①，凡物而安之，故独得常吉而长生也。地亦顺随天所为，而养之也。如天一日不行，日月星不移②，即有不周之气③，天则毁矣。天尚乃行道不敢止，故长生也，而况子乎！努力各自为身屈，不能为他人也。吾所以说而不止者，吾亦为吾身屈④，非而为子也。凡六极之表里⑤，扰扰之属⑥，俱各为其身计，不能为他人也。子知之邪？"

【注释】

①周行：谓天由西向东，每昼夜运转三百六十五度。

②星：指木星等五大行星。移：运行。

③不周之气：谓输导未至的时气。本经卷一百十九《道祐三人诀》
　称："故天日一周，自临行之也。所以自临行之者，假令子水也，
　但有水气未周，五行气不足，四时气不周，故为行而临之。甲加
　其上，有木行，有春气；丙加其上，有火行，有夏气；戊加其上，有
　土行，有四季中央之气；庚加其上，有金行，有秋气；壬加其上，有
　水行，有冬气。五身已周，四气已著，乃凡物得生也。"

④屈：付出劳苦之意。

⑤六极：上下四方。

⑥扰扰：纷纭杂乱的样子。

【译文】

"说起皇天，它本来就最为神明又至高无上了，尚且总还行守大道
而让自己受那劳苦，每天都运转三百六十五度，只要是生物，就叫它们
安平下来，所以它才独自得以永远吉庆和长生。大地也随顺皇天的所
作所为，养长万物。如果皇天有一天不运转，太阳、月亮和五大行星有
一天不移动，立刻就产生输导不到的时气，皇天也就随之毁败了。皇天
尚且行守大道不敢止息，所以才会长生，何况你们六位真人呢！努力来
努力去，实际也都只是各自在为自身付出劳苦，不是在为别人。我讲说
不罢休，原因也出于我为我自身而在付出劳苦，并不是为了你们怎么
样。只要是上下四方、从里到外的纷纭杂乱的生物，全都各自在为自身
打主意，不是在为别人。你们明白这一点了吗？"

"唯唯。吾得天师言行之，使有德之国记之，不敢懈
也。""行，子已知之矣。俱努力努力，事毕而相从①。""唯唯。
行去愿问一事。""何等也？""今六人谨归居闲处②，共思天师

言,时时若且大解,时时有迷乱不懈者③,愿及天师决其意。今念数愁天师,欲忍不言也,恐与天师相离,终古竟天年无以复得知之,故冒惭复前假一言④。""平行。天使吾与六子相睹共语,勿辞谢也。"

【注释】

①相从:谓得无极之寿。

②六人:此系跟随天师学道传道的六名弟子的自称。该六名弟子合称六方真人或六端真人。据本经丁部《戒六子诀》所述:上为玄真真人,下为顺真真人,东为初真真人,南为太真真人,西为少真真人,北为幽真真人。其中一人名纯,其他五人则在本经中均佚其名。

③迷乱不懈:意为虽感迷乱仍然坚持将它弄懂弄通。

④假:求借。犹言请赐予。

【译文】

"是是。我们得到天师的教诲,用力去落实它,使具有道德的国家记下它,决不敢懈怠。""回去吧,你们已经弄清这一切了。都要努力再努力,事情成功后,天报就紧跟在后面。""是是。回去前希望再问一宗事。""到底是什么事呢?""如今我们六个人恭谨地回去后,各自置身在本人的清静的修炼处所,共同精思天师的论断,时时好像全闹明白了,时时又出现深感迷乱但仍要坚持将它弄懂弄通的地方,希望趁天师在,给那意旨作出裁断来。现下想来,由于我们愚昧而让天师屡屡感到忧愁,打算憋住不说吧,可又怕与天师分离开,直到死去也永远没有途径再弄懂它们,所以不避羞惭,再到前面请天师赐给一句话。""只管慢慢讲来。皇天让我与你们六位弟子碰到一起,共同交谈,不要有话不说讲客气。"

"唯唯。今愿闻天下之国,独有万二千国邪? 复有余邪?""噫! 密哉,子之问也,天地开辟以来未尝有也。然。此万二千国者,记一大部耳①。其余者,何有穷极乎哉?""何一多也?""噫! 子今旦问疑极知也,今反覆闭冥冥②,愚哉!""实不及。"

【注释】

①一大部:相当于战国阴阳家邹衍所设想的大九州。

②覆闭:遮盖锁闭。

【译文】

"是是。现下希望再请教一下,全天下的国家只有那一万二千个吗? 还有其他的国家吗?""嘿嘿! 你们这提问太周密了,简直是天地开辟以来都从未有人提出过的。好的。这一万二千个国家,只是标记出一个范围算大的地域部界罢了。其他的国家哪里会有穷尽的情形呢?""为什么竟是那么多的国家呢?""嘿嘿! 你们今朝询问疑难,显出了最高的智慧,可转眼间又给它盖上了一层,封上了一道,变得满团昏暗,真是太愚昧了呀!""弟子确实闹不懂。"

"然。观弟子问事,未大究洽知天道也①,适应校绊绊若且及②,而内独不及。夫俗人冥冥愦愦,固是也,以真人况之,吾不非也。然。更开耳,为六真人说之。天者,乃上下无极,傍行无极③,往往一合为一部界④,复分何极乎?"

【注释】

①究洽:全面彻底之意。

②绊绊(shēn):盛多的样子。

③傍(páng)行：谓向四面延伸。傍，旁侧。本经辛部云："今天上无
　　极之天，中无极之天，下无极之天，旁行无极之天。"

④部界：指太极、中极、小极的区划。详下文所述。

【译文】

"好的。察视弟子们询问事体，尚未完全彻底全面地了解掌握住天
道，恰恰够得上考校众多的事象好像是闹明白了，可唯独心里还不懂。
通过真人来作比照，世俗人昏乱得什么都不懂，也就只能是那个样子
了，我并不责怪他们。好了。你们重新竖起耳朵仔细听，我为六位真人
讲说这个问题。皇天其实无论往上还是朝下都没有尽头，向四面延伸
也没有尽头，往往把自成区位的地域组合成一个部界，再往外作划分，
哪里会有到那尽头的地方呢？"

　　"愿闻之。""然。天上当于何极，上复有何等，而中得止
极乎？地下当于何极，下复有何等，于何得中止而言极乎？
天地傍行于何极，何故得中上而反极穷乎①？此六表者②，当
于何穷极乎③？是故天道乃无有穷已也，大用之亦适足，小
用之亦适足，大用亦有余，小用亦有余。真人宁知其意乎？"
"唯唯。可骇哉！可骇哉！向不力问，复无从得知之也。"
"然。子可谓小觉矣。行去，勿复竟问也，恐六真人惊而败
也。非力所及而强问之，是亦大害也！然。为人师者多
难④。今訾子悒悒⑤，为子更明之。行，更明开耳安坐听。"
"唯唯。"

【注释】

①何故得中上而反极穷：此六字中"上"当作"止"。形近而讹。极
　　穷，终端已尽、顶点已至之意。

②六表:上下四方的外端。表,外端。

③穷极:穷尽。以上所云,系对汉代宣夜说的改造。宣夜说认为,天了无质,仰瞻则高远无极,旁望则如远道黄山而皆青,俯察则如千仞深谷而窈黑。一言以蔽之,宇宙空间是无限的。详见《晋书·天文志上·天体》所引述。

④多难:谓对生徒多所责难。参见《吕氏春秋·诬徒》所述。

⑤訾(cī):通"疵",过失。此处为感觉不对之意。

【译文】

"希望能听到这方面的教诲。""好的。皇天朝上延伸,应当在哪里算是尽头,再朝上还有多少部界呢? 能在中间把它截止住,就成尽头了吗? 大地往下延伸,应当在哪里算是尽头,再往下还有多少部界呢? 又能在什么地方把它中间截止住,便说那是尽头呢? 天地向四面延伸,在哪里能算是尽头呢? 又因为什么能在中间把它截止住,反而就成尽头了呢? 这上下四方的外端,应在什么地方就到那尽头了呢? 所以天道绝没有穷尽和止息的时候,大范围行用它也恰恰全够行用的,小范围行用它仍然恰恰全够行用的;大范围行用它也有行用不完的地方,小范围行用它仍有行用不完的地方。真人到底明了这意旨了吗?""是是。这太让人感到惊骇了! 这太让人感到惊骇了! 刚才不大力作询问,就没有其他途径得以了解到这一秘诀。""好的。你们可以称得上多少有些觉悟了。回去吧,不要再刨根问底了,我恐怕六位真人感到太惊骇而修不成真道。不是自己力所能及的事情却偏要硬去询问它,这也造成大凶害呀! 好的。作为别人师长的人,往往对弟子多所责难。现下我对你们忧闷不乐的状况感到不对头,所以再为你们阐明这个问题。近前来,重新竖起耳朵稳稳坐定仔细听。""是是。"

"子欲乐知其大效也,比若一家有父、有母、有子,亦天道具成一家。父象天,母象地,子象中和,其聚财物,家中所有象万物,亦成一家。父为君,母为臣,子为民,财货以相通养共之,象万物,此一家亦共一大忧。一县万户,亦合成一家,共一大忧;十县合成为一郡,亦合成一家,共一大忧;十郡合成一大州,亦合成一家,共一大忧;十州合,共成一大国,亦合成一大家,亦共一大忧,而为一大界。其帝王有德,忧及十二州①,大忧及十三州②,亦共为一大家,亦共一大忧也。其外界远方不属于人国者,于人国有道德,其中善人来;于人国无道德,则不来;于人德劣,则来害人也。此一部者,一界也,天地之分画也,乐使天下扰扰之属各有处,不相克贼也③。故为太极、中极、小极。"

【注释】

①十二州:汉代在京师以外所设置的十二个监察区的总称。

②十三州:京师与十二州的合称。以上所称十州、十二州、十三州,乃系参取汉制又套用天数十、一岁十二月、三岁置一闰月予以列举和排定的。

③克贼:制服与伤杀。

【译文】

"你们乐意了解那最明显的效验,也就如同一户人家有父亲,有母亲,有儿子,而天道也像这样组成一户人家。父亲代表着皇天,母亲代表着大地,儿子代表着人世,他们聚积财物形成自家拥有的私产又代表着万物,这也像是组成了一户人家。父亲形同君主,母亲形同臣僚,儿子形同百姓,财货用来相互流通做供养又形同万物,像这样组成的一户人家就会一起忧虑同一宗大事。一个县管辖一万户人家,也像这样聚合成一户人家,同样会一起忧虑同一宗大事;十个县组建成一个郡,也像这样聚合成一户人家,同样会一起忧虑同一宗大事;十个郡组建成一个大州,也像这样聚合成一户人家,同样会一起忧虑同一宗大事;十个州合在一起,共同建成一个大国,也像这样聚合成一个大户人家,同样会一起忧虑同一宗大事,由此而形成一大区域。该区域的帝王具有道德,忧虑扩展到十二州,更进一层的忧虑扩展到十三州,也就共同组成了一个大户人家,照样一起忧虑同一宗大事。那些辖区以外不归这个国家统领的远方居民,鉴于这个国家具有道德,他们当中良善的人就前来归附;鉴于这个国家没有道德,他们就不前来归附;鉴于这个国家道德低劣,他们就前来侵害。这样的一个辖区,就构成一个部界,属于天地作出的划分和排定,乐意让天底下纷纭杂乱的世人和万物各有生存居住的地带,而不相互制服与伤杀。所以就划分出太极、中极、小极来。”

　　“何谓也?”“太极者①,主无复外表也②;中极者③,主中部也④;小极者⑤,各应其部界而止也⑥。但可以道德相求,不得大相克贼也,天怨之。此名为共一家,故各共一大忧也。子欲知其审实,比若一家父子夫妇,但独忧其家不富,不肯忧他家也。一县但共忧其君,善则当迁之,使高功⑦,各争进其长吏;恶则欲共去之。一县一郡、一州一国,皆义说等此⑧,其共一大忧也。今故记万二千国,乃共一大部,以与真人共一大忧也,共一界。其余若此万二千国者,不可胜数。是故古者圣人之作,皆共记一小部也⑨。”

【注释】

①太极:意为处于第一等的最大区域。系指一大部而言,即邹衍所称的大九州,本经所定的一万二千国的分布地带。

②主:统括之意。外表:边际。

③中极：意为处于中等的区域。

④中部：指一大州。即赤县神州。

⑤小极：意为处于低等的最小区域。即一国领地。本部《万二千国
　始火始气诀》谓："一大部乃万二千国，中部八十一域，分为小部，
　各一国。"

⑥部界：犹言辖区。

⑦高功：谓将功绩建树得高高的。

⑧义说：指社会舆论。

⑨一小部：即每个国家。

【译文】

"这话讲的是什么意思呢？""所谓太极，是说统括那处于第一等的
最大区域；所谓中极，是说统括那处于中等的区域；所谓小极，是说各自
与那某国辖区相应合也就为止了。只可仰仗道德去相互感化，不能彼
此大力制服与伤杀，皇天怨恨这种举动。上列划分被称作共同组成一
户人家，所以各个区域就一起忧虑同一宗大事。你们想要了解那详实
的情况，也就好比一家中的父子和夫妇，只是独自忧虑自家不富裕，不
肯忧虑别人家怎么样。一个县也只共同忧虑自己这个县的长官怎么
样，他很吉善，就应让他升迁，使他把功绩建树得高高的，各自都争着叫
本县的官员得到进用；他很邪恶，就都想把他给撤掉。从一个县到一个
郡，从一个州到一个国家，社会舆论都和上述情况等同，因为人们一起
忧虑那同一宗大事。现下特意记说一万二千个国家，也正共同构成一
个处于第一等的最大区域，来和真人一起忧虑同一宗大事，一起组成同
一个部界。其余像这一万二千个国家的区域划分，多得数不过来。所
以古代圣人创制的书文，全都共同记述每个国家到底怎么样。"

"何不记大部界乎？""天使不言也。大化未出①，所作者
异②，不得同法③，故不记之也。今者为大化出，万二千国历

运周④，故天使真人来问无极之经、洞竟之政⑤，故以文付百有德之国。一有德之国兼化九十九国，其万二千国并数⑥，若一岁十二月为一部⑦，时十三月闰，亦并其中，此之谓也。子知之邪？""唯唯。"

【注释】

①大化：谓对普天之下施行的真道教化。

②作者：指探讨的事体和形成的理论。本经乙部《解承负诀》云："初天地开辟，自太圣人各通达于一面，诚真知之，不复有疑也。故能各作一大业，令后世修之，无有过误也。故圣人尚各长于一大业，不能必知天道，故各异其德。"

③同法：指同条共贯的大道法。

④历运周：谓历经天运满一轮。

⑤无极之经：内容意旨永不穷尽的经典。指《太平经》这等大道经。洞竟之政：透彻至极的政事。本经卷九十一《拘校三古文法》称："以为洞极之经，名为皇天洞极政事之文也，乃后天地病一悉除去也。"卷四十一《件古文名书诀》乃云："何故正名为大洞极天之政事乎？""然。大者，大也，行此者，其治最优，大无上。洞者，其道德善恶，洞洽天地阴阳表里，六方莫不响应也，皆为慎善，凡物莫不各得其所者。其为道，乃拘校天地开辟以来天文、地文、人文、神文，皆撰简，得其善者，以为洞极之经。帝王案用之，使众贤共乃力行之，四海四境之内，灾害都扫地除去，其治洞清明，状与天地神灵相似，故名为大洞极天之政事也。"

⑥并数：谓在受辐射、被覆盖的范围之内。

⑦一部：指时间单位。

【译文】

"圣人书文为什么不记述那处于第一等的最大区域呢？""因为皇天

让他们讲不出来。对普天之下施行的真道教化尚未到来,他们所探讨的事体和形成的理论存在歧异,提不出同条共贯的大道法来,所以就不记述它。现今对普天之下施行的真道教化已经到来了,一万二千个国家历经天运满一轮了,因而皇天驱使真人前来询问意旨永无止境的经典和透彻至极的政事,所以要把我那书文授付给一百个具有道德的国家。其中一个具有道德的国家同时化导九十九个国家,而那一万二千个国家也就包括在受辐射、被覆盖的范围之内了,这就好比一年有十二个月构成一个时间单位,赶上当年还有第十三个月为闰月,也就把它归并到里面来,说的也正是这种情形。你们明白这一点了吗?""是是。"

"行去。""唯唯。""慎天道,神灵守之,勿妄乱毁。""唯唯。今已受天明师严敕文偻偻①,小觉知一大部。愿闻一小界见示②,说此无极之国。""诺。为真人悒悒,且小言,子详记之。今欲使真人积财用,上柱天日月③,下柱地,广从万里,恐财用固固常病苦少也,不能记是其国多少之名字也。子知之邪?"

【注释】

①偻偻:严整明晰的样子。

②一小界:指每个国家的具体划分情况。

③柱(zhǔ):支撑,拄持。

【译文】

"回去吧。""是是。""对天道要慎之又慎,神灵总在守护它,切莫随意搅乱损毁它。""是是。现下已经领受皇天明师严加训饬的书文,感到严整明晰了,稍略了解到处于第一等的最大区域了。希望能再听到每个国家的划分情况,得到天师的训示,讲论这没有穷尽的所有国家。"

"好的。鉴于真人忧闷不乐，姑且稍略讲一下，你们要仔细记下它。假设如今想叫真人积聚起财物，往上顶住了皇天，往下撑住了大地，面积上万里，恐怕还一如既往地对财物总感到缺少，因而也就没办法标记出这些国家有多少个名称来。你们清楚这一点了吗？"

"唯唯。愚生不敢极问天道也。见天师言，今恍若失气，惚若亡魂，不敢重问之也。""然。子可谓晓事之生①。子欲报天地重功而命无极者，但周流是一大部万二千国，则寿已无极矣。其上下六方洞极者，天亦不独使六子忧之也。忧之者，自有人，与子异界，亦不以过责反罪子也。其安危善恶，亦自有主之者也。一部说绝，勿复问。""唯唯。"

【注释】

①晓事之生：明白事理的徒弟。

【译文】

"是是，愚生不敢把天道问到底。看到天师的讲说，现下已经恍恍惚惚地觉得失去了气息，丢掉了魂魄，不敢再询问了。""好的，你们可以称得上是明白事理的徒弟了。你们打算报答天地的重大功德而寿命永无尽头，那就只管把真道传遍这一万二千个国家，寿命也随之永无尽头了。至于上下六方通透无边的区域，皇天也不是单独就让你们六个人忧虑它们。忧虑它们的，原本就有其他的人选，正与你们所在部界不同，皇天也不会反过来拿这当罪责惩罚你们。那些区域的安危善恶，原本就有各负其责的人。处于第一等的最大区域已经讲说到极限了，不要再询问了。""是是。"

"行，六子努力请真人学①，为小通，但未大睹天道意耳，加精勿懈②。”“唯唯。”“学而不精与狂同,精而不得名喑聋③。示之以西反问东,故天下师共辨难何恟恟④!虽恟恟,无益也,犹不知,比若婴儿蒙蒙⑤,未出胞中,随其母身而行,安知天道广远而无方⑥?是故小师强怒喜狂说⑦,反令使天地道伤。故失道意,不能安其君王,天下恟恟,皆被其过。言之殊异,令灾害横行,不可禁防。书虽亿亿万卷,天下流灾害犹不绝,前后合同⑧,皆由强说之生,不知道要之过也⑨。真人知之邪?”“唯唯。”“行,欲复为子具说,无穷竟,难为财用,又且复重,故一小止⑩。疑复来问之。”“唯唯。”

　　右集难问授书、诀诸国部界。

【注释】

①请真人学:意为向我天师请教当好真人的学问。

②精:谓精思事象及其义理。本经卷五十《诸乐古文是非诀》云:
　　“故古者名学为往精,精者,乃精念其事象可宜,复思其言也。极
　　思惟此,书策凡事毕矣。”

③喑(yīn):哑巴。

④恟恟(xiōng):喧嚣扰纷的样子。

⑤蒙蒙:蒙昧无知的样子。

⑥方:居止处,停留处。《庄子·在宥》谓:“行乎无方。”

⑦小师:指持守一己之见的人师。强:心使气曰强。

⑧合同:重迭累积之意。

⑨道要:真道的总纲大要。

⑩小止:暂且告一段落之意。

【译文】

“回去吧,你们六个人努力向我请教有关当好真人的学问,但还属

于多少通晓一些罢了,尚未深切察知到天道的意旨,要进一步精思,决不能懈怠。""是是。""学道却不精思,这与轻狂完全相同;精思却无心得,就被称作哑巴和聋子。告诉他西边在哪里,可他反而却问这是不是东边,所以天下那么多师长争辩来诘难去,喧嚣扰纷闹翻天!尽管喧嚣扰纷闹翻天,但却没有任何补益,仍然什么都不懂,就像婴儿蒙昧无知,还没从娘胎里生下来,只会随同母亲的身体到处移动,哪能知晓天道广大悠远,根本就没有停留下的地方呢?所以持守一己之见的劣等人师,硬是怒斥真道,喜好胡诌一通,反而叫天道、地道蒙受损伤。所以失去真道的奥义妙旨,就无法使君王获得安平,天下争来辩去闹哄哄,都是遭受了劣等人师的祸害。各种主张大相径庭,造成灾害到处降现,简直没办法禁阻防御。书文尽管多得亿亿万卷,天下一直蔓延的灾害仍旧不断绝,前后重叠累积在一起,全是由那硬去胡诌的读书人不明真道的总纲要领造成的。真人清楚这一点了吗?""是是。""回去吧,打算再为你们详作讲说,根本就没有能到尽头的时候,还难以让人作出裁断和施用,况且又显得重复,所以暂且就告一段落。出现闹不清的问题,再前来询问吧。""是是。"

以上为集难问授书、诀诸国部界。

敬事神十五年太平诀第一百四十

【题解】

本篇所谓"敬事",除虔诚奉侍的一般意义外,尚有帝王臣民对奉侍对象犹须并重共兴的特定涵义在内。"神"指秦汉以来五行家与谶纬说据太微垣五帝星座而拟构的五方天神,亦即春季主掌木行的东方青帝灵威仰,夏季主掌火行的南方赤帝赤熛怒,六月主掌土行的中央黄帝含枢纽,秋季主掌金行的西方白帝白招矩,冬季主掌水行的北方黑帝汁光纪。"十五年",乃系本经编著者所设定的超前期限,意谓只要共同敬事五帝神,便使太平局面可由"天地人备"原需三十年而提前一半到来。"太平"则指万物万事无一伤病的状态而言。对题目所标揭的这串因果占象,篇中运用术数,详加推演,强调其实现的途径在于"案行"《太平经》所开示的"谨顺四时,慎五行"、"并敬事其神"的"真道"。并对世人忠信之行和伪佞之行特作区辨,而为下篇张本。

"愿请问一事。""平言之。""今天将太平,宁亦可预知邪哉?""然,可知。占天五帝神气太平①,而其岁将乐平矣。""何谓也? 愿闻之。""然。春也,青帝神气太平;夏也,赤帝神气太平;六月也,黄帝神气太平;秋也,白帝神气太平;冬也,黑帝神气太平。"

【注释】

①占：占验。天五帝：按照星占家和汉代谶纬说，太微天区之五帝座，乃系五方天帝，即所谓苍帝（青帝）、赤帝、白帝、黑帝、黄帝，俱为北极星天皇大帝的辅佐。《史记·封禅书》载："天神贵者太一，太一佐曰五帝。"又《天官书》载："衡，太微，三光之廷。""其内五星，五帝坐。"《春秋文耀钩》则谓："春起青受制，其名灵威仰；夏起赤受制，其名赤熛怒；秋起白受制，其名白招矩；冬起黑受制，其名汁光纪；季夏六月土受制，其名含枢纽。"《河图》亦称："东方苍帝，神名灵威仰，精为青龙。南方赤帝，神名赤熛怒，精为朱鸟。中央黄帝，神名含枢纽，精为麒麟。西方白帝，神名白招矩，精为白虎。北方黑帝，神名汁光纪，精为玄武。"

【译文】

"希望请求询问一宗事体。""慢慢讲来。""如今皇天要让人间太平，竟也能够预先就看出来吗？""是的，能够预先看出来。占测皇天五帝神太太平平，而人间的年景也就眼看着欢乐太平了。""这话讲的是什么意思呢？希望能听到相关的教诲。""好的。春季表现为青帝神气太太平平；夏季表现为赤帝神气太太平平；季夏六月表现为黄帝神气太太平平；秋季表现为白帝神气太太平平；冬季表现为黑帝神气太太平平。"

"今以何明之？""然。太平者，乃无一伤物，为太平气之为言也。凡事无一伤病者，悉得其处，故为平也。若有一物伤，辄为不平也；二物伤，辄为被刑也；三物伤，辄为群物伤也；四物伤，辄为四方伤也；五物伤，辄为五方伤，天下有大害也；六物伤，辄为恶究于六方也①；七物伤，辄为其害气乃横行也②；八物伤，辄使人贤不肖异计③，不并力也；九物伤，辄为恶究竟阴阳④,令物云乱席转也⑤;十物伤,乃为大纲伤⑥,天数终尽更数也。是故古者上圣人,但明观天五帝神气平未,辄自知治得失,且平与未哉!"

【注释】

　①究:遍及。

　②害气:凶害之气。

　③异计:各作打算之意。

　④究竟:意为充斥弥漫。

　⑤云乱席转:像乌云般搅动,似苇席样掀卷。

　⑥大纲:总纲。指天生、地养、人施而使万物得以春生、夏长、秋获、冬藏的法则。本经壬部云:"故生者象天,养者象地,施者象仁。此三者,天地人之大纲也。"

【译文】

　"如今凭借什么能证明是这种情况呢?""好的。太平正是就没有一种受到伤害的事物、构成那太平气来说的。万事万物没有一种受到伤害和损失的,全都获取到各自的天然状态,所以就构成太平。如果有一种生物受到了伤害,就属于不太平了;有两种生物受到了伤害,就属于受到刑罚了;有三种生物受到了伤害,就属于众多生物受到伤害了;有四种生物受到了伤害,就属于四方受到伤害了;有五种生物受到了伤害,就属于五方受到伤害了,天下出现大祸害了;有六种生物受到了伤害,就属于险恶遍及到六方了;有七种生物受到了伤害,就属于凶害气竟到处蔓延了;有八种生物受到了伤害,就使世人中贤明的人和不贤明的人各自为自身作打算,不再劲儿往一处使了;有九种生物受到了伤害,就属于险恶遍及到阴阳,叫万物像乌云一样搅动,像苇席一样掀卷了;有十种生物受到了伤害,就属于大纲受到伤害了,皇天由一到十的数目一个也不存在,不能再交替循环了。所以古代的第一等圣人,只管明晰地察看皇天五帝神气是否太太平平,就自行了解到治理的得失和太平与否了!"

"愿闻其平诀意。""然。春物悉生,无一伤者,为青帝太平也。夏物悉长,无一伤者,为赤帝太平也。六月物悉见养,无一伤者,为黄帝太平也。秋物悉成实收,无一伤者,为白帝太平也。冬物悉藏①,无一伤者,为黑帝太平也。

【注释】

①藏:归藏。

【译文】

"希望能听到五帝神气太太平平的决断真意。""好的。春季的生物全都化生出来了,没有一种受到伤害的,这就属于青帝太太平平。夏季的生物全都长得茂盛,没有一种受到伤害的,这就属于赤帝太太平平。六月份的生物全都得到了养护,没有一种受到伤害的,这就属于黄帝太太平平。秋季的生物全都结成了果实,各获收成,没有一种受到伤害的,这就属于白帝太太平平。冬季的生物全都归藏起来了,没有一种受到伤害的,这就属于黑帝太太平平。

"五帝太平一岁,人为其喜乐顺善;二岁,地上为其太乐①;三岁,恩泽究竟于天②;四岁,风气顺行③;五岁,九神不战④,袄恶伏灭;六岁,而究著六纲⑤;七岁,乃三光更明;八岁,而恩究达八方;九岁,阴阳俱悦;十岁,万物悉各得其所,为数小终。物因而三合之,乃天地人备,故三十岁而太平也⑥。

【注释】

①太乐:即大乐。"太"为"大"的今字。古人但凡言大而犹以为形容未尽,则作"太"。

②究竟于天:此四字《太平经钞》作"究洽于天下"。究洽,穷尽周遍。

③风气:指八风和二十四节气。八风为:条风(立春时的东北风)、明庶风(春分时的东风)、清明风(立夏时的东南风)、景风(夏至后暖和的南风)、凉风(立秋时的西南风)、阊阖风(秋分时的西风)、不周风(立冬时的西北风)、广莫风(冬至时的北风)。参见《淮南子·天文训》、《史记·律书》及《白虎通义·八风》所述。

④九神:谓四时之神与五行之神。九,《太平经钞》作"行"。

⑤六纲:《太平经钞》作"六纪"。六纪指封建时代的六种伦常关系,即诸父(伯叔父)有善,诸舅有义,族人有序,昆弟有亲,师长有尊,朋友有旧。《白虎通义·三纲六纪》云:"六纪,法六合(天地四方)。""六纪,为三纲之纪者也。师长,君臣之纪也,以其皆成己也。诸父、兄弟,父子之纪也,以其有亲恩连也。诸舅、朋友,夫妇之纪也,以其皆有同志,为己助也。"

⑥三十岁而太平:天数终于十,地数终于十,人数终于十,三者合计为三十,故出此语。此语之意,本于《论语·子路》:"如有王者,必世(三十年)然后仁。"另参《论衡·宣汉篇》所述。

【译文】

"皇天五帝太太平平满一年,世人就由此喜悦欢乐,谨顺良善;满两年,地上就由此欢乐到极点;满三年,恩泽就穷尽周遍到全天下;满四年,八风和二十四节气就准时到来;满五年,四时五行的神灵就不彼此争斗,妖孽和奸恶全都藏伏起来灭绝掉了;满六年,君臣、父子和夫妇的伦理纲常就普遍得到彰明;满七年,日月星辰就更加明亮;满八年,恩泽就遍及八方;满九年,阴阳就一起高兴;满十年,万物就都各得其所,构成循环数目阶段性地满一轮。依仗它,事物通过三次叠加聚合,于是天地人一样也不缺,所以三十年就实现天下太平了。

"今上皇气出,真道至,以治故十五年而太平也。如不力行真道,安得空致太平乎①? 此十五岁而太平者,乃谓帝王以下及臣大小②,案行真道③,共却邪伪,故十五年而平也。真人知之邪?

【注释】

①空致:凭空即实现之意。

②下及臣大小:此五字中"臣"下《太平经钞》有"民"字。当据补。

③案行:查考循行。

【译文】

"如今最盛明的太平气降现了,真道来临了,靠它去施行治理,因而十五年就实现太平了。如果不大力行用真道,怎么能够凭空就实现太平呢? 这种十五年就实现太平的情势,是说从帝王以下,一直到大小臣民,全都查照遵用真道,去除邪恶奸伪,所以十五年就实现太平了。真人明白这一点了吗?

"是故欲知将平与未平,但观五帝神平与未,足以自明,足以自知也。是故凡象①,乃先见于天神也。天神不平,人安得独称平乎哉? 是故五帝更迭治②,可皆致太平。其失天神意者,皆不能平其治也。

【注释】

①凡象:各种征象。

②更迭治:谓随节气时令递次占据统治地位,发挥主导作用。

【译文】

"因此要想了解行将太平与否,只须察看皇天五帝神太太平平与否,也就足以自我辨明,足以自我胸中有数了。所以任何征象,都最先从天神那里显现出来。天神不太太平平,世人哪能就独自声称太平了呢? 因而皇天五帝迭相施治,都会导致太平到来。偏离了天神心意的人,都没办法使他那治理获得太平。

"是故谨顺四时,慎五行,无使九神战也①。故当敬其行②,而事其神。今天第一上平气且至,故教真人敬四时五行,而令人大小共兴用,事其神事。古者但敬事四时五行,故致太平迟,三十年致平。今乃并敬事其神,故疾十五年而平也③。真人知之耶?""唯唯。可骇哉! 可骇哉!""然。子已觉矣。"

【注释】

① 九神战:指时令乖错、五行反克等灾异现象。详参《礼记·月令》、《春秋繁露·治乱五行篇》、《淮南子·时则训》所述。

② 行:谓四时五行气的流转定式。

③ 疾:加速、提前之意。

【译文】

"所以就应恭谨地随顺四时,慎重地对待五行,不让这九类神灵彼此争斗。因而便要敬奉四时五行气的流转定式,侍奉它们的各个神灵。如今皇天的第一等太平气眼看就要降临,所以教导真人要敬奉四时五行,让世人无论大小全都一起兴行施用有关侍奉那些神灵的大事。古代只是恭敬地侍奉四时五行,因而实现太平就未免迟缓,需要三十年才会实现太平。如今竟一起恭敬地侍奉那些神灵,所以就能提前十五年而实现太平。真人明白这一点了吗?""是是。这太让人感到惊骇了!这太让人感到惊骇了!""好的,看来你已经觉悟了。"

"愿请问:人行忠直有实,宁可知邪?""善哉! 子之所问也。与其交也,言行日若恶忿①,人长念之②,反月善③;月若恶忿,人反岁善;少时观其所为作若最恶,老反最善也。人皆归其言而乐其行,而好爱其道,是即忠信上善有实核之人④。"

【注释】

①日若恶忿:意谓起始对对方深为反感。

②长念:深长体念。

③月善:意谓到月终自己却变良善了。

④上善:第一等。实核:指真学问和真品行。

【译文】

"希望再请求问一下:世人的行为忠诚正直,确有实效,竟能判断出来吗?""太好了! 你们所询问的这宗事体! 同他交往,每天对他的言行都特别反感,可人们深长地体味一番,到月底自己本人却反而变得良善了;每个月对他的言行都特别反感,可到年终自己本人却反而变得良善了;小时候观看他的所作所为好像是最歹恶的,可到老年,自己本人却反而变得最良善了。人们全都信从他的话语,喜欢他的行为,爱好他的道法,这就是忠诚信实最良善、具有真学问和真品行的人。"

"善哉善哉! 愿复请问:不忠信佞行,亦可知邪?""然,可知也。与之交也,观其所言行也,日月合于人心,若顺善,长念用之,反月使人益恶邪;月若善,反岁恶;少时观其人,可为若善也，言若忠信，至老念用，其所为反最恶邪。是纯为伪佞不忠信之人行也。至老长则穷①，其言与行最贱矣，灾及妻子，祸流后生。""善哉善哉！"

【注释】

①穷：谓陷入绝路。

【译文】

"这太好了！这太好了！希望请求再问一下：不忠诚信实却很奸巧的行为，也可以作出判断来吗？""是的，能够作出判断来。与他交往，观察他的言行，一个月里的每一天都觉得很切合自己本人的心意，好像挺谨顺挺良善，可深长地体味一番，照他那样去做，到月底反而使自己本人变得更为歹恶邪僻；每个月都觉得他很好，可到年终，自己本人却变得很歹恶；小时候观看他那个人，行为都很称人心意，好像很良善，说出话来也好像很忠诚可靠，但到老年，自己本人照他那一套去做，却反而变成最歹恶最邪僻的了。这就纯属虚伪奸巧、不忠诚信实的那类人的行为。那类人到老年就陷入绝路，他那言行最为低贱了，灾殃会延及到他的妻室儿女，祸害会传给他的子孙后代。""这太好了！这太好了！"

效言不效行致灾诀第一百四十一

【题解】

本篇所谓"效言不效行"，即重言不重行。"言"乃特就"虚言"亦即浮华之论而发，"行"则兼括世人行为和真道实效而言，且更侧重于真道实效。真道实效之反面结果便为"致灾"，系对"效言不效行"这种世俗做法所提出的严重警告。篇中列举下古"无德之人"败乱阴阳、"不肖之人"自我夸耀却俱获恶果的典型表现，意在反衬并宣明：《太平经》代天授道，惟真确效验之是从，惟合适人选之是求；但凡"敬受"、"力行"、"疾行"者，莫不月月、年年、终生愈得吉善，永无遭灾"自穷"之时。

"太上中古以来①，人多效言②，乃不效行③，故致灾害疾病畜积，而不可除去，以是自穷也。是故吾敬受此道于天，乃效信实，不效虚言也。执一行吾书道者④，下古人且日言吾道恶无益也⑤，反月善；月言无益，反且岁善；岁言无益，反至老常善，久久不而去也；后生者，以为世学矣⑥。

【注释】

①太上：即上古。指天皇、地皇、人皇所谓三皇时代。中古：指以黄

帝为首的五帝时代。

②效言:只看言论如何。效,验证。

③效行:只看实效如何。

④执一:执着专一。

⑤下古:指夏商周以下的历史时期。实谓东汉中后期。

⑥世学:世代承传的家学。

【译文】

"从上古、中古时代以来,世人大多看重文辞说的怎么样,却不验证实际效应如何,所以造成的灾害和疾病就越积越多,根本没办法去除掉,由此而自身陷入绝境。所以我从皇天那里恭敬地承受这真道,于是讲求那真确的实效,而不在虚浮言辞上胡吹一通。执着专一地行用我这道书及其演述的真道,下古时代的人们可能每天都会说我这真道很粗劣,没有什么用处,可到月底,反而都变得吉善了;每个月都会说它没有什么用处,可到年终,反而都变得吉善了;每年都会说它没有什么用处,可到老年后,反而一直很吉善,时间一长,简直就离不开它了;后来出生的人,更把它当作世代承传的家学了。

"不知疾行者,但空独一世之间久苦耳①。故吾教敕真人,常眷眷勉勉也②。道为有德人出,先生与后俱与吾无有独奇亲也③,吾受之等耳。故但得而力行之者,即其人也,无有甲与乙也。子知之邪?""唯唯。"

【注释】

①空独:白白一个人。

②眷眷:意志专一的样子。

③独奇亲:谓十分特殊的亲密关系。

【译文】

"不懂得火速行用它的人，只会一个人在一生中长久地白白受苦罢了。所以我教导训饬真人，总是要求必须专一用力。真道只为具有德性的人而出示，生在前面或后面的人都与我没有哪种十分特殊的亲密关系，我收纳他们一律均等。因而得到我那道书就只管去大力行用的人，也就属于最合适的人选，并不存在甲、乙之分。你们清楚这一点了吗？""是是。"

"行，天道无亲①，归于人②；地德无私，付于谨民；人交无有先后，但爱于有实信。是故古者帝王有宫宅，以仕有德，不仕无功之臣。有德之人，天地所爱，可助帝王安万物；无德之人，天地所怨，阴阳之贼③。"

【注释】

①亲：偏私，偏爱。

②人：指最合适的人选。意本《老子·七十九章》："天道无亲，常与善人。"

③贼：大祸害。

【译文】

"回去吧，皇天的道法绝对没有什么偏爱，它只付归给最合适的人选；大地的恩德也没有什么偏私，它只付归给谨顺的百姓；人们交往并不讲求谁先谁后，只是喜爱具有真确实效的那种人。所以古代的帝王拥有室宅，拿它封赐给具有道德的人，不把它封赐给没有功劳的臣僚。具有道德的人，属于天地喜爱的对象，可以协助帝王使万物获得安平；没有道德的人，纯粹是天地怨恨的对象，阴阳的大祸害。"

"何其重也?""子自若愚哉! 然。无德之人,其行无数①,乃逆天地,故与天地为怨也;乃乱阴阳,故与阴阳为贼也。子知之邪?""唯唯。""行去,勿复问,善恶可睹矣。""唯唯。"

【注释】

①数:指固定的准则与规范。详参本经卷四十二《四行本末诀》所述。

【译文】

"为什么那样罪孽深重呢?""你们依旧很愚昧呀! 好的。没有道德的人,他们的行为就没有固定的准则,竟然背逆天地,所以就和天地结下怨恨;竟然搅乱阴阳,所以就和阴阳构成大祸害。你们明白这一点了吗?""是是。""回去吧,不要再问了,善恶从中可以看出来了。""是是。"

"行,为子悒悒,且为子分别解下古人之行。人人日自言惠,且善晓事,而反其行征也①,反月德恶②。月月各自言有善行,不负于天,而反岁得灾多,且凶恶夭死③。少时人人自言善且大贤,贤过其父与母,而行到老长,反无一善贤者,皆为不肖之人。贫贱且共④,寿则日少,无一知真道。

【注释】

①行征:对行为的回应征象。指吉福凶殃之事。

②德:通"得",获得。汉刘熙《释名·释言语》云:"德,得也,得事宜也。"

③夭死:早亡。汉刘熙《释名·释丧制》云:"少壮而死曰夭,如取物,中夭折也。"

④共：一直伴随之意。

【译文】

"回去吧，鉴于你们忧闷不乐，再为你们逐条讲解下古时代世人的行为。每个人天天都自称仁惠，而且显得很懂事理，但反过来观看他那行为所引来的回应征象，却到月底遭到了凶殃。每个月里都各自宣称自己确有良善的行为，决不愧对皇天，但到年终却反而遭受到很多灾殃，甚至凶险得短命早亡。小时候每个人都自称本人良善并且贤能，贤能得超过了自己的父母，但自身行为一直到老年，反而没有一种真属良善和贤能的，这就都是不贤良的人。而且贫贱同他们一直相伴随，寿命一天比一天减损，对真道更一窍不通。

"夫下古之人善恶，贤与不肖，见于是矣，何须自言贤且晓事乎？但观其征，可自知矣，可长明，可行真与伪矣①，何须复辨陈之？成事已□□②，真人以吾书文示之，令使一觉悟③，可天久迷④，与无地为重怨。行，吾辞小竟，后复有疑，乃来共议之。""唯唯。"

右集难问太平、诀人行有实与邪文⑤。

【注释】

①行：辨别之意。

②成事已□□：此句原缺二字。

③一：彻底之意。

④可天久迷：意为承认自身对天道长久处于迷惑的状态。可，认可，认同。

⑤"右集难问"句：此句系对上篇和本篇之内容主旨所作的总体概括与揭示。

【译文】

"下古时代世人的良善与歹恶，贤能与不贤能，都在这上面显现出来了，哪里还要等他自称贤能又懂事理呢？只去观看他所得到的结果，就可以自行了解到了，可以长久看得一清二楚了，可以分辨出真与假了，哪里还要等待再去作辨别说明呢？真人把我这书文亮给世人看，让他们彻底觉悟，承认自己对天道长久迷惑，不与大地结下大怨恨。回去吧，我那解说到此告一段落，日后再出现闹不清的问题，就前来共同讨论它。""是是。"

以上为集难问太平、诀人行有实与邪文。

阙题

【说明】

己部九至十之两卷经文,业已逸失。据《敦煌目录》,原有九篇,目次为第一百四十二至第一百五十。《合校》本据《太平经钞》略补其阙,仅属原有经文的极小一部分。这部分验之《敦煌目录》,亦难确定究属何篇,故标"阙题"。阙题文字乃系"神人"即授道天师对学道真人的临别赠言,带有韵语的特点;而其主旨,则通过现身说法,宣扬修道"居高官"特别是"去官就仙"的仙、俗既须兼顾俱得而仙终竟胜于俗的思想,强调君、父、师形同"天下命门"的突出地位,申明道经图文必予秘藏、切莫"妄传"的教规和"饮血"方可授付的科仪。与这番临别赠言相配合,还附有一幅插图。插图对了解早期道教所宣传的成仙情景及其师弟子之间等级森严的关系,颇有参考价值。

神人语真人言①:古始学道之时,神游守柔以自全②,积德不止道致仙,乘云驾龙行天门③,随天转易若循环④。

【注释】

①神人:对传道天师的尊称。语:告诫之意。

②神游:语本《淮南子·原道训》"神与化游",即精神同自然造化相

结合。此处则谓意念同体内神灵相随顺,即执持"守一"的修炼
方术。守柔:谓持守柔弱的行事原则。意本《老子》。《老子》中
多处强调,守柔曰强,至柔可以驾御至刚,因而柔弱属于生之徒,
即生存一类。

③天门:谓天庭紫微宫门。

④天:天区,天界。指九天或二十五天。本经卷七十一《致善除邪
令人受道戒文》称:"子持心志坚如此,何忧不得上九天,周历二
十五天乎哉?"转易:谓转移变换空间位所。以上所云,乃系天师
以其成仙经历现身说法。

【译文】

神人告诫真人说:我在往昔开始学道的时候,致力于意念同体内的
神灵相随顺,执守柔弱的行事原则来自我保全;积累功德不罢休,真道
使我超凡脱俗成神仙;乘云驾龙经过那天庭紫宫的宫门,随顺天区的分
布而转换具体的位所,就像沿着环形物体的轨道来运转。

真人专一老寿,命与天连,阳道积专日有单①。至信所
致,无争荣名而居高官②。孝顺事师,道自来焉。神乃知善,
人与语言③。

【注释】

①阳道:指施生之道。亦即天道。本经卷一百十九《三者为一家阳
火数五诀》称,天道常有格三气,其初一者好生,名为阳。日有
单:意谓终归会有登仙成神的那一天。单,通"殚",穷尽。

②荣名:美名。高官:汉代以月俸二千石以上者为高官。本经卷六
十七《六罪十治诀》对何以得居高官述之甚详。

③语言:谓面对面交谈。本经乙部《调神灵法》云:"故圣人能守道,
清静之时,旦食诸神皆呼与语言,比若今人呼客耳。"

【译文】

真人一门心思只追求长寿,性命就与皇天连在了一起,对那施生的真道只管专精再专精,终归会有登仙成神的那一天。极其诚信所带来的结果,就会不去争那美名却偏偏获取到高官。像孝顺父母那样侍奉师长,真道就自动来到面前了。神灵都了解谁最良善,良善的人可以同它们面对面交谈。

夫师开矇①,为道之端。君父及师,天下命门②。能敬事此三人,道乃大陈③;不事此三人,室闭无门④,福德皆逃,祸乱为怜⑤;详惟其事⑥,无失书言⑦。父母生之,师教其交⑧,居亲仕之⑨,可不慎焉!

【注释】

①开矇(méng):开启蒙昧之意。矇,蒙昧无知。《论衡·量知篇》云:“人未学问曰矇。矇者,竹木之类也。”

②命门:性命之门。或指下丹田(即人体脐下一寸三分处),或指脐,或指肾。无论何指,俱为性命攸关处,故称命门。此处则借喻君父师的重要地位。

③陈:张布。

④室:指神室。即真神居人腹中,形成所谓真人室宅。本经卷一百三《虚无无为自然图道毕成诚》谓:“独存其心,县龙虑也;遂为神室,聚道虚也。”本经佚文云:“真神来助其为治,乃游居真人腹中。古者真仙之身,名为真人室宅耳。”

⑤祸乱为怜:此四字中“怜”当作“邻”。形近而讹。作“邻”,方与上文“门”、“人”为韵。

⑥详惟:仔细思索之意。惟,思。

⑦书言:指《太平经》有关君父师的论断。

⑧交:谓与他人交往的三种情形。详参本部《敬事神十五年太平诀》和《效言不效行致灾诀》所述。

⑨居亲仕之:此四字中"居"当作"君"。形近而讹。仕,给官做。以上所云,参见本经卷四十七《上善臣子弟子为君父师得仙方诀》、卷六十七《六罪十治诀》、卷七十三至八十五《阙题》(八)所述。

【译文】

师长开启蒙昧的心田,构成了修道的起点。君主、父亲和师长,正是全天下的性命之门。确能恭敬地侍奉这三种人,真道便完整地张布;不去侍奉这三种人,真神在世人体内的室宅就没有途径锁闭住,吉福德业也都离去了,而祸乱却同自己成了邻居;只管仔细去精思那事体,不要背离我那道书中作出的论断。父母把他降生到人间,师长教导他与人交结的准绳,君主亲自任命他担任官职,能不对此特慎重呢!

天下至士①,去官就仙,仙无穷时,命与天连。长吏治民,仙吏天官②,与俗何事?其事异焉。长吏治民仙万神③,天下之事,各自有君。努力思善,身可完全,以是遂去④,不负祖先。

【注释】

①至士:指修道达到最高境界的人。

②仙吏天官:意为成仙者另属天庭之官。本经以人间政体拟构天庭建制,故出此语。详见本经庚部卷一百十、卷一百十一诸篇暨壬部经文所述。

③仙万神:谓仙人可支配万神。万神泛指神灵。

④去:谓超凡脱俗成神仙。

【译文】

天下修道达到最高境界的人，就抛掉官位，踏向成仙的路径，成仙后便永不死亡，性命与皇天紧相伴同。世上的官吏充其量治理众百姓，仙吏却属于天庭的官员，还与人间俗事有什么牵连？这两种事体可大异其趣。世上官吏只是治理那万民，仙人却支配所有的神灵，天下的任何事体，各自都有统领者。努力精思做善事，身家性命便得以保全，由此再超凡成仙，不辜负自己的祖先。

吾图书已尽①，无复可陈。致勉学详请其文②，神人将去，故戒真人。慎之慎之，亦无妄传。不得其人，慎无出焉③。藏之深渊，幽冥之间④。道不饮血⑤，无语要文。外内已悉，无可复言。

【注释】

①图书：指符图和书文等。

②致勉学：意谓极力激励自己在学道上进取不息。致，极。此处若以"致勉学详"连读，亦通。意谓，极力勉励自己学彻底学深透。

③慎无：切莫。出：出示。本经卷一百二《神人自序出书图服色诀》称："得而防行之，即其人也；不知行之，即非其人也。真人勿先出之也，且天威怒，反杀人也。"《抱朴子·辨问篇》、《明本篇》则谓，道家宝秘仙经仙术和至要之言的传授，尤重择人。弟子之中，至精弥久，然后才告之以要诀。否则即使其人裂地连城（谓极富），金璧满堂，亦不妄以示之。

④"藏之"二句：意谓珍藏在极其隐秘的地方。《史记·太史公自序》有"藏之名山，副在京师"二语，此处则以"深渊"异于"名山"，以"幽冥之间"殊于"副在京师"，可见早期道教之神秘性。

⑤饮血：指歃血为盟。本属战国以前诸侯会盟定约的主要方式，此处既出此语，则可证至迟在东汉后期，它已被引为道教的科仪之一。《素问·三部九侯论》有云："歃血而受，不敢妄泄。"本经卷五十二《胞胎阴阳规矩正行消恶图》则谓："古者圣贤传道，饮血为盟。天道积重，愚人反轻。"晋葛洪《抱朴子·明本篇》、《勤求篇》则承《太平经》，述之尤详。

【译文】

　　我那符图和书文已经全部授付给你了，没有什么可以再作陈说的了。你极力激励自己在学道上进取不息，那就详慎地从书文中寻求答案，神人因为即将就要离去，所以便特地告诫真人。对此要谨慎再谨慎，决不能轻易就传授给他人。没有获取到最合适的人选，切莫出示那书文。要把它珍藏在极其隐秘的地方，任何人都轻易看不见。真道不举行歃血为盟的仪式，决不向他口授最紧要的秘文。从外到内都已讲得一清二楚了，没有什么可以再嘱告的了。

　　于此画神人羽服①，乘九龙辇升天②，鸾鹤小真陪从③。彩云拥前，如告别其人意④。

【注释】

①羽服：仙人的服饰。以其能如鸟飞升上天，故称羽服。据本图及卷九十九《乘云驾龙图》、卷一百至一百一《东壁图》、《西壁图》所示和卷一百二《神人自序出书图服色诀》所言，此处所称羽服，非为汉代五利将军受封时所穿鸟羽制成之衣，而是绘有五行气色——青、绛(赤)、黄、白、黑的挂边帛制常服。于此亦可证道教成仙说仍旧脱离不开人间。

②九龙辇：由九条龙承托推挽的辇车。

③鸾：凤凰一类的祥鸟，即图中左上角所绘者。古传其若出现，则

天下安宁，详见《山海经·西山经》所述。鹤：即俗称之仙鹤。
《春秋说题辞》谓："鹤所以寿者，无死气于中也。"《抱朴子·对俗
篇》引《玉策记》曰："千岁之龟，五色具焉。其额上两骨起似角，
浮于莲叶之上，或在丛薯之下，其上时有白云蟠旋。千岁之鹤，
随时而鸣，能登于木；其未千载者，终不集于树上也。色纯白而
脑尽成丹。如此则见，便可知也。"小真：指修仙初成的真人。

④其人：指聆听天师赠言的真人弟子。本经多处言及拜随天师学
　道传道者凡六人，合称六方真人或六端真人。其中一人名纯。
　此处所绘一人，或与名纯者相对应，亦未可知。以上二十九字经
　文，《合校》本置于本经己部之末，未附插图，今并移、补于此。

【译文】

在这篇经文后面绘制下神人的服装式样,他乘坐九条神龙承托推挽的辇车,有鸾凤和仙鹤以及修仙初成的真人陪伴随从。彩云在车前簇拥,喻示着与受戒弟子告别的心意。

六极六竟孝顺忠诀第一百五十一

【题解】

本篇所谓"六极六竟"，特就守一、入道（或曰守道）、入神（或曰守神）、入正文正辞、选举署职确得其人、通上三道行书而发。将此"六事"奉作尤须穷尽洞洽的最高目标，致使无人不晓，无人不信，无人不行，是为"极"；待其告毕，产生"深得天心"、"灾悉灭亡"、吉福无涯的最终结局，则为"竟"。对这套道术修炼与政治举措相结合的"太皇天道教化"方案，篇中权且作为"大部界分"予以提出，在楔子式略言守一之外，均未展开充分详尽的论述，论述主要见于下篇《守一入室知神戒》。于此强调的则是"孝顺忠"，非仅痛斥子对父母不孝，弟子对师长不顺，臣对帝王不忠，纯属"最恶下行"，还毋庸置疑地揭橥："为此三行"者的魂神在其本人生前之望日、月底、年终必受天庭勘问和"击治"，由此而减寿夺命，死后仍罪在不赦，继续遭受"见对"即被拷问之苦。本篇"孝顺忠三行"论，宜与卷四十七丙部《上善臣子弟子为君父师得仙方诀》相参证。

　　"真人前。子共记吾辞，受天道文比久①，岂得其大部界分尽邪②？吾道有几部，以何为极③，以何为大究竟哉④？"

　　"文中有道：六极六竟。愚生今说，不知以何为六极六竟。"

"咄！子其愚不开，又学实自若，未大精也⑤，故不知道之所到至也⑥。""有过负于天师，其责必不可复除，不嫌也⑦。"

【注释】

①天道文：皇天所降示的大道真文。实谓《太平经》。

②大部界分：指相互区别又相互联系的主要类属及其系列化的具体内容。

③极：谓应臻及的最高境地。

④大究竟：指最终要实现的目标和达到的结果。

⑤精：谓精思事象及其义理。本经卷五十《诸乐古文是非诀》云："故古者名学为往精，精者，乃精念其事象可宜，复思其言也。极思惟此，书策凡事毕矣。"

⑥到：指大道所涉及的主要范围。即上文所言说的"几部"。至：谓上文之"极"和"大究竟"。

⑦不嫌：甘当其罪之意。

【译文】

"真人你们到前面来。你们共同记录下我所讲论的言辞，领受皇天降示的大道真文已经接连有很长时间了，恐怕完全了解掌握住它们的主要类别和序列了吧？我那真道分为几大部类，把什么作为应当臻及的最高境地，又把什么作为最终该实现的目标与结局呢？""经文中有六极六竟的说法，愚生现下作对答，压根还不清楚该把什么看成是六极六竟。""嘿嘿！你们愚昧不开通，学道又实际上还像老样子，尚未极力精思。所以就不明了真道所涉及的范围和步入的最高境地与终极目标。""弟子们犯下了罪过，辜负了天师的教导，这种罪责绝对属于死有余辜，我们甘愿服罪。"

"真人自责，何一重也？""愚生闻：子不孝，则不能尽力养其亲;弟子不顺,则不能尽力修明其师道①;臣不忠,则不能尽力共敬事其君。为此三行而不善,罪名不可除也。天地憎之,鬼神害之,人共恶之,死尚有余责于地下,名为三行不顺善之子也。常以月尽朔旦②,见对于天主正理阴阳、是尊卑之神吏③,魂魄为之愁,至灭乃已。故自知不精,有过于师不除也!"

【注释】

①修明:修习彰明。

②月尽朔旦:谓在上月末、下月初交替之际。朔,初一。旦,指凌晨三时至五时。本经壬部称:"群神朝天谒见,自有常日,当以月初建,不过平旦,均须各有所明,各有所带,不得无有功效。"

③见对:被勘问,受审讯。主:掌管,负责。正理:端正调理。是尊卑:意谓使尊卑符合固有次序。

【译文】

"真人自责为什么竟是那样地深切呢?""愚生听说:做儿子的不孝顺,就不能竭尽所有的力量来侍养自己的父母;做弟子的不谨顺,就不能竭尽所有的力量来修明自己师长的道法;做臣下的不忠诚,就不能竭尽所有的力量一起来恭敬地侍奉自己的君主。真去落实这三种行为却不优异,罪名就死有余辜。天地憎恶他,鬼神戕害他,世人共同厌恶他,死后在阴间还有抵不完的罪责,被称作三种行为不谨顺不优异的家伙。总要在月底和初一,受到皇天专管端正调理阴阳、使尊卑符合固有次序的神吏的勘验审问,魂魄由此而愁苦,直至死灭才算完事。所以我们自己很清楚精思不够,对天师犯下罪过,死有余辜啊!"

"善哉善哉! 子于何受此辞语乎?""受之于先师也①。

又愚生瞽睹天师说，受天师之法，见天象②，天地乃是四时五行之父母也，四时五行不尽力供养天地所欲生，为不孝之子，其岁少善物③，为凶年。人亦天地之子也④，子不慎力养天地所为，名为不孝之子也。故好用刑罚者，其国常乱危而毁也。

【注释】

①先师：指学道真人拜随天师以前所跟从的授道之师。由此可见《太平经》非为一人一时之作。

②天象：皇天的拟象。

③善物：指吉祥或生命力极强的动植物。

④天地之子：人由天生地养而存在，故出此语。《素问·宝命全形论》云："人能应四时者，天地为之父母；知万物者，谓之天子。"本经卷四十五《起土出书诀》谓："天者养人命，地者养人形，人则大愚蔽且暗，不知重尊其父母。"

【译文】

"这太好了！这太好了！你们是从哪里学到这通话语的呢？""是从以前的师长那里学到的。愚生又多多少少总算看出了天师的讲说大意，领受到天师的道法，观察皇天的征象，天地正是四时五行的父母，而四时五行不竭尽所有的力量供养天地所要生育的东西，就纯属不孝顺的儿子，在年景方面就缺少吉祥或生命力特强的动植物，造成灾荒年。人也是天地的儿子，作为儿子却不谨慎大力地去养护天地所化育的万物，就被称为不孝顺的儿子。所以喜好施用刑罚的人，他那国家就经常混乱危险而毁败。

"万物者，随四时五行而衰兴，而生长自养，是其弟子

也。不能尽力随其时气而生长实老①，终为不顺之弟子。其
年物伤，人反共罪过其时气不和，为时气得重过。民者，圣
人贤者之弟子也，今下愚弟子妄盗强说②，反使圣人贤者有
过，名为共乱逆天道，其罪至重，不可赦除，故愚生过不
除也！

【注释】

①时气：指春夏秋冬和每季季末后十八日特别是农历六月后十八
　日五行气递次占据统治地位而言。实：成熟。老：枯落。
②盗：谓盗用圣人贤者的名义。强说：意为硬行提出自家的看法与
　主张。《老子·五十五章》谓："心使气曰强。"本经卷九十三《国
　不可胜数诀》云："书虽亿亿万卷，天下流灾害犹不绝，前后合同，
　皆由强说之生，不知道要之过也。"

【译文】

"万物随顺四时五行而兴盛衰落，化生成长，自我养护，属于它们的
弟子。但却不能竭尽所有的力量随顺时气去化生、成长、结籽、枯萎，到
头来毕竟属于不谨顺的弟子。在年成上显得万物受损伤，可世人却反
而一起怪罪时气不调，给时气扣上罪过深重的帽子。众百姓是圣人贤
人的弟子，可如今低贱愚昧的弟子却胡乱盗用圣人贤人的名义硬去瞎
说一气，反而使圣人贤人枉受罪过，这被称作共同搅乱和背逆天道，罪
过极其深重，不可赦免抵消，所以愚生也就死有余辜啊！

"风雨者，乃是天地之忠臣也①。受天命而共行气与
泽②，不调均，使天下不平。比若人之受命为帝王之臣，背上
向下，用心意不调均，众臣共为不忠信，而共欺其上，使天下
惝惝多变诤③，国治为之危乱。

【注释】

①"风雨"二句：风雨通常按节气时令应期而至，以行天地之施，故而谓之为忠臣。汉代谶纬有八风三十六雨的说法。详见《春秋说题辞》所述。

②泽：泽惠。指吹生和滋润万物。

③恼恼：喧嚣扰纷的样子。变诤：变乱与争斗。诤，通"争"，争斗。

【译文】

"风雨是天地的忠臣。承受皇天的命令而共同灌输时气，施布润泽，如果不协和，不均匀，就导致天下不公平。这也就好比世人获得任命成为帝王的臣僚却背离上面，偏向下面，用心不协和，不均匀，众多臣僚一起干那不忠不信的勾当，共同欺骗上面，造成天下喧嚣一片，出现很多变故和纷争，国家政治由此而危险败乱。

"比三事者①：子不孝，弟子不顺，臣不忠，罪皆不与于赦，令天甚疾之，地甚恶之，以为大事，以为大咎也②，鬼神甚非之，故为最恶下行也。"

【注释】

①比：考索之意。

②大咎：大罪过。

【译文】

"考察这三宗大事：做儿子的不孝敬，做弟子的不谨顺，做臣僚的不忠诚，罪过都在不可赦免的范围以内，致使皇天万分痛恨他，大地非常憎恶他，把这看成大坏事，把这当作大祸患，鬼神想方设法责罚他，所以就纯属最邪恶的下作行为。"

"噫！真人久怀智而反诈愚①，使吾妄说②，说得过于天地也。吾之所说，不若子今且所言深远也。""愚生意适达于是③，今不能复有所言也。""大谦，然亦不失之也。下而不谦，其过亦重。""唯唯。不敢不敢也。是故愚生为弟子，不能明理师道之部界④，自知过重，故说天象，以是自责也。"

【注释】

①智：谓明睿的识见。诈愚：装傻充愣之意。

②妄说：谓对明白人讲熟知话。

③适达：意为恰巧领悟。

④明理：辨明梳理。部界：指既定的类别划分范畴。

【译文】

"嘿嘿！真人早就怀有明睿的见识，反倒装傻充愣，使我竟对明白人讲熟知话，在天地那里犯下了罪过。我所讲说的东西，比不上你们刚才所讲的深切广远。""愚生心思恰巧领悟到这上头了，眼下却不能再有什么可以讲说的了。""你们太谦恭了，不过这也算不上过错。身为下属却不谦恭，这种罪过也是很深重的。""是是。我们决不敢这样，决不敢这样。所以愚生身为弟子，却不能辨明梳理出天师真道的类别划分范畴，自己很清楚罪过深重，所以就说一说皇天的征象，拿这来自责。"

"善哉！子之言也。吾亦无以复加之也。今以子说况之，子已自知也，书之部界矣。""实不及之也。""然。子真不及之，为子具分别解之，使相次各有部界，万世不可复忘也。今真人言人三行不顺修善，言魂魄见对，极巧也。于何受是□□说哉①？""比若天师会事先师，自言为上古真人戒②。愚生以此言，又见天师书文中言，故□□重知之也③。愚生

问④,上古真人时不知屈折⑤,有所疑。""然。上古真人言是
也,吾无以加之也。"

【注释】

①于何受是□□说哉:此句原缺二字。

②上古真人:指远古时期修真得道的人。其与本经所构设的神仙
　　序列中属于职在理地的二等正牌神仙之"真人"有别。本经乙部
　　《阙题》(一)谓:"子犹观昔者博大真人邪?"

③故□□重知之也:此句原缺二字。

④问:意谓暗自发问。

⑤屈折:屈身折体。谓在天庭被勘问、受刑讯的痛苦情状。

【译文】

"你们这番话说得太好了! 我没有什么能对它再作补充纠正的了。
如今用你们的说法来作比照,你们已经自己很清楚我那文书的类别划
分范畴了。""实际上对此还闹不清楚。""好的。你们果真还闹不清楚,
我就为你们条分缕析地详作解说,使它们排列串接起来,各有各的范围
界限,永远忘不掉它们。刚才真人讲论世人的三种行为依次为不孝顺,
不修明师道,不好好对待君主,强调魂魄会受到勘验审问,真是太精妙
了。你们从哪里学到这种说法的呢?""这也就好比天师正赶上侍奉从
前的师长,自己把它们说成是上古真人的戒饬。愚生效仿这一方式发
表看法,又看到天师书文中的话语,所以就进一步弄明白了。可愚生也
暗自发问,天师您说在上古真人时代并不存在受天庭审问的情况,恐怕
并非就真这样。""好的。上古真人的说法是绝对准确的,我对此没有什
么能再作补充纠正的了。"

　　"今愿及天师,问其是意。""行明听。然。所以月尽岁

尽见对,非独生时不孝、不顺、不忠、大逆恶人魂神也,天地神皆然。天以十五日为一小界①,故月到十五日而折小还也②,以一月为中部③,以一岁为大部④。天地之间诸神精,当共助天共生养长是万二千物⑤,故诸神精悉皆得禄食也⑥,比若群臣贤者,共助帝王养长凡民万物,皆得禄食也。故随天为法⑦,常以月十五日而小上对⑧,一月而中上对,一岁而大对。故有大功者赐,迁举之,其无功者退去之,或击治此乱治者专邪恶之神也⑨。

【注释】

①一小界:指时间推移的最小单元。

②折小:谓月亮由圆转缺。还:谓由阳变阴。月相的变化,三日成魄,即初露光芒;八日中分,即呈半圆形,谓之上弦;十五日为满月,二十三日成下弦,三十日看不见,谓之晦。对此过程,本经壬部则称:"月始生于西,长而东行,至十五日,名为阳;过十五日消,名为阴。"

③中部:指时间推移的中级单元。

④大部:指时间推移的最大单元。

⑤万二千物:此系《太平经》编著者用术数推导出来的世界物种总数目。其中有二千物属于嘉瑞善物。其理据与"万二千国"相同,即一年为十二个月,扩大千倍即得此数。参见本经卷三十五《分别贫富法》、丁部《阙题》(四)、卷九十三《国不可胜数诀》所述。

⑥禄食:官俸和食邑。此谓享受到天庭的正规待遇。

⑦故随天为法:此五字中《太平经钞》无"随"字。于义为长。

⑧上对:原作"上到"。据《太平经钞》改"到"为"对"。上对,谓诸神

向天庭禀报自身履行神职神位的具体情况。

⑨击治：痛责严惩之意。《周礼》载有日成、月要、岁会之制，东汉称岁会为上计，即年终向朝廷呈报钱粮等统计表，接受政绩考核。此处所云，系对此类官吏考核制度的移植和改造。本经壬部即云："诸当上计之者，当大月三十日，小月二十九日，集上大神明堂，勿失期。"又称："朝天谒见，自有常日。当以月初建。"

【译文】

"如今希望趁天师在，问一问上古真人讲得绝对准确的要意在哪里。""你们近前来竖起两耳仔细听。好的。每逢月底年终要受到勘验审问，原因不仅仅出在生前不孝敬、不谨顺、不忠诚这类大逆恶人的魂神，连天神地神也是这样。皇天把十五天作为时间推移的最小单元，所以月亮到十五天以后就由圆转缺，由阳变为阴，又把一个月作为时间推移的中级单元，又把一整年作为时间推移的最大单元。在天地之间的各路神灵与精灵，应当共同辅助皇天共同化生和养护那一万二千种动植物，所以各路神灵与精灵随之便享受到天庭的正规待遇。这就好比人间众多臣僚中的贤能人，共同辅助帝王养护众百姓和万物，全都领取到朝廷的俸禄。所以依从皇天时间推移的单元划分定立起制度，各路神灵与精灵总要在每月的第十五天向天庭简略禀报自身履行职责的情况，到月底再较为详细地禀报自身履行职责的情况，到年终则全面禀报自身履行职责的情况。所以对立有大功的那些神灵与精灵就予以赏赐和提升，对未立功劳的那些神灵与精灵就免职斥退，还要痛责严惩那些搅乱治理、专干邪恶勾当的神灵。

"邪恶之神行与是，故生时不善之人魂魄，俱行对①。善人魂魄不肯为其使也，是故逆不孝、不顺、不忠之人为其使，共乱天仪②，污天治，故其恶神见收治，故并收治其客③。比若反逆恶臣为无状④，乃罪及其客也。此之谓之也。"

【注释】

①行对：意谓作为牵连者或从犯连带接受审讯。本经卷一百十四《见诚不触恶诀》称："积过累之甚多，乃下主者之曹，收取其人魂神，考问所为。"又同卷《不用书言命不全诀》谓："精魂拘闭，问生时所为，辞语不同，复见掠治，魂神苦极，是谁之过乎？"

②天仪：上天的法度。

③客：指党羽、帮凶或相关人。

④无状：罪大无可名状。

【译文】

"邪恶神灵的行径被列入了痛责严惩的范围，所以生前不良善的那号人的魂魄，都得到场做旁证，连带受审讯。而良善人的魂魄不愿意接受邪恶神灵的调遣，所以大逆不孝和不谨顺、不忠诚的人就接受邪恶神灵的调遣，共同败乱皇天的法度，玷污皇天的治理，因而那些邪恶神灵被关押法办，所以也一并关押法办它那群帮凶。这就如同谋反作乱的凶恶臣僚干那罪大恶极的勾当，于是就连同惩办他那群党羽。说的也正是这个意思。"

"善哉善哉！愚生已解矣。""故人生之时，为子当孝，为臣当忠，为弟子当顺。孝忠顺不离其身，然后死，魂魄神精不见对也。子知之耶？""唯唯。可骇哉！可骇哉！今唯天师幸哀，开示其天法象多少①，愿无中弃，唯见敕书文部界所到至也。"

【注释】

①法象：法则与拟象。

【译文】

"这太好了！这太好了！愚生已经解悟了。""因此世人活在世上的时候，做儿子的应当孝敬，当臣僚的应当忠诚，身为弟子的应当谨顺。孝敬、忠诚和谨顺始终不离开自身，这样死去以后，魂神魄精就遭不到勘验审问了。你们明白这一点了吗？""是是。这太可怕了！这太可怕了！如今只请天师对弟子幸予哀怜，开示皇天的法则与拟象究竟有多少条，万望不要半路就把我们抛弃了，只请得到书文中有关真道类别范围及其所达到的最高境地和终极目标的训示。"

"然。子问之，大致数①，吾犹当言也。如吾不言，名为妒道业学而止②，而反得天適③。诺。六真人安坐，为子分别其部署④。

【注释】

①大致数：意为既重大又抵达极致的法数。
②道业学：有关真道福业的学问。止：谓擅自扣押。本经卷九十七辟有《妒道不传处士助化诀》专篇。
③適(zhé)：通"谪"，罪罚。
④部署：谓类别和序列。

【译文】

"好的。你们所询问的事项，属于既重大又抵达极致的法数，我还是应当作讲说的。我如果不作讲说，就被称为嫉妒真道福业的学问而把它擅自扣押住，反过来会遭到皇天的惩罚。好好。六位真人稳稳坐定，我为你们逐一讲述那类别和序列。

"凡有六属一大集①。夫守一者②，以类相从，古今守一，其文大同③。大贤见吾文，守行之不解④，策之得其要意⑤。如学可为孝子⑥，中学可为忠臣⑦，终老学之，不中止不懈，皆可得度世⑧，尚有余⑨。策也行之不止，尚或乃洞于六方八极也⑩，万事已毕，何不有也！上乃可助有德帝君，共安天地，其恩乃下可及草木也，万物扰扰之属，莫不尽理也，天地为之欢喜，帝王为之长游，但响琴瑟唱乐而无复忧⑪。子知之邪？""唯唯。"

【注释】

①六属：即六极六竟。"属"指其间的紧密联系性而言。一大集：指对各类道书、圣经贤传及口语俗辞进行大范围的辩难祛疑，定于一尊，形成《太平经》这等洞极之经。

②守一：此为《太平经》所极力阐扬的一套精神修炼方术，即高度集中和控制意念力的一套功夫。本经述及守一多处，具体所指非一。或为存思体内神灵，或为念识元气无为，或为凝静虚无等，大要在于"真合为一"以体道。

③大同：意为得到整齐划一。

④解：通"懈"，懈怠。

⑤策：谓像占卦那样作揣摩。

⑥如学可为孝子：据上下文意，此六字中"学"上当有"少"字。少学，谓从年纪较轻时便开始学用。

⑦中：指成年以后。

⑧度世：谓超凡成仙。本经佚文有云："上天度世者，以万岁为一日，其次千岁为一日，其次百岁为一日，其次乃至十日为一日也。"

⑨有余：谓有继续跃升的余地。即在天庭获得更高的神职神位。

⑩八极：八方极远之地。

⑪唱乐：倡行欢乐。唱，通"倡"。详参本经卷一百十三《乐怒吉凶诀》所述。

【译文】

　　"总共有六个紧密联系的方面以及一项大范围集议和整理编定的事项。属于首要方面的那一整套守一道术，按照它本身的类属递相排列，使古今讲述这种道术的书文得到整齐划一。特别贤明的人士看到我这书文，守持修炼它而不懈怠，像占卦那样揣摩它，获取到它那切要的意旨。如果从年纪较轻时便开始学用它，可以成为孝子；到成年后继续学用它，可以成为忠臣；一辈子始终学用它，既不中途罢休，又不懈怠，就都能超凡成仙，而且还有继续跃升的余地。像占卦那样揣摩它，修炼它永不止息，尚且有人竟能通透到六方八极，一切事情均已告毕，还有什么能不拥有！往上可以辅助具有道德的帝王，共同使天地安平下来，他那恩德往下还可以施布到花草树木，纷繁杂乱的万物，没有一种不得到彻底的治理，天地由此而欢悦欣喜，帝王由此而长久游乐，只管歌舞升平，倡行欢乐而不存在忧虑事了。你们清楚这种情况了吗？""是是。"

　　"中贤守行之力之，旦夕惟思其意，亦可少为孝子，长为良臣，助国致太平，天下悉伏①，莫不言'善哉'！外谨内信，还各自责自正，不敢负于天地，不敢欺其上也。众贤共案力行之，令使君治乃与天相似，象天为行，恩爱下及草木蚑蚘之属②，皆得其所。子知之耶？""唯唯。"

【注释】

①伏：归从，顺服。

②蚋(ruì)：虫名。其以吸食动物血液为生。

【译文】

"中等贤明的人大力守持修炼它，从早到晚只管精思它那要意，也可以在年纪较轻时便成为孝子，成年后成为良臣，协助国家实现太平，天下全都顺服，没有谁不说'太好了'！在外部行为上特别恭谨，在内心里特别诚实，反转来又分别自己督责自己，自己端正自己，不敢辜负天地，不敢欺骗自己的君主。所有的贤明人共同查照并大力修炼它，致使国君的治理竟与皇天相仿佛，效法皇天采取举措，恩德仁爱往下施布到草木蚊虫这类动植物的身上，以至于它们各得其所。你们清楚这种情况了吗?""是是。"

"凡民守读之，共强行之①，且相易共好嬉之②，不能自禁，令人父慈、母爱、子孝、妻顺、兄良、弟恭，邻里悉思乐为善，无复阴贼好窃相灾害③。有人尽思乐忠顺孝，欲思上及中贤大贤，故民不知复为凶恶，家家人人自敕自治④，故可无刑罚而治也。上人中人下人共行之，天下立平不移时。子知之耶?""唯唯。"

【注释】

①强行：犹言力行。

②易：感到简单易行之意。好嬉：爱好喜欢。

③阴贼：谓暗中进行伤害。

④敕：警戒。

【译文】

"普通老百姓守持并诵读它，共同大力修炼它，眼看着就互相都觉得容易掌握，一起喜爱它，想不修炼都无法自己控制得住，致使世人当中做父亲的仁慈,当母亲的慈爱,做儿子的孝敬,当妻子的随顺,做哥哥的爱护弟弟,当弟弟的尊敬哥哥,邻居们全都乐意做善事,不再存在暗地伤残、喜好偷偷地你坑我,我坑你的现象。还有人一门心思只想并高兴能使自己变得忠诚、谨顺、孝敬,追上中等贤明人和上等贤明人,所以众百姓就不懂得再去干那凶暴歹恶的事情,每户人家中的每个人都自己告诫自己,自己修养好自己,因而就能不用刑罚却得到治理了。第一等人和中等人以及下等人共同修炼它,天下在转瞬间就立刻太平了。你们清楚这种情况了吗?""是是。"

守一入室知神戒第一百五十二

【题解】

　　本篇承接上篇，具体论述"六极六竟"和"一大集"的特定内涵、各自的地位、独具的"信效"、相互之间的连锁关系和整体序列。基于守一这种精神修炼方术乃系"至道之喉襟"，位居《太平经》这等天书的"上首一部大界"，循此而进，即可入道守道，敢下茆（茅）室精修，甚且度世登仙，于是便将它列作第二部界；入道遂能睹神、守神、驱使神，这第三部界也随之而立；三大部界导夫先路，故以"守一入室知神"作为本篇标题。篇中续论道书正文正辞，则誉之为天地人民万物的"正根"与"善根"所在；继说"仕臣九人"，则赋之以天官"自然格法"的名义；再讲三道行书，则视作"治民除害之术"，称其带有十三项"喜"证；如此蝉联而下，又以"大集之难"即对人间全部书文进行大范围集议辩难作结，至此便井井有条又浑然一体地"六究洽洞极"并"七竟"了。通观全篇，长达五千余言，不啻《太平经》的安天治国宣言书。

　　"是故夫守一之道，得古今守一者，复以类聚之。上贤明力为之，可得度世；中贤力为之，可为帝王良辅善吏；小人力为之，不知喜怒，天下无怨咎也。此者，是吾书上首一部大界也①。恐俗人积愚，迷惑日久，不信吾文，故教示使与古今守一之文合之，以类相从，乃以相证明也。""善哉善哉！愚生谨以觉矣。"

【注释】

①上首一部大界：即第一大部类。天之始生曰上首，引申为最上位。本经卷八十八《作来善宅法》称："为已校书文殊方也，卷投一善方，始善养性之术于书卷，下使众贤诵读，此当为洞极之经竟者。"

【译文】

"所以守一这种道术，获取到古今有关这方面的书文，再依照类属予以汇聚。第一等贤明的人大力修炼它，可以超凡成仙；中等贤明的人大力修炼它，可以成为帝王的杰出辅臣和优秀的官吏；普通老百姓大力修炼它，可以达到超凡脱俗的境界，全天下再也没有怨恨和憎恶了。像这等道术，恰恰构成了我那经书占居首位的一大部类。只因担心世俗百姓愚昧聚积，迷惑得时间太长了，不信奉我这书文，所以教导开启你们把它同古今论述守一道术的书文予以汇聚，按照类属递相排列，用来彼此作出印证和阐明。""这太好了！这太好了！愚生已经恭谨地觉悟了。"

"夫守一者，大人守之亦有余①，中人守之亦有余，小人守之亦有余。三人俱守行之，其善乃洞洽于六方八远②，其恩爱与天地同计也。如最下愚有不乐守行者，名为天下最恶凶人也。天地疾恶之，鬼神不复祐之也，凡人久久共不好利之也。此即天书所以简人善恶之法也③。

【注释】

①大人：圣人在位者。指以帝王为首的最高统治集团的核心成员。

②洞洽：通透周遍。八远：犹言八极。

③简：验核选取。

【译文】

"守一这种道术，身居高位的人守持行用它，仍有继续跃升的余地；中等人守持行用它，仍有继续跃升的余地；普通百姓守持行用它，仍有继续跃升的余地。这三类人全都守持行用它，那吉善就通透遍及到六方八远，恩德仁爱便与皇天想得一模一样了。至于那些最为低劣愚昧的人有不乐意守持行用它的，就被称为全天下最凶恶的家伙。天地痛恨他，鬼神不再佑护他，世人等到时间一长既不喜欢他也不再对他有利了。这正是天降神书用来验核选取好坏人的准则。

"其好欲读视者，天知为善人；示之不欲视者，天知之为凶恶人也。以此占人，万不失一也。吾为上德君作文，上不负天，下不负地，中不负德君，不欺真人也。守此得其意者，道已毕矣竟矣。六真人自深思其意，吾不能悉记此之善。夫一，乃至道之喉襟也①，上士所乐德②，中士所响知③，下士之所疾恶也④。子知之邪？""唯唯。"

【注释】

①至道：最高真道，至高无上之道。喉襟：咽喉与衣领。喻指事物的纲领或关键所在。

②上士：最高明的人。德：通"得"。学道而得道，此谓有德。汉刘熙《释名·释言语》云："德，得也，得事宜也。"

③中士：中等人。响知：谓向往而要了解掌握的。

④下士:低劣的人。疾恶:憎恶。

【译文】

"那些喜好并渴望诵读观阅的人,皇天清楚他们是善人;而向他出示却不愿观阅的人,皇天也清楚这类人是凶恶的人。用这一条来验核世人,绝对不会出现任何的差错。我为具有第一等道德的君主制作经文,往上既不辜负皇天,往下也不辜负大地,在中间更不辜负具有道德的君主,我决不会欺哄真人你们。守持行用守一道术并且获取到它那要意的人,真道在他那里也就修炼成功了。你们六位真人自行深思那要意,我简直没办法记述守一道术给人带来的种种好处。那个'一',正是最高真道的纲领所在,属于高明人渴望获取到的东西,属于中等人向往并要了解掌握的东西,属于低劣人感到厌恶和憎恨的东西。你们清楚这一点了吗?""是是。"

"是故上士得之大喜,不而自禁为也;中士得之,不而自止,常悦欲言也;下士见之,是其大忌也。以吾文观此三人,而天下善恶分别明矣。子知之乎?""唯唯。""是文乃天所以券正凡人之心①,以除下古承负先人之余流灾②,以解天病,以除上德之君承负之谪也。子知之邪?""唯唯。善哉!善哉!"

【注释】

①券正:谓如契据验核那样予以矫正。

②下古:指夏商周以下的历史时期。

【译文】

"因而高明人得到我这书文就高兴万分,根本不能自己阻止自己去修炼;中等人得到我这书文,也不能阻止住自己,经常内心愉悦,要去讲论它;低劣人看到我这书文,书文就成为他们非常忌恨的对象了。凭仗我这书文,观察这三类人,天下的好人坏人就区分得一清二楚了。你们明白这一点了吗?""是是。""我这书文正是皇天像契据验核那样用来矫正世人心灵的东西,专去消除下古时期承负前人总也去不净的沿续灾殃,专去化解天地对世人的忌恨,专去解除具有第一等道德的君主所遭受的承负的罪罚。你们明白这一点了吗?""是是。这简直太好了! 这简直太好了!"

"行,子已觉矣。其二部界者,其读吾书道文,合于古今,以类相从,都得其要意,上贤明翕然喜之①,不能自禁止为善也,乃上到于敢入茆室②,坚守之不失,必得度世而去也。志与神灵大合洞③,不得复誉于俗事也④,其善乃洞究洽于天地,其神乃助天地,复还助帝王化恶,恩下及草木小微⑤,莫不被蒙其德化者。是故古者贤明德师乃能助帝王致太平者⑥,皆得此人也,故其言事悉顺善而忠信也,乃其所受道师善也。真人知之耶?""唯唯。"

【注释】

①翕(xī)然:不约而同的样子。

②茆(máo)室:搭建在山野的茅草屋。指修炼的僻静场所。茆,同"茅",茅草。

③大合洞:意为完全彻底地融为一体。

④誉(yù):通"与",参与。俗事:人间常事。本经卷八十五《阙题》(六)谓:"意乃念天上职事,乃后可下九室,积精笃竭自化,易其形容,即是上天圣人也,不得复理民间时事明矣。"

⑤小微:泛指细小微弱的动植物。

⑥德师：得遇明师之意。

【译文】

"近前来，看来你们已经觉悟了。那位居第二的部类，表现在研读我这天书真道的经文，同古今相吻合，按照类属递相排列，全部获取到了其中的切要意旨，最贤明的人不约而同地喜爱它，无法自己阻止自己去做善事，于是便往更高的层次跃升，敢于进入山野间的茅草屋，坚定不移地守行真道而不偏离，必定会超凡成仙，离开人世。心志与神灵完全彻底地融为一体，根本就不再参与人间常事了，他那良善竟通透、穷尽、遍及到天地，他那成神之身竟协助天地反过来帮助帝王化解凶恶，恩德往下施布到花草灌木这类细小微弱的动植物，没有一种生物不蒙受他那大德化导哺育的。所以古代得遇明师的贤明人，竟能辅助帝王实现太平，都首先来自这种敢入茅室修炼的人物，所以他们讲论事体无不谨顺良善又忠诚信实，这正源于他们所拜从的传道明师特别优异。真人清楚这一点了吗？""是是。"

"其中中贤力读，而吾文书合于古今道文书，以类相从，力共读而不止，其贤才者乃可上为帝王良辅善吏，助德君化恶，恩下及小微草木，阴阳和合，无复有战斗者①，帝王长游而无忧事，群臣下俱相示教力为之，莫不顺善而忠信，无刑罚而治，其善不可胜书。真人知之耶？""唯唯。"

【注释】

①战斗者：指日蚀月蚀、行星恒星反常、四时颠倒、五行违背正常生克关系等灾异现象。

【译文】

"世人中属于中等贤明的人下大力气来研读，而我那文书又与古今讲论道法的文书恰相吻合,按照类属予以排列,共同大力研读它而不罢休,那些才智出众的人就可以往上成为帝王的杰出辅臣和优秀的官吏,协助具有道德的君主化解凶恶,恩德往下施布到细小微弱的花草灌木,阴阳由此而和谐一致,不再出现彼此错乱争斗的现象,帝王长久游乐,根本没有忧愁事,群臣在下面相互示范,彼此督促,大力履行好各自的职责,没有谁不谨顺良善又忠诚信实,不施用刑罚就得到治理,这类美好结果简直记述不过来。真人清楚这种情况了吗?"
"是是。"

"其百姓俱共读吾书道文,上下通都合计①,同策为一②,无复知为凶恶者也。拘校古今道文③,以类相从相明,因以为世学④,父子相传无穷已也。

【注释】

①通都合计:加以全面理解之意。

②同策为一:意谓认识完全取得一致。

③拘校:汇集校理。

④世学:世代承传的家学。

【译文】

"那些普通老百姓共同诵读我这天书的真道经文,从上到下加以全面理解,认知取得完全一致,就没有还懂得怎样去干凶恶勾当的人了。汇集校理古今讲述道法的书文,按照类属递相排列,互作印证和阐明,随后把它作为世代传承的家学而父子相传,没有抵达尽头的时候。

"如三人大贤、中贤、下贤及百姓俱为之占,天地之恶气毕去矣,无复承负之厄会也①;善乃合阴阳,天地和气瑞应毕出②,游于帝王之都③,是皇天后土洽悦喜之证也④。故读吾文者,宜精详之,以上到下,思惟其要意,得其诀,与神明无异也⑤。真人知之耶?""唯唯。"

【注释】

①厄会:劫厄交会之意。

②和气:阴阳协调之气。瑞应:吉祥的兆应。如凤凰至、芝草生、甘露降、醴泉出之类。

③游:萦绕盘旋之意。帝王之都:指京师。

④后土:对大地的尊称。本经乙部《安乐王者法》云:"土者不即化,久久即化,故称后土。"

⑤神明:神灵之明。本经佚文谓:"气转为精,精转为神,神转为明。"

【译文】

"像上等贤人、中等贤人、下等贤人这三类人乃至众百姓,都按我那道书来预测并指导自身的行动,天地的凶恶气就全部离去了,不再有承负的厄会了;吉善竟使阴阳和谐一致,天地的协调气流和吉祥的兆应就都降现出来,萦绕盘旋在帝王的国都,这正是皇天后土融洽喜悦的证明;所以诵读我那书文的人,应当精思详察它,从上到下,只管索求其中的切要意旨,掌握住其中的确切定论,就会和神灵之明没有什么两样了。真人清楚这一点了吗?""是是。"

"其三部界者,夫人得道者必多见神,能使之①。其上贤明者,治十中十②,可以为帝王使,辟邪去恶之臣也③;或久久乃复能入茆室而度去,不复誉于俗事也。故守一然后且具知善恶过失处,然后能守道;入茆室精修,然后能守神,故第三也。贤者得拘校古今神书以相证明也。真人知之耶?"

"唯唯。"

【注释】

①使:驱使,调遣。本经癸部《盛身却灾法》谓:"千二百二十善神为
其使,进退司候,万神为其民,皆随人盛衰。此天地常理。"

②治十中(zhòng)十:意谓处理政事而成功率达到百分之百。

③辟:排除,摒除。

【译文】

"那位居第三的部类,在于获取到真道的人,必定会看见人体内外
的众多神灵,还能调遣它们。其中最贤明的人,处理政事而成功率达到
百分之百,便可以供帝王直接调用,属于摒除奸邪和去除凶恶的臣僚;
他们当中的一些人,时间一长竟又能进入山野间的茅草屋进行修炼,离
开人间而登仙成神,根本就不再参与人间常事了。所以首先炼成守一
道术,然后便能详尽知晓善恶过失究竟在什么地方,然后便能守行真
道;进入山野间的茅草屋精心修炼,然后便能守护住神灵,所以它就构
成位居第三的部类。贤明的人得以汇集校理古今的神降天书来彼此互
作印证和阐明。真人清楚这种关系了吗?""是是。"

"中贤守一入道,亦且自睹神,治十中九,可为王侯大
臣①,共辟除邪恶②;或久久亦冀及入茆室矣。真人知之邪?"

"唯唯。"

【注释】

①王侯:汉行分封制,例封皇子为王,通称王侯。大臣:指国相。地
位相当于郡太守。负责辅佐诸侯王处理封国事务。

②辟除:消除,扫除。

【译文】

"中等贤明的人经由守一和入道,也将会自行看见神灵,而处理政事则成功率达到百分之九十,便可以成为皇子封国的佐治大臣,共同消除掉邪恶;有的人时间一长也希求跃升,进入山野间的茅草屋修炼登仙妙术了。真人清楚这种情况了吗?""是是。"

"其小贤守一,入道读书,亦或睹神,可治十中八,可为百姓共辟邪除恶也。亦皆当拘校古今道文,以自相证明,乃愚者一明,悉解信道也。如使读一卷书,必且不信之也,反且言其非而自解①,则邪恶日兴,得害人也。如大贤中贤,下及百姓,俱守神道而为之②,则天地四时之神悉兴,邪自消亡矣。真人知之耶?""唯唯。"

【注释】

①解:离身而去之意。

②神道:谓神灵所奉守行用的皇天道法。本经卷九十二辟有《火气正神道诀》专篇。

【译文】

"那些稍略贤明的人经由守一和入道,研读我那文书,有的也能看见神灵,会做到处理政事而成功率为百分之八十,便可以为百姓共同消除奸邪,去掉凶恶了。但也都应汇集校理古今讲论道法的书文,自行作出彼此间的印证和阐明,于是原先很愚昧的人一下子就明白过来了,全都懂得信奉真道了。如果让他们仅仅诵读一卷文书,必定会不信奉它,反而会说它瞎扯一气,自动就离身而去了,随后邪恶便一天比一天兴行,得以祸害世人了。如果最贤明的人和中等贤明的人,以至于往下扩展到老百姓，一律守执神灵所奉行的皇天大道并且去施用它，天地四时的神灵便都兴盛起来，而邪恶也就自动消失离去了。真人明白这种情况了吗？""是是。"

"如此，则天下地上四方六属六亲之神①，悉悦喜大兴，助人为吉，以解邪害，上为帝王除灾病，中为贤者除疾，下为百姓除恶气，令奸鬼物不得行也。""善哉！ 善哉！"

【注释】

①六属六亲之神：指与六宗关系密切的神灵。《汉书·郊祀志下》载《议定六宗奏》称：日、月、雷、风、山、泽，《易》卦六子之尊气，所谓六宗也。星辰、水火、沟渎，皆六宗之属也。

【译文】

"果真达到了这种状态，从天底下到地上面以及东西南北和六属六亲等类神灵，那就无不喜悦而大规模兴起，佑助世人获得吉福，专来消除邪恶祸害，往上为帝王去除掉灾异病痛，在中间为贤明的人士去除掉痛恨的事情，往下为众百姓去除掉凶恶气，叫那奸邪鬼物没办法殃害人。""这太好了！ 这太好了！"

"须有大诀戒①：见神以占事，言十中十者，法与天神相应；言十中九，与地神相应也；言十中八者，与人神相应也②；过此而下者，言不可用也。

【注释】

①大诀戒：异常重要的既定道戒。
②人神：指寄居在人体各部位、诸器官内，并起主宰作用的人格化

的精灵与神灵。如五脏神之类。

【译文】

"在这方面必须持守一条非常紧要的既定道戒,那就是:睹见神灵而去占测事情,命中率为百分之百的,他那道法便与天神相应合;命中率为百分之九十的,便与地神相应合;命中率为百分之八十的,便与寄居在人体内的神灵相应合;命中率在百分之八十以下的,他那话语就决不可听用。

"或有初睹神,反十十相应,久久反日不中者,见试于神道①,故使不中也。见是能复更自新,力自正思过,更为精善,无恶意者,且复日上行②。或中神意,乃射十中十③,或出十;或射十乃中一十④,日以大中而上行者,是其日思为善,得道意之人也,故曰进⑤。以是自占,万不失一也。或有初见神,占事不中,已反⑥,日已上行,大中,是者精得道神意,日上进之人也。

【注释】

①见试于神道:意谓诸神正用真道故意对人进行测试,以验定其心志坚定专诚与否。

②上行:谓命中率在提高。

③射:指随意猜度的对象。

④中一十:意为十中其一。

⑤故曰进:此四字中"曰"当作"日"。形近而讹。

⑥反:改正之意。

【译文】

"有的人从一开始就看到了神灵,反倒百分之百能命中,但时间一长却反而每天占测都失灵,这是众神灵正用真道在故意测试他呢,所以就叫他命中不了。遇到这种情况,能够重新做人,极力自己端正自己,思忖过失,转变为精诚和良善,没有任何歹恶的念头,他那命中率就又会一天比一天提高了。有的人切合神灵的心愿,便能随意占测什么都百分之百地命中,甚至有时还会超出百分之百;有的人随意占测十件事,竟只命中一件事,但命中率却一天比一天在提高,这就属于每天只想做善事而获取到了真道奥义妙旨的人,所以他才一天比一天在提高。拿上列各种表现来自行测定本人到底怎么样,那是绝对不会出现任何偏差的。还有人起初看到了神灵,占测事情却不命中,已经改正行为后,每天都在提高命中率,命中率变得特别高,这种人就属于通过精思确实获取到了真道与神灵的意旨而日益在提高的人。

　　"或有平平如故,不进不退,是其用精不过故之人也①。日衰者,曰懈之人也②。以是占之,不得道意矣。见试而不觉悟,固固自若为恶者,诸神且共欺之,牵人入邪中,则致吉凶无常,或入祅言③,或坐病止④。

【注释】

①过故:超过往昔。

②曰懈之人也:此五字中"曰"当作"日"。形近而讹。

③祅言:蛊惑人心的言论。指自我宣称当作天子之类。详参本经卷七十一《致善除邪令人受道戒文》、卷一百十四《九君太上亲诀》所述。汉律曾规定,凡制造和散布妖言者,处以极刑。

④坐:获,陷入。止:谓死亡。

【译文】

　　"还有人仍和过去一个样,命中率既不提高也不下降,这就属于在精思上花力气尚未超过往日的人。而那些命中率一天比一天在下降的人,也就纯粹是一天比一天更懈怠的人了。拿以上两种表现来自我测定,就表明自己无从获取到真道的奥义妙旨了。受到神灵所奉行的皇天大道的测试却不觉悟,仍旧毫无改变地像老样子干坏事,各种神灵就会一起欺哄他,把人带到邪恶中,造成吉凶难测定,有的人便陷入妖言惑众而被官府捕杀,有的人便身患恶疾而死掉。

　　"故大贤、中贤、小贤、百姓男女为道,悉以是自占,不失之也。非犹神道试人也,凡天下之事,皆以试败①。天地有试人,故人亦象天地有相试也。真人知之耶?""唯唯。"

【注释】

①败:真相毕露之意。

【译文】

　　"所以上等贤人和中等贤人、下等贤人以及男女百姓修炼真道,一律拿上列各种表现来自行测定本人到底怎么样,那是绝对不会出现任何偏差的。其实并不单单像众神灵正用真道在测试世人,只要属于天底下的事情,全都通过测试便真相毕露。天地有对世人的测试,所以世人效法天地也有彼此之间的测试。真人明白这一点了吗?""是是。"

　　"子欲重知其大信效,天道神灵及人民相得意,相合与心,而至诚信;不相得意,则相欺。是故上古之人诚信相得意①,故上下不相欺;中古人半不相得意②,故半相欺;下古之人纯不相信,故上下纯以相欺为事。故上古举事悉中③,中古半中,下古纯不中,故危亡。是故古者贤圣,常以是自占可为,得与不得,则无失也。以此戒真人,吾见子常苦劳,故深戒子。子乃为天地长使也，解天地流灾，为王者除害，其功甚大少双，恐子为道中懈，故以是神事以戒子④。

【注释】

①上古：指天皇、地皇、人皇所谓三皇时代。

②中古：指以黄帝为首的五帝时代。

③举事：谓有所施为或行动。中：意为达到预期的效果。

④神事：即神灵测试世人之事。

【译文】

"你们想要再了解那最为真切的效验，天道神灵与世人百姓彼此间意愿一致，内心相互切合，双方就诚信到极点；意愿不一致，就都欺骗对方。因而上古时代的人们都讲诚信，彼此间意愿一致，所以上下就不相互欺骗；中古时代的人们，彼此间意愿不一致占到半数，所以相互欺骗也占到半数；下古时代的人们完全互不相信，所以上下就完全把相互欺骗作为惟一的事情。因而上古时代采取任何举措和行动，就全能达到预期的效果；中古时代就仅仅达到一半的预期效果；下古时代就达不到任何的预期效果，所以就危乱败亡。因而古代的圣贤总拿这一条来自行占测想要做的事情和收效理想与否，结果不会出差错。我用神灵测试世人这宗事来告诫真人，原因是看到你们总那样劳苦，所以就深深告诫你们。你们正被天地视为头等人物来驱使，去解除天地沿续不绝的灾殃，为帝王消除祸害，所立功劳非常大，没有谁能比得上，我唯恐你们学道传道而中途懈怠，所以特用神灵测试世人这宗事来告诫你们。

"子乃为天地使，而日吉者，是其得天地心意也；日凶衰恶，是其失天地心意也。与道神交，日吉善者，是其得道心意也；而日凶衰者，是其失道心意也。与人交，日益厚善者，是其相得心意也;而反日凶恶薄者,是其相失心意也。比若耕田,得谷独成实多善者,是用心密,用力多也;而耕得谷少不成善实者,是其用心小懈,用力少也。此但草木,尚乃随人心意、用力多少功苦为善恶,何况天地神灵与人哉! 可不戒耶? 真人也! 此之为戒,若薄少不足言,而深思念之,反大重,此正所为谓安危吉凶门户也①。子知之耶?""唯唯。愚生已觉矣,受命受命。"

【注释】

①门户:喻出入口或途径。

【译文】

"你们正被天地所驱使,如果一天比一天吉庆,就表明你们获取到了天地的心意;如果一天比一天凶败衰落和险恶,就表明你们失去了天地的心意。与真道和神灵相交结,一天比一天吉庆美好,就表明你们获取到了真道的心意;而一天比一天凶败衰落,就表明你们失去了真道的心意。与世人相交往,一天比一天变得关系密切和感情深厚,就表明你们同他们心意相契合;而一天比一天变得关系紧张和感情淡薄,就表明你们同他们心意相背离。这也就好比耕田,打下粮食而偏偏颗粒饱满又数量特多的,这正表明用心精细又用力很多;而耕作一回却收获粮食很少又全是扁粒,这就表明用心逐渐懈怠又用力太少。这还仅仅是那草木,尚且随人心意和用力多少、辛苦程度形成好坏收成,何况天地神灵和世人呢! 能不把它引为大戒吗? 真人哪真人! 把这列为戒条,听起来好像很肤浅又轻微,根本不值得一提,但深深思索它,反倒重大又紧要,这正构成世上所说的安危吉凶的出入口。你们明白这一点了吗?""是是。愚生已经觉悟了,领受训饬,领受训饬。"

　　"夫贤明为上德君拘校上古、中古、下古文书之属，以类相从，更相证明，道一旦而正，与日月无异。复大集聚大贤、中贤、下贤乃及人民男女口辞诀事[①]，以类相从，还以相证明。书文且大合，比若与重规合矩无殊异也[②]。天地人策俱并合，比若一也。如此，则天地人情悉在，万二千物亦然，故德君当努力用之，则灾害一旦而去，天下自治。无有余邪文、邪辞，洞白悉正[③]，则无余邪气。

【注释】

①口辞诀事：指对事象作出准确概括的口头语。本经卷八十八《作来善宅法》谓："或有黎庶幼弱老小、田家婴儿妇女，胸心各有所怀善字诀事，各有一两十。"

②重规合矩：犹言万分切合。规，校正圆形的工具。矩，校正方形的工具。

③洞白：形容新编道经明彻与纯粹的程度。

【译文】

　　"贤明人为具有道德的君主汇集校理上古、中古和下古时期的各种文书，按照类属加以排列，轮番互作印证和阐明，真道就会在一个早晨归于纯正，与那太阳和月亮没有什么两样。再大范围汇聚上等贤人、中等贤人、下等贤人直至男女百姓对事象作出准确概括的口头语，按照类属加以排列，掉转来仍然轮番互作印证和阐明。最终所有的书文就会彼此相切合，如同圆规重叠、方矩复合一样，不存在分歧了。天地人像占测般作出的判断聚集到一起又彼此切合，胜似一个模子铸出来的。达到这种地步，天地人的实情就完全摆在那里了，一万二千种动植物也不例外，所以具有道德的君主亟应努力行用它，灾殃祸害就在一个早晨全部离去了，天下自行就得到治理了。没有残存下来的邪文和邪辞，新定经典明彻纯粹到极点，一切都归于纯正，也就没有残存下来的邪气了。

　　"夫邪文、邪辞，系灾之根也①。子欲重知其明审信效，比若人以邪文相记于君②，比若人以邪言相恶，则怨咎日兴众多。人亦自相怨咎相恶，君亦听之，反失正，聪明不达，为天地所非，治危。辞不吉，又下反以邪文邪言共欺、荧惑其上③，久久上知之，亦复君臣相咎，故是邪文、邪言，日至凶恶之门户也，故当力拘校去之也。真人知之耶？""唯唯。"

【注释】

①系灾：意为连结起祸灾。本经卷九十一《拘校三古文法》谓："夫邪言、邪文以说经道也，则乱道经书；道经乱，则天文地理乱矣；天文地理乱，则天地病矣。故使三光风雨、四时五行战斗无常，岁为其凶年，帝王为其愁苦，县官乱治，民愁悲饥寒。此非邪文、邪言所病邪？如大用之，乃到于大乱不治也。"

②记：使其印象深刻之意。

③荧惑：炫惑。

【译文】

　　"邪文、邪辞是连结灾祸的大病根。你们打算再了解那明显真确的效验，也就好比有人拿邪文在君主那里设法卖弄，又好比有人用邪言彼此攻击，仇怨和憎恶就一天比一天加重增多。世人原本就彼此怨恨和憎恶并且相互仇视了，可当君主的竟也听凭他们去，反而失掉了正道，对天下的情况丝毫也不了解和掌握，受到天地的责怪，治理就危乱了。言辞本来就不吉善，可下面的人反而又用邪文、邪言共同欺骗和迷惑自己的君主，时间一长，君主得知这种情况，又造成君臣之间彼此憎恨，所以那套邪文、邪言,纯粹是每天都让人陷入凶败险恶的入口处,因而应当大力进行汇集校理,把它们彻底摒除。真人清楚这一点了吗?"

"是是。"

"故德君尽以正辞,而天地开辟以来承负之灾厄悉除,无复灾害。真人欲重知其大信也,夫正文、正辞,乃为天地人、万物之正本根也①,是故上古大圣贤案正文正辞而行者,天地为其正,三光为其正,四时五行乃为其正,人民凡物为其正,是则正文、正辞,乃为天地人民、万物之正根大效也。

【注释】

①正本根:最正的本根。本经卷九十一《拘校三古文法》谓:"夫正言、正文、正辞,乃是正天地之根而安国家之宝器、父母也,而天下凡人万物所受命也。"

【译文】

"所以具有道德的君主完全信从奉用纯正的言辞,而天地开辟以来的承负灾厄就会全部去除掉,没有灾殃祸害再降临了。真人打算再了解那非常真确的效验,正文与正辞恰恰是天地人和万物最端正的本根,因此上古时期的大圣贤查照正文与正辞并照着去做的,天地就为他们变得端正起来,日月星辰就为他们变得端正起来,春夏秋冬和五行就为他们变得端正起来,众百姓和万物就为他们变得端正起来,这正是正文与正辞属于天地和众百姓以及万物最正本根的效验。

"子欲重明知其信,比若人以正文、正辞相誉于君前,君得以为大聪明大达也,举事悉得,无失正者,下上乃得天地之心意,三光为其不失行度①,四时五行为其不错②,人民莫不欢喜，皆言‘善哉’，万物各得其所矣。恩洽神祇③，则名闻远方，群神瑞应奇物为喜而出，天下贤儒尽悉乐往辅其君，为不闭藏④，仙人神灵乃负不老之方与之⑤，祅祥为其灭绝⑥，人民为其行政⑦，言正文、正辞，乃无复相憎恶者，则怨咎为其绝，天下凡善悉出，凡邪恶悉藏，德君但当垂拱而自治⑧，何有危亡之忧？此即吾正文、正辞为善根之明证效也，可不力正哉！真人宁解不？”

【注释】

①行度：指行星的固有运行轨道和恒星在天体中的既定位置。

②错：错乱。谓正常的生克关系被颠倒。

③神祇：神谓天神，祇谓地神。本经癸部《还神邪自消法》云：“太阳，天气，故称神。形者，太阴，主祇，包养万物，故精、神藏于腹中，故地神称祇。”又卷一百十一《善仁人自贵年在寿曹诀》称：“主知人鬼者，有道之家其去者，得封为鬼之尊者，名为地灵祇，亦得带紫艾青黄。”

④闭藏：隐居遁世之意。

⑤不老之方：犹言仙方。

⑥祅祥：指显示灾异的凶兆。

⑦行政：行为端正之意。政，通“正”。若解“行政”为执行政令，亦通。

⑧垂拱：垂衣拱手。形容天下大治之甚。

【译文】

“你们打算更明晰地了解那真确的效验，也就好比有人拿正文和正辞在君主面前说它卓有成效，君主采用它，由此而对天下的情况了解掌握得特别全面和详细，不管采取什么举措，一律达到预期的效果，没有偏离正道的现象发生,于是下面和上面一起获取到了天地的心意,日月星辰为他们不脱离运行轨道和既定的天体位置,春夏秋冬和五行为他们不颠倒错乱,众百姓没有谁不感到特别喜悦,齐声赞扬'太好了',万物也都各得其所了。恩德极为切合天神地祇,美名便传播到遥远的地方,群神和吉祥兆应、奇异物品随之大喜,纷纷降现出来,全天下的贤明儒士没有一个人不乐意前去辅佐自己的君主,为他而不再隐居遁世,仙人和神灵于是持带长生不老的妙方授付给君主,各种凶兆为他灭绝,众百姓为他端正自己的行为,讲论正文和正辞,竟不存在仍然彼此憎恶的情况了,仇怨和憎恨为他而消失,天下一切美好的事物全部涌现出来,所有的邪恶东西无不藏伏下去,具有道德的君主只管在朝廷上悠闲坐定,而天下已经自行得到治理了,还有什么危乱败亡这类忧虑呢? 这也正是我那正文、正辞属于吉善本根的最明显的证验,能不致力纯正吗?真人到底对此解悟没解悟呢?”

“唯唯。可骇哉! 见天师言,谨以大觉矣。愚生知天下已太平矣,德君听用之已延命矣。”“善哉! 子可谓为晓事之生也。已洞知之矣。”“乐乎乐乎! 天忧已解矣,地病已除矣。”“真人以何知之?”“然。此邪恶尽应当见去,天地人民万物之大病已除也。今已拘校正文正辞,故知天地之大病已除也。”“善哉善哉! 子已□□知之矣①。帝王力行吾文,与天地厚②,无复厄会也。”“善哉善哉!”

【注释】

①子已□□知之矣:此句原缺二字。

②厚:谓感情深。此就帝王为天之贵子而发。本经卷七十三至八十五《阙题》(三)谓:“帝王尸(位居)上皇天之第一贵子也。”又卷

九十《冤流灾求奇方诀》称:"帝王乃最天之所贵子也。"

【译文】

"是是。这太让人感到惊骇了！看到天师的讲说,我们已经恭谨地彻底觉悟了。愚生还知道天下已经太平了,具有道德的君主采纳行用它,便已延长自己的性命了。""你们讲得太好了！可以称得上明白事理的徒弟子,已经透彻地了解它了。""天下大乐了呀！天下大乐了呀！皇天的忧愁已经化解了,大地的病痛已经消除了。""真人根据什么知道会这样了呢?""是的。那套邪恶的玩艺本该全部被摒弃,天地和人民以及万物的巨大病痛理应同时便消除了。如今已经汇集校理了正文与正辞,所以就知道天地的巨大病痛已经消除了。""真是太好了！真是太好了！你们已经了解这一切了。帝王大力行用我这书文,与天地结下更深厚的感情,就不会再有劫厄了。""这太好了！这太好了!"

"语真人一大要言也:上德之君得吾文天法,象以仕臣①,上至神人,下至小微贱,凡此九人②:神、真、仙、道、圣、贤、凡民、奴婢③。此九人有真信忠诚,有善真道,乐来为德君辅者,悉问其能而仕之,慎无署非其职也,亦无逆去之也,名为逆人勉勉眷眷之心④。天非人但因据而任之⑤,而各问其所能长,则无所不治矣。

【注释】

①仕臣:任命臣僚。

②九人:九等人物。此系《太平经》所构设的从天国到人间所有人物的总体等级序列和类型归属。下文所言不足九数,尚缺其一,系因神人尚包括职在掌理元气的特级神仙"无形委气神人"之故。

③神:一等正牌神仙的专称。职在理天。真:二等正牌神仙的专
　　称。职在理地。仙:三等正牌神仙的专称。职在理四时。道:四
　　等正牌神仙的专称。职在理五行。圣:即圣人,属头等候补神
　　仙。职在理阴阳。贤:即贤人,属次等候补神仙。职在理文书。
　　凡民:即平民百姓,属有可能步入神仙行列者。职在掌理草木五
　　谷。奴婢:即丧失自由、为主人无偿服劳役的人。通常男称奴,
　　女称婢。亦属有可能步入神仙行列者。职在掌理财货贩运。详
　　见本经卷四十二《九天消先王灾法》、卷五十六至六十四《阙题》
　　(六)所述。

④勉勉:力行不倦的样子。眷眷:意志专一的样子。本经卷四十二
　　《九天消先王灾法》云:"无形神人来告王者,其心日明;大神人时
　　见,教其治意;真人、仙人、大道人悉来为师,助其教化;圣人贤者
　　出,其隐士来为臣;凡民奴婢皆顺善,不为邪恶。是乃天地大喜
　　之征也。"

⑤据:指必设的职位。此由因事设官的原则而来。本经卷四十五
　　《起土出书诀》谓:"今者天都举,故乃录委气之人、神人、真人、仙
　　人、道人、圣人、贤人,皆当出辅德君治,故为未尝有也。初阴阳
　　开辟以来,录天民仕之,未尝有此也,故为最大也。"

【译文】

"告诉真人一个重大而又紧要的定论:具有第一等道德的君主获取
到我这书文所演述的皇天大法,效仿它来任命臣僚,往上直至神人,往
下直至最低微卑贱的人,总共计有九等,也就是神人、真人、仙人、道人、
圣人、贤人、普通民众和奴婢。这九等人中,有人心怀忠诚信实,掌握吉
善真道,乐意前来充当具有道德的君主的助手,务必都要问清他们的才
干,再委任他们,切莫安排以后,却不是他们所胜任的职务;也不要一上
来就把他们打发走,这被称作违逆人们勤勉恳切的固有心意。皇天责
怪世间只根据必设的职位来随便任命某个人,而各自问清他们的才能

与特长，那就没有什么政务不能处理妥善的了。

"德君宜试之，日有善效者进之，慎无失也；无效者疾退之，此名为污乱天官^①，使正气不得来，咎在此邪人也。夫正善人，心常欲阴祐^②，凡事为忧，故曰致正善人也；邪人有邪心，不欲阴祐利凡事，则致邪。此乃皇天自然之格法也^③，故当即退之；不退之且忿天，使地杀气出^④，故当疾去之。是大事也，真人知之耶？"

【注释】

①天官：古代天文学把空中繁星分为五大区域，其下又分三垣、二十八宿，并认为各星座存在尊卑隶属关系，如人间官署职位一般，故称天官。反转来则有"官制象天论"。《史记》述天文，便以《天官书》名篇。董仲舒《春秋繁露》卷七即列有以天数为理据的《官制象天》专篇。本经则仿照汉代建置，拟构出一个以天君为主宰，以大神为辅弼的神仙官僚系统，集中见之于庚部《大功益年书出岁月戒》以下诸文。

②阴祐：默默佑助。

③格法：常法，成法。

④杀气：指肃杀的阴气。

【译文】

"具有道德的君主先试用他们，每天都有吉善效应的人就提拔他，切莫遗漏掉；没有效应的人就立刻罢免他，这类人被称为玷污并败乱皇天的职官制度，致使正气降临不下来，祸患就出在这类邪恶人的身上。纯正良善的人心中总想暗中默默做佑助，对任何事体都感到忧虑，所以被称为招来正气的善人，邪恶的人怀有邪心，根本不想对任何事体都暗中默默做佑助,使它有利,于是便招来邪气。这正构成皇天原本就那样的常规定律,因而应当立刻罢免这类人;不罢免他们就会让皇天发怒,致使地下的肃杀阴气冒出来,所以应当火速地罢免他们。这可属于重大事体,真人清楚这一点了吗?"

"唯唯。愚生甚畏之。""子知畏之,可谓晓事生矣,天且祐子。""不敢不敢。""此无可让也,非吾而使子见祐于天也,子为善,自然行得之也。故古者圣人之为行也,不敢失绳墨者①,乃睹天戒明②,知其善恶,各为其身也。故常求与贤者为治,乃恐忿天也。得罪于天,无所祷也③。是故古者帝王,其心明达,不敢妄与愚者共事也,故独得长吉也。真人知之耶?""唯唯。"

【注释】

①绳墨:木工画直线用的工具。以喻所应尊奉的准则。此处意谓不敢有丝毫偏离。

②天戒:上天发出的儆戒。

③"得罪"二句:化自《论语·八佾》所载孔子之言。祷,祷告。

【译文】

"是是。愚生对此感到太可怕了。""你们知道可怕,可以称得上明白事理的徒弟了,皇天也将会保佑你们了。""我们可担当不起,我们可担当不起。""这种事是没办法推让的,这决非是我能叫你们受到皇天的保佑,你们做善事,本身的行动必定会得到这样的天报。所以古代的圣人做出什么行动来,不敢有一丝一毫偏离的地方,原因正在于明晰地看出了皇天的大法,知道结局的好坏,各自为自身考虑。所以就经常谋求和贤明的人一起施行治理,唯恐使皇天发怒。在皇天那里犯下了罪过,再怎样祷告也不起作用了。因此古代的帝王内心明彻通达，不敢胡乱地便和愚昧的人共同施治，所以就独自获取到永久的吉庆。真人明白这一点了吗？""是是。"

"夫中古以来，人半愚，以为选举为小事也^①，不详察之，半得非其人^②，半乱天官，政半凶也。下古复承负中古轻事，复令自易^③，不详察之，选举多不俱得其人，污乱天官，三光为其不正，证上见于天^④，天不喜之也，故多凶年不绝，绝者复起。

【注释】

①选举：谓选拔荐举人才而授官任职。

②半得非其人：如尧时四岳即四方诸侯之长共推鲧（禹父）可治水却归于失败之类。

③自易：谓不经中央批准而自行撤换官吏。汉代取士，主要实行察举制和征辟制。前者由丞相、列侯、刺史、守相等负责推举，经考试合格，授予官职。其推举科目有孝廉、贤良文学、秀才等。后者由皇帝诏征社会名流到朝廷任职，谓之征；由公卿大臣及郡守自行启用士人做属吏，谓之辟。此处专就辟用而言。

④证：证象。

【译文】

"从中古时代以来，世人变得愚昧成分占到一半，认为选拔荐举人才和授官任职属于小事一桩，不仔细考察，结果便有一半官吏不是那合适的人选，竟把皇天的职官制度搅乱了一半，国政也有一半陷入凶险。下古时代又承负中古时代的做法而越发草率行事，甚至允许下面不经朝廷批准就自行撤换官吏，不对此事仔细考察，导致选拔荐举人才和授官任职大多未能获取到合适的人选,玷污败乱了皇天的职官制度,日月星辰由此而失常多变,在天上显出证象来,表明皇天对此很不高兴,所以就造成许多灾荒年而不断绝,断绝的又重新降现下来。

　　"不知天甚怨恶之,人不深自责,反言天时运也①。古者为有如此者:天道非人,反以其太过上归天;下愚不自思过失,反复上共责,归过于帝王,天乃名此为大反逆之民。过在下传欺其上②,以恶为善,以善为恶,共致此灾,反以上归天;以归天者,复上责其君,天下绝洞凶民臣无状之人也③。今天地神灵共疾恶之,故天乃亲自谒遣吾下④,为德君更制作法也⑤。选举署人官职,不可不审且详也!

【注释】

①时运:时势运会。

②传欺:意谓递相欺骗。

③绝洞:彻头彻尾之意。

④谒遣:召见派遣。

⑤更制作法:意为改变旧制,定立新规。

【译文】

　　"世人不懂得皇天特别怨恨憎恶人间的这种状况,不深深自己责备自己,反而宣称灾荒年纯粹是由皇天的时势运会给带来的。古代因为存在着这种人:天道怪罪世人,他们反而把自身的大罪过往上扣到皇天的头上;低劣愚昧的家伙不自行思索本身的过失,反而又一起往上指责,把罪过归在帝王的名下,所以皇天于是把这种人称为大逆反叛的平民。罪过本来出在下面的人递相欺骗上面的人,把邪恶当成良善,又把良善当成邪恶,共同招来这灾殃,反而把它往上归罪于皇天;已经往上归罪于皇天了，又往上指责自己的君主，这纯属彻头彻尾的凶恶平民和歹毒臣僚，纯属罪名大得再也叫不出什么来的人。现今天地和神灵共同痛恨憎恶这号人，所以皇天就亲自召见并派遣我来到人间，为具有道德的君主改变旧制，厘定新规。其中选拔荐举人才，对谁授予官职，不能不在这方面慎重又仔细啊！

　　"真人欲知是恶民臣之审也，比若家人父母，共生数子，子共欺其父母，行为恶，父母默坐家一室中，安而知之？已行为凶恶盗劫人，反还共罪其父母，父母恶，故生我恶也。县官吏得之，不直杀其恶子①，反复还罪其父母。夫父母生子，皆乐其贤且善，何时乐汝行为恶哉？反还罪其父母，是为大逆不孝子也。

【注释】

　　①不直：不单单，不仅仅。

【译文】

　　"真人打算了解这号凶恶平民和歹毒臣僚的端详，也就好比一户人家中的父母，生下好几个儿子，儿子们一起蒙骗他们的父母，在外面专干坏事，父母安静地坐在家里的一间屋室内，怎么会知道这种情况呢？已经干下对人进行盗窃抢劫的凶恶勾当，反过来却一起把罪过扣在父母的头上，说什么父母凶恶，所以我们生下来也跟着凶恶。县里官吏抓到他们、不单单把这帮坏小子个个处死，反过来还对他们的父母问罪判刑。父母生下儿子，全都希望他们贤能又良善，什么时候高兴你去干坏事呢？反过来竟把罪过扣在父母的头上，这纯粹是大逆不孝的儿子。

　　"夫君之谓臣，皆乐其为善，何时教其为恶？而民臣自下共为凶恶之行，得天地灾者，反以还罪责其君；百姓愁苦，于是猾吏亦复共上责于天①，名是为民臣共作反逆，罪不除也！共责其君，极已应大剧矣②，尚复乃上罪责天，下罪责地，人之反逆乃如此，可不短其命而疾杀之哉？故下古皆应霸命③，死生无时也。比若民家欲杀畜生④，忽欲杀之，便杀之也，善畜尚惜其死，恶畜乐其病死。真人知之耶？""唯唯。愚生甚畏天威。""行，子已觉矣。出此文，令德君以示诸贤儒，慎无匿，天乐出之急急。""唯唯。"

【注释】

①猾吏：奸猾的官吏。

②大剧：意谓早该死去。本经卷九十《冤流灾求奇方诀》云："人死者，大剧事。"

③霸命：享年不超过六十岁为霸命。系由先秦五霸迭兴推衍而来。本经卷一百二《经文部数所应诀》后附遗文称："八十、六十者，阳止阴起，方立秋，秋者白气、白虎持事，故霸命也。"此缘阴气起于六月，持事于八月，故定霸命为最低六十岁或最高八十岁。

④畜生：谓鸡犬猪羊等六畜。

【译文】

　　"君主对于臣僚，都希望他们做善事，什么时候教唆过他们干坏事呢？可平民和臣僚自己在下面共同干那凶恶的勾当，招来天地的灾殃，反而掉过来把那罪责扣在自己君主的头上；众百姓对灾荒年已经深感愁苦了，在此时奸猾的官吏又共同再往上去责怪皇天，这被称作平民和臣僚共同煽动反叛，死有余辜啊！一起责怪自己的君主，已经罪大恶极，早该死去了，尚且竟又往上把罪责扣在皇天的头上，往下把罪责归在大地的身上，作为人，反逆竟然达到了这种地步，能不让他性命缩短而迅即克杀他吗？所以下古时代的世人大多就同活不过六十岁的霸命相应合，死生没有固定的期限。这就好比民户要杀家畜，突然想杀它，立刻就杀了它。人们对温驯的家畜尚且怜悯它死去，而对凶恶的家畜却盼望它得病或死掉。真人清楚这种情况了吗？""是是。愚生万分畏惧皇天的威怒。""近前来，看来你们已经觉悟了。要出示这篇书文，让具有道德的君主把它亮给众位贤明的儒士看，千万不要擅自扣押它，皇天乐意火速出示它。""是是。"

"告真人一大要：大德上君已仕臣各得其人，合于天心，则当知治民除害之术。夫四远伏匿①，甚难知也。夫下愚之人，各取自利，反共欺其上，德君当与贤明共正之。悉正，乃天地之心意，且大悦喜，使帝王长吉也。

【注释】

①四远：指远离京师的各个地方。伏匿：伏奸藏恶之意。

【译文】

"再告诉真人一宗重大而又紧要的事项：这就是具有道德的君主已经委任臣僚分别获取到了合适的人选，恰与天心相切合了，就该懂得治理民众、消除祸害的方法。远离京师的各个地方隐藏着奸恶的家伙，很难分辨出来。低劣愚昧的人各自只管对自己有利，反而共同欺骗上面的人，具有道德的君主应和贤明人一起矫正他们。全被矫正过来了，于是天地的心意就眼看着变得非常高兴了，使帝王永久吉庆。

"天明知下古人且愚难治正，故故为其出券文①，名为天书也。书之为法，著也明也。天下共以记事，当共所行也，可以记天下人之文章也。故文书者,天下人所当共读也,不为一人单孤生也。故天下共以记凡事也,圣人共以记天地文理^②,贤者用记圣人之文辞,凡人所当学而共读之,乃后得其意也。

【注释】

①故故:屡屡,常常。券文:意为如同契约般切合有效、足可为凭的天书神文。券,契据。道教有左契、右契之说,参见《老子想尔注》所述。

②天地文理:指天象和地貌所包涵和显示的义理。

【译文】

"皇天十分清楚下古时代的世人太愚昧,很难把他们治理矫正过来,屡屡为他们降示如同契约那样有效的神文,特称为天书。文书构成它那准则,都在于使事理彰明较著。全天下都借助它来记述事象并应共同都去照着做,可以载录下天下人的文章。所以文书属于天下人应能共同诵读的东西,并不专为某个人的一家说法而问世。因而全天下共同借助它记述所有的事象,圣人共同借助它记述天象和地貌所包涵的义理,贤明人用来记述圣人的文辞,世人应当学习并共同诵读它,然后就获取到其中的意旨了。

"书之为类,乃当共原共策、共记共诵读之^①,乃以无奸也。故自古到今,贤圣之文也几何校,几何传,几何实核^②,几何共安之^③,尚故故有余邪文误辞,不可纯行^④。故大贤诸道士^⑤,乃周流遍天下,考辞习语,视异同,以归喻愚蒙,尚故故误人赤子^⑥。使妄说其学,则不可妄仕,不足以为帝王之臣也。故一本文者^⑦,章句众多故异言^⑧,令使天地之道乃大乱不理,故生承负之灾也。真人知之耶?""唯唯。"

【注释】

①原:谓从根本上作推究。策:判定之意。

②实核:谓按道法对其内容主旨进行验定。

③安:意谓确定其意旨而使人颇感恰切肯綮而无缺憾之处。

④纯行:单一施用之意。

⑤道士:身怀道术之士。本经卷一百十七《天咎四人辱道诫》称:"天上亦尊贵善道人,言其可与和风气,顺四时,承五行,调风雨,助日月星宿为光明也,而使万物兴也。"

⑥赤子:指纯正忠诚如初生婴儿的人。婴儿初生,体为赤色,故言。《老子·五十五章》谓:"含德之厚,比于赤子。"

⑦本文:指原始的经典文字。

⑧章句:汉代所创制的一种分章逐句解说经文与经义的体式。如今传东汉赵岐所撰《孟子章句》之类。此处泛指解说的著述。本经卷四十《分解本末法》谓:"故一言而成者,其本文也;再转言而止者,乃成章句也。"又卷五十一《校文邪正法》称:"三转成章句也。""章句者,尚小仪其本也。"

【译文】

"文书构成它那类属,正应一起对它们从根本上作考察,一起像占测那样作判定,共同记述,共同诵读它们,才能没有奸邪那一套了。所以从古到今,圣贤的书文经过了那么多次的校理,那么多次的传授,那么多次的验证,那么多次的共同确认其中的恰切意旨,可却仍旧存在着清除不净的邪文和荒谬的说法,不能单一施用。所以大贤人和众位身怀道术的人竟四处游历,遍及全天下,考索文辞,弄清口头语,辨析相同和不同之处,返回来去开导愚暗蒙昧的人,可还依然误导心地纯洁的人。假设是胡乱鼓吹他那学说的家伙,就决不能随便给他官做,他不足以成为帝王的臣僚。所以同样还是那篇原始经文,然而对它作解说的各种著述满天飞,因而说法便歧异芜杂,致使天道和地道竟被搅得大乱而得不到治理,所以就生出承负的灾殃来了。真人明白这一点了吗?"

"是是。"

"行,子已觉矣。子明更听,且语子一大戒:下古之人所以久失天心,使天地常悒悒者①,君乃用单言孤乱②,核事其不实,甚失其意明矣。真人但以此上,乃使天下众贤共考辞文,而不知皆为误学③,故生灾异不绝。天甚疾之,得乱生;病焉,阴阳战斗而不止也。故天教吾下,拘校正之。

【注释】

①悒悒(yì):忧闷不乐。

②单言孤乱:此四字中"乱"当作"辞"。形近而讹。

③误学:误人之学。指单言孤辞一家说。

【译文】

"好了,看来你们已经觉悟了。你们竖起两耳再仔细听,我马上告诉给你们一条大道戒:这就是下古时代的世人长期偏离天心,使天地常常忧闷不乐,正源于君主竟然采用纯属一个人的孤立言辞,但拿政事一作验核,却证明它不真确,远远丧失了文书自身应具备的意义,也就显而易见了。真人只管把这一戒条进献上去,随后让天下的众位贤明人士一起考校言辞书文,竟至闹不清它们均属误人的学问,所以灾异便接连降现。皇天对此极为痛恨,致使祸乱丛生;由于忌恨,阴阳也彼此争斗而不止息。所以皇天叫我来到人间,汇集校理并矫正它们。

"今大中古以来①,信孤辞单言,每视覆下之文为不敬②,

共以是相法罪③。遂用孤辞单言,反应投书治事④,故与天为怨,乱天官。文书本使人共议其是与非,反使一人阴为辞。夫圣人尚不而独毕知天地之道,故圣贤前后生,所作各异,天上言其各长于一分⑤,不能具除灾,故教吾都合集校之⑥。今反信一人之言,宁可用不?

【注释】

①大:指太古。即上古。

②覆下之文:指作出预测而事即应验的书文。详参本经卷五十《去邪文飞明古诀》所述。不敬:此系汉代重罪之一。指不敬皇帝,依律则处死刑。

③法罪:意谓使之陷入法网而获罪。

④投书:侥幸上书之意。治事:谓谋取个人权力。详参本经卷八十六《来善集三道文书诀》所述。

⑤一分:指某个方面。

⑥都合:总括聚合之意。

【译文】

"迄今而远自上古、中古时代以来,就往往信奉纯属一个人的孤立言辞,却又常把作出预测而事即应验的书文看成是大不敬,共同拿这个罪名让人陷入法网而获罪。于是只去奉用纯属一个人的孤立言辞,反过来却与侥幸上书、谋取到个人权力相对应,因而便和皇天结下怨恨,败乱皇天的职官制度。文书原本是让世人共同议论对错的,反而却叫一个人暗中鼓吹他那套玩艺。圣人尚且不能一个人完全了解天道和地道,所以圣贤前后降生下来,所从事的活动也各不相同,天上说他们各自只在某个方面很精通,但却不能去除所有的灾殃,所以就责成我总括聚合起书文进行校正。如今反而单单信从一个人的说法,它是否真真行之有效呢？

"故教其三道行书①,大小贤不肖男女共为之参错②,共议是与非,皆令得其实核□□③,乃可上也。中一人欲欺,辄记之④。如是则天地病已除,帝王无承负之贵矣⑤。

【注释】

①三道行书:指地方长吏、邑民、来往行人应诏通上意见书。之所以定为三道,乃系取法日以察阳,月以察阴,星以察阴阳交合之中央。详见本经卷四十八《三合相通诀》、卷五十三《分别四治法》、卷八十六《来善集三道文书诀》、卷一百十八《天神考过拘校三合诀》所述。

②参错:权衡比较之意。

③皆令得其实核□□:此句原缺二字。

④记:谓作专项记录,予以惩罚。本经卷八十六《来善集三道文书诀》云:"有欲欺不信者,即时众共记之上之,其法应为背天地,欺帝王,诈伪大逆不道之人也。天怨之,人恶之,其罪不得与赦也。"

⑤承负之贵:此四字中"贵"当作"责"。形近而讹。

【译文】

"所以就让世人从三条途径向朝廷献呈意见书,贤明人和不贤明的人以及男女老少一起对它们进行权衡比较,共同讨论它们的对错,让它们全都真真确确,才可以奏报给帝王。其中只要有一个人打算搞欺瞒,就专项记录,给予惩罚。做到这种程度,天地对世人的病痛也就解除了,帝王就没有承负的罪责了。

　　"天地得以无病而喜;帝王得以自安而喜;贤者得以自达而喜①;百姓得以自解不见冤②,家富人足而喜;奴婢得其主不为非而喜③;四时五行得顺行,民谨不犯之而喜④;万二十物各得其处所⑤,不见害而喜;鬼神见德君可为积善⑥,亦复悦喜;恶气不复上蔽,日月三光亦喜;太上平气得来治⑦,王者用事亦喜⑧;恶气得一伏藏,不伏见使行诛伐亦喜⑨;夷狄得安其处⑩,不复数来为天战斗亦喜⑪;军师使兵器得休止不用⑫,士卒不战死亦喜。凡天地之间,若此喜者众多,不可胜记。

【注释】

①达:显达。指通过上书而得到识拔任用。

②解:谓申辩、抗诉。

③为非:指炙灼甚至擅杀奴婢等行径。

④犯:如正月伐木之类的举动。

⑤万二十物:此四字中"十"当作"千"。形近而讹。

⑥积善:意为鬼神积累起化度良善的功绩。本经卷一百十四《天报信成神诀》谓:"善善亦当惠成名,宜卒境其功,是神常诚也。"

⑦太上:无以伦比之意。

⑧王者:指火行之气。王,通"旺",旺盛。谓占统治地位。用事:当政,当权。谓起支配作用。

⑨伏见(xiàn):暗地出现。见,"现"的古字,出现,显现。

⑩夷狄:古代对边疆少数民族的蔑称。

⑪为天战斗:《太平经》的编著者认为,夷狄骚扰内侵,属于上天对东汉皇室的谴告,故出此语。

⑫军师:军队。《白虎通义·三军》谓:"国有三军何? 所以戒非常,

伐无道,尊宗庙,重社稷,安不忘危也。"

【译文】

"天地由此得以不再存有病痛而大喜;帝王由此得以自身平安而大喜;贤明人士由此得以自身腾达而大喜;众百姓由此得以自我申辩,不再蒙受冤屈,家家富裕,人人充足而大喜;奴婢由此得以免遭主人的虐待而大喜;春夏秋冬和五行由此得以交替运转流布,随同民众变谨慎不再去凌犯它们而大喜;一万二千种动植物由此得以获取到各自的天然位所,不再受到伤害而大喜;鬼神由此看到具有道德的君主能使它们积累起化度良善的功绩也深感喜悦;邪僻凶恶气由此不再往上遮蔽,日月星辰也深感喜悦;第一等太平气由此得以降临施治,占据统治地位的火行气由此而充分发挥出支配作用,也深感喜悦;邪僻凶恶气由此得以彻底藏伏起来,不再受驱使偏在暗地出现而前去进行诛杀斩伐,也深感喜悦;边区少数部族由此得以在自身活动地区安定下来,不再频繁地前来为皇天示警而骚扰内侵,也深感喜悦;中原王朝的军队由此得以把兵器收藏起来不再动用,士兵不再去战死疆场,也深感喜悦。但凡天地之间能像这样深感喜悦的事物,简直太多了,多得记述不过来。

"行,为真人举其大纲,见其始①,子自思其意,凡事以类推之,尽以得矣。德君案行之,天下咸服矣。故天尤急此三道行书,慎无复废,故灾不去也。欲断天文②,反复为聋盲之治也③。夫聋盲之治,乱危之本也,灭身之灾害也。可不慎乎?

【注释】

①始:端绪。

②天文:皇天所降示的神文。

③聋盲之治：如同聋子和瞎子一般的政治。

【译文】

"近前来，我为真人列举那大纲，显示出端绪，你们要自行精思其中的意旨，任何事情按照类属加以推断，也就全都获取到它那实情了。具有道德的君主查照行用它，天下就都归服了。所以皇天对世人从三条途径向朝廷献呈意见书看得相当紧迫，切莫再废止它；废止它，灾害因而就不离去。竟要断绝皇天降示的神文，反转来又会形成聋子和瞎子那样的政治。而聋子和瞎子那样的政治，恰恰是败乱危亡的根源，毁灭掉身家性命的大灾殃和大祸害。对此能不多加小心吗？

"夫文，乃天下之人所当共案行也，不可信一人之言也。故天地开辟以来，文书及人辞更相传，以相考明也①。不考明则不可独行独信一人言，而行之则危亡矣。是天下之大失大伤也，故吾书不敢容单言孤辞也，故教真人拘校上古、中古、下古文以相明，拘校天下凡人之辞以相证，盟然后天地之间可正②，阴阳之间无病也。

【注释】

①考明：考订证明。

②盟：意谓信实度达到盟约般的地步。

【译文】

"书文压根就属于天下人应去共同查照遵行的东西，决不可以单单信从一个人的说法。因而从天地开辟以来，文书以及人们的口头语在递相流传，彼此要拿来互作考索与证明。不作考索与证明，就不能单单信从和单单行用一个人的说法，行用的话，也就危险败亡了。这正给天下造成了重大损失和严重伤害，所以我那经书决不敢收入纯属一个人的孤立言辞,因而教导真人汇集校理上古、中古、下古的一切书文,彼此来作出证明,同时汇集校理天下人的所有口头语,相互来作出印证,达到了盟约那样的程度,然后天地之间就会变端正了,阴阳之间就不存在病痛了。

"以吾书往考古今之天文、地神书与人辞①,必且与响相应②,与神无异也,乃吾道且可信也。故吾为道,不试言也,乃求试行;不行之,安知吾道与天相应而信哉? 今日行之,比若与天语,十十五五③,无有脱者。神哉为道如斯④! 诚可谓大乐矣⑤。真人知之耶?""唯唯。"

【注释】

①地神书:指地阴宝书文、地阴宝记之类。参见本经卷五十《葬宅诀》所述。

②与响相应:意为像回音应和原声那样相应合。谓反应极其迅速准确。

③十十五五:犹言百分之百。即无不切合之意。

④神:神验。

⑤大乐:谓自然界到人类社会所呈现的一种高度协调和谐的理想状态与欢乐景象。详参本经乙部《以乐却灾法》、卷一百十三《乐怒吉凶诀》所述。

【译文】

"拿我这经书去与古今的天降神文、地出神书以及人间文辞口头语作考定,必定会像回音应和原声那样相应合,与神灵没有什么两样,这才表明我那道正可以信奉。所以我构建我那真道,不讲究说得怎么样,而是力求让人去试加行用;不去行用,怎能晓得我那真道正与皇天相应合而千真万确呢？今日行用它，就如同和皇天当面对话，讲十宗事就十宗事切中，讲五宗事就五宗事吻合。构成真道达到这般境地，简直神验极了！确实可以说天下大乐了。真人清楚这种情况了吗？""是是。"

"行去，晓事生矣。告真人一大诀：此本守一专善，得其意，故得入道，故次之以道文也；为道乃到于入室，入真道，而入室必知神，故次之以神戒也；得守一，得道，得神，必上能为帝王德君良臣，臣者必当助帝王德君共安天地六方八洞①，得其意，乃国可长安也；欲安之，必当正文正辞正言，故以拘校；文辞得以大正，必当群贤上士出，共辅帝王，为其聪明股肱②，故次之以仕臣九人；九人各得其所，当共安天地，天下并力同心为一也，必常相与常通语言，相报善恶，故次之以三道行书也。

【注释】

①八洞：八方通透至极的地方。

②聪明：犹言耳目。股肱：大腿与胳膊。以喻必不可少的得力
　助手。

【译文】

"回去吧，你们够得上明白事理的徒弟了。再告诉真人一个重要的结论：我那经书构成以上所列示的类别和序列，植根在守一专求吉善，获取到了其中的意旨，所以就能步入真道，因而特把真道经文排在第二位；修炼真道便会主动提升自己，甘愿进入山野间的茅草屋继续精修，深入到真道的奥义妙旨当中去，而甘愿进入山野间的茅草屋继续精修，必定会看见神灵，因而把看见神灵的戒条排在第三位；掌握了守一，修成了真道，看见了神灵，必定能往上成为具有道德的帝王和国君的贤良

臣僚,做臣僚的必定会辅助具有道德的帝王和国君共同使天地六方八极安平下来,获取到它们的心意,国家才能长久安定;想让国家安定,务必要矫正全部书文,矫正各种说法,矫正一切口头语,所以把汇集校理它们排在第四位;书文、说法、口头语已经得到矫正并归于纯正了,所有的贤能人和高明人必定会现身世上,共同辅佐帝王,成为帝王非常重要的得力助手,所以把委任九等人做臣僚排在第五位;九等人分别获取到了适合自己的官职朝位,便应共同安定天地,使整个天下同心合力融为一体,为此务必要经常保持往来和经常沟通想说出的话语,递相奏报善恶情况,所以把世人从三条途径向朝廷献呈意见书排在第六位。

　　"人已都知守一,已入道,已入神,已入正文,以尊卑仕臣各得其处也①,已行文书,并力六事已究竟②,都天下共一心,无敢复相憎恶者,皆且相爱利,若同父母而生,故德君深得天心,乐乎无事也。

【注释】

①尊卑:按等级之意。

②究竟:意谓彻底完成。

【译文】

　　"世人都已经掌握守一了,都已经进入真道了,都已经看见神灵了,都已经领悟正文了,都已经按等级委任臣僚,使九等人各自获取到适合本人的官职朝位了,都已经献呈意见书了,都已经共同用力做完这六宗大事了,整个天下便形成一条心,不存在彼此还敢相互憎恶的人了,而且人人都互爱互利,像是同一对父母生下来的,因而具有道德的君主就深深获取到了天心,整天游乐而无事可做了。

"以为道恐有遗失,使天地文不毕备,故复次之以大集之难①,以解其疑深者②,居其下毕书出之③。以书付有德君,天下一旦转计④,响善自治。其为易,比若火沿高燥水从下,不教其为,自然往也,不可禁止也。故为太皇天道教化⑤,立可待也;德君行之,乃名为天之神子也,号曰上皇,与天地元气相似,故天下之神,尽可使也。

【注释】

①大集之难:谓按类逐项进行大范围的集议辩难。详参本经卷五十《去浮华诀》、卷八十六《来善集三道文书诀》所述。

②疑深者:指使人殊难辨别清楚的事象。

③书:书写。出:标揭,标示。

④转计:转变心念之意。

⑤太皇:最盛明。

【译文】

"担心真道恐怕还有遗漏的地方,致使天地和人间的书文尚欠齐备周全,所以又把大范围进行集议辩难排在最后,以便解开那些让人难以分辨清楚的事象和道理,在书文下面逐一写明并标示出来。将这样形成的书文付归给具有道德的君主,天下人就会在一个早晨都转变心念,归向良善,自己管好自己了。形成这种局面很容易,便像火往高处和干燥处猛窜,水往低处流淌,不让人们去做,人们也自然而然地去做,简直控制和阻止不了自己。所以施布最盛明的天道教化,立刻就能大见成效,具有道德的君主行用它,就被称为皇天的神子,号称太皇,与天地元气相类似,因而天下的所有神灵就都能调遣了。

"从天地开辟以来,未尝有天书神文使真人传之为真道记也①。以往付德君，名为道母也②。太阳之气③，火行有也④。得而行之，得其信也⑤；不知行之，则不真也。真人知之耶？""唯唯。诚寄谨民⑥，往付归德君，不敢久留也。""行，子已晓之矣。天书不可久留也，天神考人⑦，使人不吉。子慎之，行去。""唯唯。"

六究洽洞极、七竟以类次书文使相得、灾悉灭亡、致洞极之吉文⑧。

【注释】

①真道记：真道的原始记录和解说。记，书籍的一种形式。

②道母：传道之母。即开创者，第一人。《老子·二十章》谓："我独异于人，而贵食母（赖道为生）。"

③太阳之气：最旺盛的阳气。

④火行：五行之一。东汉盛行汉为火德说，故此处特予强调。本经乙部《安乐王者法》谓："火能化四行，自与五，故得称君象也。"

⑤信：指真确的效果。

⑥谨民：恭谨顺善的平民。因真人已脱离世俗，不可复为民间之师，故须物色和委托"谨民"代为转达。详参本经卷六十七《六罪十治诀》和卷一百二《位次传文闭绝即病诀》所述。

⑦考：勘问，审讯。

⑧"六究洽"句：此句系对上篇和本篇之内容主旨所作的总体概括与揭示。原刻与正文连书，未提行。今循例移正。

【译文】

"自从天地开辟以来，未曾出现过天书神文责成真人你们传布它，构成真道的原始记录和解说。前去把它付归给具有道德的君主，就被称为传道布道的第一人。最旺盛的施生阳气，正归火行所拥有。得到它予以施用,便会收到最真切的效果;不懂得施用它,就无法证明它真确可信。真人明白这一点了吗?""是是。我们委实把它授给恭谨顺善的平民中的合适人选,前去付归给具有道德的君主,决不敢在我们手里长时间扣压。""回去吧,你们已经明白这一切了。天书决不能在自己手里长时间扣压,天神会勘问世人,让人不吉利。你们对此要多加小心,回去吧。""是是。"

　　以上为六究洽洞极、七竟以类次书文使相得、灾悉灭亡、致洞极之吉文。

忍辱象天地至诚与神相
应大戒第一百五十三

【题解】

天好施生,地好养长,法天爱行真道,效地爱行真德,此乃篇题中所称"象天地"之意。"忍辱"则谓世人亟应弃绝禽兽才具有的好斗之性,像地母那样含辛茹苦,默默为善与兴善。果真"忍辱象天地",尤须以"至诚"为纽结,为"急务"。至诚迥非通常意义上的极其真挚或至为诚恳所可涵盖,亦非儒家视至诚为道德修养的最高境界所可比拟。"乃言其上视天而行,象天道可为;俯视地而行,象地德而移。"其体现方式和证实途径则首先在于:倾尽五内情实,精思专念,禁不住心痛涕出,脾焦意焚,遂至感天地,动神灵,神灵悉自来到,即为题目中所标揭的"与神相应"了。相应便获真道,建德业,得吉善,反之"短命而早死",故成"大戒"。篇中紧扣"忍辱"、"至诚"四字发挥《易纬》"坤卦性体"说、古医家"五脏所藏"说、火行配属说来阐扬其主旨,同时又用"天地憎恶"、鬼神"不祐"威慑"无道无德"的下愚之人和违反本经新三纲(以师为弟子纲代替夫为妻纲)的大逆之人。

"真人前。""唯唯。""今且戒真人一大戒:吾道乃为理天地、安帝王生。天地所爱者，乃当爱真道与真德也。故天者，乃道之真，道之纲，道之信，道之所因缘而行也①。地者，乃德之长，德之纪②，德之所因缘而止也；故能长为万物之母也，常忍辱居其下也③，不自言劳且苦也。

【注释】

①因缘：依凭，随顺。

②纪：相对于"纲"而言。纲为网上总绳，纪为丝缕头绪，二者均喻指统率者，但有大小主次之别。

③忍辱：即忍受屈辱。汉代《易》学纬书《乾坤凿度·坤凿度》言说坤有十性三体，其中包括德厚、多利、有信、默塞、沉厚等，盖为此处说"地"之所本。马王堆汉墓帛书《黄帝四经·称》云："诸阴者法地，地德安徐正静，柔节先定，善予不争。此地之度而雌之节也。亦可与此相参稽。"

【译文】

"真人你们到前面来。""是是。""现下马上告诫真人一条重大的道戒：我那真道特为协理天地和安定帝王才问世的。天地所喜爱的对象，正应喜爱真道与真德。所以皇天便构成大道的真髓，大道的纲领，大道的效验，大道所依凭而施用的客体。而大地正构成真德的主宰，真德的要领，真德所依凭而栖止的客体；所以它能永远成为万物的母亲，长久忍受屈辱位居在皇天的下面，从不自称本身有多么劳苦。

"吾之为德君教化下愚，正以此天地二事为祖也，故常案天地之法度，不失其门户也。吾之书，即天谈地语，与神祇深独相应若表里也，步即相随若规矩也①。故顺行者得天地意，失之者凶衰矣。今以此戒真人，子宜思吾言而常慎之矣。""唯唯。"

【注释】

①步：意谓一有举动。

【译文】

"我为具有道德的君主教化低劣愚昧的百姓，正把天地这两大事体作为本原，因而总去验核天地的法度，不偏离二者的具体门径。我这经书，正是天地要对世人宣讲的话语，恰恰与天神地祇像外表和里层那样深切地彼此应合，一有举动就如同圆规重叠、方矩复合那样紧相随从。所以随顺行用它的人就获取到了天地的心意，偏离弃置它的人便凶险衰败了。现下拿这条来告诫真人，你们应当精思我的话语，总要对此多加小心。""是是。"

"行，见子好真道德，好为善少双，且示子一言：今上士多乐真道善德，中士半好之，下士无状，纯无道无德，皆应大逆无道之人也，大凶无德之人。与天地内独不比^①，不而相知，非天所常宥也^②，爱子也。故无道德者，命不在天地也，与禽兽同禄同命^③。"

【注释】

①比：亲近之意。

②宥(yòu)：宽恕，赦免。

③禄：贵贱曰禄。命：寿夭曰命。此处则谓生前便已注定的既短寿又贫贱的命运。

【译文】

"近前来，看到你们喜好真道与真德，愿意做善事，没有谁能比得上,马上再训示你们几句话:如今最高明的人大多十分喜好真道与善德,中等人在一半程度上喜好它们,下等人却罪大无可名状,彻头彻尾既无道又无德,全都够得上大逆无道的人和大凶无德的人。他们内心偏偏不同天地相亲近,总和天地想不到一起去,决不是皇天经常会宽恕的对象,更不是皇天所喜爱的儿子。因此身无道德的人,性命不在天地那里被保佑着,恰恰与禽兽的命运一个样。"

"今不解,愿闻其要意。""然。六真人明听。""唯唯。""然。天者纯为道,地者纯为德,此无道德之人,与天地绝属无所象①。象于天行,当有真道而好生;象地,当有善德而好养长。今人无道与无德,故天地不宥子也②。欲知其明信效也,比若道人知道人,德人知德人,各自相收录③,故命迭相在。故道人者好兴道人,德人者好兴德人。有道德之人与无道德之人不比,故不肯相收录,命不系天也。"

【注释】

①绝属:断绝连属关系之意。

②子:意为当成儿子看。

③收录:收纳录用。

【译文】

"如今对天师的这种讲法还闹不明白,希望能听到其中的紧要意旨。""好的。六位真人竖起两耳仔细听。""是是。""好的。皇天纯纯粹粹地构成真道,大地纯纯粹粹地构成善德,而这类没有真道善德的人,便与天地彻底脱离开关系,竟无他们要去效法的目标。效法皇天的行动,就该掌握真道而喜好施生;效法大地的作为,就该具备善德而喜好养长。如今身为人,反而既无真道又无善德,所以天地就不宽恕他们,也不把他们当成儿子看。你们想要了解那明显而又真切的效验,也就如同掌握真道的人恰恰双方心往一处想,具备善德的人也恰恰双方心往一处想,各自主动地收纳录用对方,因而性命就彼此长存。所以掌握真道的人喜欢让对方兴盛起来,具备善德的人也喜欢让对方兴盛起来。而具有真道善德的人同身无真道善德的人决不会抱成团,所以就不乐意相互收纳录用,这是因为身无真道善德的人,他们的禄命并不挂靠在皇天那里。"

"善哉善哉!愿闻其与禽兽同命意。""善乎子难!深得其数①。然。禽兽者命系于四方②,其为性者好相抵触,无有道德,胜者为右③;无道德下愚之人,亦好相触冒④,胜者为右,其气与禽兽同,故同命也。天道为法,以是分别人优劣,故知之也。

【注释】

①数:定律之意。

②命系于四方:意谓命无定所,随时随地都会死灭。

③右:意为占上风。

④触冒:抵触凌犯。

【译文】

"这太好了!这太好了!希望能听到他们与禽兽是同一个命运的涵义。""你们这话难简直太好了!深深获取到了那个定律。好的。作为禽兽,它们的命运挂靠在说不定的任何地方。禽兽形成自身的习性,喜好彼此争斗,根本就没有什么真道善德,只把战胜对方当成占了上风;而身无真道善德压根就低劣愚昧的人,也喜好彼此抵触凌犯,只把战胜对方当成了上风,他们那股气正与禽兽相同,所以也就属于同一个命运了。天道构成法则,恰恰根据这一条来区分世人的优劣,因而就预先能看出来了。

"凡天下之名命所属①,皆以类相从,故知其命所属。故含五性多者②,象阳而仁;含六情多者③,象阴而贪④。受阳施多者为男,受阴施多者为女⑤。受王相气多者为尊贵则寿,受休废囚气多者数病而早死⑥,又贫极也。故凡人生者,在其所象何行之气⑦,其命者系于六甲何历⑧,以类占之,万不失一也。故古者圣人深原凡事,知人情者以此也。真人知之耶?""唯唯。善哉善哉!"

【注释】

①名命:意为凡有名称可叫的一切生物的本命。

②五性:指人伦五常。即仁、义、礼、智、信。《周易乾凿度》称:"道兴于仁,立于礼,理于义,定于信,成于智。五者道德之分,天人之际。"《白虎通义·情性》谓:"仁者,不忍也,施生爱人也。义者,宜也,断决得中也。礼者,履也,履道成文也。智者,知也,独见前闻,不惑于事,见微知著者也。信者,诚也,专一不移也。"《释名·释言语》云:"仁,忍也,好生恶杀,善含忍也。义,宜也,裁制事物,使合宜也。礼,体也,得事体也。智,知也,无所不知也。信,申也,言以相申束,使不相逢也。"

③六情:指人的六种感情。即喜、怒、哀、乐、爱、恶。《白虎通义·情性》谓:"故《礼运》记曰:六情者,所以扶成五性也。""喜在西方,怒在东方,好在北方,恶在南方,哀在下,乐在上何? 以西方万物之成,故喜;东方万物之生,故怒;北方阳气始施,故好;南方阴气始起,故恶;上多乐,下多哀也。"

④象阴而贪:阴指阴气,贪谓贪婪。《论衡·本性篇》称:"董仲舒览
孙、孟之书作情性之说曰:天之大经,一阴一阳;人之大经,一情
一性。性生于阳,情生于阴,阴气鄙,阳气仁。"《孝经钩命诀》云:
"情生于阴,欲以时念也;性生于阳,以就理也。阳气者仁,阴气
者贪,故情有利欲,性有仁也。"

⑤"受阳"二句:古以人禀阴阳二气而生,阳盈阴虚,遂有男女之分。
参见本经卷九十三《阳尊阴卑诀》所述。《素问·阴阳应象大论》
谓:"阴阳者,血气之男女也。"《白虎通义·嫁娶》云:"男女者,何
谓也? 男者,任也,任功业也。女者,如也,从如人也。"

⑥"受王相气"二句:此据"五行休王"为说。汉代阴阳家宣称,五行
之气在一年四季中,其兴旺衰败迭有变化,并借用王、相、死
(废)、囚、休来加以描述。王,表示旺盛;相,表示强壮;死,表示
死亡;囚表示困囚;休,表示休退。按照五行生克原理,春则木
王、火相、土死、金囚、水休。其余依次类推。此处所言王相气,
主吉主善;休废囚气,主凶主恶。

⑦何行之气:指五行中哪一行的行气。《五行大义》引《文子》曰:
"人者,天地之心,五行之端,是以禀天地五行之气而生,为万物
之主,配二仪以为三才。然受气者,各有多少。受木气多者,其
性劲直而怀仁;受火气多者,其性猛烈而尚礼;受土气多者,其性
宽和而有信;受金气多者,其性刚断而含义;受水气多者,其性沉
隐而多智;五气凑合,共成其身,气若清叡,则其人精俊爽如也。"

⑧六甲:指甲子、甲戌、甲申、甲午、甲辰、甲寅,各为六旬之首。此
处则指代六十甲子。何历:指人出生年月日与何种干支相值。
详参本经卷一百十一《有德人禄命诀》所述。

【译文】

"只要是天下叫得出名称来的一切生物的本命归属何处,无不按照
类属递相附从,所以就能看出他那本命的归属来。因而体内含有仁义

礼智信因素多的,就效法阳气而仁惠;体内含有喜怒哀乐爱恶成分多的,就效法阴气而贪婪。秉受阳气施注多的,就成为男子;秉受阴气施注多的,就成为女子。秉受旺盛气、强壮气多的,就成为尊贵的人,而且长寿;秉受休退气、死废气、困囚气多的,就屡屡患病而早亡,又贫贱到极点。所以只要是降生到世上的人,全都取决于他所效法的是五行中哪一行的行气,他那本命拴系在六十甲子中的哪年哪月和哪日,按照类属进行占测,绝对不会出现任何差错。因而古代的圣人从根本上深切考察一切事体,了解和掌握住人情所在,靠的正是这一条。真人对此闹明白了吗?”“是是。这太好了! 这太好了!”

　　“今故下古之人,承负先人失计,稍稍共绝道德,日独积久,与天地断绝,精气不通①,不相知命,反与四足同命②,故天地憎恶之,鬼神精气因而不祐之,病之无数③,杀之无期,其大咎在此□□④。今上德之君,命系天地,当更象天地以道德治⑤,故吾更理出天道,出以上付之。天乐其为善,不欲复使其有余是四足之人行也,故吾书复重丁宁,欲使其大觉悟也。故叙六极一大集难⑥,以付归之。真人知之耶?”

【注释】

　　①精气:指精粹的施生之气。本经癸部《分别形容邪自消清身行法》云:“道之生人,本皆精气也,皆有神也,假相名为人。”

　　②四足:谓禽兽。

　　③数:定数。指应尽享的寿龄。

　　④其大咎在此□□:此句原缺二字。

　　⑤更象:转而效法之意。

　　⑥叙:排定。六极:即上篇所言守一、入道、入神、入正文正辞、署职

各得其人、通上三道行书。一大集难：谓对人间全部书文和口头语进行大范围集议辩难,定于一尊。

【译文】

"所以如今下古时代的人们,承负前代人计虑出现偏差,逐渐共同断绝真道善德,时间越积越长,竟与天地断绝,造成精粹的施生阳气不通畅,相互不清楚本命所在的地方,反而竟与禽兽命运相同,所以天地憎恶他们,鬼神的精粹施生阳气随后也不佑护他们,叫他们身患疾病而无法尽享天年,戕杀他们而没有固定的日期,这种大祸患正出在这上面。如今具有第一等道德的君主,本命拴系在天地那里,应当转而效法天地,用真道善德来治理国家,所以我重新协理并出示天道,既出示,便把头等治国大法授付给他。皇天高兴下古人做善事,不想让他们当中还有剩留下来的和禽兽一样的为人行径,因此我那书文翻来覆去地叮嘱,希望这类人能彻底觉悟。所以就排定守一、入道、入神、入正文正辞、署职各得其人、通上意见书这六宗大事的序列及应达到的最高境地,附带大范围对人间书文及口头语进行集议辩难,把这套大法付归给帝王。真人明白这一点了吗？"

"唯唯。可骇乎！乐哉乐哉！""真人以何知其可骇而乐哉？""然。愚生见天师言,真道德出,民一旦而转,皆守为道德,象天地,不复为四足之人行,人人道①,人人德②,故知其大乐至意矣。""善哉！真人之言,无以加之也。"

【注释】

①道：意谓好道行道。
②德：意谓好德行德。

【译文】

"是是。这太让人感到惊骇了！天下也极为欢乐了！天下也极为欢乐了！""真人根据什么知道它能让人感到惊骇又天下极为欢乐了呢？""是的。愚生看到天师的讲说，真道善德降示出来，众百姓在一个早晨就会彻底转变，全都守执并行用真道善德，效法天地，不再做出和禽兽一样的那类人的行径，人人都喜好真道又守行真道，人人都喜好善德又守行善德，所以就从中领悟到天下极为欢乐的寓意了。""真人这番话讲得太好了！我对它不能再作什么补充纠正的了。"

"今愿及天师请问一事。""言之。""今人求道德及凡人行①，当以何为急务哉？以何而得知之？以何而与天地响相应也？""善乎！子之问也。当以至诚②，五内情实为之③，乃可得也。如不以五内情实为之，是道德之所怨也，求善不可得也，神灵不应也！"

【注释】

①凡人行：指作为人所应知晓的不与禽兽同命的行为准则与规范。

②至诚：极其真挚诚恳的心意。其具体内涵详下文所述。

③五内：即五脏。指心、肝、脾、肺、肾。按照阴阳五行说，则肝属木行，心属火行，脾属土行，肺属金行，肾属水行。

【译文】

"眼下希望趁天师在，请求询问一件事情。""只管讲来。""如今世人求取真道善德以及作为人所应知晓的不与禽兽同命的行为准则，该把什么当成首要之务呢？凭借什么就能了解掌握住它呢？依仗什么便与天地像回音应和原声那样相应合了呢？""你们这提问太好了！应当凭仗极其诚恳、倾尽五脏真情去做它，于是就能求取到了。如果不通过倾尽五脏真情去做它,这正构成真道善德所怨恨的对象,求取吉善就无从得到,神灵就不作出回应啊!"

"今愿闻至诚以何而感动天地神灵乎?""噫! 真人于是殊为愚。学吾书文,多固固未解邪?""愚生其为暗昧,矇乃久重,难一旦而开。""然。子亦大谦。行更明听,为子道至诚感动天地之意。""唯唯。闻命①。"

【注释】

①闻命:敬受教诲之意。

【译文】

"眼下希望听到极为诚恳靠什么就感召引动了天地和神灵呢?""嘿嘿! 真人在这个问题上竟又异常愚昧了。你们学用我那书文,大多还仍旧死死地没弄明白吗?""愚生愚暗蒙昧,昏暗得时间太长又特严重了,很难一下子就豁然开朗。""的确如此。可你们也太谦恭了。近前来竖起两耳仔细听,我为你们讲说极其诚恳就感召引动天地的要意。""是是,我们敬受教诲。"

"然。夫至诚者名为至诚,乃言其上视天而行,象天道可为;俯视地而行,象地德而移。念天地使父母生长我,不欲乐我为恶也,还孝之于心乃行。心者,最藏之神尊者也①;心者,神圣纯阳②,火之行也③。火者,动而上行④,与天同光⑤;故日者,乃火之王⑥,为天之正⑦,无不照明。故人为至诚,心中正疾痛,应心神至圣⑧,乃上白于日⑨,日乃上白于天,故至诚于五内者,动神灵也。是故可不慎乎?"

【注释】

① 神尊者:指心为五脏中最明彻、最贵重的部位。《管子·心术上》称:"心之在体,君之位也。"《文子·守虚》云:"心者,形之主也。"《淮南子·原道训》谓:"夫心者,五藏之主也,所以制使四支,流行血气,驰骋于是非之境,而出入于百事之门户者也。"本经卷六十九《天谶支干相配法》称:"五藏:心在南方为君。"又辛部云:"心则五藏之王,神之本根,一身之至也。"

② 神圣:意为如同天神般圣明。即无所不知,俱能照察。本经卷一百十九《三者为一家阳火数五诀》谓:"人心之为神圣,神圣人心最尊真善,故神圣人心乃能造作凡事,为其初元首。故神圣之法,乃一从心起,无不解说。"纯阳:意为纯粹阳气的产物。本经辛部云:"夫阳精为神,属天,属赤,主心。"

③ 火之行:意为火行的化身。以五脏配五行,则心属火行。《白虎通义·情性》谓:"心,火之精也。""心象火,色赤而锐也。"本经卷四十九《急学真法》云:"故火为心,心为圣。"又卷一百十九《三者为一家阳火数五诀》云:"甲者为精,为凡事之心,故甲最先出于子,故上出为心星,故火之精神,为人心也。"

④ 动而上行:此谓火之属性。即火苗火焰火光无论闪耀或跃动、滚动俱往上窜。本经乙部《安乐王者法》云:"火自与五行同,又能变化无常,其性动而上行。"

⑤ 与天同光:光指光色。本经卷六十九《天谶支干相配法》谓:"天为之色,外苍象木,内赤象火。"又卷一百十九《三者为一家阳火数五诀》称:"火赤与天同色,天上色赤,火亦赤,赤者乃称神。"

⑥ "故日者"二句:此言太阳的属性与地位。本经卷六十九《天谶支干相配法》谓:"阳者日最明,为众光之长。"又卷一百十九《道祐三人诀》称:"夫太阳上赤气至,乃火之王精也。火之王者乃光,上为日。"

⑦正：谓在天空中所处的最正中的位置。即正南方。本经卷六十五《断金兵法》云："南方，火也，火为君。"又卷六十九《天谶支干相配法》谓："天常谶格法，以南方固为君也。故日在南方为君也。"

⑧心神：五脏神之一。本经辛部云："心神，乃天之神也。"

⑨白：禀告。本经癸部《神人真人圣人贤人自占可行是与非法》称："心中所欲，感动皇天，阴阳为移言语。至诚感天，正此也。"

【译文】

"好的。极其诚恳之所以称为极其诚恳，是说世人要往上观看皇天来决定自己的行动，一味效法天道乐意做的事情；再往下察看大地来决定自己的行动，一味效法地德而随之转移。满心只想天地让父母把我生下来，将我养大，并不希望我去干坏事，把向天父地母尽孝牢记心头，才去行动。心是五脏中最明彻、最贵重的部位，心像天神般圣明，属于纯粹阳气的产物和火行的化身。火一燃烧便往上跃动，正与皇天构成同一种光色；所以太阳就成为火行的君主，处在皇天最正中的位置上，没有什么不把它们照亮的。因而世人抱定至诚，内心恰恰炽烈得发痛，便与最圣明的心神相感应，心神于是往上禀告给太阳，太阳又禀告给皇天，所以在五脏内竭尽至诚的人，就引动起神灵来。因而能不对此特慎重吗？"

真人曰："可畏哉！可畏哉！愚生过问是，甚大怖。""子知怖，活之根也；子不知怖，死之门也。安危在子之身，无于他所焉。""今虽每问天师而怖骇者，又问乃诀乃大解，不问又无缘得知之。""然。子言是也。暗而不好问，何时复得昭昭哉①？行言，欲问何等？""今谨已闻至诚动天，愿闻动地意。""善哉！子言日益大深，不惜之也②。行安坐，为子道之。不言,恐得过于子,若天独疾后世人不至诚,而使真人来主问之也③。诺,今为子说之,明听。""唯唯。"

【注释】

①昭昭:明白。此系化自《老子·二十章》:"俗人昭昭,我独昏昏。"

②惜:吝惜。指对秘诀保留不传。

③主:负责之意。

【译文】

真人听后说:"这太令人畏惧了! 这太令人畏惧了! 愚生犯下罪过竟询问这个问题,简直恐怖极了。""你们知道恐怖,这正是存活的根本;你们不知道恐怖,这正是死灭的入口处。安危完全取决于你们自身,不会在其他的地方。""如今尽管每每向天师询问,让人感到恐怖和惊骇,可只有问了又问,才能得出定论,才能完全解悟,不问又没有任何途径得以了解掌握住它们。""是的。你们讲得很对。愚暗却不喜好询问,到什么时候才会变得明白呢? 你们想问什么,只管随即讲来。""眼下已经恭谨地听到了极为诚恳便能引动皇天的教诲,希望再听到引动大地的要意。""这太好了! 你们的问话日益广远深刻,我没有什么舍不得传授的。近前来稳稳坐定,我为你们讲说它。不讲说的话,恐怕在你们那里犯下罪过,这真像皇天特别痛恨后世的人们不竭尽至诚,就驱使你们前来负责询问。好好,现下便为你们讲说它,你们竖起两耳仔细听。""是是。"

"行。人之至诚,有所可念①,心中为其疾痛,故乃发心腹不而食也。念之者,心也,意也②,心意不忘肝最仁③,故目为其主出涕泣④,是其精思之至诚也!

【注释】

①可念：指认可并必欲实现的事项。

②意：指所展开的意念活动。古代将其列为五神（含神、魄、魂、志）之一，视作土行之气的产物。《灵枢·本神》云："所以任物者，谓之心；心有所忆，谓之意，意之所存，谓之志。"本经卷七十三至八十五《阙题》（八）称："心以意，吉凶之门户。心意，天地枢机也。"又卷九十二《万二千国始火始气诀》称："一者，心也，意也，志也。"

③肝最仁：肝属木，木性仁，故出此语。《乐纬动声仪》谓："五藏肝仁。""肝所以仁者何？肝，木之精也。仁者好生，东方者阳也，万物始生，故肝象木色而有枝叶。"

④目为其主出涕泣：此据肝同双目的关系而为言。古医学以目为肝之官，肝为目之主，复有五藏化液而泪、泣为肝所出之说。《素问·阴阳应象大论》谓："肝主目。"又《宣明五气》云："五藏化液：肝为泪。"《灵枢·五阅五使》称："目者，肝之官也。"又《九针论》云："五液：肝主泣。"《春秋元命苞》则谓："目者肝之使，肝者木之精，苍龙之位也。"《白虎通义·情性》云："目为之候（占测者）何？目能出泪而不能内物，木亦能出枝叶，不能有所内也。"

【译文】

"注意听我说。世人极其诚恳，涌生出自身认可并必欲实现的事项，心中便为此而炽烈得发痛，所以就亮出心腹来，简直吃不下东西去。对事项焦虑忧思的部位是那颗心，化作时刻忆念的那个意，心和意总不忘记而肝最仁厚，因此双目就负责替肝流出泪水来，这正表明他那精思极其诚恳啊！

"精明人者①，心也；念而不置者，意也，脾也②。心者纯阳③，位属天；脾者纯阴④，位属地。至诚可专念，乃心痛涕出，心使意，念主行告⑤，示远方。意，阴也，阴有忧者当报阳，故上报皇天神灵；脾者阴，家在地，故下入地报地，故天地乃为其移⑥，凡神为其动也。

【注释】

①精明人者：指能使人精详明彻的身体部位。

②脾：五脏之一。以五脏配五行，脾属土行。《灵枢·热病》云："土者脾也。"《春秋元命苞》谓："脾者，土之精，上为北斗，主变化者也。脾之为言附着也，如龙蟠虎伏，合附着也。"《白虎通义·情性》称："脾之为言辨也，所以积精禀气也。"此外，脾还被视为"意"的存藏处所。《素问·宣明五气》和《灵枢·九针论》俱称："脾藏意。"故而本经于此处遂"意也，脾也"连文。

③心者纯阳：《素问·金匮真言论》云："故背为阳，阳中之阳，心也。"《灵枢·阴阳系日月》谓："其于五藏也，心为阳中之太阳。"

④脾者纯阴：《素问·金匮真言论》云："腹为阴，阴中之至阴，脾也。"《灵枢·阴阳系日月》谓："脾为阴中之至阴。"

⑤行告：犹言传告。即传达转告。

⑥移：意谓受到感动而作出回应。

【译文】

"确能使人精详明彻的体内部位是那颗心；忆念持续展开而不止息的是那个意，意也就是存藏它的那副脾。心属精粹阳气的凝结体，本位归属于皇天；脾属精粹阴气的凝结体，本位归属于大地。极其诚恳就会专一忆念，于是内心发痛，泪水也跟着流出来；心在支配那个意，专一忆念则负责游动向前去禀告，示知到远方。而那个意属于阴，阴有忧愁事应当禀报给阳，所以就往上禀报给皇天和神灵；脾也属于阴，本位在大地那里，所以就往下禀报给大地，因而天地就为它们作出回应来，所有的神灵就为它们行动起来。

"子欲知其大效,吾不欺真人也,真人但安坐深幽室闲处①,念心思神,神悉自来到。此不明效证邪? 是吾告子至诚之信也,吾未尝空无法而说也②。故求道德凡人行,皆由至诚,乃天地应之,神灵来告之也;如不至诚,不而感动天地移神灵也。故承负之后,下古之人实无信,不至诚,不而感动天地,共欺天与地,故神灵害之不止也。"

【注释】

①幽室:指在山野辟设的幽暗清静的修炼处所。

②法:指道法、法术。

【译文】

"你们打算了解那最明显的效验,我决不会欺哄你们真人,你们真人只管稳稳端坐在幽暗清静的修炼秘室中,用心专念,精思神灵,神灵就自动全部来到了。这还不是最明显的效验吗? 这正构成我告诉你们极其诚恳这宗事的真确证明,我未曾本无道法在那里却空作讲说。因此求取真道善德以及作为人所应知晓的不与禽兽同命的行为准则,全都来自极其诚恳,这样天地才会对他作出回应,神灵才会前来嘱告他;如果不极其诚恳,就无法感召引动天地,使神灵前来嘱告。所以在承负以后,下古时代的人们实际上没有信用,做不到极其诚恳,不能够感召引动天地,反而一起欺骗天地,所以神灵就殃害他们而不罢休。"

"愿闻以何明之乎?""然。有大明证于日月。""今愿闻之。""然。下古之人生于父与母,而共忽其父母,背叛其父母,万未一人而孝也。得解蒙暗于师已觉去者,忽其师,不师为其师自屈折、执劳苦也①。以贫贱得富贵于君,而反相教下,皆共日欺其上,万未有一人有诚信也。群愚共欺其三纲,名为反逆而无信也。其罪过彰彰,下可覆盖②,皆上见于日月三光也,故天地甚疾之恶之,使其短命而早死也。不自深十问过罪重③,反复哭而行也,言天酷,何一冤也!汝乃自冤,何时天冤汝哉?""可骇乎!善哉善哉!愚生已闻命矣。""然。子而守此以为重戒,则可万万世无患矣。然。辞小竟④,疑者复来问之。""唯唯。"

右大集难道德至诚天戒、以示贤。

【注释】

①不师:不效法、不奉行之意。屈折:谓按礼法礼节伏侍。执劳苦:谓替师长办事。《论语·为政》云:"有事,弟子服其劳。"

②覆盖:掩盖,遮盖。

③十问:其意或为,天施地化才使人怀胎十月得生于世,为何竟负此等大恩。本经卷一百十一《大圣上章诀》有云:"得书感心,泣出自责,言我同十月之子,施行独不得上心意,而在死伍之中,是行何一不得上意,是我之过也。""十问"于此亦可解作,对十种恶行进行反问。

④小竟:暂且告一段落之意。

【译文】

"希望听一听,根据什么便能证明下古时代真是这种情况呢?""好的。确有比太阳和月亮还要明显的证据。""眼下希望听到这种证据是什么。""好的。下古时代的世人从父母那里降生下来,却共同不把父母当回事,甚至还背叛父母,一万个人当中,没有一个人能做到孝顺的。那些从师长手里得以解开蒙昧昏暗、已经学成离去的人,却不把师长当回事,拒不奉行下列的一贯准则:对师长按礼法礼节做服侍,替师长代办劳苦事。本属贫贱之人,唯独从君主那里才获取到富贵,却反而在下面互相教唆,个个都每天一起欺骗自己的君主,在一万个人当中,没有一个人能做到忠诚信实的。这群愚昧的家伙共同欺骗自己的君主、父亲和师长,被称作反逆而没有半点诚信。他们的罪过十分明显地摆在那里,下面的人虽然可以设法进行掩盖,但却全被皇天的日月星辰给映照出来了。因而皇天非常痛恨和憎恶他们,叫他们寿命缩短而早早死掉啊! 不自己深深责问自己同是十月降生的人,竟然犯下了深重的罪过,却又反倒一路哭叫,乱喊什么皇天太残酷了,自己为什么那样冤枉! 这纯粹是你自己觉得冤,皇天在什么时候使你蒙受冤屈了呢?”“这太可怕! 又太好了,又太好了! 愚生已经领受教诲了。”“是的。你们能执守这一条,把它作为重戒,就会永远没有祸患了。好的。讲说到此暂且告一段落,碰到闹不清的事情,再前来询问。”“是是。”

　　以上为大集难道德至诚天戒、以示贤。

妒道不传处士助化诀第一百五十四

【题解】

　　本篇所谓"妒道不传"，系指一种主张和做法而言，即：真道秘德非为凡民小人宜所闻知、宜所讲论、宜所行用。对这种主张和做法，篇中斥之为"乱天反地"，罪该万死，死有余辜。由于道德匿藏，便等于容忍"浮华伪文巧述"大肆泛滥，其结果必为奸邪满朝野，"共逆天文，毁天道，逆地意，反四时气，逆五行，使灾怪亿亿"。反之，专开道德之门而闭绝狡猾阶路，即使是百姓中"最下极无知者"，犹能成为"善人"。鉴于利弊如此之巨，篇中特为"妒道不传"者设下祈天祷地告四时的解罪之法。解罪旨在效仿天地，进一步传道布德，故篇题又标列"处士助化"四字。所谓处士，系指身怀要道善德、形同白衣宰辅之人，即天师、真人这等人物。而他们佑助帝王，大力教化普通民众，使之全都顺善谨顺，便是"助化"的底蕴所在了。从本篇中，可以看出早期道教既主动为统治者服务、求得官方支持，同时又企图使之全民化的意向。

　　"真真愚暗日益剧、不晓大不达之生谨再拜①，问一从事②。言之必为过，不问又愚心不能独自解。""行言之。""愚生窃闻，秘道要德，是乃天地之珍宝，天下之珍奇物也，故名之为至道不传③，其非凡人所宜闻、所宜言、所宜用也；而令天师都开太平学之路④，悉敕使人为道德要文⑤，不得蔽匿，皆言其有天谪⑥，到死罪尚不除，复流后世。皆授以真道秘德，曾不大哉⑦？令小人与君子不别⑧？愚生以为真道秘德，不宜使小人闻、小人言、小人用之也。"

【注释】

①真真愚暗日益剧、不晓大不达之生：此系学道真人极度谦恭的自称。生，即学生、弟子。

②从事：次要的事情。

③至道：最高真道，至高无上之道。

④而令天师都开太平学之路：此十一字中"令"当作"今"。形近而讹。太平学，即《太平经》所阐述的关于天下太平的大学问。

⑤敕：训诫。为：研习行用之意。

⑥天谪：上天的惩罚。

⑦曾：竟。大：范围太宽之意。

⑧小人：指普通人，一般人。即平民百姓。君子：与"小人"对举，谓社会上层人员。

【译文】

"真真愚昧昏暗又日益加重、什么都不懂却又非常不开窍的弟子恭谨地连拜两次，询问一桩次要的事情。说出来必定会构成罪过，可不询问却又内心愚昧，没办法自己独立闹清它。""随即讲来。""愚生私下里听说，隐秘的真道和紧要的真德，这正属于天地的珍宝和天下的珍奇物，所以就被说成最高真道决不向外传授，它可不是普通人所应闻知、所应讲论、所应行用的东西；但如今天师却对任何人全都敞开有关太平道大学问的通路，训诫弟子要让世人全都研习行用真道真德方面的切要经文，决不许擅自隐匿扣押起来，还一直强调这样做就会遭到皇天的惩罚，严重到定成死罪仍有抵不完的罪过，而且殃及后代子孙。对世上所有人都把真道秘德传授给他们，竟不显得范围太宽了吗？会造成小人与君子区分不开吧？愚生觉得真道秘德不应该让小人闻知到，让小人讲论它，让小人行用它。"

"咄，噫！子今且言，有万死之责于皇天后土，不复除也！自天地开辟以来，后生日益薄妒道①，小人断绝天地之珍宝，以是为失，积久故生承负，令天灾不绝，常使天地内独岁不平安②，灾变盗贼众多，国家为其愁苦，正起于是。子今且所言是，正是也③；乱天反地，使治昏愦④，民难治，正是也。子今且语，正与天为重怨，错哉错哉！亡子功矣⑤。"

【注释】

①薄：贬低，看不起。妒：嫉妒。

②内独：意谓心中只想。

③正是：意谓恰恰与妒道不传的恶果相对应。

④昏愦(kuì)：昏乱不明。

⑤功：指往日代天传道布道的功劳。

【译文】

"嘿嘿，哎！你们刚才这通话，已经在皇天后土那里犯下了万死的罪过，而且死有余辜啊！自从天地开辟以来，后来出生的人一天比一天越发贬低并嫉妒真道，小人断绝了天地的这宗珍宝，由此构成了过失，时间一长，因而就产生出承负来，导致天灾接连不断，总使天地内心里只想让人间每年都不得安宁，灾异和盗贼多得很，国家为此而愁苦，这种局面正是从妒道不传引发出来的。你们刚才所说那样做才算对，也就恰恰与妒道不传的恶果对应上了；搅乱皇天，背逆大地，致使国家政治昏乱不明，众百姓难以治理，也就恰恰与妒道不传的恶果对应上了。

你们刚才那通话,正与皇天结下了深重的怨恨,大错特错了! 大错特错了! 失去你们往日代替皇天传道布道的功劳了。"

"何谓也?""今要道善德出之以教化,小人得之守道德,更相仿学,不敢为非。其中小贤得善道德,可为良顺之吏;其中大贤,可上为国家辅①;其中最下极无知者,犹为善人。

【注释】

①辅:指辅弼重臣。

【译文】

"这话讲的是什么意思呢?""现下把切要的真道和吉善的真德出示给世人,用它们去施行教化,普通百姓得到后守行真道与真德,彼此轮番地效仿学用,就不敢再干坏事了。其中稍略贤明的人获取到吉善的真道与真德,可以成为谨顺优秀的官吏;其中特别贤明的人,可以往上成为国家的辅政大臣;其中最低贱又什么都不懂的人,仍然能够成为良善的人。

"夫天以要真道生物,乃下及六畜禽兽。夫四时五行,乃天地之真要道也,天地之神宝也①,天地之藏气也②。六畜禽兽皆怀之以为性③,草木得之然后生长。若天不施具要道焉,安能相生长哉? 而真人言小人不宜闻要道、不宜言、不宜用也。天地之神保终类④,人乃不若六畜草木善邪哉? 真人自知今且言,有万死之罪,不复除也!"

【注释】

①神宝:神妙的重宝。喻其重要性。

②藏气:即五脏内气。喻其依赖性。

③性:谓习性。如布谷鸟届时必催耕、蟋蟀届时必促织之类。

④终类:指一切形成繁衍系统的生物。

【译文】

"皇天凭仗切要的真道化生万物,往下竟扩展到家畜和野兽。春夏秋冬和五行交替运转流布,正是天地的切要真道,正是天地的神妙重宝,正是天地的五脏内气。家畜和野兽都在体内含有它们,才形成各自的习性;花草树木得到它们,然后才会生长起来。如果皇天不完备地施布那切要的真道,怎能让动植物彼此都生长呢?可真人却说普通百姓没资格闻知那切要的真道,也没资格讲论它和行用它。然而天地的神灵佑护一切形成了繁衍系统的生物,世人竟还不如家畜野兽更美善吗?真人要自己明白刚才所讲的那通话,犯下了万死的罪过,而且死有余辜啊!"

"愚生事师日少浅,不深知天道,见天师言,乃自知罪重,上负皇天,下负后土,中负于大德之君。""然。子退自责,是也。凡举事,可不慎乎哉?皇天常独视人口言何,故使响随人音为吉凶①,故响应不失铢分也。子独不常观此天地之音证邪②?宜自慎不及,勿强妄语,其为害重。子今且言至道不传,人何以传知之乎?终类至道不可传,天道无私③,但当独为谁生乎?"

【注释】

①响:指作出回应的雷鸣声。《论衡·雷虚篇》云:"且说雷之家,谓雷,天怒响吁也。"

②音证:音声的证象。

③私：偏私，偏爱。

【译文】

"愚生侍奉天师还时间太短，做不到深深了解皇天的道法，看到天师的讲说，于是自己很清楚罪过深重了，往上辜负了皇天，往下辜负了后土，在中间辜负了具有盛大道德的君主。""是的。你们接下来自己责备自己，也就对了。只要一做事情，能不对事事多加小心吗？皇天总在特意察看世人嘴里在讲些什么，所以就让作出回应的雷鸣声随同人的话音构成吉凶，因而雷鸣声应合人的话音也就丝毫不差。你们就偏偏不时常观察天地降示的这类音声证象吗？应对自己闹不懂的事情保持谨慎的态度，不要硬是乱说一通，这样构成的危害很严重。刚才你们说最高真道不该往外传授，可世人通过什么途径才能了解到它呢？对那形成繁衍系统的生物却声称不该把最高真道传授给它们，然而天道恰恰没有任何的偏爱对象，那它可只应为谁产生出来呢？"

　　"弟子自慎戒事甚无状。""子欲若俗夫小人，复相教妒天道耶？""不敢不敢。""真人自精戒事，天怒一发，罪过著①，不复除也。天道正由此言废毁②，子复共增之耶？帝王所以不能理其治而尝多灾者，但由尽若子今旦可言③，因使真道道绝也④，邪道起，故不可理也。宁晓心解不乎？""唯唯。已觉矣，惭负天师不也。""常常慎事！""唯唯。今念每言有过，欲不言也，又不知。""平言。"

【注释】

①著(zhuó)：附着。即罪罚加身。

②此言：指至道不传的主张。

③可言：谓乐意申说的主张。

④道绝：半路断绝之意。

【译文】

"弟子对引以为戒的事情本应多加小心，可在这方面却罪大无可名状。""你们是想和世俗小人一个样，又来相互教唆，嫉妒皇天的道法吗？""决不敢这样，决不敢这样。""真人要对引以为戒的事情自行精思，皇天的恨怒一旦发作，罪过降临到谁身上，谁就死有余辜了。皇天的道法正因这种主张而废弃毁败，你们想配合它竟使程度再加重吗？帝王不能处理好他那政治而经常灾殃很多，都只因像你们今朝高兴申说的主张造成的，所以导致真道半路就被断绝了，邪道却兴行起来，因而就根本无法治理了。你们对此是否真弄明白、内心彻底解悟了呢？""是是，已经觉悟了，万分惭愧地辜负了天师的教诲，绝对下不为例了。""你们要总对事情时刻加小心！""是是。现下想起来每次发话都犯下了罪过，打算不再说了吧，可又没办法了解到。""只管慢慢讲来。"

"今人所不宜闻、所不宜言、所不宜用者，何等也？""然。凡人乃不宜闻非真要道，非真要德。是故夫下愚之师①，教化小人也忽事②，不以要秘道真德敕教之，反以浮华伪文巧述示教凡人③。其中大贤得邪伪巧文习知，便上共欺其君；其中中贤得习伪文，便成猾吏④，上共佞欺其上，下共巧其谨良民⑤；下愚小人得之，以作无义理⑥，欺其父母，巧其邻里，或成盗贼不可止；贤不肖吏民共为奸伪，俱不能相禁绝。

【注释】

①下愚之师：低劣愚蠢的师长。

②忽事：草率行事。

③浮华伪文巧述：指华而不实、虚浮无用的学说及主张。本经丙部

卷五十列有专篇《去浮华诀》。又癸部《神人真人圣人贤人自占
可行是与非法》云："浮者，表也；华者，末也。"

④猾吏：奸猾的官吏。

⑤巧：哄骗之意。

⑥无义理：指不讲道义事理的行为或举动。

【译文】

"如今世人所不该闻知、所不该讲论、所不该行用的东西，到底是什
么呢？""好的。只要是人，就不该闻知并非属于切要真道和切要真德的
那套玩艺。因此低劣愚蠢的师长，专门教唆普通百姓草率行事，不用切
要隐秘的真道和真德去教导训饬他们，反而拿浮华邪伪的书文和奸巧
的说法去开示训导世人。其中特别贤明的人获取到邪伪奸巧的书文进
而烂熟于心，就往上一起欺骗自己的君主；其中中等贤明的人得到并弄
通那邪伪的书文，就变成了奸猾的官吏，往上一起奸巧地欺骗自己的上
司，往下共同哄骗手下谨顺良善的百姓；其中低劣愚昧的小人得到它，
就用它去干不讲道义事理的勾当，欺骗自己的父母，哄骗周围的邻居，
有的变成盗贼却没办法遏止住；贤明的人和不贤明的人、官吏和百姓共
同干那奸诈邪伪的事情，一律不能相互阻止和断绝掉了。

"睹邪不正①，乃上乱天文，下乱地理，贼五行所成②，逆
四时所养，共欺其上，国家昏乱，其为害甚甚，不可胜记。真
人反言小人不宜闻要道要德，反当以邪巧伪之事教化，使天
下人眩瞑③，共习伪非而不自知，遂俱为无道耶？是以真人
有万死之罪，不复除也！

【注释】

①正：予以矫正之意。

②贼:伤残。

③眩瞑:谓眼花缭乱,昏昧无知。

【译文】

"明明看到邪恶却不进行矫正,于是往上败乱天象,往下败乱地理,伤残五行所成就的事物,违逆春夏秋冬所养护的东西,共同欺骗上面,国家一片昏乱,形成的祸害严重到极点,简直记述不过来。可真人反倒说普通百姓没资格闻知切要的真道和切要的真德,反过来却应该拿邪伪奸巧的烂事去施布教化,致使天下人眼花缭乱,昏昧无知,共同研习邪伪荒谬的那套玩艺却还蒙在鼓里,于是都去干那无道的罪恶勾当吗?所以真人就恰恰犯下了万死的罪过,而且死有余辜啊!

"天下所不宜闻、所不宜言、所不宜用,正不宜闻此伪文。邪巧大猾所生,正由此,故吾为天陈法①,为德君作教,不敢及之,所以专开道德之门,而闭绝狡猾阶路也②。故吾书本道德之根,弃除邪文巧伪之法,悉不与焉。子独不怪之耶③?是乃天地以为病,帝王以为害。

【注释】

①陈法:陈布道法。

②阶路:阶梯和通路。

③怪:引起特殊关注之意。

【译文】

"天下所不该闻知、所不该讲论、所不该行用的东西,正集中在不该闻知这类邪伪的书文。异常邪恶奸巧和狡诈的那帮家伙冒出来,恰恰导源于此,所以我为皇天陈布道法,为具有道德的君主施布教化,不敢涉及到这套玩艺,目的在于专力开辟真道真德的门径,封闭断绝掉狡猾行径的阶梯和通路。因而我那经书奠立在真道真德的根基之上，抛弃废除掉邪伪书文和奸巧虚假的法术，一律不把这套玩艺加进来。你们对此就偏偏没引起特殊注意吗？这套玩艺正是天地把它们当成病痛的东西，也是帝王把它们视为祸害的东西。

"行，复为真人具说之。其以要道德以教化小人也，上贤得以守儒良①，中贤德以上为国家至德之辅臣，其中小贤化为顺善之吏，其中下愚犹为谨民，不知相害伤。故自天地四时五行、日月星宿，共以真道要德养万二千物，下及六畜粪土草，皆被服其秘道要德而以得生长。今若以真人今且言终类，此人不若六畜及粪土草耶？子今且言，宁自知有万死之过不除邪？"

【注释】

①儒良：儒士的风范。《周礼·天官·冢宰》谓："儒以道得民。"

【译文】

"近前来，再为真人详尽讲说这个问题。用那切要的真道真德去教化普通百姓，第一等贤明的人就得以执守儒士的风范，中等贤明的人就得以往上成为国家的具有最高道德的辅政大臣，其中稍略贤明的人就能转变成谨顺优秀的官吏，其中低劣愚昧的人仍能成为谨顺的百姓，不晓得彼此再相互伤害。所以从天地到四时五行和日月星宿，共同凭仗真道和切要的真德养育一万二千种动植物，往下直至鸡犬等家畜和化成粪土的野草，全都蒙受隐秘真道与切要真德而获得生长。现下如果按照真人刚才所讲的那通话来看，在一切形成繁衍系统的生物中，世人还比不上鸡犬等家畜和化成粪土的野草吗？你们刚才讲那通话，自己到底知道自己犯下了万死的罪过，而且死有余辜吗？"

"有死过,有死过。""勿谢①,同不解耳。""今过言,当奈何哉?""今欲解此过,常以除日于旷野四达道上四面谢②。叩头各五行③,先上视天,回下叩头于地。"

【注释】

①谢:谓谢罪。

②除日:黄道吉日中的一个日子。特指君子除罪之日。本经卷一百十四《不可不祠诀》云:"常以春三月,得除日解之。"

③五行:五次,五回。

【译文】

"的确有万死的罪过,的确有万死的罪过。""你们不用谢罪,谢罪也照样解除不了那罪过。""如今说出了罪该万死的胡话,究竟应该怎么办呢?""如今打算解除掉这罪过,就要每逢君子除罪那一天,置身在旷野通往四方的大道上,依次朝东南西北四个方向来谢罪。每个方向都要磕头五次,首先朝上仰视皇天,掉转来在地上磕头。"

"唯唯。今且天师教愚生,何一急也?""然。所以急者,不以故真人也,乃真人言,得天地之忌。太上中古以来,人教化多妒真道善德,反相教逃匿之,闭藏绝之,反以邪巧道相教,导化愚人,使俱为非。其中大贤远去避世,独其中小贤为吏,无有真道,乱其民。其中下愚,因为无道,起为盗贼。民臣俱为邪,聚蚊成雷动①,共逆天文,毁天道,逆地意,反四时气,逆五行,使灾怪亿亿,三光失其正明,帝王大愁苦之,得昏乱焉,治不得平安,正由此也。故真人宁知此罪重不? 天不除之也! 吾不教,子当谢也。 故所以当于旷野者,当于鲜明地；所以四达道上者，道者主通事②；所以四达者，当付于四时，天之使气也③，且为子上通于天也。四时者，仁而生成④，且解子过于天地也。后有过者，皆象子也。

【注释】

①聚蚊成雷动：比喻浩大的声势。

②通事：通报传达。

③天之使气：意为皇天施布时气的具体承担者。

④仁而生成：谓使万物春生、夏长、秋获、冬藏。本经卷一百十六《阙题》（二）云："四时顺行，春乐生，夏乐长，秋乐收，冬乐藏。"

【译文】

"是是。如今天师训导愚生，为什么竟是那样地急切呢？""好的。急切的缘故在于，并非因为你们是我所熟悉的真人，而是出自真人讲的话触犯了天地的大忌。从上古、中古时代以来，世人施行教化大多嫉妒真道善德，反而彼此教唆躲开它们远远的，把它们封锁起来断绝掉，反过来用邪伪奸巧的伎俩相互撺掇，诱导染化愚昧的人，致使他们都去干坏事。其中特别贤明的人就远远离开，隐居不露面了，唯独其中稍略贤明的人充任官吏，身无真道，搞乱了手下的民众。其中低劣愚蠢的人，随即干那无道的勾当，起身成为盗贼。众百姓和臣僚全都做出邪恶的行径，好似蚊虫嗡嗡嗡聚集竟跟雷声滚动那样，共同抗拒天降的神文，毁败皇天的道法，违逆大地的心意，与四时气对着干，破坏五行的正常生克关系，导致灾异变怪亿亿种，日月星辰失去正常的光辉，帝王对此愁苦到极点，陷入昏暗混乱的状态，治理得不到安宁太平，正是由妒道不传引来的。因而真人究竟明白没明白这种罪过非常深重呢？皇天是会叫他死有余辜的！我不教导你们，你们也该自行谢罪。谢罪需要置身旷野上，是因为原本就应在明显敞亮的地方进行；谢罪还要站在通往四方的大道上，是因为道路发挥着通报传达的作用；谢罪还要面朝东南西北四个方向磕头,是因为理应付托给春夏秋冬这皇天施布时气的具体承担者,将会替你们往上报呈给皇天。四时仁爱而使万物化生和成就,也将会在天地那里把你们的罪过解除掉。以后再出现犯下这种大罪的人,都要像你们这样来谢罪。

"天从今以往①,大疾人为恶,故夫君子乃当常过于大善②,不宜过于大恶,慎之慎之! 子尚若此,何况于俗人愚哉! 相教嫉妒道,藏匿之是也。 子所言常善,是今且一言,名为大逆天地,从古到今人君所得愁也。

【注释】

①从今以往:自今而后。

②过于大善:意谓在大善之行上非同寻常。

【译文】

"皇天从今以后,更加痛恨世人干坏事,所以君子正应该在特别良善的行为上总显得异乎寻常,决不能在万分凶恶的举动上显出非同一般来,对此要多加小心啊多加小心! 你们尚且还像这个样子,何况世俗人真真愚昧呢! 他们彼此教唆,嫉妒真道,把它藏匿起来,也就只能是那个德行了。 你们讲论事体,总很对头,可你们今朝这番话,却被称作竟与天地大唱对台戏,属于从古到今帝王都犯愁的事。

"然。真人前,人安得生为君子哉? 皆由学之耳。学之以道,其人道①;学之以德,其人得②;学之以善,其人善;学之以至道善德,其人到老长,乃复大益善良③。故怀要道善德之人,乃名为帝王之处士④,人之第一上善者也,能助君子化者也。其不仕者,为上谨之人。

【注释】

①道：意谓有道而行道。

②得：意谓有德而行德。得，通"德"。

③大益：犹言越发、愈加。

④处士：指身有才德而尚未入仕的人。

【译文】

"好的。真人你们到前面来。作为人，怎能从一生下来就成为君子了呢？都是通过学习罢了。拿真道做学习对象，他那个人就有道并行道；拿真德做学习对象，他那个人就有德并行德；拿良善做学习对象，他那个人就良善并行善；拿最高真道和良善真德做学习对象，他那个人步入老年，竟又越发良善。所以身怀切要真道和良善真德的人，正被称为帝王的尚未做官的大贤士，世人中第一等良善的人，能够辅助君子施布教化的人。其中不愿做官的，也是最恭谨的人。

"学之人①，学之以恶，其人恶；学之以文②，其人文；学之以伪，其人伪；学之以巧，其人巧。学之其中③，大贤者则巧言，其习书者则巧文，小人得之为猾民。于子心，宁可以教不哉？

【注释】

①学之人：叫人来学习之意。

②文：文饰。指浮华那套理论和做法。汉刘熙《释名·释言语》云："文者，会集众彩以成锦绣，会集众字以成辞义，如文绣然也。"

③之：到。中：指窍门所在的地方。

【译文】

"叫人来学习，偏拿凶恶那一套让他跟着学，跟着学的人就凶恶；偏拿浮华那一套让他跟着学，跟着学的人就浮华；偏拿邪伪那一套让他跟着学，跟着学的人就邪伪；偏拿奸巧那一套让他跟着学，跟着学的人就奸巧。跟着学来学去，直到摸出窍门来了，特别贤明的人就耍弄花言巧语，而那些把文书摆弄得烂熟的人就编造奸巧的文书，普通百姓得到这些奸巧言辞和奸巧文书后，就变成狡诈的刁民。这在真人你们心里想来，究竟能否去教那些东西吗？

"故夫要道秘德，乃所以承天心而顺地意，可以长安国家，使帝王乐者也，而反禁绝，不以力化人，有谪于天，罪不除也！天以至道为行，地以至德为家，共以生万物，无所匿，无可私也。故古者圣人，象天地为行，以至道要德力教化愚人，使为谨良，令易治①。今世反多闭绝之②，故愚人共为猾，失天道，不自知为非，咎在真道善德不施行，故人多被天谪，当死不除也！愚人无道，不避忌讳，遂共犯天地，由不知道德要也。

【注释】

①令易治：此三字中"令"原作"今"，据《太平经钞》改。

②闭绝之：此三字中"闭"原作"闲"，据《太平经钞》改。

【译文】

"因而切要的真道和隐秘的真德，正是用来承奉天心又顺从地意，可以使国家长久安定，让帝王大乐无忧的东西，但却反而禁阻断绝它，不用它去大力化导世人，就会在皇天那里受到惩罚，罪该万死，死有余辜啊！皇天把最高真道作为运行的主宰，大地把最高真德作为栖止的依托，一起去化生万物，既不存在隐匿起来的东西，也没有偏爱的对象。所以古代的圣人效法天地去办事，用最高真道和切要真德去大力教化愚昧的人,使他们变得谨顺良善,容易治理。当今却反而大多把真道真德封锁起来断绝掉,因而愚昧的人就共同干那奸猾的勾当,丧失了皇天的道法,可自己还不清楚是在为非作歹,祸患就出在真道善德得不到施用推行,所以世人大多遭受到皇天的惩罚,叫他死去仍有抵不完的罪过啊!愚昧的人身无真道,不避忌讳,于是共同凌犯天地,这是由于不了解掌握真道真德的纲要而造成的。

　　"吾之为书,所以反覆勉勉眷眷者,恐人积愚一言①,不信吾文,故复重之也。人俱习为邪久,或反谓吾可言非也②,复令使真道秘德门绝断不行,天怒不绝,帝长愁苦,吏民无所投头足,相随云乱,不能相救,试诚冤③。吾辞于天,正为解除此,制作道也。

【注释】

①积愚一言:谓被一家之说或一人之见所长期愚弄。

②可言:意为切中人意的主张。

③试:验核之意。

【译文】

　　"我编成我那经书,一再地用力又用力,恳切又恳切,正唯恐世人长期被一个人的孤立说法所愚弄,不信从我那书文,所以就重复作讲说。世人已经都长时间对做邪恶事习以为常了,有人却反倒认为我这切中人意的主张纯属荒谬,又使真道秘德的门径被断绝而行不通,皇天的恨怒随之不止息,帝王长久地愁苦,官吏和百姓找不到真能依归的地方,前后像乱云那样在搅动,没办法相互营救,对此细加验核,确实显得太冤枉了。我从皇天那里辞行下凡,正是为解除这种罪过而创制道法。

"人人被邪文愚蒙积久,故常敕真人使出吾道,以付上道德之君,以示众贤,疾试吾道,乃知吾书之信,与天地相似。不用不试,安知其□□哉①?今保吾道不误,故求试非一卷之文②。真人慎之!"

【注释】

①安知其□□哉:此句原缺二字。

②非一卷之文:指整部《太平经》。

【译文】

"人人都长期受到那些邪文的愚弄和蒙蔽,所以就一再训饬真人,让你们出示我这道法,把它付归给具有第一等道德的君主,亮给众贤士看,火速试行我这道法,于是便清楚我这经书真确得和天地相类似。既不采用又不试行,怎能知道它究竟如何呢?如今我可以保证我这道法绝对灵验无误,因而谋求试行就不限于一卷经文。真人对此要慎重处理!"

"唯唯。""行去,常慎吾言,勿自易妄语也①。""唯唯。""出之无匿藏,使凡人言语学问,当知得失处,不复妄为。""唯唯。"

右解人常所不宜闻、所不宜言、所不宜用、断邪出真文。

【注释】

①自易:谓自我不谨慎。

【译文】

"是是。""回去吧,经常慎重地对待我所讲说的一切,不要自行就轻率地乱说一气。""是是。""出示这篇经文,切莫擅自把它藏匿起来,要让世人的言语和学问,都弄清自己的得失所在,不再想怎么干就去怎么干了。"是是。"

以上为解人常所不宜闻、所不宜言、所不宜用、断邪出真文。

事师如事父言当成法诀第一百五十五

【题解】

本篇所谓"事师如事父",乃系要求帝王自觉拜道德之士即天师这等人物为师,像服侍严父那样敬受教诲,以免被邪佞欺诈甚至反逆臣僚所左右,被"猾伪奸道"和"巧弄之术"所迷惑而失天正路,反入凶户。篇中围绕君臣之智究竟应该孰高孰低的问题,通过列举已由本经编著者改造过的有关三皇五帝、三王五霸的历史状况,强调真道奇德定在君主之上,"巧伪之法"必居君主之下,似此方能开吉门,闭凶学,垂拱而治。为此又对道徒授以"言必成法"的道戒,亦即必须能使宣明于世的道教教义成为经世理政的永恒准则。道教神权直欲凌驾皇权之上的企图和道治德治位居首选的政治主张,在本篇中显而易见,比丁部《分别四治法》有过之而无不及。

"今愚生举言①,不中天师心,常为重谪过,不冒过问,又到年竟②,犹无从得知之,愿复请问一言。""平道之。何所谦哉?不知而问之,是其数也③。"

【注释】

①举言:谓对某一问题或事象作出裁断与说明。

②年竟：犹言寿终。

③数：常规。即理所当然之意。

【译文】

"如今愚生只要一发话，就不符合天师的心意，总是犯下深重的罪过，可不冒罪询问，又会直至寿终那一天仍然没有办法了解掌握住它，希望再请求询问一句话。""慢慢讲来，何必那样谦恭呢？不知道就询问它，这是理所当然的。"

"今以第一上道要德以教凡人，曾不大知乎①？""善哉！子言也。何有大知之有乎？子何故疑此哉？""吾闻子智过其父，弟子智过其师，臣智过其君，则名为下贤智过于其上，以为不宜。"

【注释】

①大知：使其智识增多加大之意。知，同"智"，智识。

【译文】

"如今拿至高无上的第一等真道和切要的真德去教化普通人，不就使他们的智识竟然增多加大了吗？""你们这问话太好了！可那又有什么竟使他们的智识增多加大的嫌疑呢？你们为什么对此又产生疑虑了呢？""我们听说做儿子的，他那智识超过自己的父亲；做弟子的，他那智识超过自己的师长；做臣僚的，他那智识超过自己的君主，就都被称作下属者的贤明和智识却超过了自己上面的人，我们认为这很不合适。"

"今子言是也，又非也。今下智过于上者，乃谓不当使下智为巧伪之法，其智过其上，则还欺其上。子欲乐知其效，比若教学，巧家弟子智过其师，则还害其师矣。夫为人下,习知猾伪奸道,则下共还荧惑、欺其上矣。是故古者大圣贤,不敢妄教授猾巧伪文道也,常深念其本而断其末,不使愚人知之。故以猾智知国①,国之大贼也②。故古者圣人,常务授其真道,不授浮华伪相巧弄之法也,知其为害大深,故常闭其凶学③,而务开其吉路,使民常自谨,不知为非。

【注释】

①知国:执掌朝政。

②大贼:犹言大祸害。

③凶学:意为使人陷入凶险境地的学问。

【译文】

"你们刚才所讲的,乍一听好像很对,可实际上却是错误的。如今下属者的智识却超过了自己上面的人,是说不应让下属者的智识专门去琢磨奸巧邪伪的那套伎俩,在这方面的智识果真超过了自己上面的人,反过来就会欺骗自己上面的人。你们想乐意了解那证验,也就好比教与学,奸巧人家的弟子智识超过了自己的师长,反过来就会谋害自己的师长。作为别人的下属,特别熟悉狡诈、邪伪、奸恶那套伎俩,他们反过来就一起迷惑和欺骗自己上面的人了。所以古代的大圣贤不敢胡乱就传授狡诈、奸巧、邪伪的书文及其所讲述的那套伎俩,总去深深追念那根本,断绝那末梢,不让愚昧的人了解到它。所以真让怀有狡诈这类智识的家伙执掌朝政,就会成为国家的大祸害。故而古代的圣人总去极力传授自家的真道,压根不传授浮华邪伪、彼此要弄奸巧的那套伎俩,因为心中清楚那套伎俩造成的祸害特深重,所以就总把让人陷入凶险境地的学问锁闭起来,务必开辟出吉庆的通路,使众百姓时刻自我保持谨顺,不晓得去干坏事。

"子欲重知其信①,是故上三皇乃师事臣如父也②。时臣各怀真道要德,无巧伪文、猾人,故其时臣智悉过其君,能为帝王师,其教若父,故师父事之,是则道德过其君之则也③。故能使其君安坐垂拱而无忧。故言十中十,可辅帝王;言十中九,可佐大臣;言十中八,可为小吏;过此而下,不足取策④。所言不中,名为妄语,乱误上者也。子知之耶?"
"唯唯。"

【注释】

①信:指真确的情形。

②师事臣:谓像拜师般对待臣僚。参见本经卷五十三《分别四治法》所述。

③则:法则,楷式。

④取策:用作参考之意。

【译文】

"你们想再了解那真确的情形,因而天皇、地皇和人皇竟像拜师和对待父亲那样对待臣僚。当时的臣僚各自身怀真道和切要的真德,不存在奸巧邪伪的书文以及狡诈的人,所以当时臣僚的智识都超过了自己的君主,能够充任帝王的师长,诸多教导如同父亲一个样,因此帝王就像对待师长和父亲那样对待他们,这便形成了本人道德超过自己君主的法式。所以就能使自己的君主安稳坐在朝廷上,垂衣拱手而无任何忧虑事。因而预测政事而命中率为百分之百的,可以辅佐帝王;命中率为百分之九十的,可以佐助大臣;命中率为百分之八十的,可以充任小官吏;命中率在百分之八十以下的,不足以用作参考。因为所作的预测不灵验,这被称为胡诌一通,属于败乱和贻误上面的家伙。你们清楚这种情况了吗?""是是。"

"行,子欲重知其大效,到于五帝,道小衰,故君臣道德不能复相问。同门为朋①,同志为友②,所知君臣同,不能复大相高上③,要道秘德小塞不通,故无可师父事,但朋友事之也④。

【注释】

①同门:谓拜从同一师长受业的人。

②同志:谓志趣相同的人。以上所云,参见《周礼·地官·大司徒》和《礼记·檀弓上》郑玄注。

③高上:意谓比试出高低来。

④朋友事之:谓像对朋友那样对待臣僚。参见本经卷五十三《分别四治法》所述。

【译文】

"近前来,你们想再了解那特别明显的效验,到了以黄帝为首的五帝时代,真道逐渐衰落,所以君臣之间在真道真德上做不到相互询问了。拜从同一师长受业的人就成为朋,志趣相同的人就成为友,在所了解掌握的学问上,君臣之间水平一样,不能再彼此明显地比试出高低来了,切要真道和隐秘真德逐渐受到阻塞而不通用,因此就没有帝王能像对待师长和父亲那样来对待臣僚的了,只是像对待朋友那样来对待臣僚罢了。

"到于三王,师授者多妒学,闭绝真道奇德,其弟子日益愚蔽无知,反多入浮文①,使君洽眩乱②。其道德浅薄,不足父事,不足友事,故子事之③。其智少,故不而为帝王图难易,故使天地大怒,灾变连起,不可禁绝,大咎在此。子知之耶?""唯唯。"

【注释】

①浮文：指礼经等典册。

②使君治眩乱：此五字中"冶"当作"治"。形近而讹。

③子事之：谓像对儿子发号施令般对待臣僚。参见本经卷五十三《分别四治法》所述。此处所云，实则与史相悖。如商之伊尹，便曾放逐商王太甲；而周之吕望，即被武王尊为"师尚父"。

【译文】

"延续到夏禹、商汤、周文王和周武王时期，以师长身份教授生徒的人大都嫉妒真学问，把真道奇德封锁起来断绝掉，他们的弟子日益愚昧昏暗没学问，反而大多滑入到浮华的书文里面去了，致使君主的治理迷惑昏乱。臣僚们道德浅薄，不足以像对待父亲那样对待他们，也不足以像对待朋友那样对待他们，所以就变成像对儿子发号施令那样对待他们了。当时的臣僚智识很少，因而就不能为帝王谋划难解决或容易办的政事，所以便惹得天地大怒，灾异变怪连连降现，没办法阻止断绝掉，大祸患正出在这上面。真人清楚这种情况了吗？""是是。"

"行，子已觉矣，复为子重明之。今五霸，其臣悉无真道德，皆能作巧伪猾所以相欺诈者。其臣多知邪猾佞伪巧所以相惊动惑之道，或乃过其君，因而反逆，子杀其父，臣杀其君，下杀其上①，悉怀无义夷狄之心。人人有巧伪之术，各有奸心，无有真道，故数反逆。故事斧钻②，视臣若死籍③，乃其臣皆怀佞文多巧猾道，不足重，故视之若畜也④。是明效也！

【注释】

①"子杀"三句：据《春秋》记载，该时期共弑君三十六，亡国五十二。

②事斧钻：意谓惟以斩杀为首要之务。斧钻，分别为砍杀人和剔去

髌骨的刑具。

③死籍：意谓死尸相堆积。

④畜：牲畜。参见本经卷五十三《分别四治法》所述。

【译文】

"近前来，看来你们已经觉悟了，再为你们重新阐明这个问题。如今世人都知道的以齐桓公为首的春秋五霸，他们手下的臣僚一个个都没有真道真德，可却全会发明出一套又一套用来相互欺诈的奸巧、邪伪、狡猾的把戏来。他们手下的臣僚大多熟悉能叫对方深感惊异或故意引动迷惑对方的那套邪伪、狡猾、奸巧的伎俩，有的竟然胜过自己的君主，因而就谋反叛逆，当儿子的杀死自己的父亲，做臣僚的杀死自己的君主，在下面的杀死自己的上司，无不怀有夷狄那样的不讲道义的心肠。人人掌握了一套奸巧邪伪的伎俩，各自怀有奸恶的心肠，没有真道，所以便屡屡谋反叛逆。因而君主也把斩杀作为头等大事，把臣僚看成是堆在一起的死尸堆，这正出于手下的臣僚都编有一大套奸诈机巧的文辞，掌握多种奸巧狡猾的伎俩，不值得看重他们，所以就把他们像牲畜那样来看待。这正构成那最为明显的证验啊！

"故古者圣贤应天心，娉真道德①，士仁人②，而放佞伪猾③，以称皇天之心。是故吾道悉开吉门而闭凶户，不敢及猾知可以过其君者也。子宁晓知耶？""唯唯。慎之矣。"

【注释】

①娉：通"聘"，聘用。

②士：通"仕"，给官做。

③放：驱逐。

【译文】

"所以古代的圣贤应合天心，专门聘用具有真道真德的人，只让仁人担任官职,驱逐那些机巧、邪伪、狡诈的家伙,用来切合皇天的心意。因而我那真道完全是敞开吉庆的门路,闭紧凶败的入口处,不敢涉及到狡诈型的智识超过君主的那套烂玩艺。你们到底完全明白这一点了吗?""是是。对这一点已经多加小心了。"

"太上古之臣多仙寿,故能使其君寿;中古臣多知怀道德,故能使其君常无忧;下古臣多无真道而愚,故多使其君愚甚,君愚,其洽常乱愦①,不得天心。霸君之臣尽佞伪,多猾巧诈,共荧惑其君,使其失天正路,反入凶户,故与天为大怨。子知之乎? 故其治悉凶,不得大久。真人为天问事,宜日谨,不可但恣意妄言,言当成法②;言不成经③,不若默也。举言不中④,罪深不除。""唯唯。""行去,子已知矣。"

右智贤过其君难解诀。

【注释】

①其洽常乱愦:此五字中"洽"当作"治"。形近而讹。

②言当成法:意谓一旦发表看法或提出主张便应成为任何人都必定遵行的法则。

③经:指绝对无法改变的准绳。

④中(zhòng):谓切中要害。即符合天道。

【译文】

"上古时代的臣僚大多成仙或长寿,所以就能使自己的君主也长寿;中古时代的臣僚大多还懂得怀有道德,所以就能使自己的君主总不存在忧虑事;下古时代的臣僚大多没有真道而变得愚昧,所以就大多使自己的君主特愚昧,君主特愚昧,他那治理就总是混乱又昏暗,获取不到天心。至于霸主的臣僚,没有一个不奸巧邪伪的,掌握很多狡猾、奸巧和欺诈的手段,一起迷惑自己的君主,使他完全偏离皇天的正路,反而踏入凶败的门槛,因而便与皇天结下大怨恨。你们清楚这种情况了吗?所以他们的治理全都凶险,存在不了多长的时间。真人既为皇天问事,就该一天比一天更谨慎,决不可肆意乱说一气,一旦发表看法或提出主张便应成为任何人都必定遵行的法则;发表看法或提出主张却成不了绝对无法改变的准绳,还不如闭口不谈。说出话来却不能切中要害,就罪过深重,死有余辜。""是是。""回去吧,你们已经了解这一切了。"

以上为智贤过其君难解诀。

神司人守本阴祐诀第一百五十六

【题解】

　　本篇所谓"神"，乃系"无形象、变化无穷极之物"。此物在幽冥中侦伺人的志念与举动，并为之降凶或赐吉，即为"司人"二字的涵义所在。"守本阴祐"，则指用心专纯坚密，惟以体悟和执守真道要意为务，力行阴德而言。由于神司人，人必须守本阴祐，方能与神交结，长入吉门，最终度世登仙，属于篇中天师对真人所提三大疑问第一问作出的首要解答，故取以名篇。三大疑问除去修道却极少得见度世大寿这第一问外，尚有学道却极少得见入仕居官第二问，对此诘难，篇中给出的答案为：耽学不懈以成"经道"，积善不止以立"行名"，必定会得到明王的征召，并进而度世。这一答案，系对"守本阴祐"的再强调，其中浸透着禄在"道"中、仙俗兼顾并得的早期道教思想。而有关第三问的解答，则通通诉诸下篇了。下篇与本篇既各有侧重，又交参互涵，连而为一。

　　"请问一大疑事。""行言之。""今天师广开天道之路，悉拘校古者道书之文，以为真要秘道。真道者，多善其文乃入神[1]，故能睹神，与神为治[2]。所治若神入神，则真；其道也乃多成于幽室，或有使度于室中而去者，或有一出一入未能去者[3]，或有但见神而终古不去者[4]。

【注释】

①多：推重之意。善：谓能精读天师道文并领悟其要意主旨。入神：指心志与神灵融为一体，得见神灵形状。

②与神为治：意谓众神灵助人为吉，消解邪害。

③一出一入：指半途出现反复。即时而修炼，时而辍止。

④终古：犹言寿终。指一生与成仙始终无缘。以上所云，详见本经卷九十六《守一入室知神戒》所述。

【译文】

"请求询问一宗特别让人感到疑惑的事情。""近前讲来。""如今天师广泛敞开皇天道法的通路，全面汇集校理古代道书的文辞，构成隐秘切要的真道。真道这宝物，推重并精读领悟它那文辞，就能与神灵融为一体，所以就能看到神灵，与神灵共同施行治理。所施行的治理如同神灵，并与神灵融为一体，也就属于真道；这种真道大多在那幽僻的秘室里修炼成功，既有直接让修炼者在秘室里超凡成仙的情况，也有中途出现反复而未能超凡成仙的情况，还有只是看到了神灵却到临死前也未能超凡成仙的情况。

"夫度去者，万未有一人；大寿者①，千未有一人也；小寿者②，百未有一人也；竟其天年者③，比是也④。凡天下之人学问也，万未一人得上官也⑤，千未一人得中官也⑥，百未一人得小官也⑦。其于佃家活生⑧，万未一人得亿万也⑨，千未一人得千万也，百未一人得百万也。凡事者，皆如此矣。故其本者众多⑩，其度世及富贵者少也，愚生甚忧之。

【注释】

①大寿者：指活到一百五十岁的人。即其寿龄乃为上寿一百二十

岁与天地特赐"私命"三十岁的总和。参见本经卷一百二《经文部数所应诀》后附遗文所述。本经卷一百十四《为父母不易诀》有云:"先人余算并之,大寿百二十。"则谓上寿(天寿),与此处所称"大寿"名同而实异。

②小寿者:指活到八十岁的人。

③竟其天年者:指活到六十岁以上的人。本经分人寿为三类:乙部《解承负诀》、癸部《盛身却灾法》所云上寿一百二十岁,中寿八十岁,下寿六十岁;辛部经文所云头等寿命一百三十岁,二等寿命一百二十岁,三等寿命一百岁;己部《经文部数所应诀》后附遗文所云天寿一百二十岁,地寿一百岁,人寿八十岁,霸寿六十岁,仵寿五十岁。

④比:到处。

⑤上官:高官、大官。汉代以月俸二千石以上者为上官。

⑥中官:中级官员。汉代以月俸六百石以上而不及二千石者为中官。

⑦小官:指在中央和地方官府中供职的办事人员。

⑧活生:犹言营生或生计。

⑨亿万:指钱财数。东汉通行五铢钱,为铜币。

⑩本者众多:意谓真道本应大见其效,使人官大财多能成仙。

【译文】

"超凡成仙的人,在一万个人当中却没有一个人;活到一百五十岁的人,在一千个人当中却没有一个人;活到八十岁的人,在一百个当中却没有一个人;而活到六十岁的人,却到处都是。全天下致力真道学问的人,在一万个人当中却没有一个人当上了大官,在一千个人当中却没有一个人当上了中级官员,在一百个人当中却没有一个人当上了低级官员。真道对于农家谋划生计来说,在一万个人当中却没有一个人获取到了亿万家财,在一千个人当中却没有一个人获取到了千万家财,在一百个人当中却没有一个人获取到了百万家财。其他任何事情,尽管学用真道了,可结果也都像这个样子。因而真道本该大见奇效,使人官大财多能成仙,可超凡登仙和变得大富大贵的人却极少,愚生对这种状况感到非常忧虑。

"今为道,当以何为大戒,而得长成乎①?学问当以何为大戒,而得到大官乎?治生聚财,当以何为大戒,而得致富乎?今不及天师力问诸疑,恐终古蒙昧②,不复开通,无以得知之也。"

【注释】

①长成:谓长生成仙。

②终古:永久。

【译文】

"如今修炼真道,应当把什么作为重大的戒条,得以长生成仙呢?致力真道的学问,又应当把什么作为重大的戒条,得以当上大官呢?谋划生计积聚钱财,又应当把什么作为重大的戒条,得以发家致富呢?如今不趁天师在,大力询问这些疑难事,弟子恐怕永久会蒙昧不开窍,没有任何途径能够弄明白它们。"

"善哉善哉!诸真人问疑事也,天使子来问之。诺,安坐,善问身听,今为真人悉道之,使□□可知①。自随而力记之。""唯唯。"

【注释】

①使□□可知:此句原缺二字。

【译文】

"众位真人询问疑难事真是太好了,太好了! 这是皇天在驱使你们前来询问。好好。你们稳稳坐定,既善于询问就该亲身仔细听,我现在就为真人详尽讲说它,使你们得以了解掌握到。你们自行跟在后面尽力记下它。""是是。"

"行。后世得吾文,为其广开真道之路,必且俱学真道。夫真道而多与神交际,神道专以司人为事①,亲人且喜善②。与不视人,且惊骇③;与不俱争,语言于人旁④。状若群鸟⑤,相与往来,无有穷极。或言人且度去,或言人且富而贵,或言人且贫而贱,或誉旁人,或毁旁人,或使人大悦喜,或使人常苦大忿⑥。

【注释】

①司(sì)人:意谓侦伺人的心念与举动。司,通"伺",探察,候视。

②亲人:谓主动接近人,与人亲近。

③"与不视人"二句:意谓人不想与对方怒目相向,而神灵也要让人心惊目骇,非作出反应不可,以此检验其人用心坚密与否。

④"与不俱争"二句:意谓人受欺辱,却不抗争,而神灵也要怂恿其人抗争。

⑤状若群鸟:《论衡·订鬼篇》谓:"俗间家人且凶,见流光集其室,或见其形若鸟之状,时流入堂室,察其形谓若鸟兽矣。"

⑥"或言"七句:详参本经卷七十一《致善除邪令人受道戒文》、卷一百十四《九君太上亲诀》所述。

【译文】

"注意听我讲。后来出生的人获取到我那书文,特为他们广泛敞开真道的通路，必定要都学用真道。真道大多要与神灵相交结，神灵所奉行的皇天大道专把侦伺世人的心念与举动当成惟一该做的事情，主动亲近人并且喜爱人良善。有人不想与对方怒目相争，神灵也要让他心惊目骇，非做出反应不可；有人受欺辱不打算进行抗争，神灵也要怂恿他去抗争。那种状态就像一群飞鸟，来回来去同人缠在一起，没有到头的时候。有时对人说你马上就会超凡成仙了，有时对人说你眼看就该富贵起来了，有时对人说你快要贫贱下去了，有时对人赞誉另外一个人，有时对人诋毁另外一个人，有时让人高兴到极点，有时让人长久苦闷，愤怒万分。

"夫神，乃无形象、变化无穷极之物也[1]。人为之能专心自守，能不听其言，考心乃行，闭口不传其言，又不随为其愁怒喜，固固坚守本不移，务阴利祐人及凡物[2]，不欲为害以年[3]。一知道之后，常为上善[4]，务利而不害伤，求道为善，到年穷乃止。为是不敢懈怠，万万度世一不耳[5]，万得大吉一凶耳。如此则群神转共祐助人也，使人日乐善，不知复为邪恶也。真人知之耶？""唯唯。"

【注释】

[1] "夫神"二句：《论衡·论死篇》谓："神者，荒忽（恍恍惚惚）无形者也。"《雷虚篇》又云："神者恍惚无形，出入无门，上下无根，故谓之神。"本经卷一百十四《不用书言命不全诀》称："神亦贵得其名，变化而入无孔之中，小大自在。"

[2] 阴：暗中默默。利祐人：有利和救助他人。指积行阴德。

[3] 以年：多历年所之意。

[4] 上善：第一等善行。

⑤万万度世一不耳：意谓万万人都会成仙而至多剩下一个人罢了。

【译文】

"神灵正是没有固定形象而变化永无止境的幽冥物。世人面对它能够专心自守，做到决不听信它那话语，经过内心独立思考才去行动，闭口不传扬它那话语，又不跟在它的后面而产生忧愁、愤怒或喜悦，一味牢牢地坚定守持住根基，丝毫不动摇，极力在暗中有利并救助他人以及万物，没有伤害谁的念头，像这样多历年所。一下子了解掌握住真道以后，总去做出最好的良善行为，务必对他人和万物有利，决不伤害，求取真道做善事一直坚持到寿命终了那一天才算罢休。始终这样做而不懈怠，那就万万人都会成仙而顶多剩下一个人罢了，那就一万个人都会得到非常吉福的结果而顶多有一个人遇到凶险罢了。达到这般地步，所有的神灵反转来一起保佑救助世人，使世人每天都只高兴做善事，不懂得再去干哪门子邪恶的勾当了。真人清楚这种情况了吗？""是是。"

"行，子已知矣。行，为真人道其且乱败者。人用心意不专纯，又易喜易怒，易惊易惑，又易事轻口清辩慧①，常欲语善恶②，无可能隐匿，遭者欲言，不能自禁止。于其如是，则群神共来欺之。或之小人，则且上入祆言而死也。或数争辩口而妄言也，或为鬼神所惊，因而病狂也③。大用心意不专一，人怒喜无常，举事失正，惚恍无方，或以是失其贤友善辅也，因以危亡。

【注释】

①轻口：谓轻易开口，出言不慎。清辩慧：谓妄逞尖口利舌，卖弄小聪明。

②常欲语善恶：即信口雌黄。

③病狂：染患疯癫病。

【译文】

"好了，看来你们已经领悟到了。近前来，再为真人讲说被神灵搅乱败毁的那类情况。世人动用心意不专一不纯正，又很容易高兴或容易发怒，容易对事情感到吃惊或容易受迷惑，又爱不把什么事情当回事，拿起嘴来就说，说起来又尖舌利齿，卖弄小聪明，总想信口雌黄，根本做不到有什么保留的，碰到人和事就要讲一通，自己控制不住自己。对于这类人，所有的神灵就一起前来欺哄他。有的降临到本属普通平民的某个人身上，使他朝罪恶深渊里猛跳，竟至妖言惑众而被官府捕杀。还有人一个劲儿地争着比试谁口齿伶俐能诡辩而胡说八道，结果被鬼神所惊吓，因而就患上疯癫病了。心意往四处乱用不专一，使人喜怒无常，一有行动就丧失正道，恍恍惚惚没有个定准儿，有人由此而失去他那贤明的朋友或优秀的助手，随即危乱败亡。

"是者，大咎在不爱利①。为上则不欲利其下，听邪神，反欲害之，故贤者使去，反失其贤辅用。其于小人也，不欲尊重其上，反听邪神诈伪，袄言妄语。是即为道不成，所以得凶之门户也，吾不能豫胜记之也。凡人用心不能专坚密者易营②，或皆举事不吉，所为多害得凶。其过失积众多，不可尽言。但为真人举道其大纲③，见其端首，使贤明深见吾文，自精详随而察之，必已知矣。真人宁晓不耶？""唯唯。"

【注释】

①爱利：谓互爱互利。
②易营：易被算计之意。
③举道：列举讲说。

【译文】

"以上这些情况,大过错就出在不互爱互利上。身为统治者却不想对他下面的人有利,听信邪神的蛊惑,反而要杀害他们,所以就造成贤明人离去,反而失去了这些人对自己的辅佐用处。在普通百姓那里,不愿意尊重自己的上司,反而听信邪神的欺哄蒙诈,胡乱散布妖言。这都属于修炼真道修不成,反倒落得个凶败下场的入口处,我无法对此预先都记述过来。但凡用心达不到专一坚密的人就容易被算计,有的人只要干事就没有一桩是吉利的,所作所为大多遭受到殃害,落得个凶败的结果。这类过失积聚得简直太多了,没办法能说个底朝天。我只是为真人列举讲述那里大纲,显示出首要部分来,使贤明人深深观视我这书文,自行精思详念,随即作出体察,一定会了解掌握它。真人究竟对此闹清楚没闹清楚呢?""是是。"

"行,子已大觉矣。守吾文以为深戒,以为行者,万世可无凶害,诚□□①。故后世读吾文书,从上到下,尽睹其要意义而行者,万不失一也;守之不置,自然毕也;专心善意,乃与神交结也;邪心恶意,道必失也。大人不精听耶②,或失其正位;小人不精听耶,与妖结也。此悉成身之害,不可不大戒慎也!凡人举事有过,皆自身得之也。夫祸变近从胸心中出,不以他所来也。真人知耶?"

【注释】

①诚□□:此句原缺二字。

②耶(xié):用同"邪",指邪神。

【译文】

"近前来,看来你们已经彻底觉悟了。守执我这书文,把它作为深切的戒条和行为的准绳,永远就能凶害不加身。所以后来出生的人诵读我这书文,从上到下,完全看出其中的紧要意旨来,照着去做,就绝对不会出现任何差错;守持它而不废置,自然就修成真道了;心专又用意良善,便与神灵交结下了;心邪而用意歹恶,真道必定就失去了。身居高位的人不专精却听信邪神的蛊惑,有的就会丢掉他的正位;普通百姓不专精却听信邪神的欺哄,便与妖言惑众连在一起了。这都属于修成仙身的大祸害,不能不引起高度警戒,多加小心啊!但凡世人做事却犯下罪过,都是由自身招来的。灾祸变故正从距离自己最近的本人胸心中冒出来,不从其他什么地方降下来。真人明白这一点了吗?"

　　"唯唯。可骇哉!可骇哉!""子知惧骇于是,可谓已得入真道矣。""愚生已大觉矣。贤仪此以为行①,成事得长入吉门②,辟凶户矣③;死生之路,可长睹矣;案此为行,凶耶日远去,吉者来矣。""然。子已知之矣,□□不复重戒子也④。""唯唯。"

【注释】

　　①仪:奉为法度之意。

　　②成事:汉代惯用语,即旧有事例之意。

　　③辟(bì):避开。

　　④□□不复重戒子也:此句原缺二字。

【译文】

　　"是是。这太可怕了!这太可怕了!""你们对此感到可怕,可以称得上已经获取并进入真道了。""愚生已经彻底觉悟了。贤明人把这奉为准则,照着去做,旧有事例早已证明,确能长久进入那吉庆的大门,避开那凶险的入口处了;死生的通路,可以深长地看出来了;遵循它构成自身的行为，凶邪事就一天比一天远远离去了，吉祥事就噗噗地涌来了。""好的。你们已经明白这宗事了，不再重新告诫你们了。""是是。"

　　"行，为子道学而得大官者决意。凡人学问也，今日入学门，用心专一，常欲祐利爱而不妄语。年少而学，至老穷无复知乃止，不乐得官也，但身好学，务欲得知经道①，积为善而不止，行名立，经道成，深知古今灾变所从起。其行与学，有益于上，有利于下，为善积闻②，不可阖闭③，名闻四远，明王好之，因而征索召取④，百姓俱言'善哉'，俱言'大吉'，是其人也。旁人为其说喜，是者即其善人学而度世者也。真人知之耶？""唯唯。"

【注释】

①经道：指经典及其所演述的真道。

②闻：指声誉，名声。

③阖闭：被封锁、遭埋没之意。

④征索召取：谓接到皇帝下达的诏书而被征召到朝廷做官。此由汉行征辟制而来。本经卷六十七《六罪十治诀》云："因而诏取，位至鼎辅，因是得尊贵，世世无有解已。"

【译文】

　　"近前来，再为你们讲说学道能够当上大官的定论意旨。只要是人们致力于真道的学问，在今天踏入了学道的大门，从此便用心专一，常想救助别人，互利互爱，而不瞎说一气。从年纪稍轻时开始学习，到老年甚至寿终前，从来不晓得停止，不希图捞它个一官半职，只是自身酷爱学习，务必要了解掌握经典及其所演述的真道，积累善行，从不罢休，善行和美名已经树立起来了，经典及其所演述的真道已经完全掌握住了,深深懂得古今灾变降现的根源了。而他那品行与学问,既对上面的人很有利,又对下面的人很有利,坚持做善事,加重好名声,简直无法给封锁住,名声传遍遥远的四方,圣明的帝王听说后特别喜爱他;随即下达诏书,征召取用,百姓们都齐声说'这样可太好了',又都齐声说'这回可吉庆了',这便是那合适的人选。其他人都为他感到高兴,这样的人也就属于善于学习世间学问确能超凡成仙的人。真人清楚这一点了吗?""是是。"

为道败成戒第一百五十七

【题解】

本篇承接上篇,对真人所提三大疑问续加解说。"道"在这里,特指《太平经》所标举的真道而言。其真道不仅大至"无表",小至"无里",而且尊则极其上,卑则极其下,吉福和凶害正反兼具,高下和沉浮俱各包纳。要想学成、修成这样一套真道,必须用心专一,行善爱利他人,闭口不妄语,如此则得"自度之术";反之,便会招来大邪鬼物的荧惑,被道所"贼",此即篇题中"成败"之意。至于篇中对佃家学道极少得见巨富这三大疑问中第三问进行的正面解说,旨在告诫百姓做顺民而已。惟其痛斥行贿求官为天地之害、国家之贼、民之虎狼、父母之恶子,则有暴露东汉后期政治窳败的意义。

"行,复为子说,道其不度者意。今日入学门,不乐思得真道善说,但欲博闻多睹可以行穷极圣人者①;又不乐推行作善,反好浮华之文可以相欺伪者②。或既得入经道,又用心不专一,常欲妄语,辩于口辞。以害人为职,不尊重上,不利爱下。其行与经道实空虚③,未足以为帝王之良臣,反行守长者旁人④,以财货自助,欲得大官,以起名誉,因而盗采财利⑤,以公趣私,背上利下⑥。是即乱败正治,天地之害,国家之贼也,民之虎狼,父母之恶子也。天地憎之,鬼神恶之,故其罪泄见者⑦,时时见诛于帝王,以称天心,以解民之大害也。是其工欺而得官者也⑧。

【注释】

①穷极:难倒之意。

②浮华之文:此四字中"文"原作"天"。据《太平经钞》改。

③实空虚:意为实际上已给架空起来。

④行守:寻找和投靠之意。长者:指公卿等朝廷大臣。

⑤盗采财利:谓将财利设法据为己有。

⑥利下:即收买人心。

⑦泄见:败露。

⑧工欺:意为擅长耍弄欺诈手段。

【译文】

"近前来,再为你们作讲说,谈一谈成不了神仙的本意所在。今天迈入了学道的大门,却不乐意一门心思去获取到真道的精妙解说,光想广泛众多地闻见到可以拿来难倒圣人的东西;又不乐意践行真道做善事,反而喜好浮华的文辞和可以拿来彼此欺诈的那套玩艺。有的人已经得以进入了道经及其所演述的真道里面,可又用心不专一,总想胡吹一通,在尖口利舌上显能耐。把祸害人作为惟一要干的事情,既不尊重上面的人,又不爱护和有利于下面的人。他那行径实际上已经把道经及其演述的真道给架空了,不足以成为帝王的贤良臣僚,反而寻找和投靠其他拥有权势的人,依仗钱财来给自己打气,只想捞个大官当,煽布起名声来,随即把财利设法据为己有,假公济私,背叛上面,收买人心。这恰恰是在搅乱毁败纯正的治理,纯属天地的大祸害,国家的奸贼,吞噬百姓的虎狼,父母的歹恶儿子。天地憎恨他,鬼神厌恶他,所以他那罪过一败露,随时随地便被帝王所斩杀,用来切合天心,用来铲除掉百姓的大祸害。这就是擅长玩弄欺诈手段而谋取官职那类人的情况。

"或有用心不专,实空虚无真守,反积常思欲得官。官者,乃天之列宿之官也①,以封有德,赏有功也,不以妄予无功之人也。无功之人,天地所忽,神灵所不好爱也。下愚不能深自知恶,反妄思得天官而不止,邪鬼物因而共下其心,使其妄语,因而妖言,不而自禁止也,故时有邪言而死者②,此之谓也。

【注释】

①列宿:即众星辰。此据"官制象天"论为说。如天有三台星,故设三公;天有北斗九星(其中辅、弼二星不常出现),故设九卿之类。

②死:指被捕杀。

【译文】

"还有人用心不专一,肚子里实际没学问,不具备看家的真本领,反而平素满脑子光想弄个官来当。职官属于皇天众星辰的职官,只拿来封授给具有道德的人,赏赐给立有功劳的人,决不会把它胡乱就授予给没有功劳的人。没有功劳的人是天地所轻视的对象,是神灵不喜爱的蠢货。低劣愚昧的家伙不能自己深知自己有过恶,反而一个劲儿地妄想捞个天官来干干,于是大邪鬼物就顺势一起降入他那心里去,让他胡说八道,随即便去妖言惑众,不能自行控制得住,所以便常有散布邪言而被官府捕杀的人,说的也正是这种情形。

"非独为道不得其意则凶也,凡人为行不欲乐善为,悉凶也。真人努力,子幸有善意,常欲爱利为事,已度矣。虽然,真人,凡人且度不度,不在于前也,其失皆在于后,皆由不自爱自易,自言且度,反中有过而不度也①。故吾今说而不得中止者,乃真人使吾说不得止也。今欲中闭说而自易不言,恐恨真人。真人恨,则上视天,反且使天害吾,故吾言不敢道自易闭学而中止也。子知之耶?""唯唯。"

【注释】

①中有过:谓中途产生过恶。

【译文】

"不单单修炼真道获取不到那要意就结果凶险,只要是世人做出事情来却不乐意做善事,就都结果凶险。真人要努力,你们万幸怀有做善事的心意,总想把爱护和有利别人作为惟一该做的事情,已经就能超凡成仙了。尽管是这样,可真人哪,你们还要明白,但凡人们眼看要成仙却成不了仙,并不在于前面修炼得多么好,都因在后面出现了闪失,都来自不自我爱重却自我轻慢,自称本人马上就要成仙,反而在中途产生过恶却成不了仙。所以这就如同我眼下在作讲说,决不能中途作罢,由于真人在让我作讲说,就没办法中途作罢。如今我想半路卡住,自我轻慢而不再讲下去了,恐怕会使真人感到怨恨。真人一怨恨,就会仰面看皇天,反而招致皇天殃害我,因而我讲说起来,就决不敢自我轻慢,锁闭住真道的大学问而半途就给卡住。你们明白这一点了吗?""是是。"

"行,凡人之得害如此矣。常得于未解①,不与本相应②,故失之也。子既有大功于天,努力努力!""唯唯。不敢自易业学而道上也③。"

【注释】

①解：彻底闹清之意。

②本：指道之本根。

③业学：有关道业的大学问。道上：意为自称已步入成仙的境地。

【译文】

"近前来，但凡人们落下个被殃害的结果，也就都像这个样子了。而这又常常源于未彻底闹清真道，不与真道的本根相对应，所以就失去成仙的福分了。你们既然对皇天立下了大功劳，就要努力再努力！""是是。我们决不敢在道业的大学问上自我轻慢，声称已经步入成仙的境地了。"

"行，子已知自度之术矣，吾无以加之也。行，复为真人具说其人乐治家畜财、得富贵者。年少力能布作①，而长思为事②，力尽因乃止；能扬善隐恶③，常用心乐为善，栗栗思尊上④；凡疑悉慎戒之，不敢妄为；又爱下不欲害人，不枉王法，不乐随邪礼相随饮食也；凡不急之事，不敢与焉。有知而为此行到老⑤，无知乃已；虽实若虚，口不轻语。故能致珍物畜积，因以成人也⑥。

【注释】

①布作：谓筹划生计，进行营作。

②为事：意为还可操持哪些发家致富的事项。

③扬善隐恶：此就对待他人所抱持的态度与做法而言。

④栗栗：惶恐戒惧的样子。

⑤有知：谓脑筋尚能转动。

⑥成人：指成为数得上的人物。

【译文】

"近前来,你们已经明白自身求得成仙的道术了,我对此没有能再作补充纠正的了。近前来,再为真人详尽讲说世人乐意治家积攒钱财变得大富大贵这宗事。从年轻时就使出全副力气去筹划生计,进行营作,到年长又琢磨还能操持些什么活计,力气用光了,随后才罢休;能够传扬别人的长处,不讲他们的短处,用心总是高兴做善事,万分恐惧地只想尊奉上面的人;只要是自己闹不懂的事情就都多加小心,引起警惕来,不敢轻举妄动;又爱护比自己地位低的人,压根没有害人的念头,不触犯王法,不愿意随顺邪伪的礼节,跟着去吃吃喝喝;只要是不紧要的事情,就不敢参与进去。脑筋还能转动就坚持做出以上各方面的行为,一直到老,临死才罢休;虽然懂得许多事情,但还像不懂得一样,嘴上决不胡乱就发话。所以就能把珍贵的物品搞到手里,越积越多,因而成为数得上的人物了。

　　"夫人贤不肖,用意各异。或有不善之人,轻上害下,好从邪礼不急之行,数到市道①,用口妄语,不能忍非②,即凶乱危亡之人也,非为道也。子知之耶?""唯唯。"

【注释】

①市道:指市场和路旁的热闹场所。

②非:指受辱之事。

【译文】

"贤能的人和不贤能的人,用意各自不同。有些不良善的人轻蔑上面的人,伤害下面的人,喜好随顺邪伪的礼节以及不紧要事情的那套做法,常常到集市和路旁的热闹场所大吃大喝,抄起嘴巴就胡说一气,忍不下受辱的事情,这就纯属凶险败乱和危急灭亡的人,这类人绝不是在修炼真道。你们清楚这种情况了吗?""是是。"

　　"是故夫为道者,专汝心,闭汝口,毋妄言也。是故古者圣贤睹天法明①,故能行道守德也。天乃专一,昼夜行道而不言②,故能独吉也;地乃昼夜行道而不言,爱养万物,故能长独安也;四时乃独行道,昼夜不止,故能常独兴王而不止也③;三光乃独行真道而不言,故能常明,随天运行也;五行乃独行真道而不言④,故能与天地为常也。凡天下之为道行者,象此不可胜书也。故能爱利,口不妄言,则道可得也;欲轻忽事,反吾文言者,成□□为道所贼⑤,万不失一也。真人既远来问疑,故以戒子也。得书思之惟之,吾不负子也。吾乃为天谈,以戒上德君之民。夫德君天与之⑥,必且好道,百姓且象其君而为之,皆以此文为大戒,则可得吉而远凶也。出此之书,以戒下愚,慎毋藏之⑦。""唯唯。"

【注释】

①天法:皇天的大法。

②昼夜行道:谓天由西向东,每昼夜运转三百六十五度,施布化生之气。本经卷一百十九《道祐三人诀》称:"故天日一周,自临行之也。所以自临行之者,假令子水也,但有水气未周,五行气不足,四时气不周,故为行而临之。甲加其上,有木行,有春气;丙加其上,有火行,有夏气;戊加其上,有土行,有四季中央之气;庚加其上,有金行,有秋气;壬加其上,有水行,有冬气。五身已周,四气已著,乃凡物得生也。"

③兴王:意为交替推移而各起主导作用。

④五行:木火土金水。古代以之代表五种物质元素及其典型属性和相互间生克循环的动态系统与模式。行谓运行。五行与阴阳密切相连,属于阴阳之分,即五行分属阴阳又各含阴阳。

⑤成□□为道所贼：此句原缺二字。贼，克杀。

⑥与：赞同，赞许。

⑦慎毋：切莫。

【译文】

　　"所以修炼真道的人，要把你那心念专注起来，要把你那嘴巴紧闭起来，不能乱说一气。因而古代的圣贤对皇天的大法观察得格外明晰，所以就能行用真道、守持真德。皇天恰恰最专一，昼夜行用真道而默默无语，因而就自身总吉利；大地也昼夜行用真道而什么都不讲，爱护养育万物，所以就自身总平安；春夏秋冬只管行用那真道，昼夜不止，因而就自身总兴旺而没有止息的时候；日月星辰只管行用那真道，默默无语，所以就总放光辉，随同皇天来运行；五行只管行用那真道，什么都不讲，因而就与天地永远一起存在。只要是天下守行真道的事物，全都效仿以上的举动，简直没办法把它们全部列举出来。所以能够爱护并有利他人，口中不胡乱讲话，真道就会获取到；只想轻率放纵地炼一炼，与我这书文所讲的方法对着干，就会被真道所克杀，一万个人当中绝对漏不掉一个人。真人既然从远处前来询问疑难事，所以就拿这些话告诫你们。得到书文后精思再精思，我决不会辜负你们。我正代替皇天在作宣讲，用来告诫具有第一等道德的君主及其治下的民众。具有道德的君主，皇天赞许他，他就一定会喜好真道，百姓们也会效仿自己的君主去修炼真道，都把这篇书文作为大戒，就能获取到吉福，远远离开那凶害了。你们出示这篇书文，去警告低劣愚昧的人，切莫把它擅自藏匿起来。""是是。"

　　"行去，此说戒，乃若小而反大，若薄而反厚。""何谓也？""然。念其辞言也若小耳，其戒反大也；念其言若类似俗辩士所为也①，则似薄不足传也，念其戒人成人则厚矣。故念吾为真人作道，其大也则洞至无表②，其小也则洞达无里,尊则极其上,卑则极其下,故上及神人③,下及奴婢。所以然者,欲使大人为之亦言足④,小人为之亦言足,贤圣为之亦言足,百姓为之亦言足。"

【注释】

①俗辩士:世俗间能言善辩的人。

②洞:通透。表:外端。

③神人:本经所拟构的神仙等级序列中一等正牌神仙的专称。职在理天。其上还有掌理元气的特级神仙"无形委气神人"。详见本经卷四十二《九天消先王灾法》、卷五十六至六十四《阙题》(六)所述。

④足:够用之意。

【译文】

"回去吧,这篇书文讲论戒条,正属于看起来很微小,可反倒重大;看起来很细薄,可反倒深厚。""这话讲的是什么意思呢?""好的。琢磨起它那文辞来,表面上显得好像很微小,但训戒的事体却特别重大;琢磨起它那文辞来,好像跟世俗间能言善辩的人讲论得差不多,表面上显得很细薄,不足以传播开来,但一体察它在怎样告诫世人,如何能叫人成为著名的人物,也就更显出深厚来了。所以便应想到我为真人创制真道,在大处就通透到没有外端,在小处就通透到没有里层,论尊贵就抵达上面的极限,讲卑贱就抵达下面的底端,因而往上延伸到神人,往下扩及到奴婢。之所以如此,是因为让那身居高位的人行守它,也会说够用了;地位低贱的人行守它,也会说够用了;圣贤行守它,也会说够用了;百姓行守它,也会说够用了。"

"何也? 愿闻其意。""善哉! 子之难也,得其意。然。

吾乃为太平之君作经，夫太平之君，治乃当象天为法，不可若小国，但长于一界也①。是故天之为象法也②，乃尊无上，反卑无下，大无外，反小无内。包养万二千物，善恶大小，皆利祐之，授以元气而生之，终之不害伤也。故能为天，最称神也③，最名无上之君也。

【注释】

①一界：指真道的某一部分或某个方面。

②象法：拟象与法则。

③神：神妙。本经乙部《阙题》（二）谓："故天地不语而长存，其治独神。"又卷五十六至六十四《阙题》（六）称："故天称神，能使神也。"又卷九十二《万二千国始火始气诀》云："天者为神主，神灵之长也。"

【译文】

"为什么要这样处置呢？希望听到其中的深意。""你们这诘难太好了！获取到了那意旨所在。好的。我正是为那志在天下获太平的君主创制经典，而志在天下获太平的君主施行治理，正应效法皇天，把它作为准则，不能只像个小国那样，仅仅在真道的某一方面很精通。所以皇天构成它那拟象和法则，恰恰是尊贵到不能再尊贵的地步了，反而也卑贱到无法再能往下排列的程度了；广大到没有外端存在，反而也细小到没有里层存在了。包纳并养育那一万二千种动植物，无论好的坏的，还是大的小的，全都佑助并有利于它们，把元气施注下去，让它们得以化生出来，一直到结束生长周期，也不伤害它们。所以才能成为那皇天，顶数它被称为神妙，顶数它被称为至高无上的君长。

"今上皇气至，德君治当象此为法，故吾道一高一下①，一沉一浮②,欲使众贤共察之也。是故东南地户③,乃有柱天之水④,不逆小流之力也⑤,善恶大小皆归之。真人知之耶?"

【注释】

①高:谓臻及顶点。下:谓抵达底端。

②沉:指本身显赫却应贬抑、排斥乃至摒弃的理论与做法。浮:指本身隐微却应彰显、提振乃至推崇的理论与做法。

③地户:与天门相对而称。指角宿和轸宿所夹峙的天区,位在东南。于《周易》为巽卦之位。《素问》卷三十九《五运行大论篇》谓:"奎璧、角轸,则天地之门户也。"《周易乾凿度》称:"乾为天门,巽为地户。"本经卷六十五《断金兵法》云:"是故东南,极阳也,极阳而生阴,故东南为地户也。"

④柱(zhǔ):支撑,拄持。

⑤小流:细流。《淮南子·天文训》谓:"昔者共工与颛顼争为帝,怒而触不周之山,天柱折,地维绝,天倾西北,故日月星辰移焉,地不满东南,故水潦尘埃归焉。"

【译文】

"如今最盛明的太平气降临了,具有道德的君主施行治理,应当效仿这一点,把它作为准则,因而我那真道也就一高一下,一沉一浮,要让所有的贤明人共同体察它。所以东南作为地户,拥有撑持到皇天顶端的大水,也不拒绝细流的力量,因而善恶大小全都归向它那里。真人清楚这种情况了吗?"

"唯唯。""行,欲复说,辞无极,为其大文①,且小止息,各归思之于胸臆。作道不得其意,示之以南反问北②,用心如此,则终古所学不得也。""不敢不行。""子已晓矣。"

右集难道戒学、治生、成与不成、吉凶何所起诀③。

【注释】

①大文:徒增繁冗之意。

②示之以南反问北:《老子想尔注》谓:"用道为本,贤愚之心如南与北,万不同。"

③"右集难"句:此句系对上篇和本篇之内容主旨所作的总体概括与揭示。治生,谋划生计。

【译文】

"是是。""回去吧,打算再作讲说,讲说的话语其实没有能讲到尽头的时候,这样反倒徒增繁冗难理解,因而姑且告一段落,你们回去后,各自要在内心精思它。修炼真道却获取不到其中的意旨,告诉他南边反而又问北边,用心竟像这个样,永久也学不到什么。""弟子不敢不尽力践行。""你们已经懂得这一切了。"

以上为集难道戒学、治生、成与不成、吉凶何所起诀。

核文寿长诀第一百五十八

【题解】

本篇所谓"核文",指对世行道文、圣书及口头诀语进行验核,察其虚实,定其邪正,去伪而存真,得优而汰劣,纲举而目张,试行而见效。为此便须确立"核文"的标准,标准则唯在"寿长"。篇中强调,凡能深得天心地意,使国家治理变太平,"增人寿,益人命,安人身者",才属于"真文",只有确能延年者,才算得上"真方",而集真文与真方构成真道者,非《太平经》这等"正文正言"莫属,因为它纯行天地神明的"自然之术",不愧为"天合信符"。在这种验核区定中,宣明精念详思"道自来",则有助于了解早期道教的修持方式。本篇同戊部《学者得失诀》虽论题各有偏重,但基本精神则契若合符,宜相参证。

"愿请问一疑事。""言之。""今愿及天师问:文之诀人之实①,长可与共事②,而终古无复厌之时,岂可得闻乎?"

【注释】

①文之诀人之实:意谓世间著述对世人的实际需要能作出裁断、给出定论来。诀,通"决",决断,定论。实,谓实际需要。

②共事:事事相伴随之意。指遇事便取作参考,用作指导。

【译文】

"希望请求询问一桩疑难事。""只管讲来。""现下愿跟天师询问一下：世间著述对世人的实际需要能作出裁断、给出定论来，总可以同它事事相伴随，而永远没有再厌弃它的时候，恐怕可以听到这方面的教诲吧？"

"然。子欲核众文，知贤者处耶①？诺，安坐，为真人道之。积文亿卷，不能得寿②，何益于命乎③？文书满室，而不能理平其治④，又何益于政乎？臣子满朝，而不能为君致太平，乐其上，又何益于帝王乎？一人生百子，使父母饥寒，又何益于亲乎？积方重车⑤，不能益寿，又何益于人命乎？说事无穷，于不能为君除灾患，又何益于朝廷乎？凡事类若此者众多，不可胜记也，但为真人举纲见始，令诸贤柔自深察之耳⑥。"

【注释】

①贤者处：指优胜所在。贤者即超过其他书文的地方。

②得寿：获享长寿。

③命：指性命、生命。

④理平：犹治平。

⑤方：指医卜星相等方术书。如本经卷五十所列丹明耀、天文记、灸刺诀、草木方、生物方、神祝文之类。重车：一车接一车。形容数量极多。《庄子·天下》称："惠施多方，其书五车。"

⑥柔：指身怀柔术的人。《老子》倡导守柔克刚，故称。

【译文】

"好的。你们准备验核各种书文，了解到彼此间的优胜之处究竟应在哪里吗？好好，稳稳坐定，为真人讲说这个问题。积聚起书文上亿卷，却不能获取到长寿，这对世人的身家性命又有什么补益呢？文书堆满了一屋子，却不能使那治理变得安平，这对朝政又有什么补益呢？臣僚在朝廷上站得满满的，却不能替君主实现太平，给君主带来欢乐，这对帝王又有什么补益呢？一个人生下了上百个儿子，可他们竟让父母挨饿受冻，这对双亲又有什么补益呢？积聚起医卜星相等等方术书一车接一车，却不能使人延长寿龄，这对世人的身家性命又有什么补益呢？讲论起事体滔滔不绝，可在为君主消除灾殃祸患上却无能为力，这对朝廷又有什么补益呢？一切事情同以上所举例证相类似的，简直太多了，多得没办法能记述过来，只是为真人列举那纲要，显示出首要部分来，使众位贤明人和持守柔术的人自行深深作体察罢了。"

"愿得其效①。""子欲知之耶？""唯天师。""诺，安坐自精，方为子言之。文书亿卷，中有能增人寿、益人命、安人身者，真文也，其余非也；文书满室，中有能得天心、平理治者，真文也，其余非也；臣子满朝廷，中有能乐其君、助其君致太平者，是帝王之真臣良吏也，其余者佐职之臣子也②；人生一子，而父母常得其乐而不饥寒者，是贤孝之子，其余悉备数也③；积方重车，中有能益年者，是真方也，其余悉非也。天下若此比类众多④，不可胜记豫说也。

【注释】

①效：指真确的效验。

②佐职：充当配角之意。

③备数：即充数。

④比类：相类似的事例。

【译文】

"希望能得知那真确的效验又到底表现在哪里。""你们想了解掌握它们吗?""只请天师作决定。""好好,稳稳坐定,自行精思,立刻为你们讲说它。文书上亿卷,其中有那确能增加世人的寿龄,延长世人的性命,使世人的整副身躯总平安的,就属于真文;其余的一律不是;文书堆满了一屋子,其中有那确能获取到天心,使治理变得安平的,就属于真文,其余的一律不是;臣僚在朝廷上站得满满的,其中有那确能给君主带来欢乐,辅助君主实现太平的,就属于帝王的真正大臣和贤良官吏,其余的都仅仅是充当配角的臣僚罢了;世人生下一个儿子,父母总从他身上获取到欢乐而不挨饿受冻,这就属于贤能孝敬的儿子,其余的生得再多,也都只是充个数罢了。积聚起医卜星相等等方术书一车接一车,其中有那确能让人延长寿龄的,就属于真方,其余的一律不是。天下同以上相类似的事例,简直多极了,没办法预先都能记述和讲说过来。

"真人自深思其意,吾文以一推万^①,足以明天下之道矣。故令使真人付道于上德之君,拘校凡文、人辞、圣书者明^②,以示众贤,使一俱觉,解迷与惑也。已拘校凡文之后,灾日去矣。

【注释】

①推:类推。

②凡文:所有的书文。人辞:指对事象作出精确概括的口头语。

【译文】

"真人自行深思那意旨,我这书文由一点而类推到万端,足以究明天下的真道了。所以就责成真人把真道付归给具有第一等道德的君主,把所有的书文以及世人的口头语和圣人的文书汇集校理得非常明晰,亮给众贤人观看,使人们全都彻底觉悟,解开迷惑。对所有的书文汇集校理完毕后,灾害就一天天离去了。

"夫邪文邪言,乃是奸灾之主人也[1];夫正文正言,乃逐除邪奸恶之吏也。文已正,言已正,奸伪无主人,则无于止宿也。夫邪文邪言为奸主人,比若盗贼有主舍止宿者[2],主人已死亡,盗贼无缘复得来止息也[3]。真人亦晓知之耶?""唯唯。"

【注释】

①奸灾:奸恶与灾害。主人:意为窝藏者与挑起人。

②主舍:指窝主的宅舍。即隐匿处。

③止息:留住。

【译文】

"邪文和邪言正是奸恶和灾害的窝藏者与挑起人;而正文和正言又正是驱逐消除邪伪奸恶的官吏。书文已经变纯正,言辞已经变纯正,奸恶邪伪就失去窝藏者与挑起人,没有地方能存身了。邪文、邪言作为奸恶的窝藏者与挑起人,也就好比盗贼有那窝主的宅舍来留住,而窝主已经死掉,盗贼就没有仰赖的地方再能前来留住了。真人对此也闹明白了吗?""是是。"

"行,天道之为法,以一况万[1],亦不可尽书也。真人得之,自深惟思其要意,贤明心有九孔易达[2],见文自大觉矣,勿复问也,曾文[3]。""唯唯。"

【注释】

①况：比照，类推。

②九孔：《史记·宋世家》载商纣王怒杀贤臣比干，言道：我闻听圣
人之心有七孔，确有此事吗？遂剖视其心。此处所言九孔，盖本
于此，又随汉代喜用九等品评人物的风尚而来。达：通达。

③曾文：意谓再问反而使文辞越说越多，更难解悟。曾，通"增"，
增加。

【译文】

"近前来，天道构成它那法则，由一点而类推到万端，也不可能全部
把它们写出来。真人得到这篇书文，自行只管深深思索其中的切要意
旨，贤明人的那颗心由九窍组成，容易通达，看到书文自然就会彻底觉
悟了。不要再询问了，再问只能徒增繁冗而更难解悟。""是是。"

"文多使人眩冥①，不若举其一纲，使万目自列而张也。
故万民扰扰②，不若一帝王也；众星亿亿，不若一日之明也；
柱天群蚑行之言③，不若国一贤良也；天道广从④，无复穷极，
不若一元气与天持其命纲也。

【注释】

①眩冥：迷乱昏昧。

②扰扰：纷纭杂乱的样子。

③蚑（qí）行：泛指用脚行走的动物。

④广从：东西为广，南北为纵。指空间范围。从，同"纵"。

【译文】

"书文字数太多会造成人们惑乱不明，也就不如列举那一条大纲，
使万目自然张列开。所以万民纷纷纭纭多得很，比不上那一位帝王；众

星辰亿亿颗,比不上那光辉普照的一轮太阳;撑持到天边的众多人的主张,比不上国家的一位贤良大臣;天道向四面延伸,永无抵达边际的时候,可却比不上那一团元气和皇天执持着它能运行的纲绳。

"贤者上德之君,深思吾言,寿自长也;后世共思吾言,自父慈子孝,日广且明也;母爱妇顺,俱一国旦而贤良也[①];大小争为善,后者无强也[②];不知复有邪文,佞人因以藏也;灾变尽除,三光明也;自然之术[③],天神所共纯行也[④]。

【注释】

①旦:一个早上。极言速度之快。

②强:强横。

③自然之术:意为原本如此的常规定法。

④纯行:意谓丝毫不差地行用。

【译文】

"贤明的人和具有第一等道德的君主,深深思索我这话语,寿命自行就会长久了;后来出生的人共同思索我这话语,自行就会做父亲的仁慈,当儿子的孝敬,其程度一天比一天加大加深并且更明确了;做母亲的都慈爱,当媳妇的都顺从,举国上下仅在一个早晨就都变得贤良了;大人小孩争着做善事,后来出生的人就不存在还耍强横的人了;压根不晓得还有什么邪文在世间传布,奸巧的家伙随即也就藏伏起来了;灾异变怪全部消除掉,日月星辰更大放光明了;原本就那样的常规定法,属于天神丝毫不差地所共同奉守行用的东西。

"为道如此乎,大乐何有伤? 遂以为法,乃天行也。谁书记之[①]? 是乃天地神明也! 以征之文[②],与天地响相应也,是天合信符也③！上君贤者宜共察此辞,行之者日兴,与时宜为期④,得天地之欲,故吉哉!

【注释】

①书记:书写,记述。

②征:验定,核对。

③合信符:意为验核信实度则绝对准确无误的证物。符为古代用以发兵、传令或表明身份的凭证、信物,包括符券、符节、符传等。道家《庄子》一书已用"符"字作为篇目字眼,即《德充符》。道教则推衍为天符、神符等,用以显示其准确度、可信度、灵验度。

④时宜:谓时世的现实需要。期:契合之意。

【译文】

"构成并施用真道达到这般境地,天下大乐,哪里还有损伤现象呢?于是把它奉为法则,就形同皇天那样来施用了。是谁把它书写记述下来的呢?这可正是那天地神明啊!拿来同我这篇书文作验证,就与天地像回音应合原声那样相应合,这正属于皇天发放的验核信实度则绝对准确无误的证物啊!第一等君主和贤明的人应当一起体察这文辞,行用它的人就一天比一天兴盛,恰与时世的现实需要相契合,获取到了天地的意愿,所以就吉庆啊!

"阴阳顺行风雨时①,万变除去以征书。吾不自誉也,诚知之,不但饰言也②,宜疾效之③。真人知之耶?""唯唯。""行去矣,行去矣。精之详之,道自来。""唯唯。"

【注释】

①时:按时令节气而必至必降之意。汉代谶纬有八风三十六雨的

说法。详见《春秋说题辞》所述。

②饰言:谓在文辞上装门面。

③效:谓试行并予以验证。

【译文】

"阴阳正常地此消彼长,风雨按节气时令准时到来,各种灾害全部消除而离去,正可以拿来证明我这书文。我并不自我夸耀,确确实实知道那效应,决不只在文辞上装门面,应当火速试行验证它。真人清楚这一点了吗?""是是。""回去吧,回去吧。精念又详思,真道就自行降临了。""是是。"

男女反形诀第一百五十九

【题解】

本篇所谓"男女反形",系指房中术而言。由于阳喜好阴,阴喜好阳,致使阴阳相依互变,施之于人,则异性相吸,交合时男女双方须从意念上将男身阳形转换为女身阴形看待,把女身阴形转换为男身阳形看待,此即"反形"之意。这种"开练"方术,属于《太平经》兴国广嗣之术的重要组成部分。值得注意的是,篇中对此提出了慎防"入邪"、"中邪"的告诫。

"愿复请问一疑事。""言之。""天师前所赐子愚生书本文,有男女反形,愿闻其意。""噫! 子书略已说可睹,何故复问之乎?""心愚闭,难闿示①,唯及天师诀问之。"

【注释】

①闿(kǎi)示:开导示知。

【译文】

"希望再请求询问一桩疑难事。""只管讲来。""天师前些时候赐给愚生的道书原始经文,讲到男女反形,希望听到这种道术的具体涵义。""嘿嘿! 赐给你们的道书已经对此大略作过讲说,应能看出其中的大意来,为什么又询问它呢?""弟子内心愚昧不开窍,很难得到开启,只有跟天师再作询问,请天师作出裁断来。"

　　"诺,安坐,方为子言之。天地之性,阳好阴,阴好阳,故阳当变于阴,阴当变于阳。凡阴阳之道,皆如此矣。更相好,故其开练日疾①,但宜□□以品诀之耳②,不可径以示教人也③,且入邪中。然。子明听:阳者以其形反为阴形,阴者以其形反为阳形④,正自以其身,为其人形容也⑤,不可径及也,且中于耶⑥。"

【注释】

① 开练:谓男女交合。疾:频繁之意。

② 但宜□□以品诀之耳:此句原缺二字。品诀,谓按等级次第进行指导。

③ 径:直截了当。

④ "阳者"二句:此就先入为主的假想性意念活动而言。

⑤ 形容:形体容貌。

⑥ 耶(xié):用同"邪",邪僻。

【译文】

　　"好好,稳稳坐定,立刻为你们讲说它。天地的本性是,阳喜爱阴,阴喜爱阳,所以阳就正从阴那里变生出来,阴就正从阳那里变生出来。只要是涉及阴阳的道法,都像这个样子了。由此而相互你喜爱我,我喜爱你,所以男女交合就一天比一天频繁,只应按照等级次第加以指导,不能直截了当地就全部教给人们,结果会陷入邪僻里面去。好的。你们竖起两耳仔细听:男子要把自己的形体想象成女子的形体,女子要把自己的形体想象成男子的形体,正是自己依凭自己的身躯,在意念上转换为对方的形体容貌，不能一接触就交合，结果会被邪僻所支配。"

"唯唯。若且晓而疑也。""噫！子何一难示也。但便以自身为其形，阳者若阴人身也①，阴者若阳人身也②。""唯唯。""子已知矣，行去，事可知。""唯唯。"

右集难解凡文方、诀简贤得失实、阴阳反形以致道③。

【注释】

①阴人身：即女身。

②阳人身：即男身。

③"右集难解"句：此句系对上篇和本篇之内容主旨所作的总体概括与揭示。简，核查。贤，谓优胜之处。道，包括兴国广嗣之术在内。

【译文】

"是是。弟子好像明白了，可还有闹不清的地方。""嘿嘿！你们为什么竟那样难开示。其实就只是把自己的身形当成是对方的身形，男子如同那女身，女子如同那男身。""是是。""看来你们已经闹明白了。回去吧，这宗事可以体悟出来。""是是。"

以上为集难解凡文方、诀简贤得失实、阴阳反形以致道。

包天裹地守气不绝诀第一百六十

【题解】

本篇所谓"包天裹地",乃系极言真道涵盖面之广大无边;"不绝"则为长生的同义语。究其来由和基托,俱因"气"在其中发挥着执持作用。"气"指元气,元气为天地万物和人类赖以产生和存在的总根源,故而精修真道得长生,"守气"即为其一,属于辟谷不食、凭借呼吸吐纳来养生延年的内修方术。这种方术,确能健身,但篇中则是将它视为度世仙术、"成神之阶"来加以强调的。既指明此术"乃成幽室",又盛言"毕"后飞天享祭的无穷之乐。紧紧环绕"守气"在内的"包天裹地"之真道,篇中径称天下不归一朝永辖,帝王"得道"便度世上天,"弃道"便速死入地,无权长久阻碍世人朝登仙成神方向跃升的道路。转而宣示:特为"太平德君制作法度",而务使世人各遂其愿,"乃平平无冤者",恰恰构成太平之"平"的题中固有之义。早期道教对帝王的不敬态度,在本篇显现得颇为直白,而将修炼方术纳入治国之道的努力,也跃然纸上。

"愿及天师请问一事乃止。""行言,何疑哉!""凡道包天裹地①,谁持其气候者②?""深哉远哉妙哉! 子之所问也。何睹而问此?""有睹有见。见天地之道,独不知穷极,故怪而问之也。"

【注释】

①凡道：犹言大道。

②持：执持。气候：指阴阳二气的形态及其流转的定律。

【译文】

"希望能趁天师在，请求询问一桩事，也就不再多问了。""随即讲来，何必那样迟迟疑疑的呢！""大道包天裹地，是谁在执持着它所涵纳的阴阳二气的形态及其流转的定律呢？""你们这提问真是深邃、广远又精妙啊！你们看到了什么，竟询问起这个问题来了呢？""确有睹见。看到天道和地道偏偏在循环往来，永无休止，所以对此感到惊奇而发问。"

"善哉！子之言入微意①。然。天地之道所以能长且久者，以其守气而不绝也。故天专以气为吉凶也②，万物象之，无气则终死也。子欲不终穷，宜与气为玄牝③，象天为之，安得死也？

【注释】

①微意：精微的意旨。

②专以气为吉凶：意谓阳气主生，阴气主杀。本经卷八十六《来善集三道文书诀》谓："夫气者，所以通天地万物之命也。天地者，乃以气风化万物之命也。"

③玄牝(pìn)：指生命的本源。玄，微妙。牝，母体。《老子·六章》谓："谷神不死，是谓玄牝。玄牝之门，是谓天地根。"

【译文】

"你们这问话太好了！触及到精微的意旨了。好的。天道和地道能够长存永在，是因为它们守持元气而不断绝。所以皇天专门通过阴阳二气构成吉凶，万物效法这一点，没有气体留存在体内，也就枯萎死掉了。你们想性命不到尽头，就应该同气体构成性命的本源，效法皇天去修炼，哪里会落得个死亡呢？

　　"亦不可卒得^①，乃成幽室也。入室思道，自不食与气结也^②，因为天地神明毕也^③，不复与于俗治也^④，乃上从天太一也^⑤，朝于中极^⑥，受符而行^⑦，周流洞达六方八远^⑧，无穷时也。子思书言，自得之也，为神之阶可见矣，去世上天而治，不复见矣。

【注释】

①卒得：猛然获得之意。卒，后多作"猝"，一下子。

②不食与气结：指食气方术。食气又称服气或行气、炼气。即不食五谷，而以呼吸吐纳元气为主，辅之以导引、按摩等养生延年。

③因为：随即形成之意。

④俗治：谓世俗人所从事的各种活动。

⑤太一：至高天神名。又称中宫大帝。指北极星座五颗星中最亮的那颗星。《鹖冠子·泰鸿》谓："泰一者，执大同之制，调泰鸿之气，正神明之位者也。"《春秋文耀钩》称："中宫大帝，其精北极星。含元出气，流精生物也。"本经卷五十六至六十四《阙题》（六）云：上神人"乃与皇天同形"，"舍于北极紫宫中"，"与天上帝同象，名天心神"。

⑥中极：指北极星所在的紫微垣。又称紫宫或中宫。其被古人视为至高天神的居所。《史记·天官书》载："中宫天极星。其一明者，太一常居也。"《春秋演孔图》谓："天皇大帝，北辰星也。含元秉阳，舒精吐光，其星有五，居紫宫中，制驭四方，冠有五采。"

⑦符：指天庭发放的证件。本经卷一百十四《不用书言命不全诀》

称,是生神之愿,辄有符传以为信行。此系套用汉代制度而成。
汉制,凡一般征调或视察工作,则持竹符,以为凭信。

⑧洞达:遍至之意。

【译文】

"但也不可能一下子就得到这种结果,恰恰要在幽僻的茅室里修炼成功。进入茅室精思真道,自然就会不再食用五谷杂粮而与元气结为一体,随即形成天地神明而一切告毕,不再涉身那世俗人所从事的各种活动,竟到天庭归从太一最高尊神,在紫宫朝拜,领受天庭的证件,一处接一处地游历六方八远,没有死亡的时候了。你们精思我那书文的论断,自行就会得到这种结果了,变成神仙的阶路也可以看出来了,超脱人间,升入天庭去治理,不在人间重现了。

"子欲重知其明效也,世不可得久有而独治也①,故得道者则当飞上天,亦是其去世也;不肯力为道者死,当下入地,会不得久居是中部也②。故天地开辟以来,更去避世,圣文常格在而不见其人③,是明效也。不死得道,则当上天,死则当下入地,不得久当害中和之路也④。

【注释】

①世不可得久有而独治:意谓天下不归一朝永辖。

②中部:指尘世。上为天,下为地,故称中部。

③常格:不可改变的法则。本经卷五十六至六十四《阙题》(三)谓:"自有天法常格在不匿。"其人:指创制圣文常格者,亦即得道升天者,如黄帝之类。

④中和:天之阳气与地之阴气交合而成者为中和,即人间、人类。路:指朝登仙成神方向跃升的道路。

【译文】

"你们想再了解那明显的效验,天下不可能永远归一姓帝王所有而让他独自治理,所以获取到真道的帝王,就应飞升登天成神仙,皇天也认为他成仙成得好;而不肯大力修炼真道的君主就只有死亡,本该往下堕入阴间,终归没办法长久活在世上。所以自从天地开辟以来,帝王轮番成仙,脱离尘世,他们的神圣书文与常法流传下来却看不到他本人了,这正构成了最为明显的效验。获得真道不死亡,就该升入天庭;而死亡就该堕入阴间,不允许谁长时间阻碍世人朝登仙成神方向跃升的通路。

"子得吾文,自深思其意,欲乐上行常生在,与天并力,随四时天下祭祀而饮食者①,努力为真道,是其污法也②。若不乐常在而乐死者,弃道随俗,亦将归地下,不得久睹天日月星历也。吾文□□③,万万不失一也。故古者圣贤人尽去,今无见者,是其大效也。子自思之,乐上则上,乐下则下,无夺子志者也。

【注释】

①四时天下祭祀:指春祠、夏礿(yuè)、秋尝、冬烝(zhēng),以及祭门、祭户、祭井、祭灶、祭室中(合称五祀)等。

②污法:意为洗去自身污垢的方法。

③吾文□□:此句原缺二字。

【译文】

"你们得到我这书文,自行深思其中的意旨,愿意往上飞升,性命常在,与皇天劲儿往一处使,随同天下四时祭祀而享用祭品的人,就要努力修炼真道,这正是洗尽自身污垢的方法。如果属于不愿意性命常在却高兴死去的人，偏偏要抛弃真道，流同世俗，那也就只有眼看着堕入阴间，没办法长久再目睹皇天的日月星辰了。我这书文绝对不会出现任何差错。所以古代的圣人贤士个个超凡登仙，迄今没有能看得见他们的，这正构成了最为明显的效验。你们自行精思这个问题，愿意升天成仙，就会升天成仙；高兴堕入阴间，就会堕入阴间，没有违背你们志向的事情。

　　"故吾为太平德君制作法度①，不限一人也②。夫太平气来，有一人自冤不得其欲者，则上皇平气不得俱来至也。故天教吾广开辟其路，使得自恣自择可为也。贤明欲乐活者，可学吾文，思其意，入室成道，可得活；贤柔欲乐辅帝王治，象吾文为之，可以致太平；欲乐居家治生畜财者，思吾文可亿，其天年而终死。故各为得其所愿，无大自冤者也，故太平之气得来前也。平之为言者，乃平平无冤者，故为平也，是故德君以治，太平之气立来也。所以然者③，乃天下无自冤者，各自得其所乐。所以敕真人以付上德之君者，上德之君，其用心必仁贤而明，明者不夺人所欲，必得天下之心，欲承天意，以道归之也。真人知之耶？""唯唯。"

【注释】

①法度：指效法天地的一整套施政兴国的原则与措施等。

②不限一人也：此五字中"限"原作"恨"。据《太平经钞》改。

③所以然者：此四字中原脱"所"字。据《太平经钞》补。

【译文】

　　"所以我为具有道德的太平君主创制并确立起法度来，决非限定在某个人的身上。太平气降临下来，只要世上仍有一个人还自感冤枉，未能实现本人的愿望,最为盛明的太平气就不会全部降临。因而皇天责成我广泛地给世人开辟出通路,让每个人都能任意依从本人的愿望择定自己所乐意做的事情。贤明人高兴长生的,可以学用我这书文,精思它那要意,进入茅室修成真道,便能获取到长生;贤明人和持守柔术的人高兴辅佐帝王进行治理,效仿我这书文去办事,便能实现天下太平;高兴在家里谋划生计而积聚起钱财的人,精思我这书文,就能家财上亿,尽享天年而死去。所以分别让世人实现本人的愿望,不存在自己感到很冤枉的人,太平气就得以降临到世人的面前了。所谓'平',正讲的是非常均平,没有一个人感到冤枉的这种状态,所以才构成'平'。因而具有道德的君主靠它去施行治理,太平盛气就会立即来到。之所以如此,正因为天下不存在自感冤枉的人,各自得到了自己高兴得到的结局。我责成真人把书文付归给具有第一等道德的君主,正源于具有第一等道德的君主必定会用心仁慈、贤惠又明彻,明彻的人就不违背任何一个人的意愿,必定会获取到天下的人心,渴望顺承天意,所以就把真道付归给他。真人明白这一点了吗?""是是。"

署置官得失诀第一百六十一

【题解】

本篇承接上篇而来。所谓"署置官",乃就帝王应如何署职授官而发。对此重大问题,篇中强调:能否效法天地,各适其宜,乃其"得失"的关键所在。倘若不问能力大小和去就之欲,妄加任用,则为"愁人危国"、"乱治政败"之举,更属于"故乱天官,犯天禁,失天仪"的莫大罪过,必遭天谴地谪。在这种神学重压的施加中,隐含着《太平经》编著者对东汉后期"衰恶之君"的抨击。本篇与丙部《九天消先王灾法》、丁部《使能无争讼法》、庚部《四吉四凶诀》颇有内容相通之处。

　　"行,且重戒真人一言,使其有似天行也。天之为行,不夺人所欲为也;地之为行,亦不夺人所欲为也;明君之为行,亦乐象天地不夺人所为也,与天地相似,故能独长称天地^①,得其心也。子知之耶?""唯唯。"

【注释】

①称天地:意为与天地相切合。

【译文】

　　"近前来,立即重重告诫真人一席话,使帝王施行起来便和皇天的行动一个样。皇天构成自身的行动,并不强行违拗世上每个人想要做的事情;大地构成自身的行动,也不强行违拗世上每个人想要做的事情;英明君主构成自身的行动,也应高兴效仿天地,不强行违拗世上每个人想要做的事情,与天地相像,所以就能永远独自与天地相切合,获取到它们的心意。你们明白这一点了吗?""是是。"

　　"夫天且为恶①,其岁且大凶者,常害人所为,故民无可收也,其岁凶饥寒也。是故地将为恶也,伤人所养②,其根不固而有病也③,其岁不成多伤,民困穷也。衰恶之君将凶,署置不以其人所任职,名为故乱天官④,犯天禁⑤,失天仪⑥。

【注释】

①为恶:意谓惩罚世人。

②所养:指农作物及树木等。

③病:指叶黄茎细、凋零枯败等。

④天官:意为天庭构建的职官制度

⑤天禁:上天的禁忌。

⑥天仪:上天的法度。

【译文】

　　"皇天将要惩罚世人,让那年景成为最严重的饥荒年,就总去祸害世人所投入的劳作,因而百姓就没有能收获的庄稼,当年年景就荒歉而挨饿受冻。所以大地将要惩罚世人,就伤残世人所养护的农作物,让它们的根须扎不牢而茎叶受损,当年年景就作物果实结不成,大多凋零枯败而百姓困穷。衰落险恶的君主眼看着要凶败下去,授官署职就不按具体人选的实际才能作处断而随便去委任,这被称作故意搅乱皇天的职官制度,触犯皇天的禁忌,丧失了皇天的法度。

"反复就责而罪之①,不原其力所不及②。人之所不及,比若一旦使君王步行百里,恐其不能到而道止也。人所不及,正是此也。故不择选人而妄事署其职,则名为愁人而危其国也,则名为乱治政败也。夫天地极神且明,尚不敢夺人所欲为,夺之则为大凶岁也,何况人哉! 真人宁解迷,晓耶?"

【注释】

①就责而罪之:谓对力不胜任者严苛酷虐。本经卷五十四《使能无争讼法》云:"祸乱之将起,皆坐任非其能,作非其事,职而重责之。其刑罚虽坐之而死,犹不能理其职务也。"

②原:推究。

【译文】

"然而掉转过来,又对被委任的人严加责问和惩罚,根本不去考虑他力不能及的实际情况。人们力不能及的实际情况,也就好比让君主在一个早晨便徒步走出一百里去,恐怕他根本就走不到,半路就得停下来。人们力不能及,正和这种情况一个样。所以不对人进行择选就胡乱让他担任职务,被称作使人犯愁而危及到他的国家,又被称作搅乱治理,毁败朝政。天地极为神妙又明彻,尚且不敢强行违拗世上每个人想要做的事情,偏要强行违拗,便造成极为严重的饥荒年,又何况世人呢! 真人对此解开了迷惑的地方,全闹清楚了吗?"

"唯唯。诚得随其国,以师书授之,因就其俗示之、晓之、解之①。""行,子可谓晓事之生。天不夺人愿也,子行正,自得天命,年日益增,何有穷已! 子学不求居世尊荣,何复求索? 得天意而增年! 今已告子,子今宁能说不耶?"

【注释】

①就其俗:谓随顺当地风俗习惯。参见本经卷九十二《万二千国始
　火始气诀》、卷九十三《国不可胜数诀》所述。

【译文】

"是是。确实应该根据每个国家的具体情况,将天师的书文传授给
他们,趁势随顺当地的风俗习惯开启他们,晓谕他们,使他们全都解悟
过来。""回去吧,你们可以称得上明白事理的徒弟了。皇天决不强行违
拗世人的意愿,你们的所作所为特别纯正,自然就会获取到皇天赐给的
寿命,寿龄一天比一天增加,哪里还有到达尽头的时候呢! 你们学道不
追求在人间尊贵显荣,可还去索求什么呢? 只要获取到了天意,就增加
寿龄了! 如今已经把这个定论告诉给你们了,你们眼下到底能否再讲
些什么吗?"

"然。其受恩大喜,无复有所恨,但恐力极行,以师文授
教,恐不能一旦而遍也。""何必一旦而遍,但为之不止,自舟
流不久①!""唯唯。受严敕,不敢虽绳墨②。""子已知其意,吾
无复以戒子也。行,辞小竟,事毕。异日有疑,乃复来。"
"唯唯。"

右大集难问天地气候、为道与不吉凶、君署置官得
失文③。

【注释】

①舟流:意谓像船只驶向各地那样广泛。即无所不至之意。此处
　所云,同卷九十三《国不可胜数诀》所言之授经百国、辐射万二千
　国的传道方略显有出入。

②不敢虽绳墨:此五字中"虽"为"离"字之讹。

③"右大集难问"句：此句系对上篇和本篇之内容主旨所作的总体
　概括与揭示。

【译文】

"好的。承受到天恩，我们非常高兴，没有再让人感到遗憾的了。可只担心竭力把真道传布到所有的地区，专用天师的书文去传授化导，恐怕不能在极短的时间里就轮个遍。""何必在极短的时间里就轮个遍，只要坚持传布而不中止，自然就会像舟船驶向各地那样，很快就传遍了呀！""是是。领受到天师的严切训饬，决不敢偏离一丝一毫。""你们已经了解掌握那要意了，我没有什么再告诫你们的了。回去吧，讲说暂且告一段落，事情已经清楚了。日后出现闹不太懂的问题，再前来询问。""是是。"

以上为大集难问天地气候、为道与否吉凶、君署置官得失文。

乘云驾龙图第一百六十二

【题解】

本图是反映修道登仙成神、代天施教的道教初生草创时期的美术作品。其所炫示的"乘云驾龙",早在《庄子·逍遥游》、《楚辞·离骚》及《九歌》、《九章》中,都已展开过汪洋恣肆、瑰丽谲诡的艺术描写。这类描写,在道家则为追求精神上的完全解脱和绝对自由,在诗人则为借用神话抒发忧国之思;迤至《太平经》编著者,遂因中有革,改文为图,将其变成羽化长生之道业的具象彰显,代天施教之赫赫灵威的直观扬布。本经卷一百十二《有过死谪作河梁诫》云:"上古之时,神圣先知来事,与天共治,分布四方,上下中央各有部署。秩除高下,上下相望,不肃而成,皆为善,恐有不称,皆同一心;天有教使,奔走而行,以云气为车,驾乘飞龙,神仙从者,自有列行;皆持簿书,不动自齐,恐有所问,动有规矩,得其所行。"不啻对本图所作的一种说明。再从图像及注语看,龙以五色装饰,各类仙、神的服色也俱有定式,显然贯穿着阴阳五行思想;而仙童、玉女之分,中尊、从官之别,前导、后卫之异,站立、端坐之殊,则是人间等级制度在天国的投影。整幅画面,从驾挽之龙到乘坐轩舆,从彩云衬景到人物关系,均与帝王出巡的场面颇有神似之处。而这,恰恰表现出道教令人学道和修道的最大诱惑力之所在,亦为神权高于皇权的写照。至于图中所绘制的全部神仙人物,几乎个个与世间之"人"非仅形似，而且神似（《东壁图》、《西壁图》亦复如此，包括"神将"、"恶鬼"在内；卷九十四至九十五《阙题》所附插图也不例外），则表明本经编著者心目中的天国成员是半具神性，半具人性，亦神亦人，人神合一的。由此也恰恰构成了《太平经》之神仙世界既承前启后又别具一格的地方。无怪乎丙部《九天消先王灾法》纵使推出了"无形委气神人"这等特级神仙或者说超级神仙，也依然属于"人者"，位居"九人"之首而已。然则本图终竟浸透出并弥漫着道教清静默识的氛围，在技法上也以细腻见长，不乏其艺术欣赏价值。当然，《论衡·龙虚篇》之说亦须飘荡于鉴赏者的耳畔："如以天神乘龙而行，神恍惚无形，出入无间，无为乘龙也。如仙人骑龙，天为仙者取龙，则仙人含天精气，形轻飞腾，若鸿鹄之状，无为骑龙也。"

龍以五色裝飾

乘云驾龙图

东壁图第一百六十三

【题解】

　　本图系劝人"为善图象"。图内标有简要的说明文字,图后则为解说之辞。由于"善"乃长生门户,而东方本为万物始生之地,属天、属阳、属道、属木行,好生主生亦主仁,故著东壁,题曰《东壁图》。从图到文,相得益彰地在昭示:随顺天地阴阳之性和四时转相生成之法,由默施仁善而积厚德,由积厚德而入真道,由入真道而蒙鬼神佑助,趋吉避凶,获

享天年,直到"长寿身不败"。为此,图中着力渲染了"善气"缭绕的环境与氛围,塑造了神将持剑卫护的威严形象,描绘了"上古神人"、真人坐北朝南、弹指授道和学道弟子展持经卷、聆听凝思的情景,东西对比式设布了九名仙女和六名受戒弟子端坐陪衬的场面。女可成仙且居东,位在男子之上,这在今存《太平经》全书中是仅此一见的。而六名受戒弟子或与本经诸篇所屡屡提及的"六方真人"存在某种对应关系,亦耐人寻味。

　　著东壁①。上古神人戒弟子后学者为善图象②:阴祐利人常吉③,其功增倍。阳善者④,人即相冗答而解⑤;阴善者,乃天地诸神知之,故增倍也。

【注释】

　　①著东壁:此系指示语。核之《西壁图》,当置篇末。著,悬布高照之意。东壁,即东侧墙壁上。东方为阳,属木行,主生,主仁,故

仙女九人如仙童
玉女取宜装饰

东壁图

"著东壁"。本经乙部《阙题》（二）谓："东方主仁。"又卷六十五《断金兵法》称："天地以东方为少阳，君之始生也，故日出东方。"又卷六十九《天谶支干相配法》云："以东为阳。东方者好生。东方为道，道者主生。"

②上古神人：指远古时期修道成神的人。其与本经所构设的神仙等级序列中属于职在理天的一等正牌神仙之"神人"有别。善：其特定涵义系如本经卷四十九《急学真法》所云："夫为善者，乃事合天心，不逆人意，名为善。善者，乃绝洞无上，与道同称，天之所爱，地之所养，帝王所当急，仕人君所当与同心并力也。"

③阴祐利人：谓暗中救助和有利他人。即行积阴德。

④阳善者：指表面故意做出行善姿态和举动的人。

⑤冗答：浮泛答谢。即虚与周旋。解：了结之意。

【译文】

悬布高照在东侧墙壁上。这是上古神人告诫弟子后学做善事的特制画像：暗中默默地救助和有利他人，就会经常吉利，他对皇天立下的功劳就增加一倍。表面故意做出行善姿态和举动的人，人们对他也只是当面浮泛答谢一番，就算完事了；暗中做善事的人，天地和众神灵了解他的一举一动，所以功劳就增加一倍。

积德者富①，人爱好之，其善自日来也②。人之所誉，鬼神亦然，因而祐助之。好道者长寿，乃与阴阳同其忧，顺皇灵之行③，天地之性，得其道理，故天祐之也；失者乱，故天不祐之也。

【注释】

①富：众多之意。指德行而言。

②善：谓所获得的益处。指回报而言。

③皇灵：犹言皇天。皇天有灵，故称。

【译文】

积累吉善的德行特别多，人们就喜爱他，他得到的美好回报就自动每天会到来。人们所赞誉的人，鬼神也做出同样的反应，因而就保佑救助他。喜好真道的人能长寿，竟与阴阳忧虑同一宗大事，随顺皇天的行动和天地的本性，获取并掌握住其中的道理，所以皇天就保佑他；丧失真道的人，便使阴阳败乱，因而皇天就不保佑他。

夫求善以善，无可怪者。学以仁得之，道之始也①；以德得之，道之中和也②；以道得之，道之上也③。

【注释】

①始：起点，开端。人道好施，施为仁，处于初等层次，故谓之"道之始"。

②中和：意为中间层次。地道好养，养为德，既高于好施之仁，又低于好生之道，故谓之"道之中和"。

③上：顶端，极点。天道好生，生为道，居于最高层次，故谓之"道之上"。

【译文】

追求良善就得到善报，对此并没有值得惊奇的地方。凭借仁爱来学道而确有收效，便属于入道的起点；凭借真德来学道而确有收效，便属于入道的中间层次；凭借真道来学道而确有收效，便属于入道的顶端。

咄咄！慎之慎之，行无妄也。极思此书，传之后世，可无伤也。随四时转①，道之上也。善者自兴，恶者自病，吉凶之事，皆出于身，以类相呼②，不失其身③。

【注释】

①转：谓转相生成，迭次施加。即春生之，夏长之，秋获之，冬藏之。

②类：类属，类别。呼：呼应。

③不失其身：意谓无可逃匿。

【译文】

哎呀呀！对此要多加小心哪多加小心，一举一动切莫任着性子乱来。精思这篇书文到达极致，传布到后世，就能不受损伤了。随顺春夏秋冬而转相生成，这是行道的最高表现。良善的人自动就兴盛，邪恶的人自动就遭殃，吉凶这类事情，都是由自身招来的，按照类属彼此呼应，谁也跑不掉。

天道无私，但行之所致①，故前有弟子②，后有善气③，趣学不止④，令命得阳遂也⑤，或得长寿身不败。故为善，乃于内外神反为其除害⑥。弟子居前，主为其对⑦。物有自然⑧，天下之事，各从其类也。

【注释】

①致：指招致的正反结果。

②弟子：指图中所绘亭阁内展经学道者。

③善气：指图中所绘环绕亭阁的云气。本经癸部《盛身却灾法》谓："千二百二十善神为其使，进退司候，万神为其民，皆随人盛衰。此天地常理。"

④趣（qū）学：归向学道之意。趣，趋向，归向。

⑤阳遂:意为在人间得获寿终。阳,阳间,人世。

⑥内外神:指体内诸神和外界众神。本经极力宣扬万事万物有神论,如卷五十六至六十四丁部《阙题》(四)谓:"夫万二千物,各自存精神。"又辛部称:"故凡事大小,皆有精神,巨者有巨精神,小者有小精神。""真事有真神,邪事有邪神,善事有善精神,恶事有恶精神。"丁部《阙题》(六)复称:"神也者,皇天之吏也。"卷九十八《神司人守本阴祐诀》云:"夫神,乃无形象、变化无穷极之物也。"

⑦主:职在。对:对答。此系对图中所绘亭阁内授道情景的说明。

⑧自然:谓原本固有的情状与态势。

【译文】

天道并没有偏爱的对象,只是由世人的行为使它降临到自家的身上,所以画像中前面有弟子,后面有善气,归向学道永不罢休,就能使性命在阳间一直走到头,有人还会获取到长寿,身躯不毁败。所以做善事,恰恰是从人体内外的神灵那里反倒给自己去除掉凶害。图像中弟子站在前面,正表明他们职在作出恰切的对答。万物存在着本来就那样的定律,天下的任何事体,各自都归从它们的类属。

西壁图第一百六十四

【题解】

  本图系戒人"为恶图象",适与《东壁图》并立互持。图内标有简要的说明文字,图后则为解说之辞。由于"恶"乃死灭阶路,而西方本为万物衰萎之地,属地、属阴、属刑、属金行,好杀主杀亦主义,故著西壁,题曰《西壁图》。从图到文,声色俱厉地在挞伐:强行劫持天道,诽谤诅咒"神书",阴贼为害,好斗积恶,不守其本,自若忽事,无不"自败"、"亡身"

且"灭世"。为此,图像以相当于两幅《东壁图》的长轴方式展开,并左右构成对比画面:既借"善气"来烘托"邪气"奔突的威势,又用"中尊"处所的祥和来凸现"害狱"的阴森;既有恶鬼趋斗的场面,又有观望者惊骇的神态;既有作恶人当场毙命的镜头,又有"罪名一著"者备受拷掠的惨景。凡此不仅宣示了"为恶"审如书言,观象"思其利害"的主旨,还为本经中俯拾即是的天咎地殃、神憎鬼害之类的字眼,提供了形象化的图解与注脚。

　　上古神人、真人诫后学者为恶图象①:无为阴贼②,不好顺事,反好为害嫉妒③,令人死凶。天道不可强劫④,劫必致兵丧⑤,威之死灭世⑥。

【注释】

①恶:其特定涵义系如本经卷四十九《急学真法》所云:"夫恶者,事逆天心,常伤人意,好反天道,不顺四时,令神祇所憎,人所不欲

见,父母之大害,君子所得愁苦也,最天下绝凋凶败之名字也。"

②阴贼:意为暗行伤残恶事。

③嫉妒:谓对真道和学道者进行嘲笑讥斥。《老子·四十一章》谓:"下士闻道,大笑之。"本经卷四十九《急学真法》谓:"而下士大愚,常共笑道,不知守道,早避凶害,传传为愚,更相承负。"又卷九十《冤流灾求奇方诀》云:"反各自轻忽,不求奇方,而共笑贱真道。"又卷六十七《六罪十治诀》称:"睹真人之人,反大笑之,笑之言无以学为。"

④强劫:强行劫持。本经卷一百十七《天咎四人辱道诫》称:"故天道不可威劫也,劫迫之则令人灭亡矣。"

⑤兵丧:犹言兵祸。《老子·四十六章》谓:"天下无道,戎马生于郊。"《礼记·曲礼下》称:"死寇曰兵。"

⑥灭世:谓断子绝孙。此系重惩之一。《孟子·离娄上》已云:"不孝有三,无后为大。"世,指代代传衍的家族世系。

【译文】

上古神人、真人告诫后学去干坏事便会怎样的特制画像:不要干那

暗地害人的勾当,不喜好谨顺行事,反而喜好肆意伤害,嫉妒真道,就让人死亡凶败。天道决不可强行劫持它,去劫持就必定招来兵祸,在武力威迫下丧身,灭绝本家族代代传衍的世系。

　　亡道神书必败①,欲以为利②,反以为害,此即响应天地之性也③,乃致自然之际会④。审乐以长存⑤,慎之慎之,无好无害⑥。善者自兴,恶者自败。

【注释】

①亡(wú)道:意为不要说什么。亡,不要。道,讲,说。指诽谤诅咒。神书:上天降示的神验道书。败:绝对无效之意。

②欲以为利:意为从诅咒神书中捞取到好处。

③响应天地之性:谓天地必定会作出最疾速的本能反应。

④际会:谓吉凶之事相交际而会合。即该有劫难的时候。

西壁图(完整图幅见全书之后)

⑤审:果真,确实。

⑥无好无害:此四字中"无害"《太平经钞》作"为害"。于义为长,
当从。

【译文】

不要说什么天降神书肯定绝对无效,想从这类诅咒中得到排斥它
的好处,反而正构成凶害,这是天地会像回声应和本音那样作出反应的
固有属性,随之便自然招来应期而至的灾殃祸害。果真乐意性命长存,
对此就要多加小心啊多加小心,切莫喜好伤害人。良善的人自动就兴
盛,邪恶的人自动就凶败。

观此二象①,思其利害。凡天下之事,各从其类,毛发之
间,无有过差;但人不自精,自以不知②,罪名一著,不可奈何。

【注释】

①二象:指左右所构成的对比画面。

②不知:谓天地和世人对自己的所作所为无从知晓。

【译文】

观看这左右构成的对比画面,仔细琢磨其中的益处和害处。只要
是天下的事情,就各自归从它们的类属,丝毫也不会出现偏差;只是世
人不自行精思,以为干坏事谁都无从知晓,可罪名一戴到头上,就任何
办法也没有了。

不守其本,身死有余过①,乃为恶于内,邪炁相召于外②,
故前有害狱③,后有恶鬼④,皆来趋斗⑤,欲止不得也,因以
亡身。

【注释】

①余过：抵不完的罪过。

②邪炁（qì）：如图像右部所绘者（以朝南方向为基准），其与中尊所在的善气及《东壁图》的善气迥然有别，适成对照。炁，"气"的古字。

③害狱：如图像右部所绘者。指拷问恶行的天庭机构。本经卷五十六至六十四《阙题》（一）谓："太阴司官，不敢懈止。"又卷一百十二《七十二色死尸诫》和《有过死谪作河梁诫》称，太阴法曹，掌理罪状，按轻重减人寿命，直至收取形骸，考问魂神。

④恶鬼：如图像左部所绘者。

⑤趣（cù）斗：促使其人与对方打斗之意。指恶鬼在意念上对人形成支配作用。趣，敦促，促使。

【译文】

不守持那根本，自身死掉还有抵不完的罪过，在内心竟要干坏事，邪气就在外面作出回应，所以画像中前面有审问恶行的阴曹地府，后面又有一群恶鬼，全都争着前来促使你打斗，想罢手都做不到，随即便死掉。

　　故画象以示后来，贤明得之，以为大诫，愚者不信道，自若忽事①，书审如言②，不失铢分。故守柔者长寿③，好斗者令人不存。物事各从其类，不复得还，虽悔之无益，鬼已著焉④。

【注释】

①忽事：放纵行事。

②书审如言：意为书文所讲事体字字句句真确无疑。

③柔:指与世无争的保身之道。《老子·七十六章》谓:"柔弱者,生
　之徒(类)。"
④著:缠身之意。本经卷一百十《大功益年书出岁月戒》称:"而反
　为恶,故使主恶之鬼久随之不解,有解不止,余鬼上之,辄生其
　事,故使随人不置也。"

【译文】

　　所以特地绘制图像亮给后来出生的人观看,贤明人士看到后要把
它当成重大的戒条,愚昧的人不信奉真道,仍旧放纵行事,须知书文所
讲的事体字字句句真确无疑,结果会不差毫厘。所以持守柔弱的处世
原则,也就长寿;喜好争斗,也就让人活不成。事物各自归从它们的类
属,根本没办法进行挽救,即使后悔,也没有任何补益了,恶鬼已经缠在
他身上了。

　　见诚当觉,以时自还,今尚未伤,固可得为善人。善者
乃上行①,恶者下降②。天道无私,乃有自然,故不失法也,其
事若神。

　　右著西壁③。

【注释】

①上行:谓长寿登仙。
②下降:谓入阴曹地府。
③西壁:即西侧墙壁上。西方为阴,属金行,主义,主杀,故"著西
　壁"。本经卷六十五《兴衰由人诀》谓:"故西、北,少阴、太阴,为
　刑祸。刑祸者,主伤主杀,故物伤老衰于西,而死于北。"又卷六
　十九《天谶支干相配法》云:西为阴。"天地之格谶,西方、北方,
　下属于地"。卷七十二《五神所持诀》称:"西方者,天弩杀象。"

【译文】

看到道戒，应当觉悟，及时地自动回转心意，趁眼下尚未受到殃害，固然还能成为良善的人。良善的人就朝着长生成仙的方向迈进，邪恶的人就向阴曹地府滑落。天道并没有偏爱的对象，只有原本就那样的定律，所以决不会失去法度，它那事体灵验得如同神灵。

上列图像和戒语悬布高照在西侧的墙壁上。

神人自序出书图服色诀第一百六十五

【题解】

本篇所谓"神人"，即传道天师。"自序"，乃自行安排次第之谓。其次第，既包括何时向何人出示授付《太平经》及其所绘制的有关图像，又包括图像中神灵衣色的配置定式，凡此即为"出书图服色诀"。篇中言称"乙巳（汉桓帝延熹八年即公元 165 年）而出，以付邮客而往通之者也"，这为判定《太平经》的成书年代及其流传情况提供了最原始的可靠依据。至于尔后岁岁在"玄甲"（冬至）秘示"皇天上和与第一之道"，首先要宣付守一养性、摒弃浮华之法，并因人而异，共以能否"防行"为考察标准，以及传非其人，反遭天罚，务须"慎图"和"密文"，则又反映了早期道教的戒规与科律。与此相表里，篇中依照阴阳五行说，对画像神衣的色彩品级、绘制格式、象征意义，作了规程化的明晰阐说，由此显示了早期道教美术从内容到表现手法的部分特点，也透露出《太平经》编著者欲对民间神仙画进行规范的意图。有关《太平经》无须河洛显灵而代天径行问世的答辩，更把本经推到至尊地位了。尚需注意的是，受命传经之真人于篇首自述其拜从天师"司（伺）问"、"敢问"、"具问"的六类问题和事体，由小及大，由浅入深，实则展示了全经的内容概要；逆向而观，即为甲、癸两部所楬橥的神道书、核事文、去浮华记之"书有三等"。

"吾本少学而不止,精神念之^①,涕常欲下,为此积久,蒙皇天大恩,今日幸得逢天师人于旷野。始学若亏^②,司问小事外浮华也^③;本求守一养性之法^④,凡三百首,乃见天师说而无极,故敢问身宁可得长存与不;见天师说而无极,故敢问小政事^⑤;见师说无极,乃敢具问天地开辟以来,帝王更相承负愁苦,天灾变怪讫不绝,何以除之;又群神无故共害人,人不得竟其年命,以何止之。今受天师严教深戒之后,宜何时出此止奸伪、兴天地道之书乎?"

【注释】

①精神:指寄居在人体各部位、诸器官内并起主宰作用的人格化的精灵与神灵。精灵为地之太阴气的化身,神灵为天之太阳气的化身。《白虎通义·情性》则云:"精神者,何谓也? 精者,静也,太阴施化之气也,象火之化,须待任生也。神者恍惚,太阳之气也,出入无间。总云支体万化之本也。"

②亏:意为欠缺很多。

③司:通"伺",寻机,得便。外:排斥之意。

④守一:此为《太平经》所极力阐扬的一套精神修炼方术,即高度集中和控制意念力的一套功夫。本经述及守一多处,具体所指非一。或为存思体内神灵,或为念识元气无为,或为凝静虚无等,大要在于"真合为一"以体道。

⑤小政事:次要的政事。

【译文】

"弟子我原本从年轻时就学道而不止息,常想同体内众精灵与众神灵相见,恳切得眼泪总要流下来,像这样去修炼已经时间很长了,如今蒙受皇天的大恩,有幸在旷野上得以遇到天师。开始跟您学习时觉得

自己欠缺得很,就趁机询问一些小事情,排斥浮华那套玩艺;原来就曾
求索守一养性的道法,总共获取到三百种,等到目睹天师讲说起来从无
止境的场景,所以就敢询问自身到底能否获得长生;等到目睹天师讲说
起来从无止境的场景,所以又敢询问次要的政事;等到目睹天师讲说起
来从无止境的场景,于是就敢详细询问天地开辟以来,帝王递相承负而
愁苦,天灾和各种反常现象一直持续降现,应该依仗什么去除掉它;还
有大小神灵无故就殃害世人,世人没办法尽享天年,应该通过什么制止
住它。如今领受天师的严切训导和深切戒饬以后,该在什么时候向世
间出示这制止住奸恶邪伪、使天道地道兴行起来的经书呢?"

　　"乙巳而出①,以付邮客而往通之者也②。后世岁岁在玄
甲③,乃出之,是天诸甲之首④,最上旬也,与元气为初⑤。乃
以书前后付国家⑥,可以解天地初起以来更相承负之厄
会也。"

【注释】

①乙巳:指汉桓帝延熹八年(165)。此年桓帝遣中常侍至苦县祠老
子。次年,齐地方士化的儒生襄楷向朝廷献呈《太平经》一百七
十卷。上推至西汉成帝永始元年(前16),亦为乙巳年,时有齐地
术士甘忠可献呈《包元太平经》十二卷。本经卷一百十二《不忘
诚长得福诀》云:"太平之书三甲子乃复见理。"三甲子即一百八
十年(前16—165),适与襄楷献书时间相合。

②邮客:指来往的旅客。邮,为汉代所置驿馆,以供传递文书者止
宿。因真人已脱离世俗,不复操持人间事务,故须物色和委托确
属合适人选的"邮客"代为转达传付。本经卷四十七《上善臣子
弟子为君父师得仙方诀》称:"子(即真人)今又去世之人也,不得

誉于治。"卷六十七《六罪十治诀》则云:"故传书付真人。真人反得,已去世俗,不可复得为民间之师,故使真人求索良民而通者付之,今趋使往付归有德之君也。"

③玄甲:指甲子冬至那一天。冬至被古人视为阳气在地下始生之时,乃系天正(历法名)开端。其属北方水行,水行色黑,黑即玄,故称玄甲。本经卷一百十九《三者为一家阳火数五诀》云:"今甲子,天正也,日以冬至,初还反本。"又卷三十九《解师策书诀》谓:"上皇天书,下为德君出,真经书以绳断邪,以玄甲为微初也。凡物生者,皆以甲为首,子为本,故以上甲子序出之也。"

④诸甲:谓六甲。即六十甲子中各为每旬之首的甲子、甲戌、甲申、甲午、甲辰、甲寅。首:第一位。指甲子冬至之日为历元(又称时元),即历法的起算点。古以夜半为一日之始,以合朔为一月之始,以冬至为一年之始,以恰好是夜半合朔冬至的时刻为推算历法之始,名之为甲子。

⑤初:本初。谓万物随元气开始新的一轮循环过程。本经乙部《分解本末法》云:"始萌于北,元气起于子。"

⑥前后:指内容轻重的编排次序。

【译文】

"在乙巳这一年出示,把它授付给来往旅客中确能赶赴京师呈献到帝王面前的人。以后年年在甲子冬至这一天,就出示经文,因为这是皇天六甲的首位,排在各旬最前面的头一旬,正与元气构成周而复始的本初状态。在这时把经书按内容轻重的编排次序付归给国家,就能解除天地开辟以来递相承负而交会到一起的劫厄。"

"比付当以何字①?其文教积累其字②,独自深知之,勿令泄皇天上和与第一之道也③。""将传与能往付者,共分别解之。比到玄甲,使其愦愦如有求吾书者④,以守一、浮华为前以付之⑤。已付邮客方士⑥，往付上有至德之君。"

【注释】

①比付：即临授付之时。字：指经文。

②其文：意谓当中有一篇书文。

③上和：犹言太和。指天之太阳气、地之太阴气、人之中和气的统一体。本经卷四十八《三合相通诀》云："气者，乃言天气悦喜下生，地气顺喜上养。气之法，行于天下地上，阴阳相得，交而为和，与中和气三合，共养凡物。三气相爱相通，无复有害者。……气者，主养以通和也。"

④愤愤：形容发愤求道的样子。

⑤浮华：指浮华记。即本经中具有否定性、反衬性的思想内容，属于对某些学派包括儒家官学的理论或世行方术所作的批驳、排斥与摒除。本经癸部《神人真人圣人贤人自占可行是与非法》及甲部佚文大略俱云"浮华记者，离本已远"，错乱不可常用，时时可记，故名浮华记。此处将"守一"、"浮华"并举，乃以去除浮华为守一之先决条件处理的。

⑥方士：指品行端方纯正的人。本经卷三十九《解师策书诀》云："方者，大方正也，持此道急往付归有道德之君，可以消去承负之凶，其治即方且大正也。士者，有可克志一介之人也。一介之人者，端心可教化属事，使往通此道也。"

【译文】

"临授付时，应当把哪些经文授付给他呢？经书当中有篇专文，特意告诫弟子要积聚起全部经文，只许自己深深了解并掌握它们，不许泄露皇天极为和协又位居第一的真道。""在传授给确能赶赴京师付归给帝王的那个人之前，要按内容轻重对他作解释。等到甲子冬至那天，假如真有激切地求取我那经书的人，就把讲论守一和去除浮华的那些书文作为首要部分授付给他。已经授付给来往旅客中品行端方纯正的人了，便叫他前去付归给具有最高道德的第一等君主。"

"何谓也？""得而防行之①，即其人也；不知行之，即非其人也。真人勿先出之也②，且天威怒，反杀人也③。吾戒悉尽于是矣。所以□□④，诚畏天有言也⑤。"

【注释】

①防行：防谓防止浮华，行谓行用守一术。

②先：主动之意。

③"且天"二句：意谓传非其人，反遭天罚。威怒，震怒，盛怒。

④所以□□：此句原缺二字。

⑤天有言：指上天对授道天师的责怪。

【译文】

"这话讲的是什么意思呢？""这是讲得到经文，他确能防备浮华那一套，真去修炼守一术，也就属于合适的人选；不晓得修炼守一术，也就不是合适的人选。真人不要主动向人传授，这样做皇天会震怒，反过来要诛杀你。我对你的告诫全在这里了。之所以如此，是因为我也确实害怕皇天对我有什么责怪。"

"今天师教敕下愚弟子，胸中偻偻①，若且可知，不敢负也。诚问著图者②，画神衣云何哉？""皆象天法，无随俗事也③。今不晓天法，其人图大小，自以意为衣。衣者，随五行色也④，今使母含子⑤，居其内，以色相次也⑥。大重之衣⑦，五也⑧；中重之衣，四也⑨；小重之衣，三也⑩；微重之衣象阴阳，二也⑪；大集之衣⑫，乱彩六重也⑬。"

【注释】

①偻偻(lóu)：严整明晰的样子。

②著图：附带图像之意。

③俗事：指民间的画法。

④五行色：指木青、火赤、土黄、金白、水黑。汉刘熙《释名·释彩帛》云："青，生也，象物生时色也。赤，赫也，太阳之色也。黄，晃也，犹晃晃象日光色也。白，启也，如冰启时色也。黑，晦也，如晦冥时色也。"

⑤今使母含子：此五字中"今"当作"令"。形近而讹。母含子，按照五行相生的关系，则生者为母，被生者为子。如木生火，木即为母，火即为子。《周易参同契·明两知窍章》谓："金为水母，母隐子胎。水为金子，子藏母胞。"董仲舒《春秋繁露·五行对》则以"母子"为"父子"。

⑥次：排列与衔接。即青包赤，赤包黄，黄包白，白包黑，黑包青。

⑦重：指颜色迭相搭配的层次。

⑧五：谓五色俱全。本经卷九十九《乘云驾龙图》所绘前导仙童，其服饰为红裳、青缘、白带、浅黄裙、朱履，即与此处所说相近似。

⑨四：据下文所称四重"象四时转相生"，则指青赤白黑四色。

⑩三：据下文所称三重"象父母子阴阳合和"，则指青赤白三色。

⑪二：指黑白二色。黑象阴，白象阳。如本经卷一百一《西壁图》，展经者白衣皂缘(镶边)，即属白包黑。据下文所称二重"象王相乐相及"，则又指其他母子之色。如《西壁图》真人绿衣红缘，即青包赤之例。

⑫大集：汇聚众色之意。

⑬乱彩：纷繁的颜色。六重：谓分出六个层次来。

【译文】

"如今天师训导戒饬低劣愚昧的弟子，弟子胸中感到很严整又很明晰,好像都弄清楚了,决不敢辜负天师。想再确切地询问一下,经文中附带图像的地方,需要绘制神灵的衣饰,该是什么样式呢?""一律效仿皇天的规格,不要随顺民间的画法。如今民间不晓得皇天的规格,那些人物图像的大小尺寸,全都按照各自的想象给他们绘制出衣饰来。衣饰实际上要随顺五行的气色,让居于母亲地位的,蕴含那居于儿子地位的,设布在里层,依照每一行的气色加以排列和转接。颜色层次最多的衣饰,要五色俱全;颜色层次属中等的衣饰,要包括青赤白黑四色;颜色层次属三等的衣饰,要包括青赤白三色;颜色层次最少的衣饰,取法阴阳,要包括黑白二色;至于汇聚众色的衣饰,要颜色纷繁,显示出六个层次来。"

"愿闻大重何象?""象五行气相合也①。""四重何象?""象四时转相生也②。""三重何象?""象父母子阴阳合和也③。""二重何象?""象王相丞相及也④。""六重何象?""象六方之彩杂也⑤,故天下有杂色也⑥,此之谓。"

【注释】

①相合:五行包括三阴(土金水)、二阳(木火),故曰相合。

②转相生:谓季节交替置换。

③父母子阴阳合和:《乐纬稽耀嘉》云:"父子之仁生于木。""夫妇之别生于水。"据此则父为青色,母为白色,或者说青色代表父,白色代表母。《白虎通义·五行》谓:"男不离父母何法?法火不离木也。"据此则子为赤色,或者说赤色代表子。而父子为男,属阳;母为女,属阴。故曰三重"象父母子阴阳合和"。

④王相丞:此据"五行休王"说而为言。即五行气在一年四季中运行流转,迭有兴盛衰败。兴盛借用"王、相"来表示,王谓旺盛,相

谓强壮。衰败则借用"休、囚、废（或死）"来表示，休谓休退，囚谓
困囚，废谓死亡。依照五行生克的关系，春则木王，火相、土死、
金囚、水休。其余可依次类推。相及：谓递次承接。

⑤六方：指上、下和东、南、西、北。杂：错杂。

⑥杂色：即多种颜色。

【译文】

"希望能听到五层颜色的衣饰象征着什么呢？""象征着五行气彼此
协调一致。""四层颜色的衣饰又象征着什么呢？""象征着春夏秋冬交替
到来。""三层颜色的衣饰又象征着什么呢？""象征着位居父亲、母亲、儿
子的木行、水行、火行阴阳和谐。""两层颜色的衣饰又象征着什么呢？"
"象征着占据主宰地位的王气和处于强盛状态的相气递次承接。""六层
颜色的衣饰又象征着什么呢？""象征着上下四方的色彩相错杂，所以天
下就有杂色，说的也就是这个意思。"

"善哉善哉！""行去，慎图密文①。""唯唯。今弟子至愚
且贱，蒙恩得与天师文用日久，凡事响且毕②，愿更问一疑。"
"平言，何等也？"

【注释】

①慎图密文：谓对图像须慎守，对道文宜保密。

②凡事响且毕：意为收效极其快速和显著。响，如声之回应。毕，
全部一清二楚之意。

【译文】

"这太好了！这太好了！""回去吧，对图像要谨慎守护，对经文要注
意保密。""是是。如今弟子极为愚昧和低贱，蒙受大恩得以看到天师的
书文并且行用很长时间了，任何事体都像回音应和原声那样快速准确，
弄得一清二楚。希望再询问一个闹不太懂的问题。""慢慢讲来，到底是

什么问题呢?"

"今见天地开辟以来,文书前后出非一,乃积多复多,河洛出之^①。今此书,何不须河洛出之乎?""善哉善哉! 子今难也。天使子言,可谓得其意矣。今天悉使吾为帝王、人民具出陈承负之责会也^②,文书积众多^③,不可以河洛出之也。夫河洛文书文多^④,当见其策^⑤;文多难以策悉知之,故天因人出之也^⑥。天乃深知吾而为其言^⑦,知而具难问^⑧,故反使子与吾共传其要言也,子亦自知。学而不得道心^⑨,真人为何来哉?""今愚蔽暗,不自知也。"

右问闭藏出其图画衣服文。

【注释】

①河洛:古传黄河有龙马曾出图,伏羲氏据之以创八卦;洛水有神龟曾出书,大禹据之以作《洪范》(《尚书》篇名)。此类灵迹,在汉代纬书中越来越多,愈演愈奇。

②具出陈:全面详尽地予以出示和演述。

③文书积众多:此谓《太平经》卷帙浩繁。

④文多:谓字体形状和写法众多。

⑤策:指能使人占测出的内在涵义。本经卷四十一《件古文名书诀》云:"故时出河洛文图及他神书,亦复不同辞也。"

⑥因:通过,借助。

⑦而:能。下文"而"字亦为"能"意。

⑧具难问:谓对诘难性的问题作出详细完整的解答。

⑨道心:指真道的精神实质。

【译文】

"如今察看到天地开辟以来,文书前后降示并非仅仅一种,积聚得多上加多,都是从黄河洛水中降示出来的。现下天师这部经书,为什么不仰赖黄河洛水去降示它呢?""你刚才的诘难真是太好了!真是太好了!这表明皇天在驱使你发问,可以称得上获取到那个意旨了。如今皇天完全责成我为帝王和众百姓详尽出示并演述那承负的罪责与厄会,整部经书卷帙浩繁,不能再从黄河洛水中降示它。黄河洛水所降示的文书,字体形状和写法众多,本应显示出让人能占测出来的内在涵义。而我这部经书字数太多了,很难通过占测便彻底了解它,所以皇天就借助世人来出示它。皇天正深知我能代替它作好宣讲,也深知我能对诘难质问作出详细完整的解答,所以反而让你和我共同传达它那紧要的话语。这一点你自己也很清楚。学道却抓不住真道的精神实质,真人那可是为了什么而来的呢?""现下弟子愚昧昏暗不开窍,自身还闹不清您说的那一点。"

以上为问闭藏出其图画衣服文。

位次传文闭绝即病诀第一百六十六

【题解】

本篇紧紧承接上篇文字而另立篇题。其所谓"位次",系指神仙系统的职位品级而言;"传文",亦即传布《太平经》经文;"闭绝",则为着意点明的一种很容易出现的行径:对经文擅自藏匿扣压而不应时出示;"即病",属于"闭绝"行径所必定招来的极其严重的后果:立刻便遭到上天的憎恶与惩罚。篇中强调,授经授道之天师位属天,职在理天;传经传道之真人位属地,职在理地。天生而地养,则创制《太平经》的天师无可争辩地传经给真人;地养人类万物,则真人不容置疑地再传经给世人。遵循这种"自然"逻辑,真人倘若据经文为己有或错过传经时机,有悖上天使命,便定会天之"病、灾、凶"递次加身。似这等对骨干道徒带有恫吓性的警告与训诫,恰与篇中天师久怀太平学而"无可与语者"的慨叹相映照,反映出早期道教急欲传布又难以得到官方支持和民间信奉的历史状况。

"子为天来学问疑,吾为天授子也。""愿闻其诀意,以何明之也?其以又明之云何哉①?""今有德之君得吾书,心解行之,与众贤共议,以化凡民,必与天立响相应,是其明证也。吾道以诚成②,不设伪言。行已诀矣。"

【注释】

①又明:再度证明。

②吾道以诚成:此五字中"诚"或系"试"字之讹。若原作"诚成",则谓凭仗规戒世人而形成系列。亦可解作,把有无成效引为大戒。

【译文】

"你是为皇天前来学习真道,询问疑难事体,而我正是为皇天向你作传授。""希望听到这一论断的要意,根据什么能证明果真如此,用来再度证明它的东西又是什么呢?""如今具有道德的君主获取到我这经书,内心对它理解得很透彻,并且照着去做,与众位贤明人士一起讨论它,用它去化导众百姓,必定会立刻与皇天像回音应和原声那样相应合,这就构成最明显的佐证。我那真道把有无成效作为戒条,决不编造胡扯瞎吹的言辞。一经行用,便有定论了。"

"唯唯。弟子无状,数愁天师不也①。""子不好问,亦无从知之也。吾含此学久矣②,无可与语者,故不得以时传之。今使人不知白黑③,其过在吾也。今得传,真人问,诚喜甚喜,比若春得登台④,而出见天无异。""何乎哉?""天怨结有剧病,变不绝,此其悒悒不通,得与子言喜也。"

【注释】

①不:下不为例之意。

②此学:指太平学。参见本经卷九十七《妒道不传处士助化诀》所述。

③白黑:喻是非、善恶、功过。

④春得登台:谓游观活动。《老子·二十章》云:"众人熙熙,如享太牢,如春登台。"又汉制,皇帝于正月则登临灵台(似今气象观测

台),望元气,吹时律,观物变。

【译文】

"是是。弟子罪大无可名状,屡屡让天师感到犯愁,绝对下不为例了。""你不喜好询问,也没有办法能够了解到。我心怀这太平道的大学问已经时间很长了,可却碰不到真能对他讲说的人,所以做不到在最需要的时候传授它。至今还叫世人分不清是非善恶,这种罪过出在我身上。现下正该传授,真人前来询问,确实感到高兴,而且高兴极了,就如同在春天得以登上高台,出屋看到青天一个样。""这是为什么呢?""因为皇天怨恨聚结,对世人怀有深切的病痛,灾异接连降现,这正构成皇天忧闷不乐又无法疏通的证象,而能向你作讲说,也就很高兴了。"

"天师何不自往与之①?""位次不得也②。吾位职在天③,真人位职在地④。地者出万物,故天生者,于地养之,故吾传道于真人。地生君王、凡民、万二千物,悉得阳施,从阴中出,故子得传于人⑤。"

【注释】

①与:授付。之:指代有德之君,即东汉当朝皇帝。

②位次不得:本经卷六十七《六罪十治诀》记天师之言曰:"今吾已去世,不可妄得还见(现)于民间。"

③在天:指授道天师属于本经所构设的神仙等级序列中的神人,即一等正牌神仙,职在理天。本经卷三十九《解师策书诀》谓:"师者,正谓皇天神人师也。"

④在地:谓传道真人属于二等正牌神仙,职在理地。本经卷四十《乐生得天心法》记真人之言曰:"吾统乃系于地,命属昆仑;今天师命乃在天,北极紫官。"

⑤"悉得"二句：此系说明君王、凡民、万二千物得以降生的终极原因，即天施于地，经地孕育方出生。

【译文】

"天师为什么不亲自前去把经书授付给帝王呢？""职位品级不允许。我的职位在皇天那里，真人的职位在大地那里。大地让万物都生长出来，所以皇天化生的东西，要由大地养育它们，因而我就把真道传授给真人。大地叫君主、百姓和一万二千种动植物生存，都是获取到阳气的施注，经过阴气孕育再从里面生长存活下来。所以你就应当再传授给世人。"

"善哉善哉！愚生大自怪，当得此①。响不力问天师②，无由知之也，但猜疑，故也敢冒过问之耳。""善乎！是名为晓事之生。是亦非独子力也，实天授子心，使其言也。"

【注释】

①当：偏巧，恰恰。

②响：通"向"，适才。

【译文】

"这太好了！这太好了！愚生自己感到非常奇怪，偏巧得到这种解说。刚才要是不向天师大力询问，就没有途径得以了解到，光是瞎猜疑，所以就冒罪询问它。""你这样做很好。这被称作明白事理的徒弟。这也不只是你那力量在起作用，实际上属于皇天授给你这种心念，让你发问。"

"今蔽塞，不自知。""行，今使子大自知，照若日月之光。子以吾言不诚信也，夫天虽欲有所出，不与人语难知情①。

吾书承天教令,明丹青也②。子为不然,今私匿闭绝吾文,而不以时出之,天即且病子灾子;子或遏之犹不出③,子已凶矣。是其天使子来学问明证也,使真人出之明信也。""善哉善哉!""真人重戒慎之。"

【注释】

①不与人语难知情:此七字中"难知情"《太平经钞》作"情意同"。

②丹青:两种颜料,即丹砂和青膔。因其不易褪色,故取之以譬诚信。本经卷五十六至六十四《阙题》(四)、卷一百十五至一百十六《阙题》(一)俱谓:"吾书中善者,悉使青首而丹目,何乎? 吾道乃丹青之信也。青者生,仁而有心;赤者太阳,天之正色也。"

③遏:强行扣压之意。

【译文】

"现下昏昧闭塞,自身还闹不清这一点。""近前来,马上让你自身彻底闹清这一点,就像太阳和月亮的光辉照耀一般。你认为我说的并不真确可信,其实就连皇天尽管打算出示些什么,可却不与世人直接对话,也让人难以得知那实情。而我这经书,恰恰承奉皇天的教令,诚信得远比丹青还显著。你要是觉得并非如此,敢在现下擅自隐藏、封锁、断绝掉我这书文,不按合适的时机出示它,皇天随即就会叫你染上恶病,遭受灾殃;你如果继续扣压不出示,你就已经凶险了。这便是皇天驱使你前来学道问疑的明证,也是让真人出示它的明证啊!""这太好了! 这太好了!""真人要把这当成极为重要的道戒,对此多加小心。"

"唯唯。今天师职在天,覆加不得已,欲复请问一疑。""不敢言乎? 行!""今凡天事,皆为天使有所传耶? 独天师与愚生邪?""噫! 子益愚何? 知天下凡物,皆为天使,故各

有所职,共成天道也。一物不具足,即天道有不具者,子何
故乃不知是乎? 其冥冥何剧也^①!""愚蒙未悉开,得天师解
之昭然。""行,子亦易示矣。行弩力^②,勉之。凡民各有所
职,乃复为天使物^③,敢独自劳,自然也^④。""不敢不敢。""行
去矣。"

【注释】

①冥冥:昏昧的样子。

②弩力:即努力。

③使物:治理万物之意。

④自然:理所当然,本应如此。

【译文】

"是是。如今天师职位归属皇天,弟子又出于实在不得已,想再请
求询问一个弄不太懂的问题。""不敢说了吗? 只管讲来!""如今凡属天
上的事项,全是皇天在驱使,才有所传付吗? 还是唯独天师和愚生才这
样呢?""嘿嘿! 你为什么越发愚昧了呢? 理应懂得,天底下的一切事物
都是皇天在驱使,所以才各自具有本身的职责,共同构成皇天的道法。
有一种事物不具备,皇天的道法就出现残缺的现象,你为什么竟不了解
这一情况呢? 你那昏昧的程度竟是多么厉害呀!""弟子愚暗蒙昧,尚未
完全化解开,得见天师的解说,便一下子闹明白了。""回去吧,你也是很
容易予以开启的了。回去后要努力践行,自我勉励。只要是民众,就各
自具有本身的职责,随后又为皇天治理万物,敢于独自承担起劳苦来,
这也是自然而然的。""弟子可担当不起,弟子可担当不起。""回去吧。"

经文部数所应诀第一百六十七

【题解】

本篇所谓"经文部数",特就《太平经》部帙和卷数的划分与厘定问题而发;"所应",系对如此划分而锐意择定、应合的法象与数理给出答案。篇中言称,天数起于一,终于十,十乃"十干之始,五行之本",故分全经为甲乙至壬癸共十部。数至百则完备,而北斗星斗柄旋转七位,又显示着"阴阳建破"的坐标指向和循环程式,故定全经为一百七十卷。这种"所应"之"诀",既自出机杼,又带有模仿《易》学象数和建除家言的痕迹。其对探求《太平经》的编著宗旨、义例体制与内容大要,颇有助益。本经壬部也存录一整篇说明《太平经》部帙和卷数划分、厘定之理论根据的经文,不仅字句与本篇基本相同,而且论述更显完整,语意更为明晰,非两相参阅不可。

　　天,数之始也①。是故天地未分之时,积气都合为一②,分为二③,成夫妇④。

【注释】

　　①数:指自然基数。汉代《易》学纬书《乾坤凿度》卷上《生天数》谓:"天本一而立,一为数源。"本经卷四十《分解本末法》称:"天,初

一也。"

②都合：聚合之意。一：指元气混沌迷蒙的原始状态。本经卷九十
三《国不可胜数诀》谓："一者，其元气纯纯之时也。"

③二：指天地。即元气轻清者上为天，浊重者下为地。《河图》云：
"元气无形，洶洶蒙蒙，偃者为地，伏者为天。"本经卷四十《分解
本末法》谓，天"下与地相得为二"。又卷七十三至八十五《阙题》
（三）谓，元气共凝成天，名为一；分而生阴而成地，名为二。

④夫妇：喻阴阳。《论衡·自然篇》谓："天地，夫妇也。"

【译文】

天是自然基数的起始数。所以在天地还没划分开的时候，元气聚
积汇合，构成混沌迷蒙的那个"一"，接下来分成天地这个"二"，形成夫
妇即阴阳。

天下施于地①，怀妊于玄冥②，字为甲子③；布根东北④，
丑与寅⑤；始见于卯⑥，毕生东南⑦，辰与巳⑧；垂枝于南⑨，养
于午⑩；向老西南⑪，未与申⑫；成西方⑬，日入西⑭；毕藏西
北⑮，戌与亥⑯。故起数于一，十而止⑰。十者，十干之始⑱，
五行之本也⑲。

【注释】

①下施：意谓朝下施注具有始生功能的阳气。

②怀妊：谓阳气在地下孕育万物，万物随之胚胎滋生。玄冥：指北
方。北方为八卦中坎卦所居之位，属水行，为极阴之地。极阴而
生阳，其气色幽昧，外暗内明，故称玄冥。本经卷一百十九《三者
为一家阳火数五诀》谓，由阳气所生者，悉返本初即元气的混沌
状态，方能阴阳相合而得生，故而此处乃称"怀妊于玄冥"。

③字:特称之意。甲子:天干第一位和地支第一位的组合体。于此
用以代表天地相合之始的纲纪,即正北方和夏历十一月冬至
之日。

④布根:谓万物随阳气跃动而扎下根须。东北:艮卦所居之位。属
土行。

⑤丑:地支第二位。寅:地支第三位。二者在总体方位上均为东北
的标示符号。在时令上,丑则代表夏历十二月,寅则代表立春所
在的来年夏历正月。万物既布根,至正月则往上开始拱动,故而
此处遂谓"丑为寅始"。

⑥见:"现"的古字,显现,出现。指万物随阳气升腾而冒出地面。
卯:地支第四位。于此代表东方和春分所在的夏历二月。东方
为震卦所居之位,属木行。此处所谓"始见于卯",乃与下文"日
入西"相对而言,同时含有日出于东、归于西之义。《尚书考灵
曜》称:"仲春仲秋,日出于卯,入于西。"《晋书·天文志》谓,二月
春分,日在西方奎宿十四度稍强;八月秋分,日在东方角宿五度
稍弱,此乃黄、赤二道之交中,距北极俱九十一度稍强,是为出卯
入西。

⑦毕生:谓万物随阳气散布而全部生齐。东南:巽卦所居之位。属
木行。

⑧辰:地支第五位。巳:地支第六位。在总体方位上,辰、巳均为东
南的标示符号。在时令上,辰则代表夏历三月,巳则代表立夏所
在的夏历四月。

⑨垂枝:谓万物随阳气大盛而垂布枝叶。南:离卦所居之位。属
火行。

⑩养:养长,即繁茂生长之意。南方为火行盛阳所在,故曰养。午:
地支第七位。此处代表南方与夏至所在的夏历五月。

⑪向老西南:此四字中"向"原作"尚",据本经壬部经文及《太平经

钞》卷六、卷九所录改。向老,谓万物随阳气衰减而趋于成熟。西南,坤卦所居之位。属土行。阳极生阴,阴进阳退,阴气自五月生成并逐渐兴旺,则阳气随之减弱,故曰向老。

⑫未:地支第八位。申:地支第九位。二者在总体方位上,均为西南的标示符号。在时令上,未则代表夏历六月,申则代表立秋所在的夏历七月。

⑬成:谓万物随阳气消歇而成熟。西方:兑卦所居之位。属金行。

⑭日入酉:此与上文"始见于卯"相对而言。酉,地支第十位。此处代表西方和秋分所在的夏历八月。

⑮毕藏:谓万物随同阳气入藏地下,重新凝结,开始新一轮的循环过程。西北:乾卦所居之位。属金行。

⑯戌:地支第十一位。亥:地支第十二位。在总体方位上,戌亥均为西北的标示符号。在时令上,戌则代表夏历九月,亥则代表立冬所在的夏历十月。

⑰十:指天、地、八方相加的和数。本经卷四十《分解本末法》谓:"故本之于天地,周流八方也,凡数适十也。"又卷九十三《国不可胜数诀》称:"一凝成天。天有上下八方,故为十也。"壬部云:"故数者,从天下地八方,十而备。"

⑱十干:即十天干。十天干各分阴阳,单位数属阳干,双位数属阴干,故又称"二干"。十天干乃系古代为表示时间或方位等而创制的序列化专用符号,常与地支配合使用。干之取义,源自树干,或称其为日之精。本经卷五十六至六十四《阙题》(六)谓:"甲丙戊庚壬,阳也,主生;乙丁己辛癸,阴也,主养。"始:意为依次排列的标志。

⑲五行之本:《白虎通义·五行》谓:"五行各自有阴阳。"本经卷八十八《作来善宅法》亦称:"天有五行,亦自有阴阳;地有五行,亦自有阴阳;人有五行,亦自有阴阳也,故皆十。"因而此处将"十

者"视之为"五行之本"。以上所云,构成《太平经》分全书为十部的理论根据。

【译文】

天往下对地施入具有始生功能的阳气,在北方孕育万物的胚胎,这被称为甲子;万物在东北方扎下根须,时令正值丑位和寅位所代表的十二月与正月;而在卯位所代表的东方和二月,万物冒出地面来,又在东南方全部生齐,时令正值辰位与巳位所代表的三月与四月;又在南方垂枝布叶,在午位所代表的五月得到繁茂生长;又在西南方接近成熟,时令正值未位与申位所代表的六月与七月;到西方完全成熟,太阳归入秋分所在的八月酉位;最后在西北方全部入藏地下重新作胎,时令正值戌位与亥位所代表的九月与十月。因而自然基数从一开始,到十就满数了。满数十构成十天干依次排列的标志,正是五行的根本。

数以一乘十①,百而备是也②。故天生内百日③,故毕终④。是故斗建于辰⑤,破于戌⑥。建者,立也,故万物欲毕生;破者,败也,万物毕死于戌。数从天地八方⑦,十而备⑧。阴阳建破,以此往来⑨,复其故⑩,随天斗所指以明事。吾书乃为除害气,故象天为法⑪。

右问天师书文征信明诀⑫。

【注释】

①以一乘十:意为对十乘一次,即十乘十。

②百:谓到一百。备:满数之意。

③百日:此举成数而言。指春季三个月内。

④毕终:谓万物出齐生全。

⑤斗:指北斗星斗柄。由第五至第七星组成。建:指斗柄所指向的

空间坐标方位和由此而代表的夏历具体月份。辰：谓斗柄指向
辰位，其于时令遂为建辰之月，即夏历三月。辰在以天文十二辰
象征十二种人事情况、据以占测吉凶的建除方术中，被称为满。
满为神名，主生。上文所言"天生内百日，故毕终"，则与满相合。

⑥破于戌：破谓构成对冲。斗柄指向辰位，则由第一至第四星组成
的斗魁恰恰指向戌位，适成空间坐标方位两相对冲之势。戌代
表西北和夏历季秋九月，在建除方术中被称为戌。

⑦从：计由之意。

⑧备：意谓形成了基数序列。

⑨以此往来：此四字中"此"字壬部经文作"七"，为是，当从。阳数
成于七，七谓斗柄旋转所指向，处于寅位到申位的范围以内，即
夏历正月至七月之间，其旋转次数则共为七次。斗柄指寅，则天
下皆春；指申，则天下皆秋。春属阳，为建；秋属阴，为破。凡阳
建之位，便相应破其对冲的阴位。在建除方术中，称寅为建，称
申为破。申至寅一建一破，建破总数亦为七。本经卷六十九《天
谶支干相配法》称："东、南为天斗纲，斗所指向，推四时，皆王受
命。西、北属地，为斗魁所系者，死绝气。"往来，循环往复之意。

⑩复其故：意谓周而复始。

⑪法：法式。以上所云，构成《太平经》定全书为一百七十卷的理论
根据。

⑫"右问天师"句：此句系对上篇和本篇之内容主旨所作的总体概
括与揭示。

【译文】

数字对十乘一次，也就是那满数整一百了。所以皇天化生限定在
百日以内，因而万物都出齐生全。所以北斗星斗柄指到三月辰位构成
满而建位，斗魁则恰恰同时指向九月戌位构成破。所谓建位，也就是定
立起来了，因而万物都想在此期间内生出来；所谓破，也就是败落了，于

是万物都在九月戌位枯死了。数字计由天地八方,加在一起达到十恰好满数。而阴阳之间的定立与败落,依照北斗星斗柄和斗魁递次运转的七个坐标方位循环往来,周而复始,紧紧随同天上北斗星斗柄所指向的空间坐标方位来彰明事象。我这经书正是为了去除凶害气,所以就效仿皇天作为法式。

以上为问天师书文证信明诀。

【说明】

下列两节文字,存录于《太平经钞》己部。核之《敦煌目录》,或系本经卷九十四《五寿以下被承宾(兵?)灾决》的遗文。其内容主要为"五寿说"或"五命论",亦即宣示皇天授人以"上寿(天寿)、地寿、人寿、霸寿、仟寿"的"格法",且称天地尚有独自掌握并对世人另行赐予的三十年的"私命",并言既获上寿又得私命,便已创设出"应为仙人"的先决条件。以此为悬鹄,又代天作出了人有善行、得增天算的许诺,而所增天算,恰恰是用未能尽享五寿者的"余算"来重新予以调配的。

　　天受人命,自有格法①。天地所私者三十岁②,比若天地日月相推③,有余闰也④,故为私命⑤。过此者⑥,应为仙人⑦。天命:上寿百二十为度⑧,地寿百岁为度,人寿八十岁为度,霸寿以六十岁为度⑨,仟寿五十岁为度⑩。过此已下,死生无复数者⑪,悉被承负之灾责也,故诚冤乎!

【注释】

①格法:常法,成法。

②私:独自掌握、特加赐予之意。

③推:谓递相推移。

④余闰：指闰月。月亮绕地球运转的周期，每月合 29.5306 日，全年十二个月，合 354.3672 日，比地球绕太阳公转一周，即一个回归年 365.2422 日，约差十日二十一时，故须设置闰月，以调整阴历和阳历之间的时间差数。其方法为：三年一闰，五年再闰，十九年七闰。汉代《三统历》以十九年为一章，八十一章为一统。八十一属终天之数，四个十九年七闰同一个五年再闰分别相加（4×19＋5；4×7＋2），其年数之和适为八十一，闰数之和适为三十。此处所言"天地所私者三十岁"，盖本于此。

⑤私命：即独掌特赐的寿命。

⑥此：指私命同下文所言"上寿百二十"的相加数。即 150 岁。

⑦应为仙人：意谓业已具备成为仙人的前提条件了。应：够得上，符合。

⑧度：标准，限度。其自此以下所定五类标准的理据，详见后文"愿闻天寿"一段四节经文所述。

⑨霸寿：指应合阳止阴起的人。

⑩仵（wǔ）寿：指应合阴仵阳化的人。仵，违逆，抵触。以上所云五寿，与本经乙部《解承负诀》、癸部《盛身却灾法》所定上寿一百二十岁，中寿八十岁，下寿六十岁；辛部经文所定头等寿命一百三十岁，二等寿命一百二十岁，三等寿命一百岁，显然不同。

⑪数：定数。指注定获享的寿龄。

【译文】

皇天赐予世人寿命，原本就定有常法。其中归天地独自掌握、特加赐予的，另有三十年。这就好比天地日月递相推移，出现闰月，所以就把它作为独掌特赐的寿命。超过这一限度的，便已具备成为仙人的前提条件了。皇天定立的寿命等级是：上寿把一百二十岁作为限度，地寿把一百岁作为限度，人寿把八十岁作为限度，霸寿把六十岁作为限度，仵寿把五十岁作为限度。享年达不到五十岁，就全属于死生没有定数的人,都因遭受了承负的灾殃和罪责,所以确实显得冤枉啊!

此人生各得天算①,有常法。今多不能尽其算者,天算积无訾②,故人有善,得增算,皆此余算增之。欲知大效,比若一里有十户③,户有千亩田,其九户为恶,尽死灭,独一户为善,并得九户田业,此之谓也。

【注释】

①天算:犹言天年。本经以一年为一算,与《抱朴子》百日一算不同。详见辛部第十三条经文所述。

②无訾(zī):不可计量之意。极言其多。訾,计量,估量。

③里:汉代基层行政组织。下辖百家,设里魁。里魁隶属于亭长。

【译文】

这正表明世人活在世上各自获享本人的天年,具有那常法。可现今世人却大多不能尽享本人的天年,于是由此而剩余的寿龄数便在皇天那里积存得难以计量,所以世人具有善行,就会增加寿龄,都由天上剩余的寿龄数转赐而来。要想了解这方面的明显效验,也就好比一里有十户人家,每户人家有一千亩田地,其中有九户人家干坏事,全都死光了,唯独有一户人家做善事,于是这九户人家的田产家业便归这家拥有了,说的也正是这个意思。

【说明】

下列五节文字,存录于《太平经钞》已部。核之《敦煌目录》,当属本经卷九十四《寿命奇不望报阴祐人》的遗文。其内容重在抨击诸如"寄粮、寄浆、寄装、交功"和相互沽名钓誉的虚伪行径,倡明积行阴德、必得上天回报的诀法。

　　不望阴阳祐人①,今人或不得其数而望得天报者②,会不得天报也。今日食人③,而后日住食之,不名为食人,名为寄粮④;今日饮人⑤,而后日往饮之,不名为饮人,名为寄浆;今日代人负重⑥,后日往寄重焉⑦,不名代人持重,乃名寄装;今日授人力⑧,后日往报之⑨,不名为助人,名为交功⑩;今人誉举人⑪,后日见誉举,不名为誉举人也,乃名为更迭相称⑫。如此比类者众多⑬,不可胜记。如此者,皆无天报也。

【注释】

①阴阳祐人:意为暗中或公开佑助他人。阴,指暗中、默默。阳,指公开、表面。

②数:指既定的行为标准。天报:皇天的回报。

③食(sì)人:给人饭菜吃。

④寄粮:意谓把粮食变相寄存于对方。寄,寄存,寄放。下文寄浆、寄装,意均仿此。

⑤饮(yìn)人:给人酒浆喝。

⑥负重:谓背送行李。

⑦寄重:托放自家的行李。

⑧授人力:意为替别人出力气。

⑨报:谓请别人再替自己同样出力气。

⑩交功:交换劳作量之意。

⑪今人誉举人:依上下文例,此五字中“今人”之“人”当作“日”字。誉举:赞扬推举。

⑫更迭相称:即交互标榜。

⑬比类:相类似。

【译文】

本来就不想暗中或公开佑助他人,可如今却有人达不到既定的行为标准反倒希图得到皇天的酬报,终归也得不到皇天的酬报。今天给人饭菜吃,可日后却又到他那里再把饭菜吃回来,这决不叫做给人饭菜吃,而是叫做把粮食变相寄存在对方那里;今天给人酒浆喝,可日后却又到他那里再把酒浆喝回来,这决不叫做给人酒浆喝,而是叫做把酒浆变相寄存在对方那里;今天替人背运行李,可日后却又前去把自己的行李托放到他那里,这决不叫做替人运东西,而是叫做把自己的行李变相寄存在对方那里;今天替人出力气,可日后却又前去请人再替自己同样出力气,这决不叫做帮助人,而是叫做交换劳作力;今天赞扬推举别人,可日后自己却又受到别人的赞扬推举,这决不叫做赞扬推举人,而是叫做相互标榜。同以上事例相类似的表现多得很,简直记述不过来。像这类行径,一律得不到皇天的酬报。

　　然人不祐吾,吾独阴祐之,天报此人;言我为恶,我独为善,天报此人;人不加功于我,我独乐加功焉①,天报此人;人不食饮我,我独乐食饮之,天报此人;人尽习教为虚伪行,以相欺殆②,我独教人为善,至诚信,天报此人;人尽言天地无知,我独阴畏承事之③,天报此人;人尽阴欲欺其君上,我独阴祐利之,不敢欺,天报此人;父母不爱我,我独爱祐之,天报此人。如是比类者众多,不可胜记。

【注释】

①焉:兼词。犹言"于他人"。

②欺殆(dài):欺诈,欺骗。

③承事:顺承侍奉之意。

【译文】

然而别人不佑助我，我却偏偏暗中默默地去佑助别人，皇天绝对酬报这种人；都说我会干坏事，我却偏偏做善事，皇天绝对酬报这种人；别人不给我出什么力气，我却偏偏乐意替别人出力气，皇天绝对酬报这种人；别人不给我饭菜吃和酒浆喝，我却偏偏乐意给别人饭菜吃和酒浆喝，皇天绝对酬报这种人；别人都习以为常地教人干那虚伪的勾当，用来彼此欺骗，我却偏偏教人做善事，为人要极为忠诚信实，皇天绝对酬报这种人；别人都说天地对人间事压根就不知道，我却偏偏暗中敬畏并顺承侍奉天地，皇天绝对酬报这种人；别人都想暗地里欺骗自己的君主和上司，我却偏偏暗中佑助并对他们有利，决不敢欺骗，皇天绝对酬报这种人；父母不疼爱我，我却偏偏敬爱并佑助他们，皇天绝对酬报这种人。同以上事例相类似的表现多得很，简直记述不过来。

真人自计之：上士求天报，中士求人报，下愚不施反求报①。上善之人得天报者，度也②；中善之人得人报，故爱利之而仕之③；下愚无功而强报④，故天地人共恶而诛之。

【注释】

①施：谓行善积阴德。

②度：谓结果会超凡成仙。

③仕：给官做。

④强报：强索回报。

【译文】

真人要自行思量下列情况：高明的人追求皇天的酬报，中等人追求世间的酬报，低劣愚昧的人不去施予反而追求各方面的酬报。第一等良善的人获取到皇天的酬报，那就超凡成仙了；中等良善的人获取到世间的酬报，因而人们就喜爱他并对他有利，让他当官主政；低劣愚昧的人没有功德却硬去索取酬报,所以天地和世人就共同憎恶他并诛杀他。

　　故上皇皇天之气悉下生①,后土之气悉上养②,五行之气悉并力③,四时之气悉和合,三光更明,天下同心为一。天性为行④,最尊之重之,爱之祐之。天性既善悉生,万物无不置也⑤;地性善养,万物而无不置也;圣人悉乐理天地⑥,而万物受其功⑦。大善神真仙人助天地行⑧,不敢自苦也,悉与元气同,与天心相得,故独长吉而无凶也。

【注释】

①上皇:最盛明。下生:谓往下施生。

②上养:谓朝上养长。

③并力:谓保持正常的生克关系,发挥各自的功用。

④天性为行:意谓上天按其本性来决定自身的意志与行为。

⑤置:安置。即使之各得其所。

⑥理:协理。即让天地保持和谐的状态。

⑦功:功德。指得以生长和成熟。

⑧神真仙人:此系本经所区定的由上至下的三个神仙等级。详见本经卷四十二《九天消先王灾法》、卷五十六至六十四《阙题》(六)所述。行:指化生和养长。

【译文】

　　所以最盛明的皇天阳气全都往下去施生,后土的阴气全都朝上来养长,五行气全都发挥自身的生克功能,四时气全都和谐地替换流布,日月星辰越发明亮,全天下心往一处想就如同一个人那样。皇天按照它那本性来决定自身的意志与行为,最尊崇也最看重人间的这种局面,既喜爱它,又保佑它。皇天的本性既然是把化生完备看作最好的事情,万物也就没有得不到妥善安置的了；大地的本性既然是把养长充盈看作最好的事情，万物也就没有得不到妥善安置的了；圣人都乐意协理天地，万物也就蒙受到他们的功德了。最吉善的神人、真人和仙人协助天地化生和养长，不敢把这当成自受其苦的差事，都和元气同一形态，都与天心密切吻合，所以就独自长久吉利而没有凶害。

古者圣人贤人，深思远虑，乃知天道意，但专阴行善，不敢为恶也，深睹皇天明禁①。下乃背而加之②，学问浅劣，复不信天禁，故难移矣③，失而早亡矣。

【注释】

①明禁：明显的禁忌事项。

②下：指下古近世之人。背：背离，违逆。加：愈发严重之意。

③移：谓向入仕成仙的目标迈进。

【译文】

古代的贤人和圣人深思远虑，于是了解天道的旨意，只管一门心思地暗中默默做善事，不敢干坏事，这正因为深深看出了皇天的明显禁忌。可下古时代的人们竟然违背皇天的禁忌，还一味变本加厉，学问浅陋粗劣，不再相信皇天有禁忌，所以就很难向那入仕成仙的方向迈进了，丧失性命，早早就死掉了。

【说明】

下列四节文字，存录于《太平经钞》己部。其内容专替前文"五寿说"或"五命论"阐明理据，即阴阳消长生杀、历数推移规程、季节变化图式、方位(卦位)标识属性等说法。这与《敦煌目录》中《五寿以下被承宾(兵?)灾决》显然存在一定的联系，但《经钞》又将本段文字列在《寿命奇不望报阴祐人》之经文后，颇有错乱之嫌。通观《经钞》全文，其排列次序并非同今存残缺本《太平经》以及《敦煌目录》完全保持一致，而《太平经》于同一论题又常在多篇中予以反复申说，因此也就殊难甄定这四节文字究系哪篇遗文了。

　　愿闻天寿百二十岁、地寿百岁、人寿八十岁、霸寿六十岁、仟寿五十岁。三正起于东方[①]，天之首端也[②]；岁月极于东北[③]，天极也[④]。夫天寿者，数之刚也[⑤]；东北，物之始也[⑥]，一年大数终于此[⑦]，故百二十为象天也[⑧]。

【注释】

①三正：古代三种历法的合称。指天正、地正、人正。即以农历十一月为岁首的周历，以十二月为岁首的殷历，以正月为岁首的夏历。言天正周历起算点，则日以冬至，物初返本，始萌；言地正殷历起算点，则物以布根，始芽；言人正夏历起算点，则物始出地面，人以开门就职。参见《白虎通义·三正》、本经卷一百十九《三者为一家阳火数五诀》所述。东方：万物始生之地。其为震卦所居之位，属木行。此处则仅从“始生”这一恰似点上特与“三正”作系联。实际上“三正”与东方并无对应或配属关系。以震卦论，《周易乾凿度》卷上云：“震生物于东方，位在二月。”则照人正夏历也已往后推延一个月了，遑论地正、天正！本经其他阐述时空问题的文字，均与此处所言不合。

②首端：谓施生的起始点。

③岁月：指全年十二个月。极：尽，到头。东北：艮卦所居之位，属土行。于时则为夏历十二月。《周易乾凿度》卷上云：“艮终始之于东北方，位在十二月。”

④天极:同上文"天之首端"相对而言。即天道运转的终结点。

⑤刚:指阳数(奇数)。阳数起于一,成于三,极于九。三、九之和,
适为十二。

⑥物之始:谓万物再度开始新一轮的由孕育、生出到成熟、枯死的
生命全过程。此系依据《易纬》"阳形于丑(东北)"之说而为言。

⑦大数:指三正所依次代表的"三微"之月和万物随阴阳二气于空
间位所的分布坐标上消长升降而在地面上由出生、成长到枯死、
入藏所历经的九个月。本经卷九十三《国不可胜数诀》谓,岁月
数独十二,"此十二月者,乃元气幽冥,阴阳更建始之数也"。

⑧象天:取法皇天。即把十二个月扩大十倍,再变"月"为"年",遂
成一百二十岁。本经乙部《解承负诀》云:凡人上寿"百二十者,
应天大历一岁,竟终天地界也。"又辛部称:"其次百二十,谓岁数
除纪也。"实与本处所云意合意同。

【译文】

希望听到天寿一百二十岁、地寿一百岁、人寿八十岁、霸寿六十岁、
仟寿五十岁这方面的教诲。周历、殷历和夏历在东方起始,属于皇天施
生的开端;而一年十二个月到东北方就抵达尽头,属于天道运转的终结
处。天寿正是自然基数中阳数三与阳数九的总和;东北方正是万物再
度开始新一轮生命历程的坐标,全年的大数到这里宣告终结,所以一百
二十岁恰恰是取法皇天。

　　地者,阴也,常受施西北①,为极阴也②。阴者杀而阳
生③,故亥者核也④,阴终西北角也⑤。西北为地之司命⑥,故
地寿得百岁⑦。

【注释】

①受施:谓承受天之阳气的施注。西北:乾卦所居之位,属金行。

于时则为立冬所在的夏历十月。《周易乾凿度》卷上谓:"乾制之于西北方,位在十月。"

②极阴:指阴气达到极限的位所。

③杀:克杀。生:化生。指阴阳各具的属性。

④亥:十二地支最末位。代表西北方和夏历十月。《易纬》有"阳始于亥"之说。核:凝核。指万物入藏地下,随阳气重新胚胎。本经卷四十《分解本末法》云:"(万物)转在西北,而终。物终,当更反始,故为亥,二人共抱一为三皇初,是故亥者,核也,乃始凝核也,故水始凝于十月也。"又卷四十八《三合相通诀》谓:"物当复生,故乾在西北,凡物始核于亥。"

⑤阴终西北角:此谓阴气升腾过程的终止处。换言之,亦即阳气升腾过程的起始处。或者说阴阳二气消长进退的交汇点与界标。阴气自夏历五月始生于南方,至十月极盛于西北。阴极则生阳,阳气遂在地底下开始萌发,标志着阴气转入终结的状态。其具体过程,详见本经卷四十四《案书明刑德法》所述。西北角,本经卷六十九《天谶支干相配法》称:"乾初生西北角。"又乙部《解承负诀》云:"亥为天地西北极也。"

⑥地之司命:指太阴法曹,即天庭所设置的收取世人形骸、拷问魂神的司法机构。详参本经卷一百十二《七十二色死尸诫》和《有过死谪作河梁诫》所述。

⑦地寿得百岁:此由亥值十月推导而来。即万物在地面上从生出到枯死的生命周期随同阴阳二气以及空间位所的变化总计历时十个月,将十个月扩大十倍,再变"月"为"年",遂成一百岁。本经卷四十八《三合相通诀》谓:"人正以亥为十月,故物毕死。"又辛部称:"其次百岁,谓之和历物纪也。"实与本处所云意合意同。

【译文】

大地属于阴,总在西北方承受皇天阳气的施注,西北方便成为阴气达到极限的位所。阴气好杀而阳气好生,所以亥位就标志着万物在夏历十月随阳气入藏地下重新作胎,同时宣告阴气在西北角归于终结。西北方属于大地司命神所在的地方,所以地寿便得以成为一百岁。

八十、六十者,阳止阴起①,方立秋②,秋者白气、白虎持事③,故霸命也④。

【注释】

①阳止阴起:谓阳气自夏历六月进入衰歇的状态,阴气则转入正式形成的阶段。此据《易纬》"阴形于未"之说而为言。未为地支第八位,代表西南方和夏历六月。西南为坤卦所居之位,属土行。《周易乾凿度》卷上云:"坤养之于西南方,位在六月。"

②方立秋:意谓秋季正得以形成。立秋于此非指节气名而言。因立秋在夏历七月初,在阳历八月七、八或九日。

③白气:金行之气。金行色白,故称之为白气。其属克杀之气。白虎:金行之精。持事:犹言用事。谓起支配作用。时当夏历八月。本经卷六十七《六罪十治诀》云:"故物起于太玄,中于太阳,终死于白虎。"又卷八十九《八卦还精念文》称:"白虎在后,诛祸灭殃。"按照阴阳五行说,四时中秋季、五方中西方、八卦中兑卦,均属金行。金行为阴,主杀伐。

④霸命:犹言霸寿。系由先秦五霸迭兴比附而来。阴气正式形成于六月,持事于八月,分别将六个月、八个月扩大十倍,再变"月"为"年",遂成霸命六十岁、八十岁。本经乙部《解承负法》谓:"八十者,应阴阳分别八偶(隅)等应地,分别应地,分别万物,死者去,生者留。六十者,应中和气,得六月遁卦。遁者,逃亡也,故主死生之会也。"则着眼方位和遁卦卦性作说解而与此处着眼时令作说解不同。

【译文】

八十岁和六十岁,是因阳气在夏历六月转入衰歇的状态,而阴气开始呈现出兴起的势头;秋季随后得以形成,到秋季八月由金行白气、精灵白虎在西方起支配作用,所以就构成霸寿。

五十者,阳气兴长于上①,阴气伏起于下②,阴仵阳化③,故为仵命④。过此而下,悉曰无常命⑤,诚冤结哉⑥!

【注释】

①兴长:兴旺主宰之意。谓达到极盛的程度。上:指地面上。

②伏起:藏伏兴起之意。谓处于滋生的状态。下:指地底下。以上所云,系据《易纬》"阴生于午"之说而为言。午为地支第七位,代表南方和夏至所在的夏历五月。南方为离卦所居,属火行。《周易乾凿度》卷上云:"离长之于南方,位在五月。"阳气到夏历五月极盛于南方。阳极则生阴,阴气遂在地底下滋生,构成阴进阳退、阴升阳降之势。

③阴仵阳化:意谓阴气对阳气化育万物形成抵触和妨碍。

④仵命:此由午值五月推导而来。即把五个月扩大十倍,再变"月"为"年",遂成五十岁。

⑤常命:固定的寿龄。

⑥冤结:冤气聚结之意。

【译文】

五十岁,是因阳气到五月在地面上达到极盛的状态,而阴气在地底下正滋生出来,阴气对阳气化育万物造成了抵触和妨碍,所以就构成仵寿。享年达不到五十岁,统统叫做没有固定的寿龄,确实属于冤气聚结啊!

【说明】

下列三节文字,存录于《太平经钞》己部。核之《敦煌目录》,或系本经卷九十四《自受(爱?)自奴决》的遗文。意在宣明:只有精诚至极,契合天心地意而向登仙成神的方向持续迈进,方为真正的"自爱"之道;只有修炼成睹神方术和超越生死大限的"肉飞"之身,方为真正的"自好"之道。据此而贬抑并排斥诸如调剂饮食、超脱俗事、安贫乐贱等通常意义上的将养修持方式。

今且晓子一解可以终古自养而极者①,不可忘也。人欲去凶而远害,得长寿者,本当保知自爱、自好、自亲②,以此自养,乃可无凶害也,身得长保。饮食以时调之③,不多不少④,是其自爱自养也;而撞门户闭之⑤,居内不与俗事⑥,是自爱自养也;而读书无极,安贫乐贱,无忧而已,是其自爱自养也。已前皆如是而非也⑦。

【注释】

①一解:一旦解悟之意。

②保知:珍重和知晓。保,通"宝",珍重。

③饮食以时调之:《素问·腹中论》云:"此饮食不节,故时有病也。"又《调经论》谓:"因寒饮食,寒气熏满,则血泣气去,故曰虚矣。"《灵枢·小针解》曰:"寒温不适,饮食不节,而病生于肠胃。"

④不多不少:《素问·经脉别论》云:"故饮食饱甚,汗出于胃,惊而夺精。"又《痹论》谓:"饮食自倍,肠胃乃伤。"

⑤撞门户:谓遇到外界强有力的干扰。

⑥俗事:指世俗所兴行的那类事情。如聚饮之类。本经卷一百三

　　《虚无无为自然图道毕成诫》称："好为俗事,伤魂神也。"

　　⑦已前:谓以上的各种做法。如是而非:此系否定通常意义上人们所理解和所采用的一般将养修持方式。

【译文】

　　眼下打算告诉你一旦解悟就能永久自我养护而长生不死的一大要诀,想忘记都忘记不掉。世人真想避开凶殃,远离祸害,获取到长寿,压根就应珍重并懂得自己爱惜自己,自己喜好自己,自己亲近自己,依仗这条规则进行自我养护,才能避免凶殃祸害降临到头上,身躯长久得以保全。至于按时调剂好饮食,既不过量,又不缺少,这毕竟算得上自己爱惜自己、自己养护自己了;遇到外界强有力的干扰也不去理会,栖身在内室,根本不参预世俗所兴行的那类事情,这毕竟算得上自己爱惜自己、自己养护自己了;总去一心读书,安于贫困,喜欢卑贱,没有任何忧虑便已知足,这毕竟算得上自己爱惜自己、自己养护自己了。但以上各种做法看起来很正确,实际上却不对。

　　夫自爱为言者,诚诚自爱保①,自念身无足②,冥目亦还自视无足③,未常须臾离之,因思而忧之,乃至不食而饱④,是为自爱之人也。

【注释】

　　①诚诚:犹言真真。即的的确确,实实在在。

　　②无足:不足。指照天心地意和登仙成神尚有距离。

　　③冥目亦还自视:谓修炼达到了闭目内视、腹明如镜的地步。此系示人以内观或内视的修真方式,属于守一术的具体表现形式之一。本经乙部《合阴阳顺道法》称:"瞑目还自视,正白彬彬,若且向旦时。"又卷五十二《胞胎阴阳规矩正行消恶图》谓:"瞑目内视,与神通灵,不出言,与道同,阴阳相覆天所封。"又壬部云:"眩

目内视,以心内理,阴明反洞于太阳,内独得道要,犹火令明,照内不照外也。"

④不食而饱:谓忧虑所达到的程度。亦可理解为食气方术。食气又称服气或炼气。即以呼吸吐纳元气为主,辅之以导引、按摩等养生延年。本经辛部云:"请问不食而饱,年寿久久,至于遂存,此乃富国存民之道。"

【译文】

所谓自己爱惜自己,其实是说,真真对自己倍加爱惜,保有身躯,便只管去考虑本人同天心地意、登仙成神还有差距;即使修炼达到了闭目内视、腹明如镜的地步,但自我察视,依然感到同天心地意、登仙成神还有差距;从未把那差距感片刻置于脑后,随即又精思不已,深感忧虑,忧虑得竟然吃不下饭还觉得腹内饱饱的。只有像这样的人,才真正是自己爱惜自己的人。

自好为言者,乃好念身形①,形容上下②,累累可睹③。诚好爱不止,面目生光明也。昼夜不能忘,以为经常,因得肉飞而可强④,是为自好爱之道也。

【注释】

①身形:谓本人躯体的各个部位与每一器官。

②形容:指寄居在人体之内的众神灵与众精灵的形体容貌。本经卷一百十四《不用书言命不全诀》称:"俗夫之人,不见神形容,神神自相知,形容皆气所成,何有不就者乎?"上下:谓来回游动的情状。

③累累:清晰可辨的样子。此系示人以意守身中诸神的守一修炼术。本经卷七十一《真道九首得失文诀》称:"三为数度者,积精还自视也,数头发下至足五指,分别形容,身外内莫不毕数,知其

意。"又本经佚文云："守一复久,自生光明,昭然见四方,随明而远行,尽见身形容。群神将集,故能形化为神。"

④肉飞:谓变易形体而成天神。强:意为超越了生死大限。

【译文】

所谓自己喜好自己,其实是说,竟然喜好精思本人躯体内所寄居的众神灵与众精灵,对它们的形体容貌和来回游动的情状,都能历历可辨地察看到。确实像这样喜好并爱惜自己而不罢休,面庞和双目就闪跃光辉。从白天到黑夜始终不忘记,形成常态,随后得以变易形体成天神,越过那生死大限,这才属于自己喜好并爱惜自己的方法与途径。

【说明】

下列五节文字,存录于《太平经钞》己部。核之《敦煌目录》,当属本经卷九十五《叹上禁三道文致乱决》的遗文。其内容则依据汉代星占家和谶纬学关于星辰为地上万物众民之精光的说法,论证朝廷"敕使"天下通上三道行书的势在必行性及实施办法。所述多与本经卷八十六《来善集三道文书诀》无大差异。

今故使男女大小老少、贤不肖,共集上书,为帝王通达聪明①,帝王比若中极星②,默常居其处,而众星共往奏事也。大者居前,中者居中,小者居后,一星不得,辄有绝气,天行为伤③。

【注释】

①聪明:耳聪目明。意谓全面了解和掌握天下各地的情况。

②中极星:指北极五星中最大最亮的那颗星。古人将其视为最高天神。北极五星一名天极。第一星为太子,第二星最大最明亮

者为帝,第三星为庶子,第四、第五星则为后宫之属。因俱在紫
微垣中央,故又谓之为中极。

③天行:天道的运行。

【译文】

如今特意让男女老少、地位高的人和地位低的人、贤明的人和不贤
明的人,共同集议,向朝廷献呈意见书,为帝王奏报各地的情况,使他了
解掌握到,正因为帝王如同北极星座中最大最亮的那颗星,一言不发而
总置身在那个固定位置上,众星辰都前去奏报事情。奏报时大个星体
排在最前面,中等星体排在中间,小个星体排在最后面,若有一颗星体
未被获准奏报,就会产生断绝之气,天道的运行便由此受到损伤。

夫星者,乃人民凡物之精光①,故一人不得通于帝王,一
星亦不得通也。故天气辄为乖错,地气为其逆也。故教其
吏民大小俱共上书,以通天气,以安星历②,以除天病,以解
帝王承负之责。

【注释】

①精光:精灵的光华。《盐铁论·论灾》谓:“众星犹万民也。”张衡
《灵宪》云:“星也者,体生于地,精成于天,列居错跱,各有攸(所)
属。在野则象物,在朝则象官,在人则象事。”本经辛部称:“凡事
各自有精神,光明上属天,为星,可以察安危。”

②星历:犹言星辰。

【译文】

星辰属于地上民众和万物的精灵跃升在天上的光华,所以世间有
一个人没办法向帝王奏报情况,也就等于一颗星体未被获准奏报,因而
天气便由此颠倒错乱,地气便由此逆行倒转,所以要责成天下大小官吏

和众百姓都共同向朝廷献呈意见书,用来疏通天气,用来安稳星辰,用来消除皇天对世人的病痛,用来解除帝王承负的罪责。

　　故示敕使三道行书者①,恐有不通,故各自其使宜。长吏者记城郭之灾变②,布道者记市道之灾变③,四野者记四野之灾变④。各相取长短,传以相语,共争上之。

【注释】

①三道行书:指官吏、邑民、来往行人应诏献呈意见书。之所以定为三道,乃系取法日月星,日以察阳,月以察阴,星以察中央即阴阳交合处。详见本经卷四十八《三合相通诀》、卷五十三《分别四治法》、卷八十六《来善集三道文书诀》、卷八十八《作来善宅法》所述。

②城郭:内城曰城,外城曰郭。

③布道者:指散布、奔波在道路上的旅客行人。市道:指集市和路旁的热闹场所。

④四野者:指居住在四方原野上的邑民农户。

【译文】

　　所以开示训导,叫从三条途径向朝廷献呈意见书,正是担心出现奏报不上去的情况,因而就让人们自行其便,各得其宜。身为地方官吏的人,要记录讲说官署衙门所在内外城出现的灾异现象;奔波在大小道路上的人,要记录讲说集市和路旁热闹场所出现的灾异现象;居住在四方原野上的人,要记录讲说四方原野出现的灾异现象。各自抓住彼此的长短,互相传告,较短量长,共同争先恐后地向朝廷奏报。

　　长吏亦务上书,邑民亦务上书,行人亦务上书。长吏欲不上,恐民上之;民人不上,恐行人上之;行人不上,恐长吏上之。故使民俱坐^①,乃后且争上事也。吏民有信者^②,帝王仕之不负焉,故吏民乐为也。

【注释】

①坐:谓获罪受处治。

②有信者:指连续三年上书而内容无不属实的人。

【译文】

地方官吏致力于上书,田邑居民致力于上书,路上旅客致力于上书。地方官吏想不奏报,却担心田邑居民给奏报上去了;田邑居民想不奏报,却担心路上旅客给奏报上去了;路上旅客想不奏报,却担心地方官吏给奏报上去了。因而要让治下众民都会由此获罪受惩处,然后就都争先恐后地向朝廷上书言事了。官吏和百姓上书属实的,帝王要对他们授予官职,不辜负他们,所以官吏和百姓便高兴做这件事了。

帝王得以为聪明,而称王心^①,而长安其身。吏民得以尊天地,得以无病。天地四方俱有利,故长吉,为万万世法也。以付上德之君,使民知天意,令以自安自全,无为迷惑。大集具正事,考本天地之根,以除天恐地咎国之害,立洞极经^②。

【注释】

①而称王心:据上下文意,此四字中"王"当作"天"。

②"大集"四句:此四句二十四字颇似对全篇内容主旨所作的概括语。正事,即政事。正,通"政"。"以除天恐地咎国之害"此九字中"恐"当作"怨"。形近而讹。洞极经,通透到极点的经典。实

指《太平经》等道经而言。

【译文】

帝王得到奏呈的意见书，靠它了解掌握各地情况而作出决策，切合皇天的心意，长久使自身平安。官吏和百姓得以尊重天地，得以不患疾病。天地四方全都有利，因而就永远吉庆，构成万万世遵用的法则。把这篇经文付归给具有第一等道德的君主，使民众了解到天意，让他们由此而自我得安宁，自我得保全，不再执迷不悟了。大范围展开共同评议，使政事一样不缺，考求本原和天地的根基，用来消除皇天的怨恨情绪、大地的憎恶对象和国家的大祸害，定立起通透至极的一部大道经。

【说明】

下列三节文字，存录于《太平经钞》已部。核之《敦煌目录》，或与本经卷九十五《上书十归之神真命所属决》相关。其所强调的是，"天出文书"旨在畅善知恶解冤结，"天遣三道文"即命天神、地精、人鬼分别向天庭呈递记录世人罪恶的举报书，目的则为帝王解愁苦。立足于此，特对上古人心质朴和下古人心邪蔽进行比照扬弃，并充分肯定通上三道文书乃系"要道"之一。本经庚部《天神考过拘校三合诀》与这三节文字内容相通。

开达无闭绝，以称天心地意，转天地之灾变，畅天地之谭①，使人民各居其处，万物不伤，故天出文书，令使可遥行万万里，得通其言，以畅善人②，以知恶人，以解冤结。故帝王乃居百重之内③，得长自安，聪明达远方也④。

【注释】

①谭：同"谈"。指天地通过灾变要对世人宣讲的话语。

②畅善人:谓使善人畅行无阻。

③百重:指规模宏伟、戒备森严的皇宫建筑群。即深宫。

④聪明达远方:谓对偏远地区的情况全部了解掌握得一清二楚。

【译文】

　　开通畅达,切莫封锁断绝,用来符合天地的心意,扭转天地降现的灾异现象,使天地要对世人宣讲的话语贯彻开来,让众百姓各自在本人居住的处所安稳生活,万物不遭到伤害,所以皇天便降示文书,让它能够遥遥传布到万万里以外的地方,得以宣达它那话语,致使良善的人畅行无阻,用来辨别出邪恶的人,化解掉聚结已久的冤气。因而帝王置身在深宫当中,得以长久地自身平安,对远方的情况了解掌握得一清二楚。

　　由太上中古已来,多背叛天地,共欺其上,故灾害日兴,死者不以数也①。帝王久愁,不能拘制其下为奸伪②,故天遣三道文出也③,通其气,乐知得失,上下和合,谏及四远卑贱,令无冤结,以称皇天心,乐灾除去,勿令天怒。

【注释】

①数:定数。即本经所开列的上寿一百五十岁或一百三十岁,天寿一百二十岁,地寿一百岁,人寿八十岁或六十岁,霸命六十岁,仵寿五十岁之类。

②拘制:约束控制。

③三道文:谓从天神、地精、人鬼三条途径分别向天庭呈递记录世人罪恶的举报文书。详参本经卷一百十八《天神考过拘校三合诀》所述。

【译文】

　　从上古、中古时代以来,世人大多背叛天地,共同欺骗自己的君主,所以灾殃祸害就一天比一天增多加重，死去的人并未按照他们应该获享的天年活到头。帝王为此而长期在愁苦，没办法约束控制住下面的人干那奸伪的勾当，因而皇天就出示了从天神、地精、人鬼三条途径向天庭呈送举报书的对策，用来沟通天气、地气、中和气，高兴了解到得失所在，使上下和谐一致，规劝扩展到四方边远地区和卑贱的百姓那里，叫世人不再怀有聚结的冤气，以便符合皇天的心意，乐意把灾害消除掉，不让皇天动怒再谴告了。

　　下古人心邪蔽，不若太上古之三皇①，人心质朴，心意专一，各乐称天心，而忠信不欺其上，故可无文也②。下古小人愚蔽，娇妄文辞③，欺天地，罔冒帝王④，故天地常忿怒而灾祸之。天地病除，帝王安且寿，民安其所，万物得天年，无有怨恨，阴阳顺行，群神大乐且喜悦，故为要道也⑤。

【注释】

①太上古之三皇：即天皇、地皇、人皇。其与通常所说的伏羲、神农、燧人不同。

②无文：谓以言施教。文指文字和形诸文字的法令以及往来文书等。《孝经钩命决》云："三皇设言民不违。"本经卷五十四《使能无争讼法》谓："古者无文，以何通之？""文乃当起，但中止天地者。几何起，几何止，但后世不睹之耳。中古三皇，当无文而设言，下古复有。"

③娇妄文辞：此四字中"娇"当作"矫"。形近而讹。矫，伪造之意。

④罔冒：欺诈，哄骗。

⑤要道：指近在胸心、散满四海的真道。详见本经卷六十八《戒六子诀》所述。此处实谓通上三道文书的举措。

【译文】

下古时代人心邪恶又昏昧,比不上远古三皇时代人心质朴,心意专一,各自喜欢符合天心,忠诚信实,决不欺骗自己的帝王,所以就可以没有文字和文书这类东西。下古时代的卑鄙小人愚蠢又昏昧,胡乱编造文辞,欺骗天地,哄诈帝王,因而天地常常深感愤怒而降下灾殃惩罚他们。天地对世人的病痛去除了,帝王平安而且长寿,众百姓在各自居住的处所安稳地生活,万物按常规定律生长死灭,没有怨恨,阴阳交替消长进退,所有的神灵非常高兴又万分喜悦,所以通上三道文书就构成紧要的道法了。